# 2018
# Zentral-Matura

## Mathematik

Prüfungsaufgaben mit Lösungen

**STARK**

© 2017 Stark Verlag GmbH
4. ergänzte Auflage
www.stark-verlag.at

Das Werk und alle seine Bestandteile sind urheberrechtlich geschützt. Jede vollständige oder teilweise Vervielfältigung, Verbreitung und Veröffentlichung bedarf der ausdrücklichen Genehmigung des Verlages. Dies gilt insbesondere für Vervielfältigungen, Mikroverfilmungen sowie die Speicherung und Verarbeitung in elektronischen Systemen.

# Inhalt

Vorwort
Grundkompetenzen

■ **Standardisierte kompetenzorientierte schriftliche Reifeprüfung: Hinweise und Tipps** ............................................................... I
Allgemeines zur Reifeprüfung ...................................................... I
Die skRp in Mathematik .............................................................. I
Ablauf der Prüfung .................................................................... IV
Vorgehensweise bei der Bearbeitung der Mathematikklausur ................ V
Beurteilung der skRp ................................................................. VI
Ihre persönliche Vorbereitung auf die skRp ..................................... VIII

■ **Teil-1-Aufgaben** ................................................................. 1
Probeklausur 1: Aufgaben .......................................................... 1
                Hinweise und Tipps ............................................ 10
                Lösungsvorschlag ............................................... 13
Probeklausur 2: Aufgaben .......................................................... 20
                Hinweise und Tipps ............................................ 29
                Lösungsvorschlag ............................................... 31
Probeklausur 3: Aufgaben .......................................................... 37
                Hinweise und Tipps ............................................ 46
                Lösungsvorschlag ............................................... 48
Probeklausur 4: Aufgaben .......................................................... 55
                Hinweise und Tipps ............................................ 63
                Lösungsvorschlag ............................................... 66
Probeklausur 5: Aufgaben .......................................................... 73
                Hinweise und Tipps ............................................ 82
                Lösungsvorschlag ............................................... 85
Probeklausur 6: Aufgaben .......................................................... 92
                Hinweise und Tipps ............................................ 101
                Lösungsvorschlag ............................................... 104
Probeklausur 7: Aufgaben .......................................................... 112
                Hinweise und Tipps ............................................ 120
                Lösungsvorschlag ............................................... 123

■ **Teil-2-Aufgaben** .................................................. **128**
Aufgabe 1 ............................................................ 128
Aufgabe 2 ............................................................ 133
Aufgabe 3 ............................................................ 137
Aufgabe 4 ............................................................ 140
Aufgabe 5 ............................................................ 144
Aufgabe 6 ............................................................ 148
Aufgabe 7 ............................................................ 155
Aufgabe 8 ............................................................ 160

■ **Matura 2015** ..................................................... **2015-1**
Teil 1 ............................................................... 2015-1
Teil 2 ............................................................... 2015-27

■ **Matura 2016** ..................................................... **2016-1**
Teil 1 ............................................................... 2016-1
Teil 2 ............................................................... 2016-27

■ **Matura 2017** ..................................................... **2017-1**
Teil 1 ............................................................... 2017-1
Teil 2 ............................................................... 2017-30

**Autorenteam:**
Mag.[a] Judith Bachmann, MPOS
Mag. Harald Lederer
Mag.[a] Katharina Luksch

Abdruck der Original-Maturaaufgaben 2015 bis 2017 mit freundlicher Genehmigung des Bundesministeriums für Bildung, Wien

# Vorwort

Liebe Schülerinnen und Schüler,

die standardisierte kompetenzorientierte schriftliche Reifeprüfung in Mathematik wird österreichweit seit dem Schuljahr 2014/15 durchgeführt.

In einer kurzen Einführung werden Sie am Beginn dieses Buches über die **organisatorischen Rahmenbedingungen** im Hinblick auf die Durchführung der zentralen schriftlichen Reifeprüfung informiert: Zeitangaben für die Einzelteile der Klausur, Fragenformate und Bewertung der einzelnen Aufgabenstellungen.

Den Hauptteil des Buches bildet eine umfangreiche Sammlung an Übungsaufgaben im Stil der **Teil 1-Aufgaben**. Diese Aufgaben testen Ihr Grundwissen und Ihre Grundfertigkeiten und sind für eine positive Beurteilung der schriftlichen Klausur zentral. Sie können sowohl mit als auch ohne Hilfsmittel wie Taschenrechner oder PC gelöst werden.

In einem weiteren Teil werden Ihnen **Teil-2-Aufgaben** zum Üben angeboten, die die Grundkompetenzen aus dem oben genannten Katalog vernetzen. Sie sind umfangreicher und komplexer als die Teil-1-Aufgaben.

Im letzten Teil des Buches finden Sie die vollständigen Original-Prüfungsaufgaben der **Haupttermine aus den Jahren 2015, 2016 und 2017**, die vom Bundesministerium für Bildung (BMB) gestellt wurden.

Mithilfe der Aufgaben in diesem Buch können Sie sich optimal auf die zentrale Reifeprüfung vorbereiten. Zu allen angebotenen Aufgaben haben wir nicht nur vollständige **Lösungsvorschläge** erstellt, sondern auch **Tipps und Hinweise**, die Ihnen den entscheidenden Impuls beim selbstständigen Lösen der Aufgaben geben.

Weitere Informationen rund um diese Form der Abschlussprüfungen in Österreich finden sie auf der Homepage des BMB unter dem Link:
https://www.bmb.gv.at/schulen/unterricht/ba/reifepruefung.html
Unter dem Link https://www.srdp.at finden Sie das Dokument „Konzept: Die standardisierte schriftliche Reifeprüfung in Mathematik", wobei für Sie die Version „gültig ab dem Maturatermin 2018" relevant ist: Neben rechtlichen Informationen ist in diesem Dokument der **Katalog der Grundkompetenzen** sowie der **Kontextkatalog** abgedruckt. Dieses Dokument ist die Grundlage für die Erstellung der Mathematikmatura bzw. der Übungsaufgaben in diesem Band.

Wir wünschen Ihnen viel Erfolg bei Ihrer Reifeprüfung!

Das Autorenteam

# Grundkompetenzen

1/12 bzw. 2017/5 bedeutet, dass die genannte Grundkompetenz in der Probeklausur 1 in Aufgabe 12 bzw. in der Matura 2017 (im Teil 1) in Aufgabe 5 geprüft wird.

### ■ Algebra und Geometrie (AG)

Grundbegriffe der Algebra
- AG 1.1   1/1; 3/1; 4/1; 5/1; 6/1; 7/1; 2016/1; 2017/1
- AG 1.2   1/2; 2/1; 3/2; 4/2; 5/2; 6/2; 7/2; 2016/2; 2017/2

(Un-)Gleichungen und Gleichungssysteme
- AG 2.1   2/2; 2015/1; 2016/3
- AG 2.2   1/3; 2/3; 3/3; 5/3; 6/3; 2015/2
- AG 2.3   2/4; 4/3; 5/4; 6/4; 7/3; 2016/4
- AG 2.4   3/4; 5/5; 6/5
- AG 2.5   1/4; 2/5; 4/4; 5/6; 7/4; 2017/3

Vektoren
- AG 3.1   1/5; 2/6; 4/5; 7/5; 2017/4
- AG 3.2   3/5
- AG 3.3   1/6; 2/7; 4/6; 6/6; 2015/3; 2016/5
- AG 3.4   3/6; 5/7; 6/7; 7/6; 2015/4; 2017/5
- AG 3.5   1/7; 4/7; 2015/5

Trigonometrie
- AG 4.1   1/7; 2/8; 6/8; 7/7; 2015/6; 2016/6
- AG 4.2   3/7; 4/8; 5/8; 6/9; 7/8; 2017/6

### ■ Funktionale Abhängigkeiten (FA)

Funktionsbegriff, reelle Funktion, Darstellungsformen und Eigenschaften
- FA 1.1   2/9; 4/9; 6/10
- FA 1.2   2/10; 7/9; 2015/7
- FA 1.3   1/9; 6/11; 7/10
- FA 1.4   3/8; 6/12; 7/11; 2015/8; 2017/7
- FA 1.5   4/10; 2015/9; 2016/7; 2017/8
- FA 1.6   3/9
- FA 1.7   5/9; 7/12; 2017/9
- FA 1.8   3/10
- FA 1.9   1/10; 7/13

Lineare Funktion
- FA 2.1   **2**/11; **2016**/8
- FA 2.2   **3**/11; **2015**/10; **2016**/9
- FA 2.3   **2017**/10
- FA 2.4   **3**/12; **6**/13; **7**/14
- FA 2.5   **1**/11
- FA 2.6   **5**/10

Potenzfunktion
- FA 3.1   **1**/12
- FA 3.2   **2**/12; **2016**/10
- FA 3.3   **2**/13
- FA 3.4   **4**/11; **5**/11; **6**/14

Polynomfunktion
- FA 4.1   **2**/14; **5**/12; **7**/15
- FA 4.2   **4**/12
- FA 4.3   **3**/13; **5**/13; **2017**/11
- FA 4.4   **1**/13; **2**/15

Exponentialfunktion
- FA 5.1   **4**/13
- FA 5.2   **5**/14; **2016**/11
- FA 5.3   **6**/15; **2016**/12
- FA 5.4   **6**/16
- FA 5.5   **1**/14; **2015**/11; **2017**/12
- FA 5.6   **4**/14

Sinusfunktion, Cosinusfunktion
- FA 6.1   **3**/14
- FA 6.2   **1**/15
- FA 6.3   **2**/16; **6**/17; **7**/16; **2015**/12
- FA 6.4   **3**/15; **5**/15
- FA 6.5   **5**/16
- FA 6.6   **4**/15

## ■ Analysis (AN)

Änderungsmaße
- AN 1.1   **1**/16; **2015**/13; **2017**/13
- AN 1.2   **3**/16
- AN 1.3   **2**/17; **4**/16; **2015**/14; **2016**/13; **2017**/14
- AN 1.4   **3**/17; **5**/17; **2015**/15; **2016**/14; **2017**/15

Regeln für das Differenzieren
- AN 2.1   **1**/17; **2**/18; **3**/18; **4**/17; **5**/18; **6**/18; **7**/17; **2017**/16

Ableitungsfunktion/Stammfunktion
- AN 3.1   **1**/18; **4**/18; **5**/19; **6**/19; **7**/18
- AN 3.2   **3**/19; **2015**/16; **2016**/15; **2017**/17
- AN 3.3   **2**/19; **2015**/17; **2016**/16; **2017**/18

Summation und Integral
- AN 4.1   **2**/20; **6**/20; **2017**/19
- AN 4.2   **3**/20; **5**/20; **7**/19; **2016**/18
- AN 4.3   **1**/19; **4**/19; **2015**/18; **2016**/17

## ■ Wahrscheinlichkeit und Statistik (WS)

Beschreibende Statistik
- WS 1.1   **2**/21; **6**/21; **2015**/19
- WS 1.2   **3**/21; **5**/21; **2016**/19
- WS 1.3   **1**/20; **4**/20; **5**/22; **7**/20; **2015**/20; **2016**/20
- WS 1.4   **1**/21; **4**/21; **6**/22; **7**/21

Wahrscheinlichkeitsrechnung
- WS 2.1   **2**/22; **7**/22
- WS 2.2   **5**/23
- WS 2.3   **1**/22; **2**/23; **4**/22; **6**/23; **2015**/21; **2016**/21; **2017**/20
- WS 2.4   **3**/22; **7**/23; **2015**/22; **2017**/21

Wahrscheinlichkeitsverteilung(en)
- WS 3.1   **3**/23; **4**/23; **2015**/23; **2016**/22; **2017**/22
- WS 3.2   **1**/23; **2**/24; **3**/24; **4**/24; **6**/24; **2015**/24
- WS 3.3   **5**/24; **7**/24; **2016**/23
- WS 3.4   **1**/24; **2017**/23

Schließende/Beurteilende Statistik
- WS 4.1   **2016**/24; **2017**/24

# Standardisierte schriftliche Reifeprüfung – Mathematik
# Hinweise und Tipps

## Allgemeines zur Reifeprüfung

*skRp*    Im Schuljahr 2014/2015 wurde die **standardisierte kompetenzorientierte Reifeprüfung** (skRp) in Österreich für alle SchülerInnen der AHS eingeführt. Die neue Form der Matura besteht aus sieben Teilprüfungen: Sie verfassen eine Vorwissenschaftliche Arbeit und legen wahlweise drei (oder vier) schriftliche sowie drei (oder zwei) mündliche Prüfungen ab. Die schriftliche Klausur in Mathematik ist verpflichtend. Die Aufgabenstellungen für die skRp werden vom Bundesministerium für Bildung (BMB) gestellt. Ihre Lehrperson korrigiert Ihre Klausur entsprechend den vom BMB ausgearbeiteten Korrekturvorgaben und beurteilt diese nach einem vom BMB vorgegebenen Notenschlüssel. So wird gewährleistet, dass die Arbeiten aller SchülerInnen *gleich* korrigiert werden.

## Die skRp in Mathematik

Die skRp in Mathematik ist zweigeteilt. Die **Teil-1-Aufgaben** prüfen Ihr Grundwissen und Ihre Grundfertigkeiten in Mathematik. In den **Teil-2-Aufgaben** werden die Grundkompetenzen (GK) vernetzt sowie in neuartigen Kontexten geprüft. Zur Vorbereitung auf diese zwei Teile dient Ihnen der **Grundkompetenzenkatalog**, welcher im Internet unter dem Link

https://www.srdp.at/downloads/dl/die-standardisierte-schriftliche-reifepruefung-in-mathematik-inhaltliche-und-organisatorische-grund/

zu finden ist. Hier sind u. a. alle Inhaltsbereiche (Seiten 6 bis 18) und die Rahmenbedingungen für die Durchführung der Prüfung (Seiten 23 bis 25) erläutert. Verschaffen Sie sich so zeitig wie möglich einen Überblick über die GK aus diesem Katalog. Ab der 5. Klasse werden Sie diese im Unterricht mit Ihren Lehrerinnen und Lehrern erarbeiten und festigen.

Folgende Inhaltsbereiche sind Prüfungsstoff:

*Grundkompetenzenkatalog*

- **Algebra und Geometrie mit den GK:**
  - Grundbegriffe der Algebra
  - (Un-)Gleichungen und Gleichungssysteme
  - Vektoren
  - Trigonometrie

- **Funktionale Abhängigkeiten mit den GK:**
  - Funktionsbegriff, reelle Funktion, Darstellungsformen und Eigenschaften
  - Lineare Funktion
  - Potenzfunktion

- Polynomfunktion
- Exponentialfunktion
- Sinusfunktion, Cosinusfunktion

- **Analysis mit den GK:**
  - Änderungsmaße
  - Regeln für das Differenzieren
  - Ableitungsfunktion / Stammfunktion
  - Summation und Integral

- **Wahrscheinlichkeit und Statistik mit den GK:**
  - Beschreibende Statistik
  - Wahrscheinlichkeitsrechnung
  - Wahrscheinlichkeitsverteilung(en)
  - Schließende / Beurteilende Statistik

Auf den ersten Blick erscheint der Prüfungsstoff sehr umfangreich. Bedenken Sie, dass die genannten Inhalte auf die gesamte Oberstufe aufgeteilt gelehrt werden, was eine große Zeitspanne umfasst. Mathematik ist ein aufbauendes Fach. Es wird z. B. die Wahrscheinlichkeitsrechnung in der 6. Klasse unterrichtet, die Wahrscheinlichkeitsverteilungen, welche auf dem Wissen der Wahrscheinlichkeitsrechnung aufbauen, sind dann Stoff der 7. und 8. Klasse. Durch ständiges Wiederholen im Unterricht, bei Schularbeiten und beim eigenständigen Lernen zu Hause werden Sie das nötige Grundwissen und die nötigen Grundfertigkeiten für die skRp in Mathematik erlangen.

*zweigeteilte Klausur*

Der erste Teil der Mathematikklausur besteht aus **18 bis 25 Teil-1-Aufgaben**, der zweite Teil setzt sich aus **vier bis sechs Teil-2-Aufgaben** mit jeweils zwei bis sechs Teilaufgaben zusammen.

**Teil-1-Aufgaben** sind kurze Beispiele, bei denen jeweils eine Grundkompetenz aus dem GK-Katalog im Vordergrund steht. Ihr Grundwissen sowie Ihre mathematischen Grundfertigkeiten werden geprüft.

**Teil-2-Aufgaben** sind umfangreichere Beispiele in unterschiedlichen Kontexten, welche die GK aus dem Katalog vernetzen. Hier sollen Sie zeigen, dass Sie Ihr Grundwissen und Ihre Grundfertigkeiten selbstständig in neuartigen bzw. weniger vertrauten Kontexten anwenden können. Eigenständigkeit sowie die Anwendung, Vernetzung und Reflexion von Wissen sind hier gefragt. In dem bereits genannten Dokument „Die standardisierte schriftliche Reifeprüfung in Mathematik" finden Sie ebenfalls den **Kontextkatalog** (Seiten 19 bis 22). Hier sind die für die Teil-2-Aufgaben relevanten Kontexte (finanzmathematische Grundlagen, Kosten- und Preistheorie, Einheiten und Größen sowie physikalische Größen und Definitionen) angegeben. Ihre Kenntnis dieser Kontexte wird vorausgesetzt bzw. bei den Aufgabenstellungen nicht näher erläutert. Verschaffen Sie sich rechtzeitig einen Überblick über diese Kontexte! Sollte bei einer Aufgabe ein „neuer" Kontext vorkommen, so wird dieser ausführlich beschrieben sein.

# Hinweise und Tipps

*Antwort-formate*

Zu den Teil-1- und Teil-2-Aufgaben gibt es insgesamt acht verschiedene **Antwortformate**.

- **Offenes Antwortformat**
  Hier wird es eine Aufgabenstellung geben und Sie sollen eigenständig eine Antwort formulieren. Ein Beispiel finden Sie in der Probeklausur 1 mit der Aufgabe 5.
  *Tipps zur Bearbeitung:* Lesen Sie aufmerksam die Aufgabenstellung. Was wird von Ihnen verlangt? Wie sollen Sie die Antwort angeben?

- **Halboffenes Antwortformat**
  Ähnlich wie beim offenen Format sollen Sie eine Antwort abliefern, jedoch ist der „Anfang" bereits gegeben. Ein Beispiel ist in der Probeklausur 2 die Aufgabe 18.
  *Tipps zur Bearbeitung:* Hier ist es etwas einfacher als bei der offenen Antwort, denn es ist ersichtlich, was Sie berechnen bzw. angeben sollen. Seien Sie dennoch aufmerksam beim Lesen der Angabe und beim Lösen des Beispiels.

- **Lückentext**
  Hier sollen Sie einen Satz mit zwei Lücken korrekt vervollständigen. Ihnen stehen pro Lücke drei Antworten zur Verfügung. Ein Beispiel ist in der Probeklausur 2 die Aufgabe 19.
  *Tipps zur Bearbeitung:* Die Angabe eines unvollständigen Satzes mit zwei Lücken und jeweils drei Antwortmöglichkeiten ergibt insgesamt neun mögliche Sätze. Es kann hilfreich sein, sich alle möglichen Sätze anzuschreiben und so die Richtigkeit jedes einzelnen Satzes zu überprüfen. Dies kann u. U. viel Zeit in Anspruch nehmen. Wenn Sie bereits beim Lesen der Antwortmöglichkeiten eine ausschließen können, wird die Anzahl der möglichen Sätze reduziert. Seien Sie aber nicht zu voreilig, oft steckt ein wesentliches Detail in der Angabe. Lesen Sie daher die Angabe und Aufgabenstellung aufmerksam!

- **Multiple-Choice-Aufgabenformate**
  - 2 aus 5
  - 1 aus 6
  - x aus 5
  
  Es gibt eine Frage und entweder fünf oder sechs Antwortmöglichkeiten, wobei Sie die richtige(n) ankreuzen müssen. Bei sechs Antwortmöglichkeiten ist immer genau eine Antwort richtig. Sollten fünf Antwortmöglichkeiten angegeben sein, lesen Sie aus der Aufgabenstellung ab, ob Sie genau zwei Antworten finden sollen oder ob die Anzahl der zutreffenden Antwortmöglichkeiten offen ist („Kreuzen Sie die zutreffende(n) Antwortmöglichkeit(en) an!"). Es wird zumindest eine Antwortmöglichkeit anzukreuzen sein. Den Fall, dass keine Antwortmöglichkeit zutreffend ist, gibt es nicht! Beispiele finden Sie in der Probeklausur 1 mit den Aufgaben 1 (2 aus 5), 11 (1 aus 6) und 20 (x aus 5).

*Tipps zur Bearbeitung:* Lesen Sie aufmerksam die Aufgabenstellung! Sollen Sie die richtige Antwortmöglichkeit ankreuzen oder die falsche? Wenn genau zwei Antwortmöglichkeiten anzukreuzen sind, dann seien Sie achtsam beim Suchen nach zwei identen Antworten. Es könnten beide Antwortmöglichkeiten falsch sein. Schließen Sie unpassende Antwortmöglichkeiten aus und überlegen Sie bei den verbleibenden Antwortmöglichkeiten genau, welche infrage kommen. Machen Sie sich gegebenenfalls auch Notizen oder Skizzen.

- **Zuordnungsformat**
  Hier sollen Aussagen, Informationen, Tabellen oder Abbildungen gegebenen Antwortmöglichkeiten zugeordnet werden, wobei die Anzahl der Antwortmöglichkeiten nicht mit der Anzahl der Aussagen übereinstimmen muss. Sie lösen diese Aufgaben, indem Sie die Buchstaben der Antwort bei der zutreffenden Aussage eintragen. Ein Beispiel finden Sie in der Probeklausur 2 mit der Aufgabe 5.
  *Tipps zur Bearbeitung:* Lesen Sie alle Aussagen, Informationen, Tabellen oder Abbildungen sowie die Antwortmöglichkeiten genau durch! Bei welcher Zuordnung sind Sie sich absolut sicher? Diesen Buchstaben schreiben Sie gleich an. Welche Antwortmöglichkeit können Sie auf alle Fälle ausschließen? Streichen Sie diese zumindest gedanklich. Gehen Sie die verbleibenden Aussagen und Antwortmöglichkeiten dann nochmals durch, um die fehlenden Zuordnungen machen zu können.

- **Konstruktionsformat**
  In ein gegebenes Koordinatensystem sollen z. B. Punkte, Graphen, Vektoren eingetragen werden. Ein Beispiel ist in der Probeklausur 1 die Aufgabe 6.
  *Tipps zur Bearbeitung:* Achten Sie beim gegebenen Koordinatensystem auf die Achsenbeschriftungen und die Skalierung. Arbeiten Sie am besten mit Bleistift und Geodreieck! Halten Sie für allfällige Korrekturen einen Radiergummi bereit.

## ▮ Ablauf der Prüfung

Zuerst werden Sie den **ersten Teil** der Mathematikklausur erhalten und bearbeiten. Nach 120 Minuten geben Sie Ihre Bearbeitung ab. Sie erhalten den **zweiten Teil** der Mathematikklausur, für dessen Bearbeitung Sie 150 Minuten Zeit haben.

*Hilfsmittel* — Ab dem Haupttermin 2017/18 können Sie als „**Hilfsmittel**" die auf der BMB-Homepage veröffentlichte Formelsammlung (oder andere approbierte Formelsammlungen) sowie einen Taschenrechner, einen Laptop bzw. einen Schul-PC mit dynamischer Geometrie-Software, CAS und Tabellenkalkulation verwenden. Die zentralen Aufgaben werden so gestellt sein, dass die zur Verfügung stehenden Hilfsmittel keine bedeutsame Rolle bei der Lösung haben.

# Hinweise und Tipps  V

## ■ Vorgehensweise bei der Bearbeitung der Mathematikklausur

*erster Teil*    Sie erhalten zunächst den **ersten Teil** Ihrer Klausur, das sind je nach Umfang zwischen 15 und 25 Aufgaben, für deren Bearbeitung Sie 120 Minuten Zeit haben. Bearbeiten Sie zuerst jene Teil-1-Aufgaben, die Ihnen leicht erscheinen bzw. vertraut vorkommen. Sie müssen sich nicht an die Reihenfolge der gestellten Aufgaben halten. Es ist ratsam, sich nicht allzu lange mit für Sie schwierigen Aufgaben zu beschäftigen, damit Sie genügend Zeit haben, alle gestellten Aufgaben bearbeiten zu können. Die neuen Aufgabenformate bedeuten nicht, dass nichts mehr zu rechnen ist. Bei vielen Aufgaben ist es notwendig und sinnvoll, Berechnungen durchzuführen, bevor Sie z. B. ein „Kreuzerl" machen. Bei Termen kann es hilfreich sein, verschiedene Zahlen einzusetzen und Werte zu berechnen, um eine „Tendenz" herauszulesen. Ebenfalls kann bei Funktionsgleichungen das Erstellen einer Wertetabelle oder das Zeichnen einer Skizze des Graphen Klarheit bringen. Das Ablesen von Punkten (Wertepaaren) aus Graphen kann für das Ermitteln der (richtigen) Funktionsgleichung oder für das Berechnen fehlender Parameter entscheidend sein. Vielfach ist es sinnvoll, durch eine „Probe" die Richtigkeit einer Rechnung oder einer Überlegung zu überprüfen.

Ihre Notizen, Skizzen, Berechnungen fließen nicht in die Beurteilung ein – außer eventuell beim *offenen Aufgabenformat*, wenn ein Lösungsweg gefragt ist. Streichen Sie Ihre Notizen durch, wenn sie nicht Teil der Lösung sind.

Denken Sie daran, dass der erste Teil ausschlaggebend für eine positive Beurteilung Ihrer Klausur ist. Im Hinblick auf das Ziel, möglichst viele Punkte zu erreichen, ist es schließlich sinnvoller, bei Multiple-Choice-Aufgaben die vermuteten richtigen Antworten anzukreuzen als Aufgaben unbearbeitet zu lassen!

*zweiter Teil*    Beim **zweiten Teil** erhalten Sie vier bis sechs Aufgaben, die zwischen 2 und 6 Unteraufgaben enthalten. Für diesen Teil der Klausur haben Sie 150 Minuten Zeit. Die einzelnen Teilaufgaben sind voneinander unabhängig und können in beliebiger Reihenfolge bearbeitet werden. Anders als bei einer Teil-1-Aufgabe kann man mit einer Teilaufgabe einer Teil-2-Aufgabe 0, 1 oder 2 Punkt(e) erreichen. Sie müssen eine Aufgabe nicht vollständig lösen. Sobald eine Teilaufgabe richtig ist, erhalten Sie hierfür Punkte.

*Ausgleichs-aufgaben*    Es sind bei den Teil-2-Aufgaben stets Teilaufgaben enthalten und entsprechend gekennzeichnet, die ausschließlich eine Grundkompetenz abfragen. Diese Teilaufgabe könnte quasi eine Teil-1-Aufgabe sein. Solche Aufgaben im zweiten Teil sind sogenannte **Ausgleichsaufgaben**. Sollten Sie im ersten Teil Ihrer Klausur zu wenige Punkte erreichen, können Ihnen richtig gelöste Ausgleichsaufgaben aus dem zweiten Teil die notwendigen Punkte für eine positive Beurteilung bringen.

## Beurteilung der skRp

Für jede richtig gelöste Aufgabe erhalten Sie bei den **Teil-1-Aufgaben** jeweils einen Punkt. Bei falsch bzw. nicht gelösten Aufgaben sind es null Punkte. Bei den **Teil-2-Aufgaben** erhalten Sie für jede Teilaufgabe zwei, einen oder null Punkt(e), je nachdem ob die Teilaufgabe richtig, teilweise richtig oder falsch bzw. nicht gelöst wurde.

*Gesamtbeurteilung*  Für die Gesamtbeurteilung Ihrer Klausur erhalten die Lehrerinnen und Lehrer am Tag der Prüfung eine genaue Anleitung zur Korrektur und Beurteilung der Arbeiten. Zum einen werden für jede Aufgabe präzise Lösungserwartungen zur Verfügung gestellt, zum anderen ermöglicht ein Lösungsschlüssel die Einordnung Ihrer Leistungen in das vorgegebene Beurteilungsschema.

Die Leistungsbeurteilungsverordnung (LBVO) ist die Grundlage für den vom BMB erstellten Notenschlüssel. Der § 14 der LBVO gibt die folgenden fünf Beurteilungsstufen vor: Sehr gut; Gut; Befriedigend; Genügend; Nicht genügend

Die Tabelle auf der gegenüberliegenden Seite beschreibt die Anforderungen für diese fünf Beurteilungsstufen. In den ersten beiden Zeilen ist von den **wesentlichen Bereichen** die Rede. Damit meint man die Grundkompetenzen, die im ersten Teil der Klausur abgeprüft werden. Somit ist ersichtlich, dass der erste Teil über eine positive Beurteilung entscheidet. Um mit „Genügend" beurteilt zu werden, sollten Sie den Großteil der Teil-1-Aufgaben bzw. die Ausgleichsaufgaben aus dem zweiten Teil richtig lösen.

*„Befriedigend"*  Die Beurteilung „Befriedigend" erhalten Sie, wenn Sie entweder alle Teil-1-Aufgaben richtig lösen, oder – bei wenigen Defiziten im ersten Teil – einige Aufgaben aus dem zweiten Teil richtig lösen oder – bei etwas größeren Defiziten im ersten Teil – etliche Aufgaben, aber jedenfalls die Ausgleichsaufgaben aus dem zweiten Teil richtig lösen.

*„Gut" bzw. „Sehr gut"*  Für die Beurteilung „Gut" bzw. „Sehr gut" lösen Sie, aufbauend auf die Anforderungen der Note „Befriedigend", einen höheren bzw. deutlich höheren Anteil der Teil-2-Aufgaben richtig.

Als Beispiel, wie dieses Beurteilungsschema konkret ausschauen kann, ist der Beurteilungsschlüssel angeführt, der beim Haupttermin am 11. Mai 2015 bzw. am 10. Mai 2016 bzw. am 10. Mai 2017 vorgegeben war:

24 Teil-1-Aufgaben (= 24 Punkte), 24 Punkte für Teil-2-Aufgaben, davon 4 Ausgleichspunkte

Sehr gut: 41–48 Punkte
Gut: 33–40 Punkte
Befriedigend: 24–32 Punkte
Genügend: 16–23 Punkte (mindestens 16 Punkte aus Teil 1 mit Berücksichtigung der Ausgleichspunkte aus Teil 2)
Nicht genügend: Weniger als 16 Punkte aus Teil 1 (inkl. Ausgleichspunkte)

# Hinweise und Tipps

| | Sehr gut | Gut | Befriedigend | Genügend | Nicht genügend |
|---|---|---|---|---|---|
| Erfassung und Anwendung des Lehrstoffes | in **weit über das Wesentliche hinausgehendem** Ausmaß erfüllt | in **über das Wesentliche hinausgehendem** Ausmaß erfüllt | in den wesentlichen Bereichen **zur Gänze** erfüllt | in den wesentlichen Bereichen **überwiegend** erfüllt | in den wesentlichen Bereichen **überwiegend nicht** erfüllt |
| Durchführung der Aufgabe | in **weit über das Wesentliche hinausgehendem** Ausmaß erfüllt | in **über das Wesentliche hinausgehendem** Ausmaß erfüllt | in den wesentlichen Bereichen **zur Gänze** erfüllt | in den wesentlichen Bereichen **überwiegend** erfüllt | in den wesentlichen Bereichen **überwiegend nicht** erfüllt |
| Eigenständigkeit | **zwingend** | **merkliche** Ansätze | Mängel in der Durchführung werden durch merkliche Ansätze zur Eigenständigkeit ausgeglichen | | |
| Selbstständige Anwendung des eigenen Wissens und Könnens in neuartigen Aufgaben | **zwingend** | bei entsprechender **Anleitung** | | | |

## Ihre persönliche Vorbereitung auf die skRp

Um sich gut auf die Klausur in Mathematik vorzubereiten, erstellen Sie am besten einen **eigenen GK-Katalog**. Dort können Sie jene GK, die Sie schon gut beherrschen, abhaken und sehen deutlich, was Sie noch üben müssen. Die Übersicht (nach dem Vorwort), in der alle Beispiele dieses Bandes dem GK-Katalog zugeordnet sind, hilft Ihnen, gezielt jene Bereiche zu üben, in denen Sie Unsicherheiten vermuten.

Wesentlich für die Bearbeitung der Aufgabenstellungen ist die Kenntnis und sichere Anwendung von **Fachbegriffen**. Fachvokabular in der Mathematik ist präzise definiert, wobei Begriffe auch synonym oder mit überschneidenden Bedeutungsinhalten verwendet werden. Bei diesbezüglichen Unsicherheiten hilft Ihnen das Anlegen einer Mathematik-Vokabelliste.

Das BMB hat ein Dokument veröffentlicht, in dem die **mathematischen Schreibweisen**, die Sie lesen und verwenden sollen, aufgelistet sind. Beispielsweise ist die Schreibweise für ein offenes Intervall (a; b) und für ein halb offenes Intervall (a; b] bzw. [a; b). Im Unterricht haben Sie bestimmt unterschiedliche Schreibweisen kennengelernt. Um zu überprüfen, ob Sie hier schon sattelfest sind, lesen Sie dieses Dokument aufmerksam durch!

Überprüfen Sie rechtzeitig, ob Sie alle vom BMB vorgegebenen **Kontexte und Anwendungsbereiche** kennen. Falls Sie noch Defizite haben, üben Sie gezielt jene Kontexte, bei denen Sie noch unsicher sind.

Entscheiden Sie sich rechtzeitig für eine zugelassene **Formelsammlung**, damit Sie sich gut zurechtfinden. Es stehen Ihnen die auf der BMB-Homepage veröffentlichte Formelsammlung oder andere approbierte Formelsammlungen zur Verfügung. Sie dürfen in keiner Formelsammlung eigenständig Ergänzungen durchführen.

Falls Sie einen **Taschenrechner** verwenden, kontrollieren Sie vor der Klausur, ob die Batterien ausreichen. Bei Laptops müssen Sie den Akku aufladen bzw. für Stromzufuhr während der Klausur sorgen.

Sorgen Sie für Ihr **persönliches Wohlbefinden**, insbesondere am Tag der Klausur. Gehen Sie am Vorabend rechtzeitig schlafen und nehmen Sie ein Frühstück zu sich. Nehmen Sie eine Jause mit Nüssen, Bananen oder anderer „Gehirnnahrung" mit und vor allem ausreichend Flüssigkeit. Bedenken Sie, dass etwas Anspannung und Nervosität leistungssteigernd wirkt!

*Hinweis:* Dieser Übungsband enthält neben den Original-Prüfungsaufgaben der Zentral-Matura 2015, 2016 und 2017 zusätzliche Aufgaben zum Üben bzw. zur Vorbereitung auf die schriftliche Reifeprüfung in den vorgegebenen Aufgabenformaten. Sämtliche Lösungen wurden von unserem Autorenteam erstellt. Alle Aufgaben können als Ergänzung zum Fachunterricht für das Selbststudium eingesetzt werden. Die zusätzlichen Aufgaben wurden nicht feldgetestet und sind daher nicht so valide wie die Aufgaben, die bei der skRp eingesetzt werden.

# Schriftliche Reifeprüfung – Mathematik
## Teil-1-Aufgaben – Probeklausur 1

**Aufgabe 1**
Zahlenmengen

Gegeben sind Aussagen über die Zuordnung von Zahlen zu den Zahlenmengen $\mathbb{N}, \mathbb{Z}, \mathbb{Q}, \mathbb{R}, \mathbb{C}$.

**Aufgabenstellung:** Kreuzen Sie die beiden zutreffenden Aussagen an!

| $3{,}67 \cdot 10^2 \in \mathbb{Z}$ | $\frac{2\pi}{3} \in \mathbb{Q}$ | $\frac{\sqrt[3]{64}}{2} \in \mathbb{N}$ | $\frac{\sqrt{3}}{3} \in \mathbb{Q}$ | $3 \cdot 10^{-2} \in \mathbb{Z}$ |
|---|---|---|---|---|
| ☐ | ☐ | ☐ | ☐ | ☐ |

**Aufgabe 2**
Gleichungen und Gleichungssysteme

Gegeben sind drei Texte und sechs mathematische Ausdrücke.

**Aufgabenstellung:** Ordnen Sie den Texten jeweils den passenden mathematischen Ausdruck zu!

**A** Die Summe zweier Zahlen beträgt 38. Das Doppelte der ersten Zahl ist um 1 größer als die zweite Zahl.

**B** Die Differenz zweier natürlicher Zahlen beträgt 34.

**C** In einem Stall sind Hühner und Kaninchen. Es sind insgesamt 35 Tiere mit insgesamt 94 Beinen.

| $x - y = 34$ | $x = 34 - y$ | I: $x + y = 38$<br>II: $y = 2x - 1$ | I: $x + y = 38$<br>II: $y = 2x + 1$ | I: $4x + 2y = 94$<br>II: $x = 2y$ | I: $x + y = 35$<br>II: $4x + 2y = 94$ |
|---|---|---|---|---|---|
| ☐ | ☐ | ☐ | ☐ | ☐ | ☐ |

**Aufgabe 3**
Zahlenrätsel

Bei einer zweiziffrigen Zahl ist die Zehnerziffer um 7 größer als die Einerziffer. Vertauscht man die Ziffern und addiert die beiden Zahlen, so erhält man 99.

**Aufgabenstellung:** Kreuzen Sie die beiden richtigen Gleichungen zum gegebenen Text an!

☐ $(x+7) + x + x + (x+7) = 99$

☐ $2 \cdot ((x+7) + x) = 99$

☐ $(x+7) \cdot 10 + x + x \cdot 10 + (x+7) = 99$

☐ $(x+7) \cdot 10 + x = 99 - (x \cdot 10 + (x+7))$

☐ $2 \cdot (10x + 7 + x) = 99$

## Aufgabe 4
**Lösungen von Gleichungssystemen**

Gegeben ist ein Gleichungssystem in zwei Variablen.

**Aufgabenstellung:** Vervollständigen Sie folgende Sätze, sodass sie mathematisch richtig sind!

Das Gleichungssystem $ax+by=c$ und $dx+ey=f$ hat bei ① unendlich viele Lösungen. Die entsprechenden Geraden im Koordinatensystem liegen zueinander ②.

① ☐ $a=d, b=e, c\neq f$
☐ $a=d, b=e, c=f$
☐ $a\in\mathbb{R}\setminus\{d\}, b\in\mathbb{R}\setminus\{e\}, c\in\mathbb{R}\setminus\{f\}$

② ☐ schneidend
☐ parallel
☐ ident

## Aufgabe 5
**Tauchen**

Im Verlauf eines „Drift-Tauchgangs" lässt sich ein Taucher mit der oftmals starken Strömung treiben. Die Strömung beträgt 85 m/min und der Taucher bewegt sich in der ersten Viertelstunde des Tauchgangs mit 1,5 m/min in die Tiefe.

**Aufgabenstellung:** Geben Sie die Koordinaten des Geschwindigkeitsvektors $\vec{v}$ an! Ermitteln Sie, um wie viele Meter tiefer sich der Taucher nach Ablauf von 15 Minuten befindet!

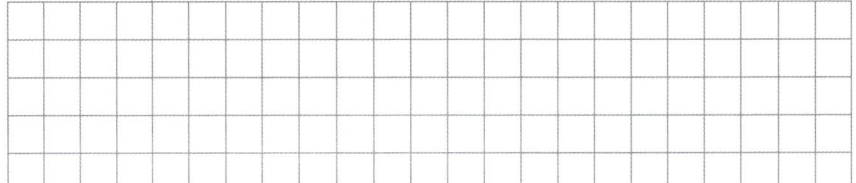

## Aufgabe 6
**Vektoren veranschaulichen**

Gegeben sind die Vektoren
$\vec{a}=\begin{pmatrix}1\\2\end{pmatrix}$, $\vec{b}=\begin{pmatrix}-2\\3\end{pmatrix}$, $\vec{c}=\begin{pmatrix}-3\\-1\end{pmatrix}$.

**Aufgabenstellung:** Veranschaulichen Sie die Rechnung $\vec{d}=\frac{1}{2}\cdot(\vec{a}+\vec{b}+\vec{c})$ im Koordinatensystem und beschriften Sie die Vektoren!

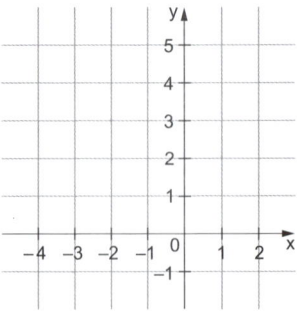

# Teil-1-Aufgaben – Probeklausur 1

**Aufgabe 7**
Normalvektor

Gegeben sind die Vektoren $\vec{a} = \begin{pmatrix} 3 \\ 4 \end{pmatrix}$ und $\vec{b} = \begin{pmatrix} -8 \\ 6 \end{pmatrix}$.

**Aufgabenstellung:** Begründen Sie rechnerisch, dass die Vektoren aufeinander normal stehen!

**Aufgabe 8**
Definition von Winkelfunktionen

Gegeben sind vier rechtwinklige Dreiecke.

**Aufgabenstellung:** Geben Sie für jedes Dreieck an, welche Winkelfunktion definiert ist!

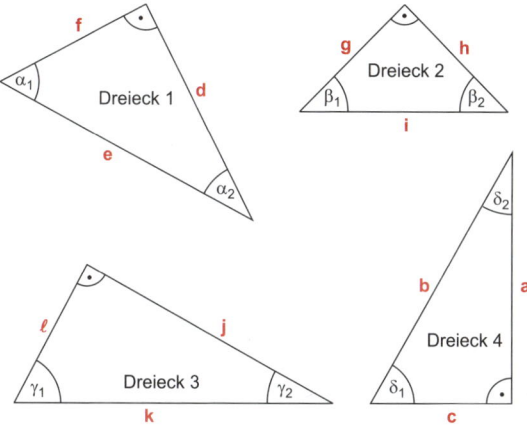

Dreieck 1: _____ $\alpha_1 = \dfrac{f}{e}$   Dreieck 2: _____ $\beta_1 = \dfrac{h}{g}$

Dreieck 3: _____ $\gamma_2 = \dfrac{\ell}{k}$   Dreieck 4: _____ $\delta_2 = \dfrac{a}{b}$

## Aufgabe 9
**Wertetabelle einer reellen Funktion**

Die Wertetabelle der abgebildeten reellen Funktion ist nicht korrekt. In der unten stehenden Tabelle ist nur eine Zeile korrekt.

**Aufgabenstellung:** Kreuzen Sie die korrekte Zeile an!

| korrekt | x | y |
|---|---|---|
| ☐ | −1,5 | 1 |
| ☐ | −1,5 | −1 |
| ☐ | 4 | 0 |
| ☐ | 3,5 | 1 |
| ☐ | 2,5 | 0,5 |
| ☐ | 0 | −4 |

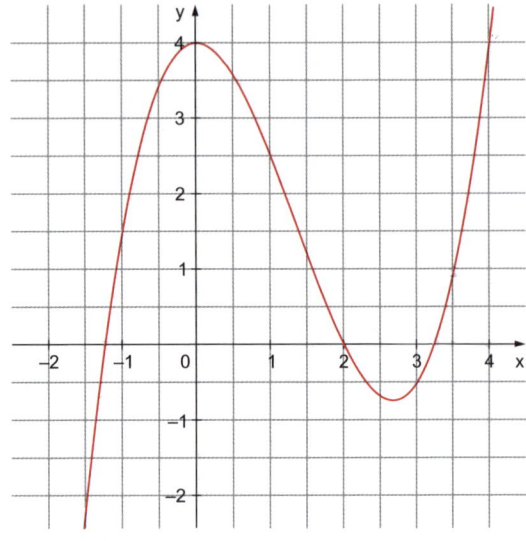

## Aufgabe 10
**Erhöhung des Arguments um 1**

Gegeben sind die Funktionsgleichungen von sechs Funktionen.

**Aufgabenstellung:** Welche Aussage über den Funktionswert bei der Erhöhung des Arguments um 1 ist für welche Funktion passend? Tragen Sie die Buchstaben in die Kästchen der zutreffenden Aussagen ein!

**A** $f(x) = x^2$
**B** $f(x) = x + 2$
**C** $f(x) = 2x$
**D** $f(x) = 2^x$
**E** $f(x) = \frac{2}{x}$
**F** $f(x) = 2$

☐ $f(x+1) = 2 \cdot f(x)$
☐ $f(x+1) = f(x)$
☐ $f(x+1) = f(x) + 1$
☐ $f(x+1) = f(x) + 2$

## Aufgabe 11
**Funktionen bewerten**

Die vorgegebenen Beschreibungen sollen als lineare Funktionen interpretiert werden. Welche der Aussagen stellt keinen linearen Zusammenhang dar?

**Aufgabenstellung:** Kreuzen Sie die nicht zutreffende Aussage an!

☐ In einer Fabrik erhalten die Arbeitnehmerinnen und Arbeitnehmer jeder ein monatliches Fixum und 11 Euro pro Stunde.

☐ Die Anreise in den Urlaub hat eine Gesamtlänge von 645 km. Es kann mit einer Durchschnittsgeschwindigkeit von 110 km/h gerechnet werden.

☐ Die Arbeiter am Fließband erhalten kein Fixum, aber im ersten Monat 5 Euro pro Stunde, im zweiten 6 Euro, im dritten 7 Euro usw., bis zu einem Höchstwert von 25 Euro pro Stunde.

☐ Zu Beginn ist das Pool komplett leer. Durch den Schlauch fließen gleichmäßig 12 ℓ pro Minute in das Becken.

☐ Äpfel kosten am Markt 0,99 Euro pro Kilo.

☐ Ein Werkstoff hat zu Beginn des Experiments 25 cm Länge und dehnt sich bei Erwärmung um 1° um $\frac{1}{4}$ cm.

**Aufgabe 12**
Funktionsgraphen und Funktionsgleichungen

Gegeben sind Graphen und Gleichungen von Funktionen in der Form $f(x) = a \cdot x^z + b$ mit $z \in \mathbb{Z}$.

**Aufgabenstellung:** Ordnen Sie den Graphen die richtige Funktionsgleichung zu!

| A | B | C | D | E | F |
|---|---|---|---|---|---|
| $f(x)=3x^3+1$ | $f(x)=3x^3-1$ | $f(x)=3x^{-3}+1$ | $f(x)=\frac{1}{3}x^3+1$ | $f(x)=\frac{1}{3}x^3-1$ | $f(x)=\frac{1}{3}x^{-3}+1$ |

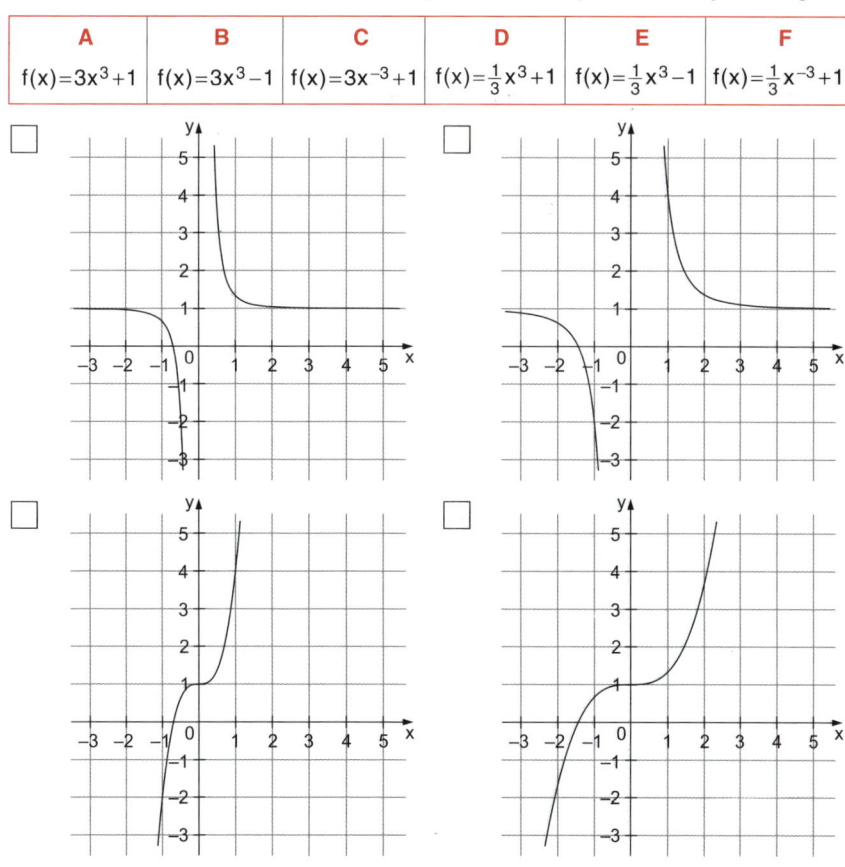

**Aufgabe 13**
Polynomfunktionen

Gegeben sind Aussagen über die Eigenschaften von Polynomfunktionen.

**Aufgabenstellung:** Kreuzen Sie je eine der angegebenen Möglichkeiten so an, dass eine mathematisch korrekte Aussage entsteht!

Der Graph einer Polynomfunktion 4. Grades hat ① drei ②.

① ☐ höchstens
☐ mindestens
☐ genau

② ☐ Nullstellen
☐ Extremwerte
☐ Wendepunkte

**Aufgabe 14**
Chemischer Zerfall

Ein chemischer Stoff zerfällt exponentiell mit einer Halbwertszeit von 5,2 Jahren. Welcher Anteil der ursprünglichen Menge ist daher nach 10,4 Jahren noch übrig?

**Aufgabenstellung:** Geben Sie den Anteil der noch vorhandenen Menge des Stoffes an!

**Aufgabe 15**
Allgemeine Sinusfunktion

Gegeben sind drei Funktionsgleichungen von allgemeinen Sinusfunktionen:

$f_1(x) = 2 \cdot \sin(3x)$,    $f_2(x) = 3 \cdot \sin(2x)$,    $f_3(x) = 3 \cdot \sin\left(\frac{1}{2}x\right)$

**Aufgabenstellung:** Ermitteln Sie aus den angegebenen allgemeinen Sinusfunktionen jene Funktionsgleichung, deren Amplitude 3 beträgt und deren kleinste Periode $\pi$ ist!

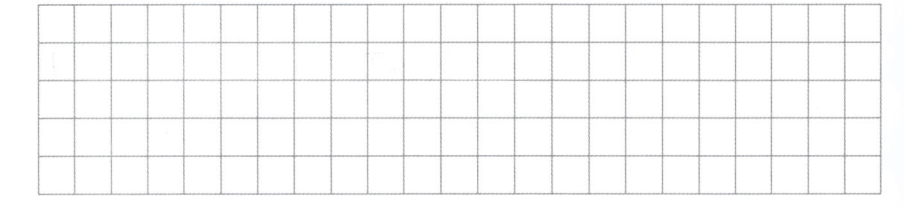

## Aufgabe 16
**Änderungsmaße einer Funktion**

Die Polynomfunktion p(x) ist in Form einer Wertetabelle gegeben.

| x | –6 | –5 | –4 | –3 | –2 | –1 | 0 |
|---|----|----|----|----|----|----|---|
| p(x) | –1 | –3 | –4 | –3 | –2 | 0 | 2 |

**Aufgabenstellung:** Kreuzen Sie die beiden zutreffenden Aussagen an!

☐ Die absolute Änderung der Funktion im Intervall [–6; –4] beträgt –3.
☐ Die relative Änderung der Funktion im Intervall [–4; 0] bezogen auf den Wert f(–4) ist größer als 0.
☐ Der Differenzenquotient der Funktion im Intervall [–5; –2] beträgt $-\frac{1}{3}$.
☐ Die durchschnittliche Änderung der Funktion im Intervall [–6; –4] ist positiv.
☐ Die relative Änderung der Funktion im Intervall [–3; 0] bezogen auf den Wert f(–3) ist kleiner als 0.

## Aufgabe 17
**Ableitung zweier Funktionen**

Die Summe zweier Funktionen f(x) und g(x) wird abgeleitet.

**Aufgabenstellung:** Kreuzen Sie die richtige Aussage an!

☐ $f'(x) + g'(x)$
☐ $f'(x) \cdot g(x) + f(x) \cdot g'(x)$
☐ $\frac{f'(x) \cdot g(x) - f(x) \cdot g'(x)}{[g(x)]^2}$
☐ $f'(x) + g(x) + f(x) + g'(x)$
☐ $f(x) + g(x)$
☐ existiert nicht

## Aufgabe 18
**Funktionen**

Gegeben sind Begriffe zur Beschreibung von Funktionen.

**Aufgabenstellung:** Vervollständigen Sie den Satz so, dass er mathematisch korrekt ist!

Die Funktion $f(x) = 3x^2 + 6x - 4$ ist eine ① der Funktion $g(x) = $ ②.

① ☐ Stammfunktion
　☐ Ableitungsfunktion
　☐ Umkehrfunktion

② ☐ $3x^2 + 6x$
　☐ $6x + 6$
　☐ $x^3 + 3x^2 - 4$

## Aufgabe 19
**Bewegung eines Körpers**

Die Funktion $F(s) = \sqrt{5s}$ ordnet jeder Strecke s (in m), die ein Körper bewegt wird, die aufzubringende Kraft F(s) (in Newton N) zu.

**Aufgabenstellung:** Stellen Sie die Arbeit W, die notwendig ist, um einen Körper 7 m weit zu bewegen, durch ein Integral dar und berechnen Sie dieses!

**Aufgabe 20**
Befragung

Es werden 12 Personen befragt, wie viele Haustiere sie besitzen. Die Erhebung ergab folgende Antworten:

|              | 1. Person | 2. Person | 3. Person | 4. Person | 5. Person | 6. Person |
|--------------|-----------|-----------|-----------|-----------|-----------|-----------|
| Anzahl Tiere | 1         | 2         | 0         | 0         | 1         | 7         |

|              | 7. Person | 8. Person | 9. Person | 10. Person | 11. Person | 12. Person |
|--------------|-----------|-----------|-----------|------------|------------|------------|
| Anzahl Tiere | 3         | 2         | 2         | 0          | 2          | 2          |

**Aufgabenstellung:** Kreuzen Sie die zutreffende(n) Aussage(n) an!

☐ Die Anzahl der Haustiere der befragten Personen liegt bei durchschnittlich zwei.

☐ Rund 42 % der befragten Personen haben zwei Haustiere.

☐ Mehr als 50 % der befragten Personen haben zwei oder mehr Haustiere.

☐ Der Anteil der befragten Personen ohne Haustier beträgt 30 %.

☐ Mehr als drei Viertel der befragten Personen haben höchstens zwei Haustiere.

**Aufgabe 21**
Schularbeitsergebnis

Bei der letzten Schularbeit in der 8C haben 17 SchülerInnen folgende Noten erhalten:
8C: 1, 1, 1, 1, 2, 2, 2, 2, 2, 3, 4, 5, 5, 5, 5, 5, 5; zwei SchülerInnen haben gefehlt

Das arithmetische Mittel ist $\bar{x} = 3$ und der Median $x_{med} = 2$.

**Aufgabenstellung:** Welche der Aussagen über das arithmetische Mittel bzw. den Median sind richtig? Kreuzen Sie die zutreffende(n) Aussage(n) an!

Hätten die zwei fehlenden SchülerInnen …

☐ … ein „Gut" und ein „Befriedigend" bekommen, würde der Median gleich bleiben.

☐ … ein „Nicht genügend" bekommen, wäre der Median $x_{med} = 3$.

☐ … ein „Nicht genügend" bekommen, wäre das arithmetische Mittel $\bar{x} \approx 3{,}5$.

☐ … ein „Gut" und ein „Befriedigend" bekommen, würde das arithmetische Mittel kleiner.

☐ … ein „Befriedigend" bekommen, wäre der Median $x_{med} = 3$.

## Aufgabe 22
**Ziehen aus der Urne**

Aus einer Urne werden drei Kugeln mit Zurücklegen gezogen. Der Zufallsversuch ist im folgenden Baumdiagramm dargestellt:

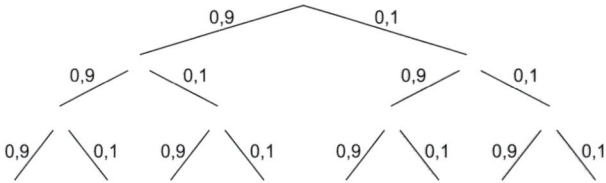

**Aufgabenstellung:** Wie viele rote, grüne und blaue Kugeln sind in der Urne und welches Ereignis ist im Baumdiagramm dargestellt? Kreuzen Sie je eine der angegebenen Möglichkeiten so an, dass eine mathematisch korrekte Aussage entsteht!

Aus einer Urne mit 10 Kugeln, ①, werden die ② Kugeln gezogen.

① ☐ 4 rote, 5 grüne und 1 blaue  ② ☐ roten
  ☐ 2 rote, 5 grüne und 3 blaue     ☐ grünen
  ☐ 4 rote, 3 grüne und 3 blaue     ☐ blauen

## Aufgabe 23
**Nobelrestaurant**

Ein kleines Nobelrestaurant hat 5 Tische. Wegen der hohen Nachfrage werden täglich 6 Reservierungen angenommen, weil üblicherweise 6 % der Gäste nicht kommen, die einen Tisch hätten.

**Aufgabenstellung:** Berechnen Sie, mit wie vielen nicht in Anspruch genommenen Reservierungen das Restaurant an einem Abend rechnen muss!

## Aufgabe 24
**Fischteich**

In einem Fischteich stellen die Fischer Pilzbefall an manchen Tieren fest. Daraufhin werden 250 Tiere gefangen und kontrolliert, um eine Ausbreitung zu verhindern. Vom Amtsarzt wird das Ansteckungsrisiko zwischen den Fischen mit 45 % angegeben.

**Aufgabenstellung:** Berechnen Sie die Wahrscheinlichkeit, dass mindestens die Hälfte der gefangenen Tiere an Pilzbefall leidet und der Teich damit geschlossen werden muss!

## Hinweise und Tipps

**Aufgabe 1**
- Versuchen Sie, die gegebenen Zahlen so exakt wie möglich auszurechnen.

**Aufgabe 2**
- Entscheiden Sie, ob für die Lösung des gegebenen Beispiels eine Gleichung oder ein Gleichungssystem in zwei Variablen notwendig ist.
- Die Antworten 3 und 4 unterscheiden sich nur in der 2. Gleichung. Welche Gleichung passt zu dem Satz „Das Doppelte der ersten Zahl ist um 1 größer als die zweite Zahl"?
- Die Antworten 5 und 6 unterscheiden sich nur in einer Gleichung. Welche Gleichung passt zur Aussage „Es sind insgesamt 35 Tiere"?

**Aufgabe 3**
- Die Zahl 27 wird durch die Ziffern 2 und 7 dargestellt und lässt sich als $2 \cdot 10 + 7$ berechnen.
- Machen Sie sich eine Tabelle, in der Sie die Einer- und Zehnerziffer der beiden Zahlen sowie die beiden Zahlen selbst auflisten.

**Aufgabe 4**
- Hat ein Gleichungssystem unendlich viele Lösungen, dann liegen die Geraden ident.

**Aufgabe 5**
- Der Taucher bewegt sich mit unterschiedlichen Geschwindigkeiten in horizontale und in vertikale Richtung.

**Aufgabe 6**
- Bei der Addition zweier Vektoren werden die Vektoren aneinander gezeichnet und die Summe der beiden Vektoren ist jener Pfeil, der vom ersten Anfangspunkt zum zweiten Endpunkt führt.
- Wird ein Vektor mit einem Skalar a multipliziert, dann ist der Ergebnisvektor a-mal so lang.

**Aufgabe 7**
- Welchen Wert nimmt das Skalarprodukt $\vec{a} \cdot \vec{b}$ ein?

**Aufgabe 8**
- Wie lauten die Definitionen der Winkelfunktionen im rechtwinkligen Dreieck?

**Aufgabe 9**
- Lesen Sie jeweils die Funktionswerte der Funktion auf der y-Achse ab.

# Teil-1-Aufgaben – Probeklausur 1 – Hinweise und Tipps

**Aufgabe 10**  
- Berechnen Sie für jede Funktion f(x + 1) und vergleichen Sie das Ergebnis mit f(x).

**Aufgabe 11**  
- Lineare Funktionen kennzeichnet eine konstante Steigung/Zunahme/Abnahme pro Stück/Zeiteinheit.

**Aufgabe 12**  
- Beobachten Sie jeweils den Punkt (1 | f(1)).
- Überlegen Sie, wie sich das Vorzeichen von z auf den Graphen auswirkt.
- Denken Sie bei den gegebenen Funktionen an die zugehörige Grundfunktion mit a = 1 und b = 0.
- Überlegen Sie, wie sich der Faktor a bei a < 0 bzw. a > 0 auf den Funktionsgraphen auswirkt.
- Wo können Sie b in der Grafik ablesen?

**Aufgabe 13**  
- Welche Beziehung besteht zwischen der Anzahl der Nullstellen einer Polynomfunktion und ihrem Grad?

**Aufgabe 14**  
- Welcher Anteil ist nach Ablauf der Halbwertszeit übrig? Wenn danach die Halbwertszeit noch einmal verstreicht, ist von diesem Anteil erneut nur dieser Anteil übrig.

**Aufgabe 15**  
- Welcher Zusammenhang besteht zwischen den Parametern a und b in der allgemeinen Gleichung $f(x) = a \cdot \sin(bx)$ und der Amplitude sowie der kleinsten Periode?

**Aufgabe 16**  
- Die absolute Änderung beschreibt den tatsächlichen Zuwachs (die tatsächliche Abnahme) einer Funktion auf dem Intervall [a; b]: $f(b) - f(a)$
- Die mittlere oder durchschnittliche Änderung (= Differenzenquotient) beschreibt den durchschnittlichen Zuwachs (die durchschnittliche Abnahme) einer Funktion auf dem Intervall [a; b]: $\frac{f(b) - f(a)}{b - a}$
- Die relative Änderung beschreibt den Zuwachs (die Abnahme) einer Funktion auf dem Intervall, bezogen auf den Anfangswert der Funktion im Intervall [a; b]: $\frac{f(b) - f(a)}{f(a)}$

**Aufgabe 17**  
- Es gibt eine einfache Regel für die Ableitung einer Summe von Funktionen.

**Aufgabe 18** ✏ Differenzieren bzw. integrieren Sie die gegebenen Funktionen.

**Aufgabe 19** ✏ Die Arbeit W lässt sich mit $W = \int_a^b F(s)\,ds$ berechnen. Die Einheit der Arbeit wird mit Joule (J) angegeben.
✏ Überlegen Sie, was die Grenzen des Integrals sein können. Denken Sie an den zurückgelegten Weg.

**Aufgabe 20** ✏ Berechnen Sie das arithmetische Mittel.
✏ Wie viele der 12 befragten Personen haben genau 2 Haustiere, wie viele haben 2 oder mehr, wie viele haben 2 oder weniger?

**Aufgabe 21** ✏ Wie verändert sich das arithmetische Mittel bzw. der Median, wenn 2 Daten hinzukommen?

**Aufgabe 22** ✏ Wie können sich die Wahrscheinlichkeiten 0,1 bzw. 0,9 ergeben?

**Aufgabe 23** ✏ Gefragt ist, wie viele nicht in Anspruch genommene Reservierungen das Restaurant *erwarten* kann.

**Aufgabe 24** ✏ Mindestens die Hälfte des Fischbestandes heißt mindestens 125 Tiere. Berechnen Sie über die Standardisierungsformel z und verwenden Sie die $\Phi(0;1)$-Tabelle.

## Lösungsvorschlag

**Aufgabe 1**
Zahlenmengen

| $3{,}67 \cdot 10^2 \in \mathbb{Z}$ | $\frac{2\pi}{3} \in \mathbb{Q}$ | $\frac{\sqrt[3]{64}}{2} \in \mathbb{N}$ | $\frac{\sqrt{3}}{3} \in \mathbb{Q}$ | $3 \cdot 10^{-2} \in \mathbb{Z}$ |
|---|---|---|---|---|
| **X** | ☐ | **X** | ☐ | ☐ |

- $3{,}67 \cdot 10^2 = 3{,}67 \cdot 100 = 367 \in \mathbb{Z}$ und $\frac{\sqrt[3]{64}}{2} = \frac{\sqrt[3]{4^3}}{2} = \frac{4}{2} = 2 \in \mathbb{N}$
- $\frac{2\pi}{3} \notin \mathbb{Q}$ wegen $\pi \notin \mathbb{Q}$; $\frac{\sqrt{3}}{3} \notin \mathbb{Q}$ wegen $\sqrt{3} \notin \mathbb{Q}$ und $3 \cdot 10^{-2} = 3 \cdot 0{,}01 = 0{,}03 \notin \mathbb{Z}$

**Aufgabe 2**
Gleichungen und Gleichungssysteme

| $x - y = 34$ | $x = 34 - y$ | I: $x + y = 38$<br>II: $y = 2x - 1$ | I: $x + y = 38$<br>II: $y = 2x + 1$ | I: $4x + 2y = 94$<br>II: $x = 2y$ | I: $x + y = 35$<br>II: $4x + 2y = 94$ |
|---|---|---|---|---|---|
| **B** | ☐ | **A** | ☐ | ☐ | **C** |

- Lösungsweg **A**: Die erste Zahl sei x, die zweite Zahl y. Das Doppelte der ersten Zahl ist 2x, die Summe beider Zahlen x + y. Daher sind es zwei Gleichungen in zwei Variablen:
  I: $x + y = 38$
  II: $y = 2x - 1$

- Lösungsweg **B**: Die erste Zahl sei x, die zweite Zahl y. Die Differenz beider Zahlen ist x – y. Sie beträgt 34, daher ist $x - y = 34$.

- Lösungsweg **C**: Die Anzahl der Kaninchen sei x, die Anzahl der Hühner y. Die Anzahl der Kaninchenbeine ist 4x, die Anzahl der Hühnerbeine ist 2y. Daher sind es zwei Gleichungen in zwei Variablen:
  I: $x + y = 35$
  II: $4x + 2y = 94$

**Aufgabe 3**
Zahlenrätsel

☐ $(x+7) + x + x + (x+7) = 99$
☐ $2 \cdot ((x+7) + x) = 99$
**X** $(x+7) \cdot 10 + x + x \cdot 10 + (x+7) = 99$
**X** $(x+7) \cdot 10 + x = 99 - (x \cdot 10 + (x+7))$
☐ $2 \cdot (10x + 7 + x) = 99$

|  | Zehnerziffer | Einerziffer | Zahl |
|---|---|---|---|
| 1. Zahl | $x + 7$ | $x$ | $(x+7) \cdot 10 + x$ |
| 2. Zahl | $x$ | $x + 7$ | $x \cdot 10 + (x+7)$ |

1. Zahl + 2. Zahl = 99

## Aufgabe 4
**Lösungen von Gleichungssystemen**

Das Gleichungssystem $ax+by=c$ und $dx+ey=f$ hat bei **a=d, b=e, c=f** unendlich viele Lösungen. Die entsprechenden Geraden im Koordinatensystem liegen zueinander **ident**.

- Bei $a=d$, $b=e$, $c \neq f$ hat das Gleichungssystem keine Lösung.
- Im letzten Fall kann keine allgemeingültige Aussage getroffen werden.

## Aufgabe 5
**Tauchen**

$\vec{v} = \begin{pmatrix} 85 \\ -1{,}5 \end{pmatrix}$

Nach Ablauf von 15 Minuten ist der Taucher $15 \cdot 1{,}5 = $ **22,5 Meter** tiefer.

## Aufgabe 6
**Vektoren veranschaulichen**

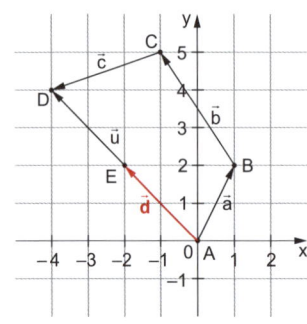

$\vec{a} = \begin{pmatrix} 1 \\ 2 \end{pmatrix}$

$\vec{b} = \begin{pmatrix} -2 \\ 3 \end{pmatrix}$

$\vec{c} = \begin{pmatrix} -3 \\ -1 \end{pmatrix}$

$\vec{u} = \vec{a} + \vec{b} + \vec{c} = \begin{pmatrix} -4 \\ 4 \end{pmatrix}$

$\vec{d} = \frac{1}{2}\vec{u} = \begin{pmatrix} -2 \\ 2 \end{pmatrix}$

- Die drei Vektoren $\vec{a}$, $\vec{b}$ und $\vec{c}$ werden aneinander gezeichnet.
- Der Summenvektor wird halbiert.

## Aufgabe 7
**Normalvektor**

Für Vektoren, die einen rechten Winkel einschließen, gilt $\vec{a} \cdot \vec{b} = 0$.

$\begin{pmatrix} 3 \\ 4 \end{pmatrix} \cdot \begin{pmatrix} -8 \\ 6 \end{pmatrix} = 3 \cdot (-8) + 4 \cdot 6 = 0$

## Aufgabe 8
**Definition von Winkelfunktionen**

Dreieck 1: $\cos \alpha_1 = \frac{f}{e}$     Dreieck 2: $\tan \beta_1 = \frac{h}{g}$

Dreieck 3: $\sin \gamma_2 = \frac{\ell}{k}$     Dreieck 4: $\cos \delta_2 = \frac{a}{b}$

- $\sin \alpha = \frac{\text{Gegenkathete}}{\text{Hypotenuse}}$ ; $\cos \alpha = \frac{\text{Ankathete}}{\text{Hypotenuse}}$ ; $\tan \alpha = \frac{\text{Gegenkathete}}{\text{Ankathete}}$

## Aufgabe 9
Wertetabelle einer reellen Funktion

| korrekt | x | y |
|---|---|---|
| ☐ | −1,5 | 1 |
| ☐ | −1,5 | −1 |
| ☐ | 4 | 0 |
| ☒ | 3,5 | 1 |
| ☐ | 2,5 | 0,5 |
| ☐ | 0 | −4 |

$f(-1,5) = -2$

$f(4) = 4$
$f(3,5) = 1$
$f(2,5) \approx -0,6$
$f(0) = 4$

## Aufgabe 10
Erhöhung des Arguments um 1

- **D** $f(x+1) = 2 \cdot f(x)$
- **F** $f(x+1) = f(x)$
- **B** $f(x+1) = f(x) + 1$
- **C** $f(x+1) = f(x) + 2$

- $f(x) = x^2 \quad \Rightarrow \quad f(x+1) = (x+1)^2 = x^2 + 2x + 1$
- $f(x) = x + 2 \quad \Rightarrow \quad f(x+1) = (x+1) + 2 = x + 3 = (x+2) + 1 = f(x) + 1$
- $f(x) = 2x \quad \Rightarrow \quad f(x+1) = 2(x+1) = 2x + 2 = f(x) + 2$
- $f(x) = 2^x \quad \Rightarrow \quad f(x+1) = 2^{x+1} = 2^x \cdot 2 = f(x) \cdot 2$
- $f(x) = \frac{2}{x} \quad \Rightarrow \quad f(x+1) = \frac{2}{x+1}$
- $f(x) = 2 \quad \Rightarrow \quad f(x+1) = 2 = f(x)$

## Aufgabe 11
Funktionen bewerten

- ☐ In einer Fabrik erhalten die Arbeitnehmerinnen und Arbeitnehmer jeder ein monatliches Fixum und 11 Euro pro Stunde.
- ☐ Die Anreise in den Urlaub hat eine Gesamtlänge von 645 km. Es kann mit einer Durchschnittsgeschwindigkeit von 110 km/h gerechnet werden.
- ☒ Die Arbeiter am Fließband erhalten kein Fixum, aber im ersten Monat 5 Euro pro Stunde, im zweiten 6 Euro, im dritten 7 Euro usw., bis zu einem Höchstwert von 25 Euro pro Stunde.
- ☐ Zu Beginn ist das Pool komplett leer. Durch den Schlauch fließen gleichmäßig 12 ℓ pro Minute in das Becken.
- ☐ Äpfel kosten am Markt 0,99 Euro pro Kilo.
- ☐ Ein Werkstoff hat zu Beginn des Experiments 25 cm Länge und dehnt sich bei Erwärmung um 1° um $\frac{1}{4}$ cm.

- Bei der dritten Aussage ist die Zunahme nicht konstant, da ab dem Höchstwert keine weitere Zunahme mehr erfolgt.

**Aufgabe 12**
Funktionsgraphen und Funktionsgleichungen

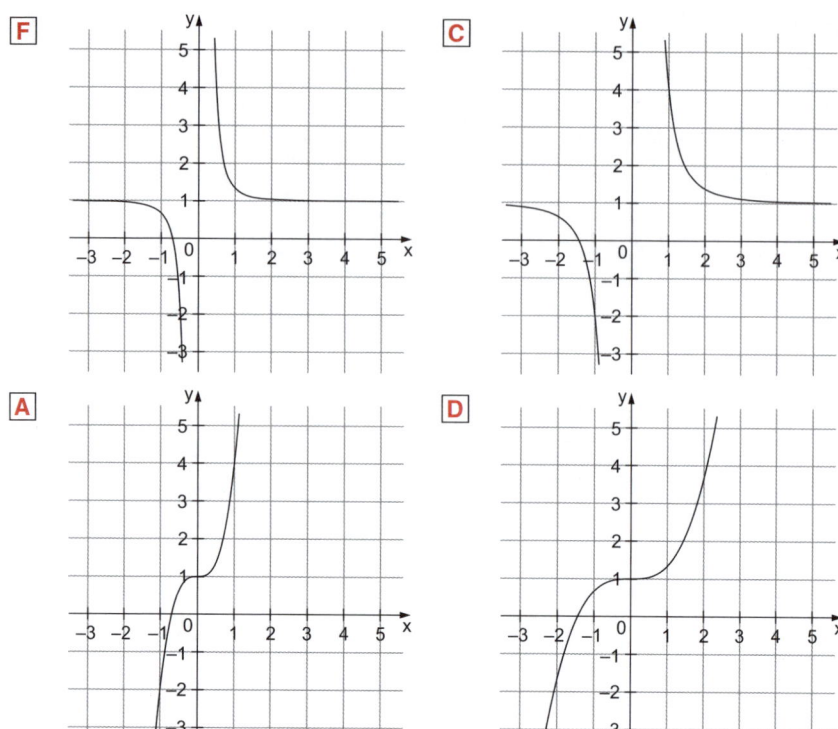

Links sehen Sie den Graphen der Funktion $g(x) = x^{-3}$ in roter Farbe. Die Funktionsgleichung wird nun so verändert, dass die Potenz mit unterschiedlichen Faktoren multipliziert und mit verschiedenen Summanden ergänzt wird. Die zugehörigen Funktionsgraphen sind in unterschiedlichen Linienarten dargestellt.

Rechts sehen Sie dasselbe mit der Funktion $g(x) = x^3$.

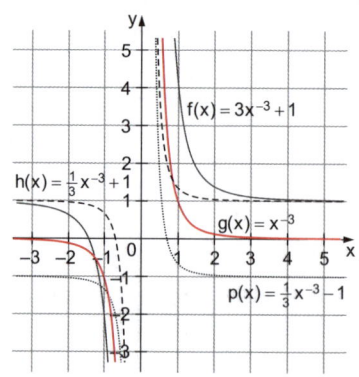
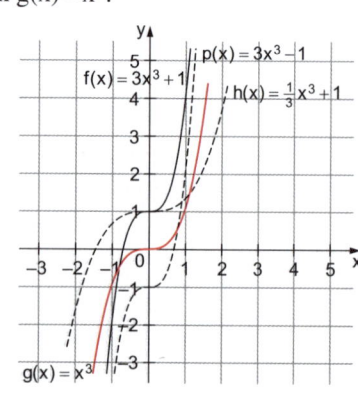

# Teil-1-Aufgaben – Probeklausur 1 – Lösungsvorschlag

**Aufgabe 13**
Polynomfunktionen

Der Graph einer Polynomfunktion 4. Grades hat **höchstens** drei **Extremwerte**.

- Eine Polynomfunktion n. Grades hat höchstens n Nullstellen. Da die 1. Ableitung den Grad n–1 hat, geht es hier um die Nullstellen der Ableitung, also um die Maximalanzahl von Extremwerten.

**Aufgabe 14**
Chemischer Zerfall

Es sind noch **25 %** oder $\frac{1}{4}$ übrig.

- Die Zeitspanne von 10,4 Jahren entspricht der doppelten Halbwertszeit. Vom Stoff ist nach 5,2 Jahren noch die Hälfte, nach 10,4 Jahren also nur die Hälfte von der Hälfte übrig: $\frac{1}{2} \cdot \frac{1}{2} = \frac{1}{4}$

**Aufgabe 15**
Allgemeine Sinusfunktion

$f_2$

- In der allgemeinen Gleichung $f(x) = a \cdot \sin(bx)$ ist a die Amplitude. Für die kleinste Periode p gilt $p = \frac{2\pi}{b}$. Gefordert ist $a = 3$ und $p = \pi$.

**Aufgabe 16**
Änderungsmaße einer Funktion

- [X] Die absolute Änderung der Funktion im Intervall [–6; –4] beträgt –3.
- [ ] Die relative Änderung der Funktion im Intervall [–4; 0] bezogen auf den Wert f(–4) ist größer als 0.
- [ ] Der Differenzenquotient der Funktion im Intervall [–5; –2] beträgt $-\frac{1}{3}$.
- [ ] Die durchschnittliche Änderung der Funktion im Intervall [–6; –4] ist positiv.
- [X] Die relative Änderung der Funktion im Intervall [–3; 0] bezogen auf den Wert f(–3) ist kleiner als 0.

- $f(-4) - f(-6) = -4 - (-1) = -4 + 1 = -3$
- $\frac{f(0) - f(-4)}{f(-4)} = \frac{2 - (-4)}{-4} = \frac{2+4}{-4} = \frac{6}{-4} = -1{,}5 < 0$
- $\frac{f(-2) - f(-5)}{-2 - (-5)} = \frac{-2 - (-3)}{-2 + 5} = \frac{-2+3}{3} = \frac{1}{3}$
- $\frac{f(-4) - f(-6)}{-4 - (-6)} = \frac{-4 - (-1)}{-4 + 6} = \frac{-4+1}{2} = \frac{-3}{2} < 0$
- $\frac{f(0) - f(-3)}{f(-3)} = \frac{2 - (-3)}{-3} = \frac{2+3}{-3} = -\frac{5}{3} < 0$

## Aufgabe 17
**Ableitung zweier Funktionen**

- [X] $f'(x) + g'(x)$
- [ ] $f'(x) \cdot g(x) + f(x) \cdot g'(x)$
- [ ] $\dfrac{f'(x) \cdot g(x) - f(x) \cdot g'(x)}{[g(x)]^2}$
- [ ] $f'(x) + g(x) + f(x) + g'(x)$
- [ ] $f(x) + g(x)$
- [ ] existiert nicht

✏ Jede Funktion wird für sich abgeleitet.
✏ Die zweite Aussage stellt die Produktregel, die dritte die Quotientenregel dar.

## Aufgabe 18
**Funktionen**

Die Funktion $f(x) = 3x^2 + 6x - 4$ ist eine **Stammfunktion** der Funktion $g(x) = \mathbf{6x + 6}$.

✏ Die Ableitung der gegebenen Funktion $f(x)$ ist $f'(x) = 6x + 6$.
✏ Die Ableitung der Funktion $g(x) = x^3 + 3x^2 - 4$ ist $g'(x) = 3x^2 + 6x$.

## Aufgabe 19
**Bewegung eines Körpers**

$$W = \int_0^7 F(s)\,ds = \int_0^7 \sqrt{5s}\,ds = \sqrt{5} \cdot \frac{2}{3} \cdot s^{\frac{3}{2}} \Big|_0^7 = \sqrt{5} \cdot \frac{2}{3} \cdot (7^{\frac{3}{2}} - 0^{\frac{3}{2}}) \approx \mathbf{27{,}61\ J}\ \text{(Joule)}$$

✏ Es ist $\sqrt{s} = s^{\frac{1}{2}}$.

## Aufgabe 20
**Befragung**

- [ ] Die Anzahl der Haustiere der befragten Personen liegt bei durchschnittlich zwei.
- [X] Rund 42 % der befragten Personen haben zwei Haustiere.
- [X] Mehr als 50 % der befragten Personen haben zwei oder mehr Haustiere.
- [ ] Der Anteil der befragten Personen ohne Haustier beträgt 30 %.
- [X] Mehr als drei Viertel der befragten Personen haben höchstens zwei Haustiere.

✏ Das arithmetische Mittel ist: $\overline{x} = \dfrac{1+2+1+7+3+2+2+2+2}{12} = \dfrac{22}{12} \approx 1{,}8$

## Aufgabe 21
**Schularbeits-ergebnis**

Hätten die zwei fehlenden SchülerInnen …

☒ … ein „Gut" und ein „Befriedigend" bekommen, würde der Median gleich bleiben.

☒ … ein „Nicht genügend" bekommen, wäre der Median $x_{med} = 3$.

☐ … ein „Nicht genügend" bekommen, wäre das arithmetische Mittel $\overline{x} \approx 3{,}5$.

☒ … ein „Gut" und ein „Befriedigend" bekommen, würde das arithmetische Mittel kleiner.

☒ … ein „Befriedigend" bekommen, wäre der Median $x_{med} = 3$.

✎ Wenn die zwei fehlenden SchülerInnen ein „Nicht genügend" bekommen, haben nur 9 von 19 SchülerInnen die Note „Gut" oder „Sehr gut", also wäre der Median $x_{med} = 3$; für das arithmetische Mittel ergäbe sich:

$$\overline{x} = \frac{17 \cdot 3 + 5 + 5}{19} = \frac{61}{19} \approx 3{,}2$$

✎ Analog ergibt sich bei „Gut" und „Befriedigend":

$$\overline{x} = \frac{17 \cdot 3 + 2 + 3}{19} = \frac{56}{19} \approx 2{,}9 < 3$$

## Aufgabe 22
**Ziehen aus der Urne**

Aus einer Urne mit 10 Kugeln, **4 rote, 5 grüne und 1 blaue**, werden die **blauen** Kugeln gezogen.

✎ $10 \cdot 0{,}1 = 1$, also muss es eine Farbe mit genau 1 Kugel geben.

## Aufgabe 23
**Nobelrestaurant**

Erwartungswert $E(X) = n \cdot p = 6 \cdot 0{,}06 = \mathbf{0{,}36}$

✎ Es werden $n = 6$ Reservierungen angenommen, von denen jede mit einer Wahrscheinlichkeit von $p = 0{,}06$ nicht wahrgenommen wird.

## Aufgabe 24
**Fischteich**

ca. **5,59 %**

✎ Mit $n = 250$, $k = 125$ und $p = 0{,}45$ liefert die Standardisierungsformel:

$$z = \frac{125 - 250 \cdot 0{,}45}{\sqrt{250 \cdot 0{,}45 \cdot (1 - 0{,}45)}} \approx 1{,}589$$

✎ Damit folgt:

$$P(\text{mindestens 125 Tiere befallen}) = 1 - P(\text{weniger als 125 Tiere befallen})$$
$$\approx 1 - \Phi(1{,}589) \approx 1 - 0{,}9441 = 0{,}0559$$
$$= 5{,}59\,\%$$

## Schriftliche Reifeprüfung – Mathematik
## Teil-1-Aufgaben – Probeklausur 2

**Aufgabe 1**
Lösungen einer quadratischen Gleichung

Gegeben ist eine quadratische Gleichung der Form $ax^2+bx+c=0$ mit $a\neq 0$.
**Aufgabenstellung:** Kreuzen Sie die beiden zutreffenden Aussagen an!

☐ Die Gleichung hat immer Lösung(en) in $\mathbb{R}$.
☐ Es gibt entweder gar keine, genau eine oder unendlich viele Lösungen in $\mathbb{R}$.
☐ Es gibt entweder genau eine, genau zwei oder gar keine Lösung in $\mathbb{R}$.
☐ Es muss immer zumindest eine reelle Lösung geben.
☐ Die Gleichung hat immer Lösung(en) in $\mathbb{C}$.

**Aufgabe 2**
Gekochtes Gemüse

Gemüse verliert beim Kochen $\frac{1}{10}$ seines Volumens, weil ein Teil des enthaltenen Wassers verdampft.
**Aufgabenstellung:** Stellen Sie eine Gleichung für das Volumen des gekochten Gemüses auf, die diesen Sachverhalt mathematisch beschreibt!

**Aufgabe 3**
Lineare Gleichungen

Zu jeder gegebenen Gleichung passt genau ein Objekt (Graph, Punkt des Graphen oder Interpretation).
**Aufgabenstellung:** Ordnen Sie jeder Gleichung das entsprechende Objekt zu!

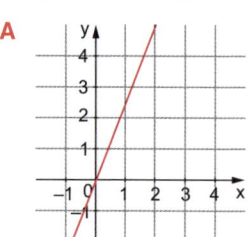

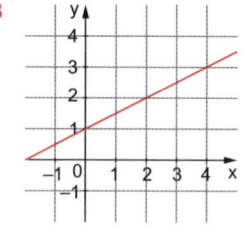

**A** (Graph mit steil steigender Gerade)

**B** (Graph mit flach steigender Gerade)

**C** P(4|5) liegt auf dem Graphen.

**D** Die Steigung beträgt $-1$.

**E** Die Steigung beträgt $-\frac{1}{2}$.

**F** Die Größen x und y stehen in einem direkt proportionalen Verhältnis.

| $-x+2y=2$ | $5x-2y=10$ | $x+y=5$ | $7y=3x$ |
|---|---|---|---|
| ☐ | ☐ | ☐ | ☐ |

# Teil-1-Aufgaben – Probeklausur 2

**Aufgabe 4**
Lösungsmenge quadratischer Gleichungen

Gegeben sind quadratische Gleichungen, verschiedene Zahlenmengen als Grundmenge sowie die Lösungsmenge.

**Aufgabenstellung:** Kreuzen Sie je eine der angegebenen Möglichkeiten so an, dass eine mathematisch korrekte Aussage entsteht!

Die Gleichung ① hat in der Grundmenge der ② die Lösungsmenge L = {−2}.

① ☐ $3x^2 + x - 10 = 0$
  ☐ $\frac{x^2}{4} + \frac{x}{2} = 0$
  ☐ $3x^2 = 12$

② ☐ reellen Zahlen
  ☐ ganzen Zahlen
  ☐ rationalen Zahlen

**Aufgabe 5**
Gleichungssysteme

Gegeben sind Gleichungssysteme in zwei Variablen und Grafiken zweier Geraden.

**Aufgabenstellung:** Ordnen Sie den Grafiken die entsprechenden Gleichungssysteme zu!

A, B, 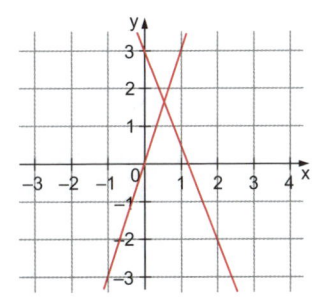 C, 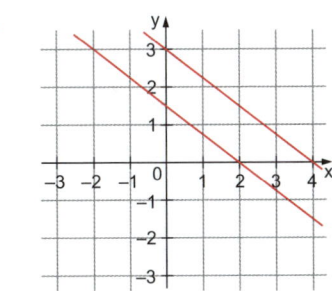 D (Grafiken)

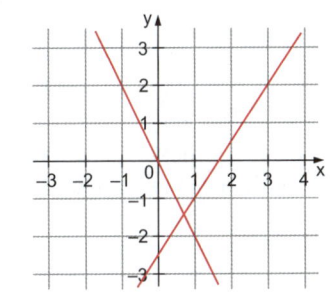

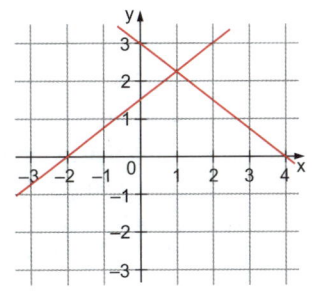

☐ I: $y = -\frac{2}{5}x + 3$
  II: $y = \frac{1}{3}x$

☐ I: $-2x + 3y = 5$
  II: $2x + y = 0$

☐ I: $y = -2,5x + 3$
  II: $y = 3x$

☐ I: $3x - 2y = 5$
  II: $2x + y = 0$

☐ I: $-3x + 4y = 6$
  II: $1,5x + 2y = 6$

☐ I: $3x + 4y = 6$
  II: $1,5x + 2y = 6$

**Aufgabe 6**
Container

Auf ein Schiff werden Waren in drei unterschiedliche Typen von Containern geladen. Es gibt die kleinen 20-Fuß-Container, die Standard 40-Fuß-Container und die High-Cube-Container.

Der Vektor $C = \begin{pmatrix} 33{,}3 \\ 67{,}7 \\ 76{,}3 \end{pmatrix}$ gibt das Volumen der drei Container in m³ an.

Der Vektor $Z = \begin{pmatrix} 105 \\ 304 \\ z \end{pmatrix}$ gibt die Anzahl der Container pro Typ an.

Die Container haben insgesamt ein Volumen von rund 27 000 m³.

**Aufgabenstellung:** Berechnen Sie, wie viele High-Cube-Container geladen wurden!

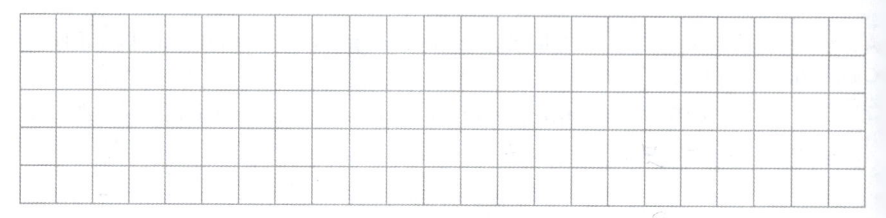

**Aufgabe 7**
Skalarmultiplikation

Gegeben sind zwei Vektoren $\vec{a} = \begin{pmatrix} x_a \\ y_a \end{pmatrix}$ und $\vec{b} = \begin{pmatrix} x_b \\ y_b \end{pmatrix}$.

**Aufgabenstellung:** Wie wird die Skalarmultiplikation der beiden Vektoren berechnet? Kreuzen Sie die beiden zutreffenden Aussagen an!

| $x_a \cdot x_b + y_a \cdot y_b$ | $\begin{pmatrix} x_a \cdot x_b \\ y_a \cdot y_b \end{pmatrix}$ | $x_a \cdot x_b - y_a \cdot y_b$ | $\sqrt{x_a \cdot x_b + y_a \cdot y_b}$ | $\begin{pmatrix} x_a \\ y_a \end{pmatrix} \cdot \begin{pmatrix} x_b \\ y_b \end{pmatrix}$ |
|---|---|---|---|---|
| ☐ | ☐ | ☐ | ☐ | ☐ |

**Aufgabe 8**
Würfel

Gegeben ist ein Würfel mit der Seitenlänge a.

**Aufgabenstellung:** Geben Sie im rechtwinkligen Dreieck ACG drei Möglichkeiten an, φ mittels Winkelfunktionen zu berechnen!

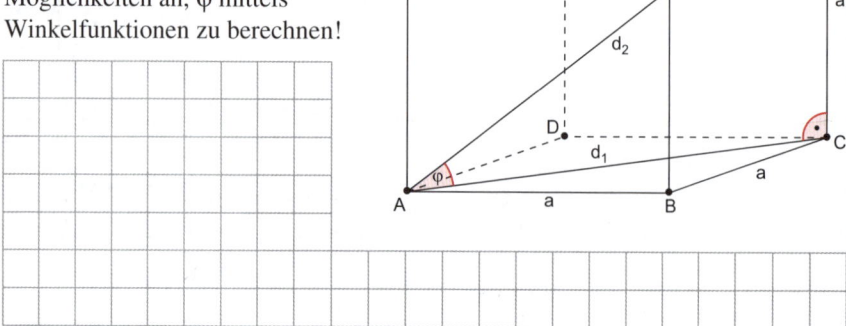

# Teil-1-Aufgaben – Probeklausur 2

**Aufgabe 9**
*Funktionale Zuordnungen erkennen*

Die jeweils zweite Größe steht in Abhängigkeit zur ersten. Bei welchen der gegebenen Zusammenhänge kann von einer Funktion gesprochen werden?

**Aufgabenstellung:** Kreuzen Sie die zutreffende(n) Zuordnung(en) an!

- ☐ Person ↦ Schuhgröße
- ☐ Jedem Staat wird seine Verschuldung zugeordnet.
- ☐ Jedem Betrag wird die Person zugeordnet, die diesen Betrag verdient.
- ☐ Geburtstag ↦ Person
- ☐ Person ↦ Geburtstag

**Aufgabe 10**
*Formeln mit mehreren Variablen*

Gegeben ist die Formel $x = \dfrac{5st^2}{ru^2}$ mit $r, s, t, u \in \mathbb{R}^+$. Sind die Variablen – bis auf eine – konstant, so ist x nur von dieser einen Variablen abhängig und kann als Funktion dieser Variablen aufgefasst werden.

**Aufgabenstellung:** Welcher Funktionstyp entspricht welchem Graphen? Tragen Sie die Buchstaben in die Kästchen der zutreffenden Bedingungen für die Variablen ein!

**A**, **B**, 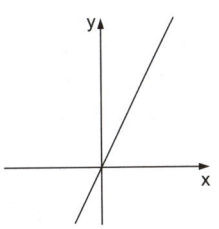 **C**, 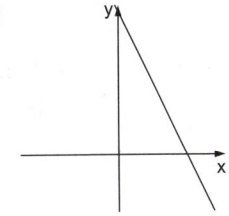 **D**, 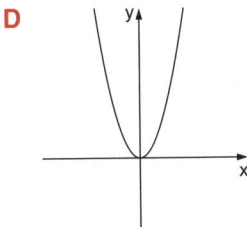 **E**, 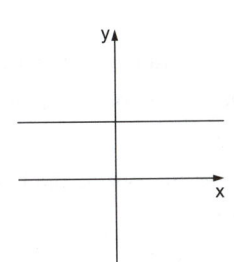 **F**

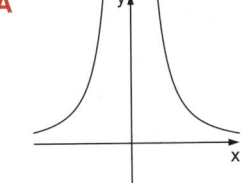

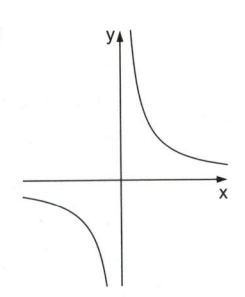

| r, t, u sind konstant, x = f(s) | r, s, u sind konstant, x = f(t) | s, t, u sind konstant, x = f(r) | r, s, t sind konstant, x = f(u) |
|---|---|---|---|
| ☐ | ☐ | ☐ | ☐ |

**Aufgabe 11**
Bremsvorgang

Bei einem gleichmäßigen Bremsvorgang kann mit der Formel $v = v_0 - b \cdot t$ die Geschwindigkeit des Fahrzeuges in Abhängigkeit der Zeit bestimmt werden.

**Aufgabenstellung:** Zeichnen Sie den zugehörigen Funktionsgraphen für $v_0 = 135$ km/h, $b = 15$ km/h (pro Sekunde), bis das Fahrzeug zum Stillstand gekommen ist!

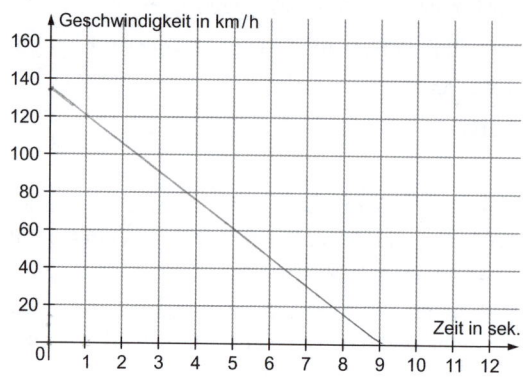

**Aufgabe 12**
Potenzfunktionen

Gegeben sind sechs Gleichungen von Potenzfunktionen.

**Aufgabenstellung:** Kreuzen Sie jene Funktionsgleichung an, die weder das Wertepaar (0|0) noch das Wertepaar (1|1) enthält!

| f(x) = x² | g(x) = x³ | h(x) = x⁻² | p(x) = –x⁻² | q(x) = –x² | r(x) = x^0,5 |
|---|---|---|---|---|---|
| ☐ | ☐ | ☐ | ☐ | ☐ | ☐ |

($f(x) = x^2$, $g(x) = x^3$, $h(x) = x^{-2}$, $p(x) = -x^{-2}$, $q(x) = -x^2$, $r(x) = x^{0,5}$)

**Aufgabe 13**
Kubische Funktion

Gegeben ist die Funktionsgleichung $f(x) = a \cdot x^3 + b$ mit $a, b \in \mathbb{R}$.

**Aufgabenstellung:** Vervollständigen Sie den folgenden Satz so, dass er mathematisch korrekt ist!

Ist ①, dann ist der zugehörige Funktionsgraph im Vergleich zum Graphen von $g(x) = x^3$ stets ②.

① ☐ $a < 0$ und $b < 0$
☐ $a < 0$ und $b > 0$
☐ $a > 1$ und $b < 0$

② ☐ breiter und in den positiven y-Bereich verschoben
☐ schmäler und in den negativen y-Bereich verschoben
☐ gespiegelt an der x-Achse und breiter

## Aufgabe 14
**Polynomfunktionen**

Gegeben sind die Graphen von drei Polynomfunktionen:

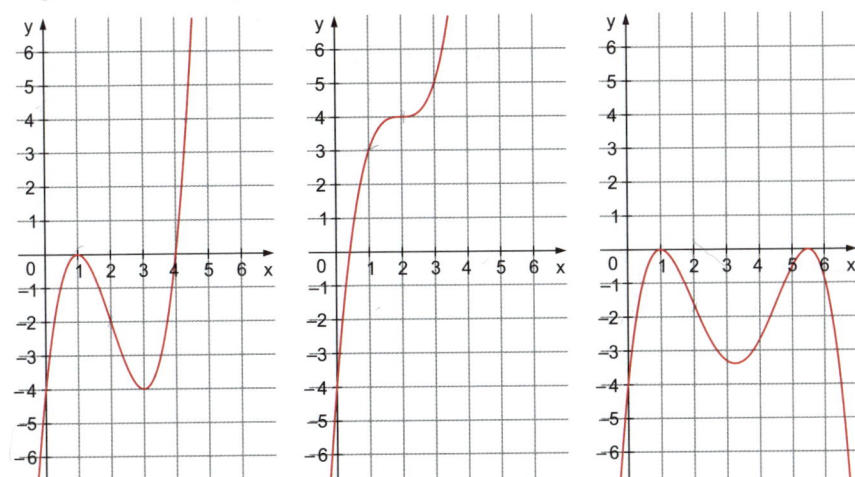

**Aufgabenstellung:** Welche Eigenschaften gelten für alle drei Graphen? Kreuzen Sie die Aussage/n an, die für alle drei Graphen zutrifft/zutreffen!

- ☐ An der Stelle $x = 1$ befindet sich eine Nullstelle.
- ☐ Im Intervall $(2; \infty)$ ist die Funktion positiv gekrümmt.
- ☐ Die y-Achse wird bei $y = -4$ geschnitten.
- ☐ An der Stelle $x = 2$ ändert sich das Krümmungsverhalten.
- ☐ Im Intervall $(-\infty; 1)$ ist die Funktion streng monoton steigend.

## Aufgabe 15
**Polynomfunktion**

Gegeben ist der Graph einer Polynomfunktion.

**Aufgabenstellung:** Kreuzen Sie je eine der angegebenen Möglichkeiten so an, dass eine mathematisch korrekte Aussage entsteht!

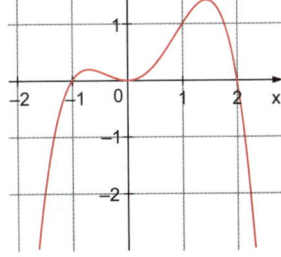

Die Abbildung zeigt eine Polynomfunktion, die zwei ① besitzt und deren ② sich dreimal ändert.

① ☐ Nullstellen
  ☐ Extremwerte
  ☐ Wendepunkte

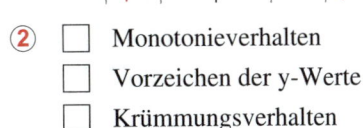

② ☐ Monotonieverhalten
  ☐ Vorzeichen der y-Werte
  ☐ Krümmungsverhalten

## Aufgabe 16
**Allgemeine Sinusfunktion**

Gegeben sind die Graphen der Funktionen:
$f(x) = \sin x$, $g(x) = \sin(tx)$, $h(x) = t \cdot \sin x$ mit $t > 1$

**Aufgabenstellung:** Beschriften Sie die Graphen!

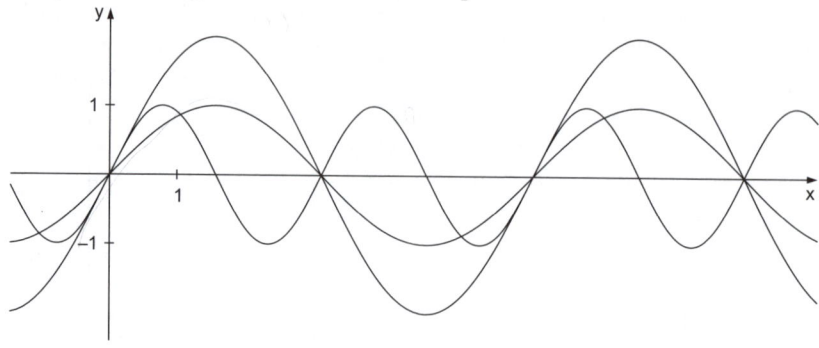

## Aufgabe 17
**Tauchsicherheit**

Beim Tauchen nimmt der Druck (p in bar) unter Wasser mit steigender Tiefe (t in m) zu. Die Funktion p(t) beschreibt diesen Zusammenhang.

**Aufgabenstellung:** Interpretieren Sie die Ausdrücke $p(35) - p(17)$ sowie $\dfrac{p(35) - p(17)}{p(17)}$ in diesem Zusammenhang!

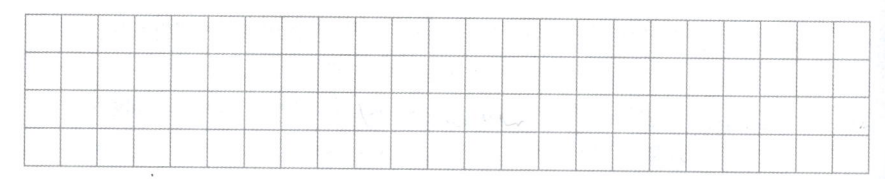

## Aufgabe 18
**Ableitung von Polynomfunktionen**

Gegeben ist die Polynomfunktion $f(x) = 3x^2 + 5x - 3$.

**Aufgabenstellung:** Geben Sie die Ableitungsfunktionen f'(x) und f''(x) an!

f'(x) = _____ ; f''(x) = _____

## Aufgabe 19
**Spezielle Punkte einer Funktion**

Gegeben sind Begriffe zu Funktionen.

**Aufgabenstellung:** Vervollständigen Sie den Satz so, dass er mathematisch korrekt ist!

Hat die Ableitungsfunktion f'(x) an einer Stelle ①, dann kann die Funktion f(x) an dieser Stelle ② haben.

① ☐ ein Extremum
  ☐ eine Lücke
  ☐ eine Nullstelle

② ☐ keinen Wendepunkt
  ☐ keine Nullstelle
  ☐ ein Extremum

**Aufgabe 20**
Flächenberechnung

Der Graph der Funktion f schließt mit der x-Achse im Intervall [a; b] ein Flächenstück ein. Der Flächeninhalt A des beschriebenen Flächenstücks wird von $A_4$ angenähert (färbig markierte Fläche in der Grafik):
$A_4 = \Delta x \cdot f(x_1) + \Delta x \cdot f(x_2) + \Delta x \cdot f(x_3) + \Delta x \cdot f(x_4)$

**Aufgabenstellung:** Kreuzen Sie die zutreffende(n) Aussage(n) an!

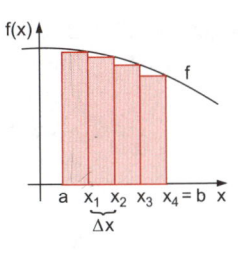

☐ Die Variable $\Delta x$ ist die gleichbleibende „Breite der Rechteckstreifen" bei einer Unterteilung des Intervalls [a; b] in vier Teilintervalle.

☐ Wird im Intervall [a; b] die Anzahl der Teilintervalle $[x_i; x_{i+1}]$ verdoppelt, dann wird der Wert von $\Delta x$ halbiert.

☐ Die Variable $\Delta x$ bleibt bei unterschiedlichen Unterteilungen des Intervalls [a; b] gleich groß.

☐ Wird im Intervall [a; b] die Anzahl der Teilintervalle $[x_i; x_{i+1}]$ verdoppelt, dann liegt der Flächeninhalt $A_8 = \Delta x \cdot f(x_1) + \Delta x \cdot f(x_2) + ... + \Delta x \cdot f(x_8)$ näher beim Flächeninhalt A des Flächenstücks unter der Kurve.

☐ Die Werte $f(x_i)$ sind die „Höhen der Rechteckstreifen" und bleiben bei verschiedenen Unterteilungen des Intervalls [a; b] gleich.

**Aufgabe 21**
Gehälter

Der Boxplot in der Abbildung gibt einen Überblick über das Bruttojahreseinkommen der Angestellten eines Unternehmens in Euro:

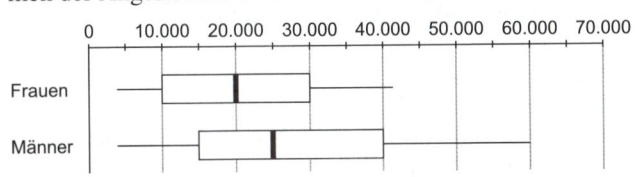

**Aufgabenstellung:** Welche der folgenden Aussagen stimmen mit der Grafik überein? Kreuzen Sie die zutreffende(n) Aussage(n) an!

☐ 25 % der Frauen verdienen weniger als 10.000 Euro im Jahr.

☐ Das bestverdienende Viertel der Männer verdient jährlich zwischen 40.000 Euro und 60.000 Euro.

☐ Das arithmetische Mittel beim Jahreseinkommen der Frauen beträgt 20.000 Euro.

☐ 75 % der Männer verdienen mindestens 15.000 Euro im Jahr.

☐ Die Spannweite beim Verdienst der Männer ist größer als beim Verdienst der Frauen.

## Aufgabe 22
**Zwei Würfel**

Beim ersten Zufallsversuch wird ein Würfel zweimal hintereinander geworfen. Ein zweiter Zufallsversuch besteht darin, zwei nicht unterscheidbare Würfel gleichzeitig zu werfen.

**Aufgabenstellung:**
a) Wie unterscheiden sich die Versuchsausfälle des ersten vom zweiten Zufallsversuch?

b) Geben Sie den Grundraum $\Omega_1$ sowie $\Omega_2$ der beiden Zufallsversuche an!

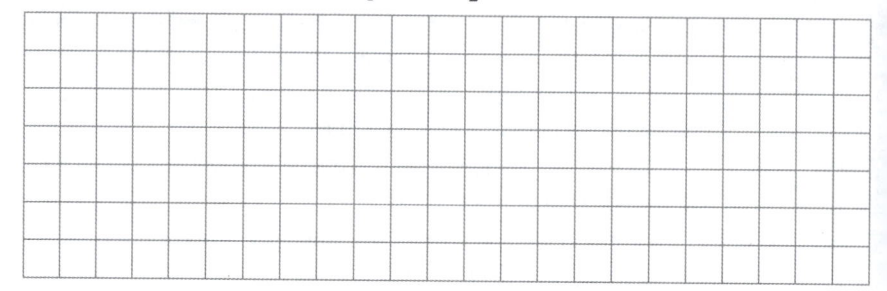

## Aufgabe 23
**Zusammengesetzte Wahrscheinlichkeit**

Eine Untersuchung über das Fernsehverhalten von SchülerInnen kam zu folgendem Ergebnis: 76 % der SchülerInnen aus dem Burgenland (100 Befragte), 82 % der SchülerInnen in Niederösterreich (150 Befragte) und 67 % der SchülerInnen in Wien (250 Befragte) sehen täglich zwei oder mehr Stunden fern.

**Aufgabenstellung:** Ermitteln Sie die Wahrscheinlichkeit, mit der einer der befragten Jugendlichen täglich zwei oder mehr Stunden fern sieht!

p = _____ %

## Aufgabe 24
**Varianz und Standardabweichung einer binomialverteilten Zufallsgröße**

Gegeben ist eine binomialverteilte Zufallsgröße X, der Stichprobenumfang n = 25 und die Wahrscheinlichkeit p = 0,25.

**Aufgabenstellung:** Berechnen Sie den Erwartungswert sowie die Varianz und die Standardabweichung dieser binomialverteilten Zufallsgröße!

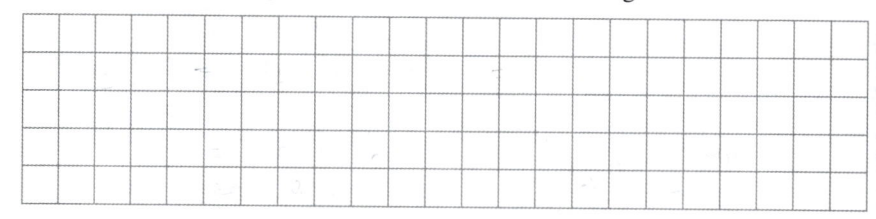

## Hinweise und Tipps

**Aufgabe 1**
- Denken Sie an die Lösungsformeln von quadratischen Gleichungen. Die Diskriminante gibt Aussage über die Lösung.
- In welcher Zahlenmenge kann die Wurzel aus negativen Zahlen bestimmt werden?

**Aufgabe 2**
- Wie hängt das Volumen des gekochten Gemüses von dem des rohen ab?

**Aufgabe 3**
- Formen Sie die Gleichungen auf die bekannte Form $y = kx + d$ um und versuchen Sie aufgrund der Parameter k und d die Geraden zuzuordnen.

**Aufgabe 4**
- Lösen Sie die drei Gleichungen.

**Aufgabe 5**
- Die Grafiken **A**, **B**, **D** zeigen jeweils einen Schnittpunkt, d. h., die Gleichungen dürfen (eventuell nach Umformung) nicht ident sein (idente Lage) bzw. die Koeffizienten von x und y dürfen (eventuell nach Umformung) nicht ident sein (parallele Lage).
- Formen Sie die Gleichungen in die Darstellung $y = k \cdot x + d$ um, so können Sie die Geraden besser ablesen, nämlich d auf der y-Achse, k mithilfe des Steigungsdreiecks („1 rüber in x-Richtung und k hinauf bzw. hinunter parallel zur y-Achse").

**Aufgabe 6**
- Stellen Sie eine Gleichung für die Unbekannte z auf und lösen Sie diese.
- Was wird durch das skalare Produkt $Z \cdot C$ berechnet?

**Aufgabe 7**
- Die Skalarmultiplikation ist die Multiplikation zweier Vektoren und liefert eine Zahl.

**Aufgabe 8**
- Benützen Sie Sinus, Cosinus und Tangens.

**Aufgabe 9**
- Überlegen Sie, ob die Zuordnungen eindeutig sind, d. h., ob für die erste Größe genau eine zweite Größe existiert.
- Ein Beispiel: Die Zuordnung Auto $\mapsto$ PS ist eindeutig und daher eine Funktion, weil jedes Auto genau eine PS-Anzahl hat.

**Aufgabe 10**
- Setzen Sie die konstanten Variablen z. B. alle gleich 1.

# Teil-1-Aufgaben – Probeklausur 2 – Hinweise und Tipps

**Aufgabe 11** ✒ Formen Sie die Gleichung zu $v = -bt + v_0$ um. Welcher Wert entspricht nun der „Steigung", welcher Wert dem Parameter d einer Geraden?

✒ t ist die veränderliche Größe, daher ist b als Koeffizient von t die „Steigung".

**Aufgabe 12** ✒ Denken Sie an die Funktionsgraphen oder setzen Sie die Wertepaare in die Funktionsgleichungen ein.

**Aufgabe 13** ✒ Skizzieren Sie die Funktion $f(x) = x^3$ und wählen Sie beliebige Werte für a und b, um die Veränderung zu erkennen.

**Aufgabe 14** ✒ Bei den Wendepunkten ändert sich das Krümmungsverhalten.

**Aufgabe 15** ✒ Was passiert bei einem Extremwert bzw. bei einem Wendepunkt?

**Aufgabe 16** ✒ Wie gehen die Graphen zu g und h aus dem Graphen zu f hervor?

**Aufgabe 17** ✒ p(t) gibt den Wasserdruck in t Meter Tiefe an.

**Aufgabe 18** ✒ Verwenden Sie die Summenregel, die Potenzregel und die Regel für konstante Faktoren.

**Aufgabe 19** ✒ Wie finden bzw. berechnen Sie ein Extremum, einen Wendepunkt, eine Nullstelle?

✒ Achten Sie auf das Wort „kann".

**Aufgabe 20** ✒ Wie hängt $\Delta x$ mit der Anzahl der Teilintervalle zusammen?

✒ Wenn die Anzahl der Teilintervalle verdoppelt wird, muss jedes Teilintervall halbiert werden. Wie wirkt sich dies auf die Höhe der Rechteckstreifen aus?

**Aufgabe 21** ✒ Lesen Sie aus dem Kastenschaubild jeweils die Quartile, den Median und die Spannweite ab.

**Aufgabe 22** ✒ Nur bei einem der beiden Zufallsversuche kommt es auf die Reihenfolge an.

**Aufgabe 23** ✒ Berechnen Sie, wie viele SchülerInnen insgesamt befragt wurden. Welcher Prozentsatz hiervon sieht täglich zwei oder mehr Stunden fern?

**Aufgabe 24** ✒ Für den Erwartungswert und die Varianz binomialverteilter Zufallsgrößen gibt es einfache Formeln.

# Lösungsvorschlag

**Aufgabe 1**
**Lösungen einer quadratischen Gleichung**

☐ Die Gleichung hat immer Lösung(en) in $\mathbb{R}$.
☐ Es gibt entweder gar keine, genau eine oder unendlich viele Lösungen in $\mathbb{R}$.
☒ Es gibt entweder genau eine, genau zwei oder gar keine Lösung in $\mathbb{R}$.
☐ Es muss immer zumindest eine reelle Lösung geben.
☒ Die Gleichung hat immer Lösung(en) in $\mathbb{C}$.

- $ax^2 + bx + c = 0$
- Lösungsformel: $x_{1,2} = \dfrac{-b \pm \sqrt{b^2 - 4ac}}{2a}$
- Wenn die Diskriminante (Ausdruck unter der Wurzel)
  - $b^2 - 4ac < 0$ ist, dann kann nur in $\mathbb{C}$ die Wurzel gezogen werden, in $\mathbb{R}$ gibt es keine Lösung.
  - $b^2 - 4ac = 0$ ist, dann ist die Wurzel 0 und es gibt nur eine Lösung der quadratischen Gleichung, nämlich $\dfrac{-b}{2a}$.
  - $b^2 - 4ac > 0$ ist, dann kann die Wurzel in $\mathbb{R}$ (und in $\mathbb{C}$) gezogen werden und es gibt in $\mathbb{R}$ (und in $\mathbb{C}$) zwei Lösungen.

**Aufgabe 2**
**Gekochtes Gemüse**

$V_{gek} = V_{roh} - \dfrac{1}{10} V_{roh}$ oder $V_{gek} = \dfrac{9}{10} V_{roh}$

- Weil $\dfrac{1}{10}$ des Volumens verloren geht, muss vom Ausgangsvolumen $\dfrac{1}{10}$ abgezogen werden. Alternativ: Bei Verlust von $\dfrac{1}{10}$ bleiben $\dfrac{9}{10}$ des Volumens übrig.

**Aufgabe 3**
**Lineare Gleichungen**

| $-x + 2y = 2$ | $5x - 2y = 10$ | $x + y = 5$ | $7y = 3x$ |
|---|---|---|---|
| **B** | **C** | **D** | **F** |

- Bei **A** ist die Gerade mit der Gleichung $y = 2{,}5x$ dargestellt.
- Keine Gleichung stellt eine Gerade mit der Steigung $-\dfrac{1}{2}$ dar.

**Aufgabe 4**
**Lösungsmenge quadratischer Gleichungen**

Die Gleichung **$3x^2 + x - 10 = 0$** hat in der Grundmenge der **ganzen Zahlen** die Lösungsmenge $L = \{-2\}$.

- Die zweite Lösung dieser Gleichung ist $x = \dfrac{5}{3}$, also rational und reell, aber nicht ganz.
- Die Gleichung $\dfrac{x^2}{4} + \dfrac{x}{2} = 0$ hat die Lösungsmenge $L = \{-2; 0\}$, für die Gleichung $3x^2 = 12$ gilt $L = \{-2; 2\}$. In beiden Fällen besteht daher die Lösungsmenge auch bei der Grundmenge der ganzen Zahlen nicht nur aus $-2$.

**Aufgabe 5**
Gleichungssysteme

☐ I: $y = -\frac{2}{5}x + 3$  
  II: $y = \frac{1}{3}x$

☐ I: $-2x + 3y = 5$  
  II: $2x + y = 0$

**B** I: $y = -2,5x + 3$  
  II: $y = 3x$

**A** I: $3x - 2y = 5$  
  II: $2x + y = 0$

**D** I: $-3x + 4y = 6$  
  II: $1,5x + 2y = 6$

**C** I: $3x + 4y = 6$  
  II: $1,5x + 2y = 6$

✏ Die beiden Geraden zu $y = \frac{1}{3}x$ und zu $-2x + 3y = 5$ (die man äquivalent zu $y = \frac{2}{3}x + \frac{5}{3}$ umformen kann) sind nicht dargestellt.

**Aufgabe 6**
Container

Es wurden **38** High-Cube-Container geladen.

✏ Es soll $Z \cdot C = 27\,000$ gelten:
✏ $105 \cdot 33,3 + 304 \cdot 67,7 + z \cdot 76,3 = 27\,000 \quad \Leftrightarrow \quad 24077,3 + 76,3z = 27\,000$
✏ $\phantom{105 \cdot 33,3 + 304 \cdot 67,7 + z \cdot 76,3 = 27\,000 \quad \Leftrightarrow \quad 24077,3 + {}}76,3z = 2922,7$
✏ $\phantom{105 \cdot 33,3 + 304 \cdot 67,7 + z \cdot 76,3 = 27\,000 \quad \Leftrightarrow \quad 24077,3 + {}}z \approx 38,3$

**Aufgabe 7**
Skalarmultiplikation

| $x_a \cdot x_b + y_a \cdot y_b$ | $\begin{pmatrix} x_a \cdot x_b \\ y_a \cdot y_b \end{pmatrix}$ | $x_a \cdot x_b - y_a \cdot y_b$ | $\sqrt{x_a \cdot x_b + y_a \cdot y_b}$ | $\begin{pmatrix} x_a \\ y_a \end{pmatrix} \cdot \begin{pmatrix} x_b \\ y_b \end{pmatrix}$ |
|---|---|---|---|---|
| ☒ | ☐ | ☐ | ☐ | ☒ |

✏ Die Definition der Skalarmultiplikation lautet: $\begin{pmatrix} x_a \\ y_a \end{pmatrix} \cdot \begin{pmatrix} x_b \\ y_b \end{pmatrix} = x_a \cdot x_b + y_a \cdot y_b$

**Aufgabe 8**
Würfel

$\sin \varphi = \frac{a}{d_2}$ oder $\varphi = \arcsin \frac{a}{d_2}$

$\cos \varphi = \frac{d_1}{d_2}$ oder $\varphi = \arccos \frac{d_1}{d_2}$

$\tan \varphi = \frac{a}{d_1}$ oder $\varphi = \arctan \frac{a}{d_1}$

✏ a ist die Gegenkathete, $d_1$ die Ankathete und $d_2$ die Hypotenuse.

**Aufgabe 9**
Funktionale Zuordnungen erkennen

☒ Person ↦ Schuhgröße  
☒ Jedem Staat wird seine Verschuldung zugeordnet.  
☐ Jedem Betrag wird die Person zugeordnet, die diesen Betrag verdient.  
☐ Geburtstag ↦ Person  
☒ Person ↦ Geburtstag

✏ Verschiedene Personen können denselben Betrag verdienen bzw. am selben  
✏ Tag Geburtstag haben. Daher sind diese Zuordnungen nicht eindeutig.

# Teil-1-Aufgaben – Probeklausur 2 – Lösungsvorschlag

**Aufgabe 10**
Formeln mit mehreren Variablen

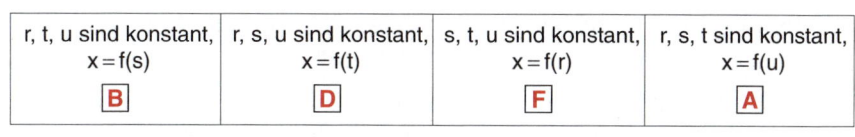

| r, t, u sind konstant, $x = f(s)$ | r, s, u sind konstant, $x = f(t)$ | s, t, u sind konstant, $x = f(r)$ | r, s, t sind konstant, $x = f(u)$ |
|---|---|---|---|
| **B** | **D** | **F** | **A** |

✏ Zu **C** gehört $y = k \cdot x + d$ mit $k < 0$ und $d > 0$, zu **E** gehört $y = c$ mit $c > 0$.

**Aufgabe 11**
Bremsvorgang

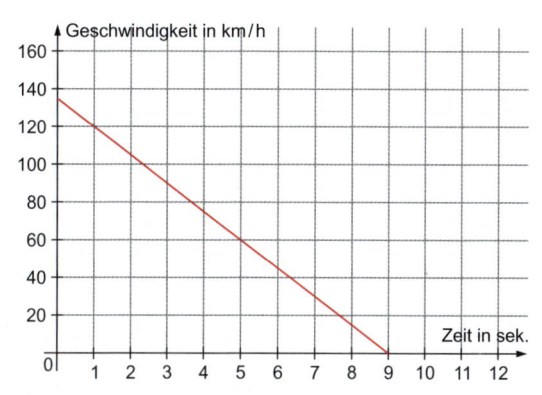

✏ $y = k \cdot x + d$ mit $k = -b = -15$ und $d = v_0 = 135$: Nach 1 Sekunde ist das Fahrzeug um 15 km/h langsamer, fährt also nur mehr 120 km/h.

**Aufgabe 12**
Potenzfunktionen

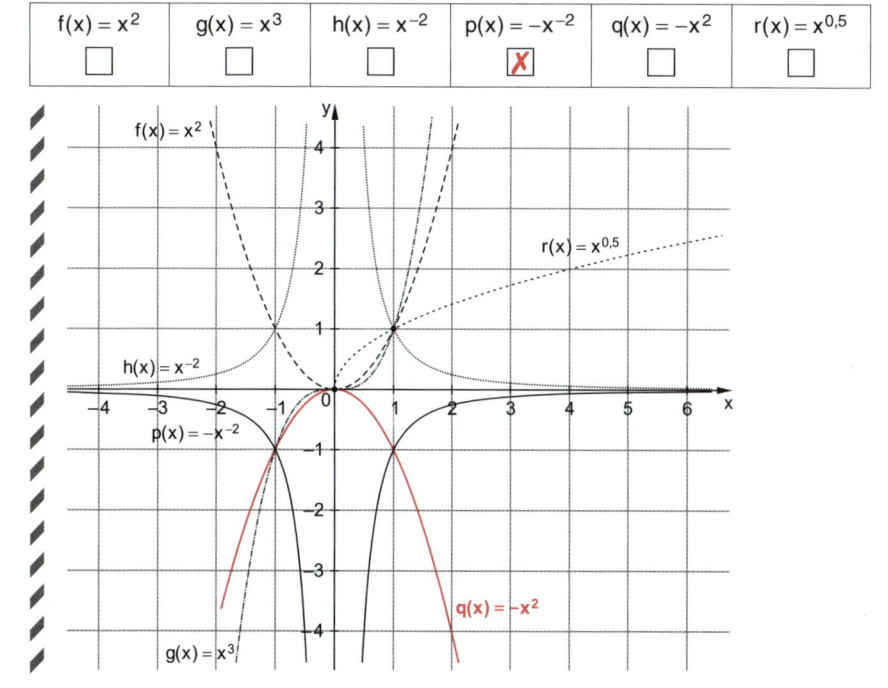

| $f(x) = x^2$ | $g(x) = x^3$ | $h(x) = x^{-2}$ | $p(x) = -x^{-2}$ | $q(x) = -x^2$ | $r(x) = x^{0,5}$ |
|---|---|---|---|---|---|
| ☐ | ☐ | ☐ | ✗ | ☐ | ☐ |

## Teil-1-Aufgaben – Probeklausur 2 – Lösungsvorschlag

**Aufgabe 13**
Kubische Funktion

Ist **a > 1 und b < 0**, dann ist der zugehörige Funktionsgraph im Vergleich zum Graphen $g(x) = x^3$ stets **schmäler und in den negativen y-Bereich verschoben**.

- Der Faktor a bewirkt ein Strecken bzw. Stauchen, der Summand b eine Verschiebung in Richtung der y-Achse.
- In der nebenstehenden Abbildung ist:
  1) a = 0,5, b = 0
  2) a = 2, b = 0
  3) a = 1, b = 2
  4) a = 1, b = −2

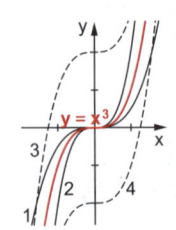

**Aufgabe 14**
Polynomfunktionen

- [ ] An der Stelle x = 1 befindet sich eine Nullstelle.
- [ ] Im Intervall (2; ∞) ist die Funktion positiv gekrümmt.
- [x] Die y-Achse wird bei y = −4 geschnitten.
- [x] An der Stelle x = 2 ändert sich das Krümmungsverhalten.
- [x] Im Intervall (−∞; 1) ist die Funktion streng monoton steigend.

- Der mittlere Graph hat bei x = 1 keine Nullstelle (sondern nimmt den Wert 3 an), der rechte ist für x > 5 negativ gekrümmt.

**Aufgabe 15**
Polynomfunktion

Die Abbildung zeigt eine Polynomfunktion, die zwei **Wendepunkte** besitzt und deren **Monotonieverhalten** sich dreimal ändert.

- Die Funktion hat drei Nullstellen, drei Extremwerte und zwei Wendepunkte.
- Sie ändert dreimal das Monotonieverhalten, aber nur zweimal das Krümmungsverhalten sowie das Vorzeichen der y-Werte.

**Aufgabe 16**
Allgemeine Sinusfunktion

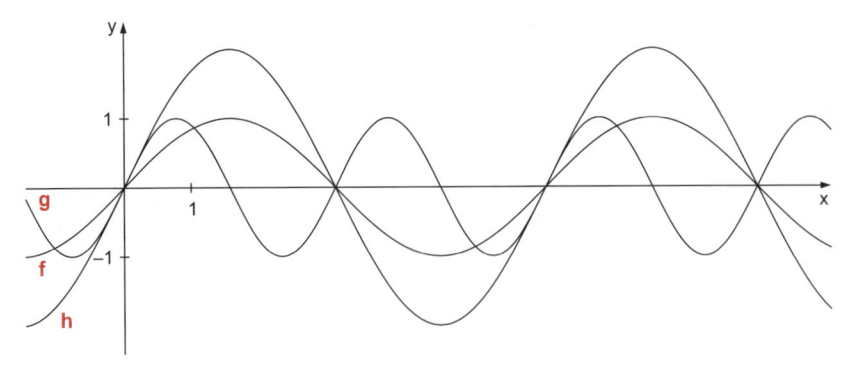

- Der Graph von g entsteht durch eine Stauchung des Graphen von f entlang der x-Achse, der Graph von h durch eine Streckung entlang der y-Achse.

## Aufgabe 17
**Tauchsicherheit**

Der erste Ausdruck beschreibt die Veränderung des Wasserdrucks zwischen 35 und 17 Meter Tiefe. Der zweite Ausdruck gibt die relative (prozentuelle) Änderung des Wasserdrucks in Bezug auf den Ausgangswert in 17 Meter Tiefe an.

- p(35) ist der Druck (in bar) in 35 Meter Tiefe, p(17) derjenige in 17 Meter Tiefe. Der erste Ausdruck beschreibt die Veränderung des Wasserdrucks zwischen diesen Tiefen.

## Aufgabe 18
**Ableitung von Polynomfunktionen**

$f'(x) = \mathbf{6x+5}$;   $f''(x) = \mathbf{6}$

- $f'(x) = 2 \cdot 3 \cdot x + 5$; die Hochzahl wird zum Faktor, die neue Hochzahl ist um 1 kleiner. Die Ableitung einer Konstanten (hier −3 bzw. 5) ist 0.

## Aufgabe 19
**Spezielle Punkte einer Funktion**

Hat die Ableitungsfunktion f'(x) an einer Stelle **eine Nullstelle**, dann kann die Funktion f(x) an dieser Stelle **ein Extremum** haben.

- Die Bedingung $f'(x) = 0$ ist für ein Extremum notwendig, aber nicht hinreichend. Die hinreichende Bedingung lautet $f''(x) \neq 0$.
- Beispiel für „Extrempunkt"          Beispiel für „kein Extrempunkt"
- $f'(x_1) = 0$ und $f''(x_1) \neq 0$          $f'(x_1) = 0$ und $f''(x_1) = 0$

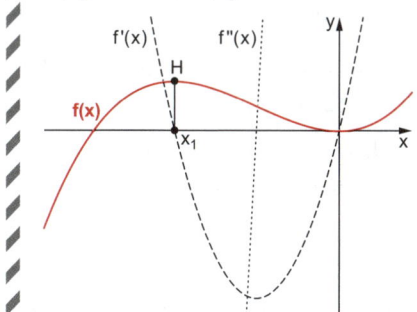

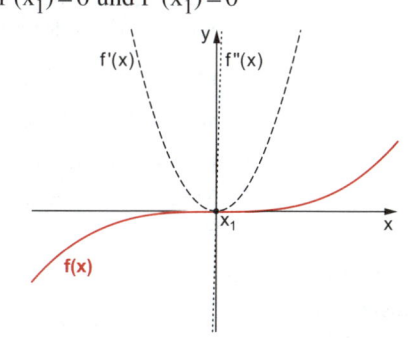

## Aufgabe 20
**Flächenberechnung**

- [X] Die Variable $\Delta x$ ist die gleichbleibende „Breite der Rechteckstreifen" bei einer Unterteilung des Intervalls [a; b] in vier Teilintervalle.
- [X] Wird im Intervall [a; b] die Anzahl der Teilintervalle $[x_i; x_{i+1}]$ verdoppelt, dann wird der Wert von $\Delta x$ halbiert.
- [ ] Die Variable $\Delta x$ bleibt bei unterschiedlichen Unterteilungen des Intervalls [a; b] gleich groß.
- [X] Wird im Intervall [a; b] die Anzahl der Teilintervalle $[x_i; x_{i+1}]$ verdoppelt, dann liegt der Flächeninhalt $A_8 = \Delta x \cdot f(x_1) + \Delta x \cdot f(x_2) + \ldots + \Delta x \cdot f(x_8)$ näher beim Flächeninhalt A des Flächenstücks unter der Kurve.
- [ ] Die Werte $f(x_i)$ sind die „Höhen der Rechteckstreifen" und bleiben bei verschiedenen Unterteilungen des Intervalls [a; b] gleich.

- Da alle Rechteckstreifen dieselbe Breite Δx haben, ist die Länge des Intervalls [a; b] gleich dem Produkt aus Δx und der Anzahl der Rechteckstreifen.

**Aufgabe 21**
Gehälter

- [X] 25 % der Frauen verdienen weniger als 10.000 Euro im Jahr.
- [X] Das bestverdienende Viertel der Männer verdient jährlich zwischen 40.000 Euro und 60.000 Euro.
- [ ] Das arithmetische Mittel beim Jahreseinkommen der Frauen beträgt 20.000 Euro.
- [X] 75 % der Männer verdienen mindestens 15.000 Euro im Jahr.
- [X] Die Spannweite beim Verdienst der Männer ist größer als beim Verdienst der Frauen.

- Der Median beim Jahreseinkommen der Frauen beträgt 20.000 Euro.

**Aufgabe 22**
Zwei Würfel

a) Beim ersten Zufallsversuch gibt es eine Reihenfolge der gewürfelten Augenzahl, d. h., die Versuchsausfälle sind Zahlenpaare. Beim zweiten Zufallsversuch sind die Versuchsausfälle Mengen mit je zwei Elementen (oder nur einem, wenn beide Würfel dieselbe Augenzahl zeigen), da beim „gleichzeitigen Werfen" keine Reihenfolge gegeben ist.

b) $\Omega_1 = \{(1|1); (1|2); ..., (2|1); (2|2); ...\} = \{(x|y) | 1 \le x \le 6 \land 1 \le y \le 6\}$
$\Omega_2 = \{\{1;1\}; \{1;2\}; ... \{2;2\}; \{2;3\}, ...\} = \{\{x;y\} | 1 \le x \le 6 \land 1 \le y \le 6\}$

- Bei $\Omega_2$ sind die Elemente Mengen, für die z. B. $\{1;2\} = \{2;1\}$ gilt. Die Menge $\{1;1\}$ enthält nur ein Element, nämlich 1.

**Aufgabe 23**
Zusammengesetzte Wahrscheinlichkeit

p = **73,3** %

- Insgesamt werden $100 + 150 + 250 = 500$ SchülerInnen befragt. Der Anteil der Jugendlichen, der täglich zwei oder mehr Stunden fernsieht, berechnet sich somit:

$$\frac{100 \cdot 0{,}76 + 150 \cdot 0{,}82 + 250 \cdot 0{,}67}{500} = \frac{366{,}5}{500} = 0{,}733$$

**Aufgabe 24**
Varianz und Standardabweichung einer binomialverteilten Zufallsgröße

Erwartungswert:   $E(X) = 25 \cdot 0{,}25 = \mathbf{6{,}25}$
Varianz:   $V(X) = 25 \cdot 0{,}25 \cdot 0{,}75 = \mathbf{4{,}6875}$
Standardabweichung: $\sigma = \sqrt{25 \cdot 0{,}25 \cdot 0{,}75} \approx \mathbf{2{,}1651}$

- Für Erwartungswert E(X), Varianz V(X) und Standardabweichung σ einer binomialverteilten Zufallsgröße X gelten die Formeln:
  $E(X) = n \cdot p; \quad V(X) = n \cdot p \cdot (1-p); \quad \sigma = \sqrt{V(X)}$

# Schriftliche Reifeprüfung – Mathematik
## Teil-1-Aufgaben – Probeklausur 3

**Aufgabe 1**
*Rechnen in verschiedenen Zahlenmengen*

Gegeben sind Aussagen über Rechenoperationen in verschiedenen Zahlenmengen.

**Aufgabenstellung:** Kreuzen Sie die zwei zutreffenden Aussagen an!

- ☐ Die Differenz zweier Zahlen ist null, wenn eine Zahl die Gegenzahl der anderen Zahl ist.
- ☐ Die Summe einer rationalen und einer irrationalen Zahl ist eine irrationale Zahl.
- ☐ Die Addition ist in der Menge der negativen reellen Zahlen abgeschlossen.
- ☐ Das Produkt von zwei irrationalen Zahlen ergibt stets eine irrationale Zahl.
- ☐ Der Quotient aus einer Zahl ungleich null und dem Kehrwert der Zahl ist immer eins.

**Aufgabe 2**
*Algebraische Begriffe*

Gegeben sind Begriffe aus der Algebra.

**Aufgabenstellung:** Vervollständigen Sie den folgenden Satz so, dass er mathematisch korrekt ist!

① sind ②, wenn sie genau die gleichen Lösungen haben.

| ① | | ② | |
|---|---|---|---|
| ☐ | Terme | ☐ | äquivalent |
| ☐ | Gleichungen | ☐ | wahr |
| ☐ | Variablen | ☐ | falsch |

**Aufgabe 3**
*Fuß*

Ein Fuß (Einheit ft vom englischen *foot*) ist ein früher in aller Welt verwendetes Längenmaß, das je nach Land meist 28 cm bis 32 cm maß. Es ist eine der ältesten Längeneinheiten. Heute gilt: 1 ft = 30,48 cm. Dies entspricht in etwa einer Schuhgröße von 48,5. Seit 1980 ist 1 ft das globale Höhenmaß in der Luftfahrt.

**Aufgabenstellung:**
a) Wie viele Fuß hat ein Meter?
b) Ein Passagierflugzeug erreicht eine Maximalhöhe von 41 010 ft. Geben Sie die Flughöhe in km an!

## Aufgabe 4
**Ungleichung lösen**

Gegeben ist die Ungleichung $-8x - 3 < -3x + 42$.

**Aufgabenstellung:** Lösen Sie die gegebene Ungleichung nach x auf!

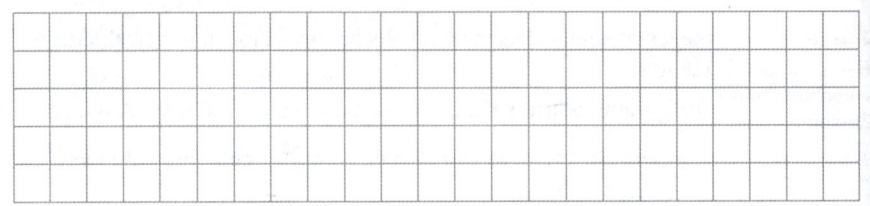

## Aufgabe 5
**Grafische Darstellung von Vektoren**

Gegeben sind die Punkte $A = (-1 | 2)$, $B = (3 | 4)$ und $C = (2 | -2)$.

**Aufgabenstellung:** Zeichnen Sie die Vektoren $\vec{AB}, \vec{BC}, \vec{CA}$ in das gegebene Koordinatensystem ein und geben Sie die Vektoren durch ihre Koordinaten an!

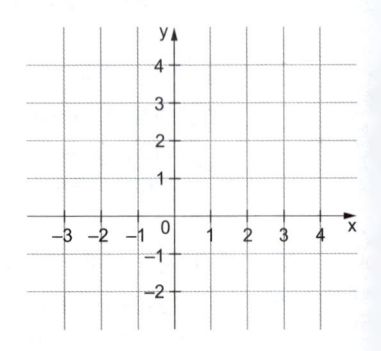

## Aufgabe 6
**Punkte auf Geraden**

Gegeben ist die Gerade g: $X = \begin{pmatrix} 1 \\ 5 \end{pmatrix} + s \cdot \begin{pmatrix} 3 \\ -2 \end{pmatrix}$.

**Aufgabenstellung:** Kreuzen Sie jene(n) Punkt(e) an, der/die auf der Geraden liegt/en!

| (0\|0) | (7\|1) | (−2\|7) | (6\|2) | (10\|−1) |
|---|---|---|---|---|
| ☐ | ☐ | ☐ | ☐ | ☐ |

## Aufgabe 7
**Winkelfunktionen im Einheitskreis**

Gegeben ist der Einheitskreis (r = 1).

**Aufgabenstellung:**
a) Zeichnen Sie den Winkelfunktionswert $\sin \alpha = -0{,}6$ ein!

b) Zeichnen Sie alle Winkel im Intervall [0°; 360°] ein, für die gilt: $\sin \alpha = -0{,}6$

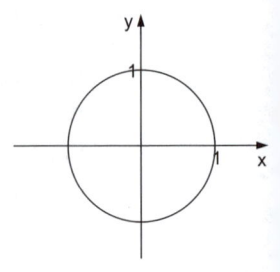

## Aufgabe 8
**Füllvorgänge von Gartenpools**

Vier Nachbarn einer Gartensiedlung haben idente, zylinderförmige Pools in ihren Gärten. Alle füllen diese mit Wasser. Die folgenden Graphen zur Füllhöhe der Pools ergeben sich aus verschiedenen Füllvorgängen.

# Teil-1-Aufgaben – Probeklausur 3

**Aufgabenstellung:** Ordnen Sie den gegebenen Graphen die entsprechenden Aussagen zu!

A  Nach 3 Stunden ist der Pegelstand im Pool nicht gestiegen.
B  Um 6 Uhr früh betrug der Pegelstand im Pool 40 cm.
C  Die Füllung des Pools startete um 4 Uhr morgens.
D  Genau 1,2 m hoch stand das Wasser um 10 Uhr im Pool.
E  Eine 1,70 m große Person kann am Ende im Pool nicht mehr stehen.
F  Das Pool wird ohne Unterbrechung gefüllt.

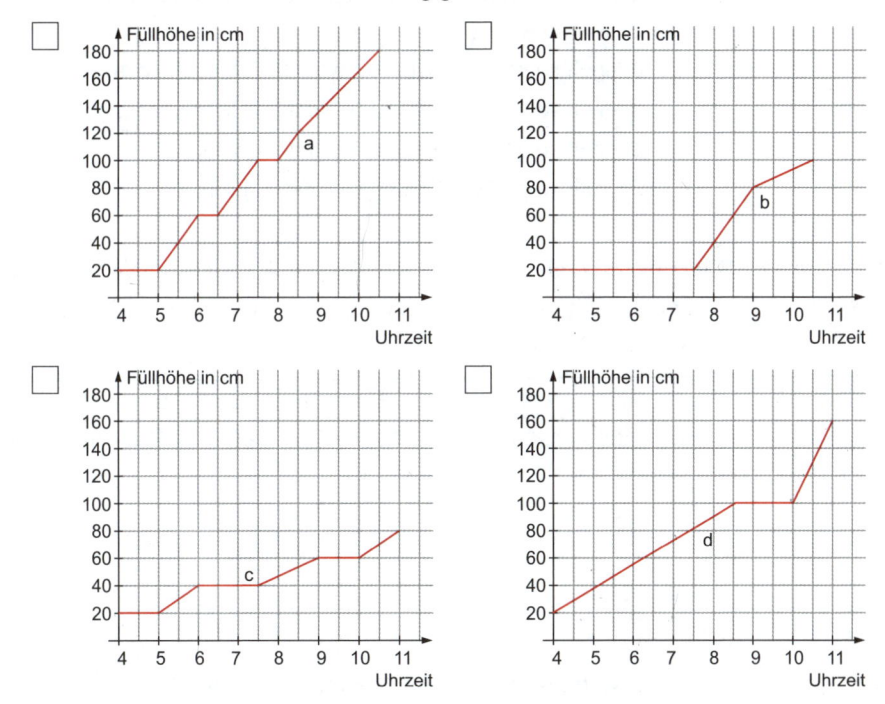

## Aufgabe 9
### Zwei Funktionen

Gegeben sind zwei Funktionsgleichungen von reellen Funktionen f und g:
$f(x) = x^2 + 6x$ und $g(x) = \frac{1}{2}x^3 + 3x^2$

**Aufgabenstellung:** Geben Sie die Koordinaten der gemeinsamen Punkte der Funktionen an!

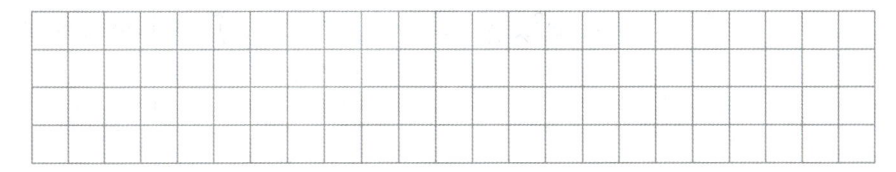

## Aufgabe 10
**Kreissektor**

Der Flächeninhalt A eines Kreissektors wird mit der Formel

$$A(r, \alpha) = \frac{\pi \cdot r^2 \cdot \alpha}{360°}$$

berechnet. Der Öffnungswinkel α und der Radius r werden verändert.

**Aufgabenstellung:** Kreuzen Sie die beiden zutreffenden Aussagen an!

Der Flächeninhalt A ist bei …

☐ … doppelt so großem Öffnungswinkel α und doppelt so großem Radius r viermal so groß.

☐ … doppelt so großem Öffnungswinkel α doppelt so groß.

☐ … doppelt so großem Öffnungswinkel α viermal so groß.

☐ … doppelt so großem Radius doppelt so groß.

☐ … doppelt so großem Radius viermal so groß.

## Aufgabe 11
**Linearer Bremsvorgang**

Die Tabelle beschreibt den gleichmäßigen Bremsvorgang eines Fahrzeuges.

**Aufgabenstellung:** Ermitteln Sie aus diesen Daten für die lineare Funktion $y = k \cdot x + d$ die Parameter k und d!

| t | 0 | 1 | 2 | 3 | 4 | 5 | 6 | 7 | 8 | 9 |
|---|---|---|---|---|---|---|---|---|---|---|
| km/h | 135 | 120 | 105 | 90 | 75 | 60 | 45 | 30 | 15 | 0 |

## Aufgabe 12
**Funktion**

**Aufgabenstellung:** Vervollständigen Sie den folgenden Satz, sodass er mathematisch korrekt ist!

Eine ① Funktion kennzeichnet sich dadurch, dass der Wert der Zunahme bzw. Abnahme pro Zeiteinheit ②.

① ☐ quadratische
   ☐ lineare
   ☐ exponentielle

② ☐ konstant bleibt
   ☐ abnimmt
   ☐ keine Regelmäßigkeiten hat

# Teil-1-Aufgaben – Probeklausur 3

**Aufgabe 13**
Quadratische Funktion

Gegeben ist der Graph einer quadratischen Funktion sowie fünf Tangenten des Graphen.

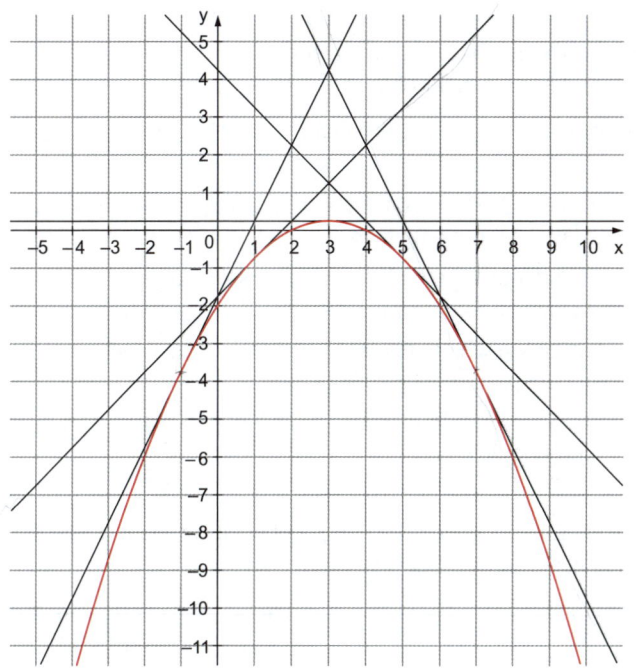

**Aufgabenstellung:** Vervollständigen Sie anhand des Graphen die Tabelle!
(k ... Steigung der Tangenten)

| x | f(x) | k |
|---|------|---|
| −1 | −3,75 | |
| 1 | | 1 |
| | 0,25 | |
| | −0,75 | −1 |
| 7 | | −2 |

**Aufgabe 14**
Sinusfunktion

Gegeben sind verschiedene Funktionsgleichungen.

**Aufgabenstellung:** Kreuzen Sie die Funktionsgleichung/en an, die eine allgemeine Sinusfunktion $f(x) = a \cdot \sin(bx)$ darstellt/darstellen!

| $f(x) = x \cdot \sin \pi$ | $f(x) = 2 \cdot \sin x$ | $f(x) = \sin(2\pi)$ | $f(x) = 2 \cdot \sin(\pi x)$ | $f(x) = \pi \cdot \sin(2x)$ |
|---|---|---|---|---|
| ☐ | ☐ | ☐ | ☐ | ☐ |

## Aufgabe 15
**Periodizität der Sinusfunktion**

Die Sinusfunktion ist eine periodische Funktion, d. h., nach Ablauf der Periode p ($p \in \mathbb{R}$) wiederholen sich die Funktionswerte: $f(x+p) = f(x)$
Die kleinste Zahl p wird „primitive Periode" genannt.

**Aufgabenstellung:** Kreuzen Sie die zutreffende(n) Aussage(n) über die primitive Periode der Sinusfunktion an!

☐ Innerhalb der primitiven Periode hat jede Sinusfunktion einen Hoch- und einen Tiefpunkt.

☐ Die primitive Periode von $\sin\left(\frac{1}{2}x\right)$ ist doppelt so lang wie die primitive Periode von $\sin x$, nämlich $4\pi$.

☐ Innerhalb der primitiven Periode gibt es zu jedem Winkelfunktionswert genau zwei zugehörige Winkel.

☐ Durch eine Verschiebung der Sinusfunktion in x- oder in y-Richtung verändert sich die primitive Periode nicht.

☐ Die primitive Periode von $\sin(2x)$ ist halb so lang wie die primitive Periode von $\sin x$, nämlich $\frac{\pi}{2}$.

## Aufgabe 16
**Differenzenquotient vs. Differentialquotient**

**Aufgabenstellung:** Ordnen Sie den gegebenen Bezeichnungen die entsprechenden Gleichungen für das Intervall [a; b] zu!

A $\quad \dfrac{f(b+a) - f(b)}{a}$

B $\quad \lim\limits_{\Delta x \to 0} \dfrac{\Delta f(x)}{\Delta x}$

C $\quad \dfrac{f(b) - f(a)}{b - a}$

D $\quad \lim\limits_{\Delta x \to 0} \dfrac{f(b) - f(a)}{b - a}$

E

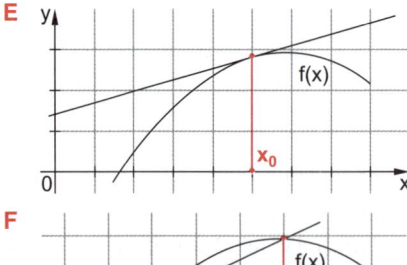

F

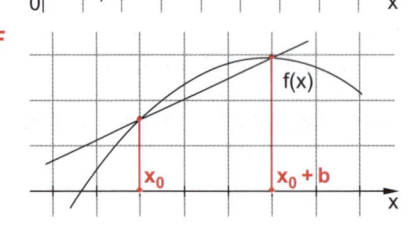

☐ Differentialquotient an der Stelle $x_0$ ist größer als 0

☐ Differenzenquotient im Intervall [a; b]

☐ momentane Änderungsrate

☐ positive Sekantensteigung

# Teil-1-Aufgaben – Probeklausur 3

**Aufgabe 17**
Wohltätige Stiftung

500.000 Euro des Erbes eines berühmten Musikers fließen in eine wohltätige Stiftung. Jeden Monat werden davon 10 % an karitative Zwecke ausbezahlt. Gleichzeitig zahlen Spender Beträge von 8 % des aktuellen Kapitals in die Stiftung ein.

**Aufgabenstellung:** Beschreiben Sie die Kapitalentwicklung der Stiftung durch eine Differenzengleichung!

$K_{n+1} = $ _____

**Aufgabe 18**
Ableitungsregeln

Gegeben ist die Funktion $f(x) = 3 \cdot \sin x + \frac{\pi}{2}$.

**Aufgabenstellung:** Wie lautet die Ableitungsfunktion f'(x)? Kreuzen Sie den zutreffenden Ausdruck an!

| $3 \cdot \cos x$ | $\cos x + \frac{\pi}{2}$ | $3 \cdot \cos x + \frac{\pi}{2}$ | $3 \cdot \cos x \cdot \frac{\pi}{2}$ | $-3 \cdot \cos x$ | $-3 \cdot \cos x \cdot \sin x$ |
|---|---|---|---|---|---|
| ☐ | ☐ | ☐ | ☐ | ☐ | ☐ |

**Aufgabe 19**
Graphisches Differenzieren

Gegeben sind Funktionsgraphen.

**Aufgabenstellung:** Ordnen Sie den vier quadratischen Funktionsgraphen (auf der nächsten Seite) jeweils den richtigen Ableitungsfunktionsgraphen zu!

A

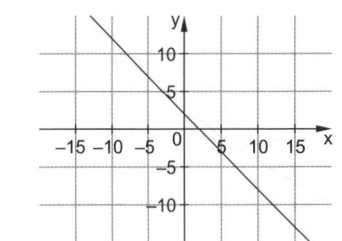

B

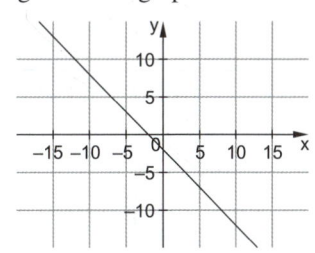

C

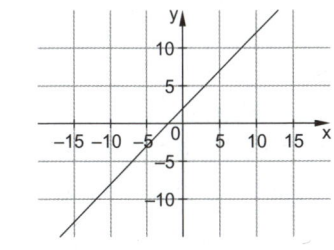

D

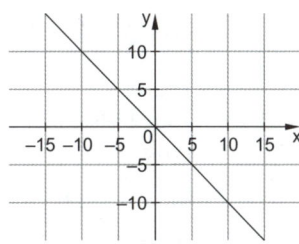

E

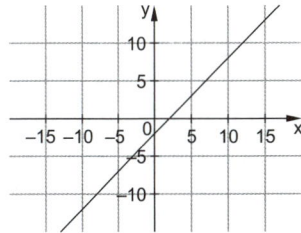

F

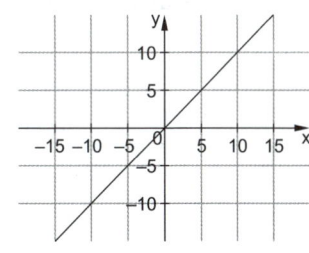

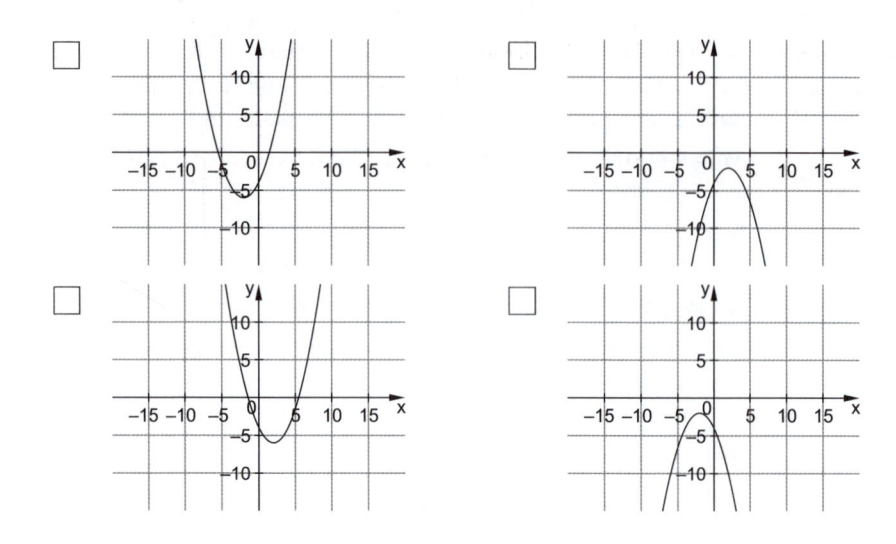

**Aufgabe 20**
Stammfunktion ermitteln

Gegeben sind Aussagen über die Lösung eines unbestimmten Integrals.

**Aufgabenstellung:** Kreuzen Sie die zwei zutreffenden Aussagen an!

☐ $\int 3(x+2)^2\, dx = (x+2)^3 + c$

☐ $\int 3(x+2)^2\, dx = \frac{1}{3}(3x+6)^3 + c$

☐ $\int 3(x+2)^2\, dx = 3(x^3 + 6x^2 + 12x) + c$

☐ $\int 3(x+2)^2\, dx = x^3 + 6x^2 + 12x + c$

☐ $\int 3(x+2)^2\, dx = (3x+6)^3 + c$

**Aufgabe 21**
Boxplot

Eine Datenreihe besteht aus folgenden Werten:

| 0,08 | 0,1 | 0,15 | 0,19 | 0,25 | 0,25 | 0,3 |
| 0,33 | 0,4 | 0,42 | 0,46 | 0,5 | 0,7 | |

**Aufgabenstellung:** Zeichnen Sie ein Boxplot-Diagramm!

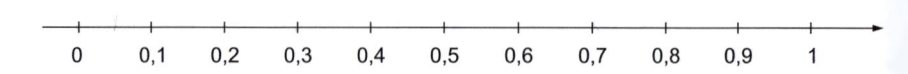

## Aufgabe 22
**Urne**

Aus einer Urne mit 4 schwarzen und 3 weißen Kugeln wird 5-mal mit Zurücklegen gezogen. Die Wahrscheinlichkeit, genau k schwarze Kugeln zu ziehen, wird mit folgender Formel berechnet:

$$P(X = k) = \binom{5}{k}\left(\frac{4}{7}\right)^k \left(\frac{3}{7}\right)^{5-k}$$

**Aufgabenstellung:** Kreuzen Sie die zutreffende(n) Aussage(n) an!

- ☐ Der Binomialkoeffizient $\binom{5}{k}$ gibt an, wie viele Pfade im zugehörigen Baumdiagramm zum Ereignis „genau k schwarze Kugeln ziehen" führen.
- ☐ Der Zufallsversuch „Ziehen einer Kugel" wird k-mal unter denselben Bedingungen durchgeführt.
- ☐ Das zugehörige Baumdiagramm besteht aus 5 Stufen.
- ☐ Für die Berechnung des Binomialkoeffizienten gilt: $\binom{5}{k} = \binom{k}{5}$
- ☐ Im zugehörigen Baumdiagramm führen gleich viele Pfade zum Ereignis „genau k schwarze Kugeln ziehen" wie zum Ereignis „genau 5 – k schwarze Kugeln ziehen", weil gilt: $\binom{5}{k} = \binom{5}{5-k}$

## Aufgabe 23
**Glücksspiel**

Bei einem Glücksspiel soll mit zwei Würfeln, die gleichzeitig geworfen werden, eine möglichst hohe Augensumme erzielt werden. Die Zufallsvariable X beschreibt die Summe der gewürfelten Augenzahlen.

**Aufgabenstellung:** Vervollständigen Sie den Satz, sodass er mathematisch korrekt ist!

Die Zufallsvariable ist ① und der Grundraum ist ②.

① ☐ diskret  
   ☐ stetig  
   ☐ kontinuierlich  

② ☐ Ω = {2; 3; 4; 5; 6; 7; 8; 9; 10; 11; 12}  
   ☐ Ω = {1; 2; 3; 4; 5; 6; 7; 8; 9; 10; 11; 12}  
   ☐ unendlich  

## Aufgabe 24
**Würfel**

Es wird mit einem „fairen" Würfel 4-mal geworfen. X ist die Anzahl der Versuche, bei denen ein Sechser gewürfelt wird.

**Aufgabenstellung:** Geben Sie die Verteilung grafisch und tabellarisch an!

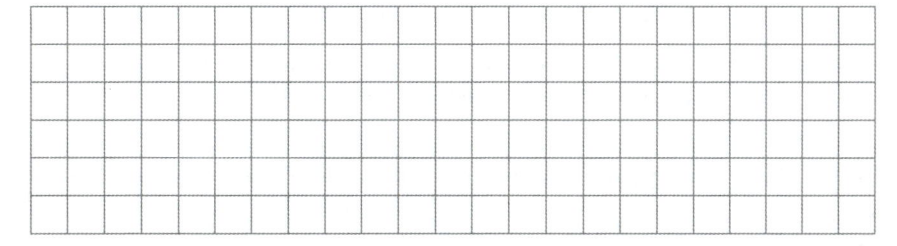

## Hinweise und Tipps

**Aufgabe 1**  • Überlegen Sie, was Zahl und Gegenzahl (bzw. Kehrwert) miteinander zu tun haben.

**Aufgabe 2**  • Terme haben nur dann eine Lösung, wenn man für Variablen einsetzt.
• Eine Variable ist ein Platzhalter für eine unbekannte Zahl oder Größe.

**Aufgabe 3**  • 1 ft = 30,48 cm    … umwandeln in m
• 1 ft = 0,3048 m    … auf beiden Seiten durch 0,3048 dividieren

**Aufgabe 4**  • Gehen Sie wie beim Lösen einer Gleichung vor.
• Beachten Sie beim Multiplizieren bzw. Dividieren mit negativen Zahlen, dass sich das Ungleichheitszeichen umdreht.

**Aufgabe 5**  • Denken Sie an die Regel „Spitze minus Schaft".

**Aufgabe 6**  • Setzen Sie die angegebenen Punkte statt X ein und überprüfen Sie zeilenweise, ob Sie für den Parameter s denselben Wert erhalten.

**Aufgabe 7**  • Wo am Einheitskreis können Sie den Sinus ablesen?

**Aufgabe 8**  • Wenn ein Pool nicht befüllt wird, bleibt die Füllhöhe konstant. Wie verläuft der Graph in dieser Zeit?

**Aufgabe 9**  • Setzen Sie die Funktionen gleich und lösen Sie die entstehende Gleichung.
• Vergessen Sie nicht die y-Koordinaten der Schnittpunkte.

**Aufgabe 10**  • Setzen Sie in die Formel statt r nun $2 \cdot r$ bzw. statt $\alpha$ nun $2 \cdot \alpha$ ein.

**Aufgabe 11**  • k ergibt sich aus der „Steigung", also aus der Differenz der Geschwindigkeit pro Zeiteinheit. d ergibt sich aus dem Wert an der Stelle $t = 0$.

**Aufgabe 12**  • Was gilt für die Steigung quadratischer, linearer bzw. exponentieller Funktionen?

# Teil-1-Aufgaben – Probeklausur 3 – Hinweise und Tipps

**Aufgabe 13**
- Nützen Sie die Symmetrie aus.

**Aufgabe 14**
- Schauen Sie genau, wo x jeweils steht.

**Aufgabe 15**
- Überlegen Sie, wie die primitive Periode p und der Faktor b in y = sin(bx) zusammenhängen.

**Aufgabe 16**
- Die beiden Abbildungen zeigen eine Sekante und eine Tangente. Achten Sie auf deren Steigungen.

**Aufgabe 17**
- Das Anfangskapital beträgt $K_n$. Davon ausgehend soll das Kapital $K_{n+1}$ nach einem Monat beschrieben werden.
- Jeden Monat wird das Kapital um 2 Prozent verringert.

**Aufgabe 18**
- Leiten Sie jeden Summanden für sich ab und bilden Sie anschließend die Summe dieser Ableitungen (Summenregel).

**Aufgabe 19**
- Der Scheitel der Parabel liefert die Nullstelle der Ableitungsfunktion.
- Achten Sie auf die Krümmung der Parabel, sie liefert die Monotonie der Ableitungsfunktion.

**Aufgabe 20**
- Multiplizieren Sie die Klammern aus und berechnen Sie das bestimmte Integral mit der Summenregel.
- Alternativ können Sie auch zuerst das Integral direkt ausrechnen und dann ausmultiplizieren.

**Aufgabe 21**
- Ermitteln Sie den Median und die Quartile.

**Aufgabe 22**
- Beachten Sie den Unterschied zwischen der Anzahl der Ziehungen (5) und der Anzahl der gezogenen schwarzen Kugeln (k).

**Aufgabe 23**
- Auf welche Ergebnisse kommt es hier an?
- Welche Augenzahlsummen sind möglich?

**Aufgabe 24**
- Die Wahrscheinlichkeit, einen Sechser zu würfeln, beträgt $\frac{1}{6}$.
- Wie groß ist die Wahrscheinlichkeit, dass 0-mal, 1-mal, 2-mal, 3-mal, 4-mal ein Sechser gewürfelt wird?

# Teil-1-Aufgaben – Probeklausur 3 – Lösungsvorschlag

## Lösungsvorschlag

**Aufgabe 1**
Rechnen in verschiedenen Zahlenmengen

☐ Die Differenz zweier Zahlen ist null, wenn eine Zahl die Gegenzahl der anderen Zahl ist.
☒ Die Summe einer rationalen und einer irrationalen Zahl ist eine irrationale Zahl.
☒ Die Addition ist in der Menge der negativen reellen Zahlen abgeschlossen.
☐ Das Produkt von zwei irrationalen Zahlen ergibt stets eine irrationale Zahl.
☐ Der Quotient aus einer Zahl ungleich null und dem Kehrwert der Zahl ist immer eins.

✏ Die Summe von Zahl und Gegenzahl ist null. Das Produkt von Zahl und
✏ Kehrwert ist eins. Die irrationale Zahl $\sqrt{2}$ ergibt mit sich selbst multipliziert
✏ die rationale Zahl 2.

**Aufgabe 2**
Algebraische Begriffe

**Gleichungen** sind **äquivalent**, wenn sie genau die gleichen Lösungen haben.

✏ Nur Aussagen können wahr oder falsch sein.

**Aufgabe 3**
Fuß

a) 1 ft = 0,3048 m     $|$ : 0,3048
   **3,280839895 ft = 1 m**

b) 41 010 · 0,3048 m = 12 499,848 m ≈ **12,5 km**

✏ 1 km = 1 000 m

**Aufgabe 4**
Ungleichung lösen

**x > −9**

✏ −8x − 3 < −3x + 42     $|$ +8x − 42
✏     −45 < 5x                $|$ : 5 (> 0)
✏      −9 < x

**Aufgabe 5**
Grafische Darstellung von Vektoren

$\vec{AB} = \begin{pmatrix}4\\2\end{pmatrix}$, $\vec{BC} = \begin{pmatrix}-1\\-6\end{pmatrix}$, $\vec{CA} = \begin{pmatrix}-3\\4\end{pmatrix}$

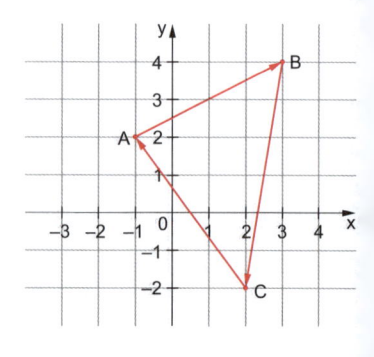

# Teil-1-Aufgaben – Probeklausur 3 – Lösungsvorschlag  49

- Die Punkte werden in das Koordinatensystem gezeichnet, indem man die positive x-Koordinate nach rechts vom Ursprung aus misst und die positive y-Koordinate hinauf entlang der y-Achse misst.
- Die Vektoren werden mit der Regel „Spitze minus Schaft" berechnet.

$\overrightarrow{AB}$: $\binom{3}{4} - \binom{-1}{2} = \binom{3+1}{4-2} = \binom{4}{2}$

$\overrightarrow{BC}$: $\binom{2}{-2} - \binom{3}{4} = \binom{2-3}{-2-4} = \binom{-1}{-6}$

$\overrightarrow{CA}$: $\binom{-1}{2} - \binom{2}{-2} = \binom{-1-2}{2+2} = \binom{-3}{4}$

### Aufgabe 6
Punkte auf Geraden

| (0\|0) | (7\|1) | (–2\|7) | (6\|2) | (10\|–1) |
|---|---|---|---|---|
| ☐ | ☒ | ☒ | ☐ | ☒ |

- Für s = –1, s = 2 bzw. s = 3 erhält man die drei angekreuzten Punkte. Für die beiden anderen ergibt sich jeweils eine falsche Aussage.

### Aufgabe 7
Winkelfunktionen im Einheitskreis

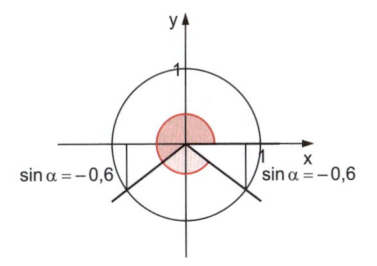

- Der Sinuswert steht normal auf die x-Achse und verbindet die Kreislinie mit der x-Achse. Bis auf ±1 werden alle Funktionswerte des Sinus im Intervall [0°; 360°) genau zweimal angenommen.

### Aufgabe 8
Füllvorgänge von Gartenpools

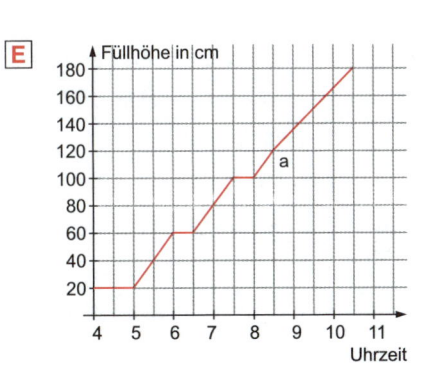

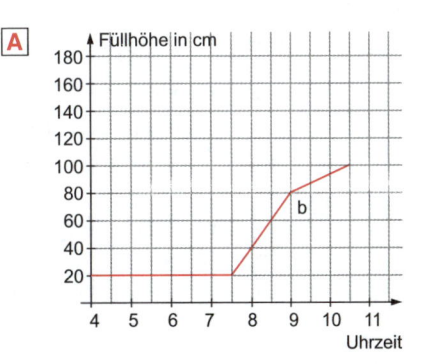

E — Graph a (Füllhöhe in cm, Uhrzeit)
A — Graph b (Füllhöhe in cm, Uhrzeit)

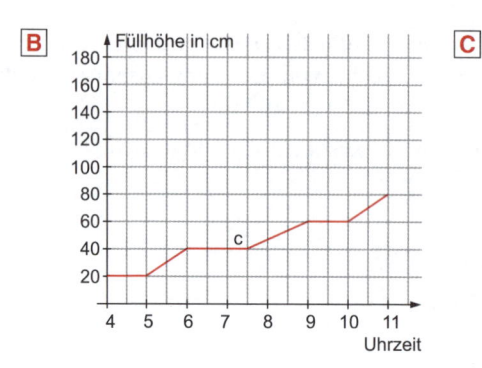

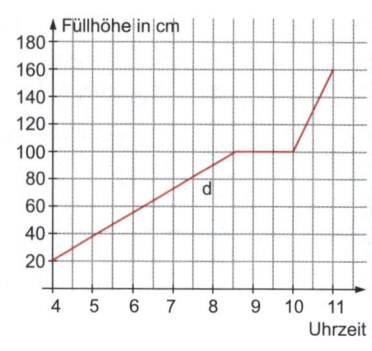

- Um 10 Uhr beträgt in keinem Pool die Füllhöhe 1,2 m.
- Bei allen vier Füllvorgängen verläuft der Graph zeitweise konstant, was eine
- Unterbrechung des Füllvorgangs bedeutet.

**Aufgabe 9**
Zwei Funktionen

$S_1 = (-6 | 0)$;  $S_2 = (0 | 0)$;  $S_3 = (2 | 16)$

- $f(x) = g(x) \Rightarrow x^2 + 6x = \frac{1}{2}x^3 + 3x^2$
- $\frac{1}{2}x^3 + 2x^2 - 6x = 0$ | x herausheben
- $x \cdot (\frac{1}{2}x^2 + 2x - 6) = 0$ | Produkt-Null-Satz
- $x_1 = 0$ oder $\frac{1}{2}x^2 + 2x - 6 = 0$
- Mit der großen Lösungsformel:
- $x_{2;3} = \frac{-2 \pm \sqrt{4+12}}{1} = -2 \pm 4 \Rightarrow x_2 = 2;\ x_3 = -6$
- Berechnung der Funktionswerte:
- $f(0) = g(0) = 0;\ f(2) = g(2) = 16;\ f(-6) = g(-6) = 0$

**Aufgabe 10**
Kreissektor

☐ … doppelt so großem Öffnungswinkel α und doppelt so großem Radius r viermal so groß.

☒ … doppelt so großem Öffnungswinkel α doppelt so groß.

☐ … doppelt so großem Öffnungswinkel α viermal so groß.

☐ … doppelt so großem Radius doppelt so groß.

☒ … doppelt so großem Radius viermal so groß.

- $A(2r, \alpha) = \frac{\pi \cdot (2r)^2 \cdot \alpha}{360°} = \frac{\pi \cdot 4r^2 \cdot \alpha}{360°} = 4 \cdot \frac{\pi \cdot r^2 \cdot \alpha}{360°}$
- Dies ist im Vergleich zu $A(r, \alpha) = \frac{\pi \cdot r^2 \cdot \alpha}{360°}$ viermal so groß.

$$A(r, 2\alpha) = \frac{\pi \cdot r^2 \cdot 2\alpha}{360°} = 2 \cdot \frac{\pi \cdot r^2 \cdot \alpha}{360°}$$

Dies ist im Vergleich zu $A(r, \alpha) = \frac{\pi \cdot r^2 \cdot \alpha}{360°}$ zweimal so groß.

**Aufgabe 11**
Linearer Bremsvorgang

**k = –15, d = 135**

$k = \frac{y(1) - y(0)}{1 - 0} = -15; \quad d = y(0) = 135$

**Aufgabe 12**
Funktion

Eine **lineare** Funktion kennzeichnet sich dadurch, dass der Wert der Zunahme bzw. Abnahme pro Zeiteinheit **konstant bleibt**.

Bei einer quadratischen Funktion ist die Ab- bzw. Zunahme linear, bei einer exponentiellen Funktion ist die prozentuelle Ab- bzw. Zunahme exponentiell.

**Aufgabe 13**
Quadratische Funktion

| x | f(x) | k |
|---|------|---|
| –1 | –3,75 | 2 |
| 1 | **–0,75** | 1 |
| 3 | 0,25 | 0 |
| 5 | –0,75 | –1 |
| 7 | **–3,75** | –2 |

Im Scheitelpunkt ist die Tangente waagrecht. Weiters ist der Graph symmetrisch zur Geraden x = 3 (Parallele zur y-Achse durch den Scheitelpunkt).

**Aufgabe 14**
Sinusfunktion

| $f(x) = x \cdot \sin\pi$ | $f(x) = 2 \cdot \sin x$ | $f(x) = \sin(2\pi)$ | $f(x) = 2 \cdot \sin(\pi x)$ | $f(x) = \pi \cdot \sin(2x)$ |
|---|---|---|---|---|
| ☐ | ☒ | ☐ | ☒ | ☒ |

Wegen $\sin\pi = 0$ bzw. $\sin(2\pi) = 0$ ist $f(x) = x \cdot \sin\pi = 0$ bzw. $f(x) = \sin(2\pi) = 0$.

**Aufgabe 15**
Periodizität der Sinusfunktion

☒ Innerhalb der primitiven Periode hat jede Sinusfunktion einen Hoch- und einen Tiefpunkt.

☒ Die primitive Periode von $\sin\left(\frac{1}{2}x\right)$ ist doppelt so lang wie die primitive Periode von $\sin x$, nämlich $4\pi$.

☐ Innerhalb der primitiven Periode gibt es zu jedem Winkelfunktionswert genau zwei zugehörige Winkel.

| **X** | Durch eine Verschiebung der Sinusfunktion in x- oder in y-Richtung verändert sich die primitive Periode nicht. |
|---|---|
| ☐ | Die primitive Periode von sin(2x) ist halb so lang wie die primitive Periode von sin x, nämlich $\frac{\pi}{2}$. |

- Zu den Extrempunkten gibt es jeweils nur einen Winkel innerhalb der primitiven Periode.
- Es gilt $p = \frac{2\pi}{b}$ für die primitive Periode p der Funktion y = sin(bx).

**Aufgabe 16**
Differenzenquotient vs. Differenzialquotient

- **E** Differentialquotient an der Stelle $x_0$ ist größer als 0
- **C** Differenzenquotient im Intervall [a; b]
- **B** momentane Änderungsrate
- **F** positive Sekantensteigung

- Der Bruch in **A** beschreibt zwar einen Differenzenquotienten, allerdings nicht im Intervall [a; b]. Es ist jedoch die Intervalllänge a.
- Der Limes in **D** ist sinnlos, weil Δx gegen 0 strebt, aber x im restlichen Ausdruck nicht vorkommt.

**Aufgabe 17**
Wohltätige Stiftung

$K_{n+1} = \mathbf{K_n - K_n \cdot 0{,}02}$ oder $K_{n+1} = \mathbf{0{,}98 \cdot K_n}$ für $n \in \mathbb{N}$

- Mit $K_0 = 500\,000$ gilt beispielsweise:
- $K_1 = 500\,000 \cdot 0{,}9 + 500\,000 \cdot 0{,}08 = 500\,000 \cdot 0{,}98 = 490\,000$
- $K_2 = 490\,000 \cdot 0{,}98 = 480\,200$
- $K_3 = 480\,200 \cdot 0{,}98 = 470\,596$

**Aufgabe 18**
Ableitungsregeln

| $3 \cdot \cos x$ | $\cos x + \frac{\pi}{2}$ | $3 \cdot \cos x + \frac{\pi}{2}$ | $3 \cdot \cos x \cdot \frac{\pi}{2}$ | $-3 \cdot \cos x$ | $-3 \cdot \cos x \cdot \sin x$ |
|---|---|---|---|---|---|
| **X** | ☐ | ☐ | ☐ | ☐ | ☐ |

- Die Regel sagt: $(\sin x)' = \cos x$. Die 3 ist ein konstanter Faktor und bleibt beim Differenzieren erhalten. $\left(\frac{\pi}{2}\right)' = 0$.

**Aufgabe 19**
Graphisches Differenzieren

**C**

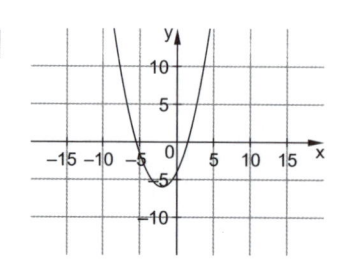

**A**

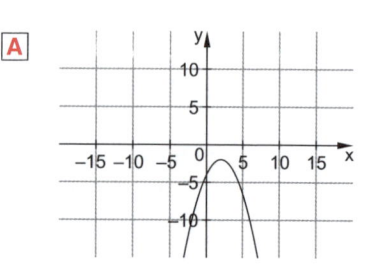

| E | B |

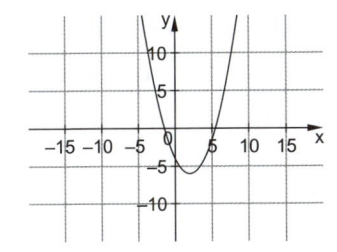

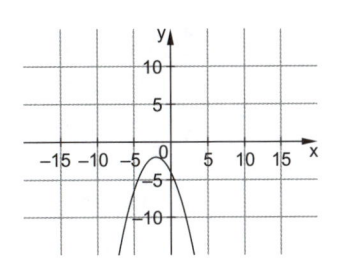

Ist die Parabel nach oben offen (positiv gekrümmt), so ist die Ableitungsfunktion steigend, andernfalls fallend.

**Aufgabe 20**
Stammfunktion ermitteln

[X] $\int 3(x+2)^2 \, dx = (x+2)^3 + c$

[ ] $\int 3(x+2)^2 \, dx = \frac{1}{3}(3x+6)^3 + c$

[ ] $\int 3(x+2)^2 \, dx = 3(x^3 + 6x^2 + 12x) + c$

[X] $\int 3(x+2)^2 \, dx = x^3 + 6x^2 + 12x + c$

[ ] $\int 3(x+2)^2 \, dx = (3x+6)^3 + c$

Das Integral kann man direkt ausrechnen:
$\int 3(x+2)^2 \, dx = (x+2)^3 + c = x^3 + 6x^2 + 12x + 8 + c = x^3 + 6x^2 + 12x + c'$

Die additive Konstante 8 kann zur Konstanten c hinzugenommen werden.

Alternativ kann auch zuerst ausmultipliziert werden:
$\int 3(x+2)^2 \, dx = \int (3x^2 + 12x + 12) \, dx = x^3 + 6x^2 + 12x + c$

**Aufgabe 21**
Boxplot

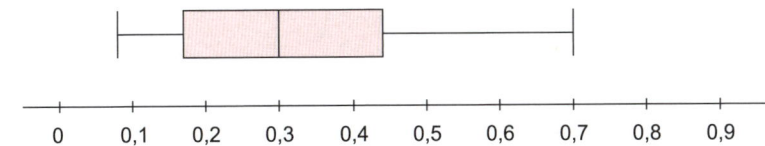

Der Median ist 0,3, das untere Quartil 0,17, das obere Quartil 0,44.

**Aufgabe 22**
Urne

[X] Der Binomialkoeffizient $\binom{5}{k}$ gibt an, wie viele Pfade im zugehörigen Baumdiagramm zum Ereignis „genau k schwarze Kugeln ziehen" führen.

[ ] Der Zufallsversuch „Ziehen einer Kugel" wird k-mal unter denselben Bedingungen durchgeführt.

- [X] Das zugehörige Baumdiagramm besteht aus 5 Stufen.
- [ ] Für die Berechnung des Binomialkoeffizienten gilt: $\binom{5}{k} = \binom{k}{5}$
- [X] Im zugehörigen Baumdiagramm führen gleich viele Pfade zum Ereignis „genau k schwarze Kugeln ziehen" wie zum Ereignis „genau 5 – k schwarze Kugeln ziehen", weil gilt: $\binom{5}{k} = \binom{5}{5-k}$
- ✏ Der Versuch wird 5-mal ausgeführt.

**Aufgabe 23**
Glücksspiel

Die Zufallsvariable ist **diskret** und der Grundraum ist $\Omega = \{2;\ 3;\ 4;\ 5;\ 6;\ 7;\ 8;\ 9;\ 10;\ 11;\ 12\}$.

- ✏ Die Zufallsvariable ist diskret, weil es nur endlich viele Möglichkeiten gibt.
- ✏ Die Augensumme liefert eine natürliche Zahl im Intervall [2; 12].

**Aufgabe 24**
Würfel

| k | P(X = k) |
|---|---|
| 0 | $\left(\frac{5}{6}\right)^4 \approx 0{,}4823$ |
| 1 | $\binom{4}{1} \cdot \left(\frac{1}{6}\right) \cdot \left(\frac{5}{6}\right)^3 \approx 0{,}3858$ |
| 2 | $\binom{4}{2} \cdot \left(\frac{1}{6}\right)^2 \cdot \left(\frac{5}{6}\right)^2 \approx 0{,}1157$ |
| 3 | $\binom{4}{3} \cdot \left(\frac{1}{6}\right)^3 \cdot \left(\frac{5}{6}\right) \approx 0{,}0154$ |
| 4 | $\left(\frac{1}{6}\right)^4 \approx 0{,}0008$ |

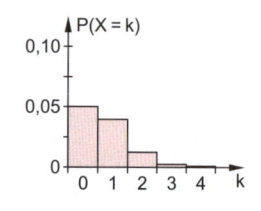

- ✏ Als grafische Darstellung bietet sich ein Histogramm an.

# Schriftliche Reifeprüfung – Mathematik
## Teil-1-Aufgaben – Probeklausur 4

**Aufgabe 1**
Addition in Zahlenmengen

Folgende Aussage bezieht sich auf die Abgeschlossenheit der Addition in verschiedenen Zahlenmengen.

**Aufgabenstellung:** Kreuzen Sie je eine der angegebenen Möglichkeiten so an, dass eine mathematisch korrekte Aussage entsteht!

Die Summe zweier ① Zahlen ergibt immer eine ② Zahl.

| ① | |  ② | |
|---|---|---|---|
| ☐ | ungerader natürlicher | ☐ | irrationale |
| ☐ | irrationaler | ☐ | negative rationale |
| ☐ | negativer rationaler | ☐ | ungerade natürliche |

**Aufgabe 2**
Terme, Gleichungen und Gleichungssysteme

Gegeben sind drei Grafiken und fünf mathematische Ausdrücke.

**Aufgabenstellung:** Ordnen Sie den Grafiken jeweils den passenden mathematischen Ausdruck zu!

A, B, 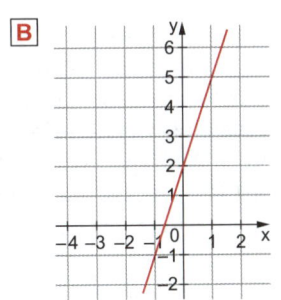 C (Grafiken)

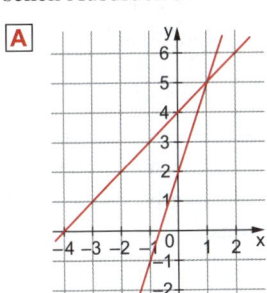

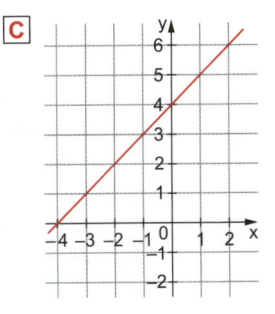

| $y = 3x + 2$ | I: $y = 3x + 2$<br>II: $y = x + 4$ | $f(x) = x + 4$ | $x + 4$ | $3x + 2$ |
|---|---|---|---|---|
| ☐ | ☐ | ☐ | ☐ | ☐ |

**Aufgabe 3**
Äquivalenzumformungen

Gegeben ist die Gleichung $6x^2 + 3x - 24 = 0$.

**Aufgabenstellung:** Welche Gleichungen sind äquivalent zur gegebenen Gleichung? Kreuzen Sie die zwei zutreffenden Gleichungen an!

| $12x^2 + 6x = 24$ | $2x^2 + x = 8$ | $\frac{3}{2}x^2 = 4 - \frac{1}{2}x$ | $2x^2 = x - 4$ | $x^2 = 4 - \frac{1}{2}x$ |
|---|---|---|---|---|
| ☐ | ☐ | ☐ | ☐ | ☐ |

## Aufgabe 4
**Gleichungssystem**

Gegeben ist ein Gleichungssystem in zwei Variablen.

**Aufgabenstellung:** Geben Sie die Variablen a und c so an, dass es keine, genau eine bzw. unendlich viele Lösungen gibt!

I: $3x - 4y = c$
II: $ax + 4y = 15$

keine Lösung: _____

genau eine Lösung: _____

unendlich viele Lösungen: _____

## Aufgabe 5
**Textilreinigung**

Nebenstehend sind die Preise für die Reinigung von Kleidungsstücken aufgelistet.

Herr Kurz bringt folgende Kleidungsstücke in die Reinigung: drei Hosen, sieben Hemden, ein Sakko und zwei Anzüge.

| Kleidungsstück | Preis |
|---|---|
| Hose | € 6,50 |
| Sakko | € 7,50 |
| Anzug | € 14,00 |
| Gilet | € 5,00 |
| Mantel | € 13,00 |
| Mantel lang | € 14,00 |
| Jacke / Blouson | € 10,00 |
| Kleid ab | € 10,00 |
| Cocktailkleid | € 14,50 |
| Abendkleid ab | € 21,00 |
| Seidenbluse / Hemd | € 5,00 |
| Damenrock ab | € 8,00 |

**Aufgabenstellung:** Schreiben Sie den Preisvektor P an, der die Preise für die Reinigung von Kleidungsstücken in der angegebenen Reihenfolge angibt! Ermitteln Sie weiters den Auftragsvektor A, der die Anzahl der Kleidungsstücke von Herrn Kurz in der Reihenfolge der Preistabelle angibt, und berechnen Sie, wie viel Herr Kurz für die Reinigung bezahlen muss!

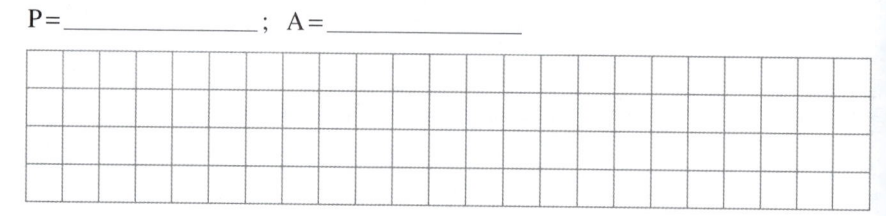

P = _____ ; A = _____

## Aufgabe 6
**Rechenoperationen von Vektoren**

Gegeben sind die Vektoren $\vec{a} = \begin{pmatrix} 1 \\ 2 \end{pmatrix}$ und $\vec{b} = \begin{pmatrix} -2 \\ 2 \end{pmatrix}$.

**Aufgabenstellung:** Ordnen Sie den gegebenen Rechenoperationen die richtigen Rechenergebnisse zu!

**A** $\vec{a} + \vec{b} =$   **B** $\vec{a} \cdot \vec{b} =$   **C** $\vec{a} + (-\vec{b}) =$   **D** $2 \cdot \vec{a} =$

| $\begin{pmatrix} -2 \\ 4 \end{pmatrix}$ | 2 | $\begin{pmatrix} 3 \\ 0 \end{pmatrix}$ | $\begin{pmatrix} -1 \\ 4 \end{pmatrix}$ | 6 | $\begin{pmatrix} 2 \\ 4 \end{pmatrix}$ |
|---|---|---|---|---|---|
| ☐ | ☐ | ☐ | ☐ | ☐ | ☐ |

# Teil-1-Aufgaben – Probeklausur 4

**Aufgabe 7**
Geradendarstellung

Gegeben ist die Gerade g: $2x + y = 5$.

**Aufgabenstellung:** Geben Sie die Gerade in Parameterform an!

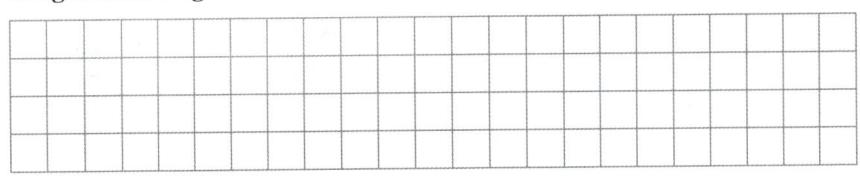

**Aufgabe 8**
Winkelfunktionen im Einheitskreis

Gegeben ist ein Winkel im Einheitskreis.

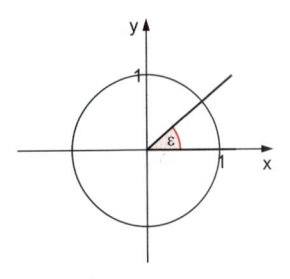

| | Vorzeichen |
|---|---|
| $\sin \varepsilon$ | |
| $\cos \varepsilon$ | |
| $\tan \varepsilon$ | |

**Aufgabenstellung:** Kennzeichnen Sie den Sinus, den Cosinus und den Tangens des gegebenen Winkels und beschriften Sie die entsprechenden Längen! Geben Sie jeweils das Vorzeichen des Winkelfunktionswerts an!

**Aufgabe 9**
Schuhgrößen

Kurt erstellt eine Grafik, die den Schuhgrößen die Familienmitglieder zuordnet.

**Aufgabenstellung:** Argumentieren Sie anhand der dargestellten Figur, ob hier eine Funktion vorliegt!

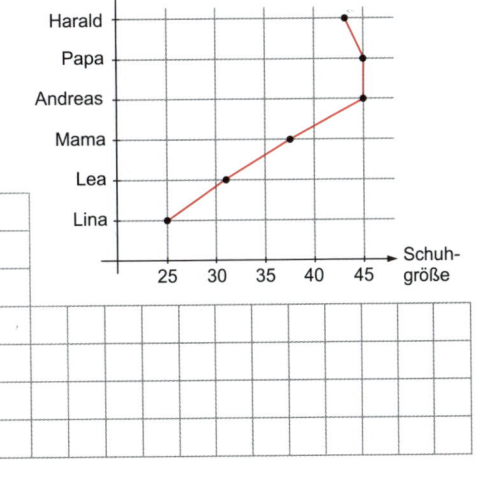

**Aufgabe 10**
Entwicklung der Kinderzahl

Der Graph zeigt die Entwicklung der durchschnittlichen Kinderzahl pro Frau in Österreich.

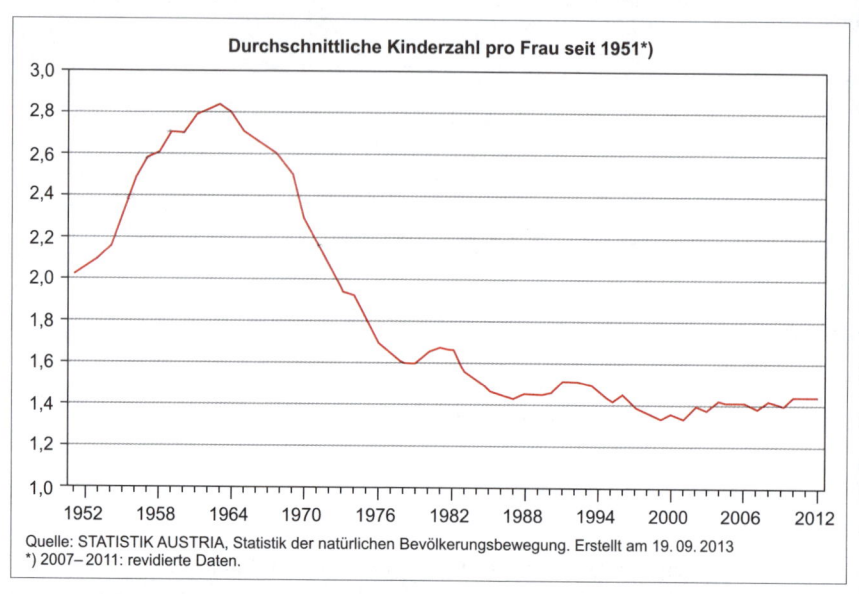

**Durchschnittliche Kinderzahl pro Frau seit 1951*)**

Quelle: STATISTIK AUSTRIA, Statistik der natürlichen Bevölkerungsbewegung. Erstellt am 19. 09. 2013
*) 2007– 2011: revidierte Daten.

**Aufgabenstellung:** Zu welchen Zeitpunkten ist in der dargestellten Kurve ein „Wendepunkt" zu erkennen? Zeichnen Sie die gefragten Punkte des Graphen in der Skizze ein und interpretieren Sie die Bedeutung der Wendepunkte im Kontext!

**Aufgabe 11**
Wasser verteilen

8 Liter Wasser sind auf gleich große Becher gerecht aufzuteilen. x sei die Füllmenge pro Becher. f(x) gibt die Anzahl der befüllten Becher an. Der Graph der zugehörigen Funktion ist gegeben (f(x): $\mathbb{R}^+ \to \mathbb{R}$).

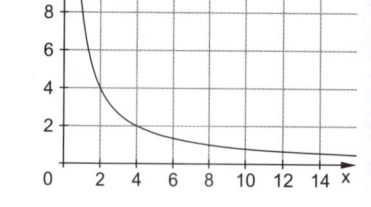

**Aufgabenstellung:** Kreuzen Sie die richtige(n) Aussage(n) an!

☐ Die Funktionsgleichung lautet $f(x) = \frac{8}{x}$.

☐ Die Funktionsgleichung lautet $f(x) = 8^x$.

☐ Die Funktionsgleichung lautet $f(x) = 8^{-x}$.

☐ Die Füllmenge x pro Becher ist indirekt proportional zur Anzahl der befüllten Becher.

☐ Die Füllmenge x pro Becher ist direkt proportional zur Anzahl der befüllten Becher.

## Aufgabe 12
**Polynomfunktionen**

Gegeben sind die Graphen von drei Polynomfunktionen:

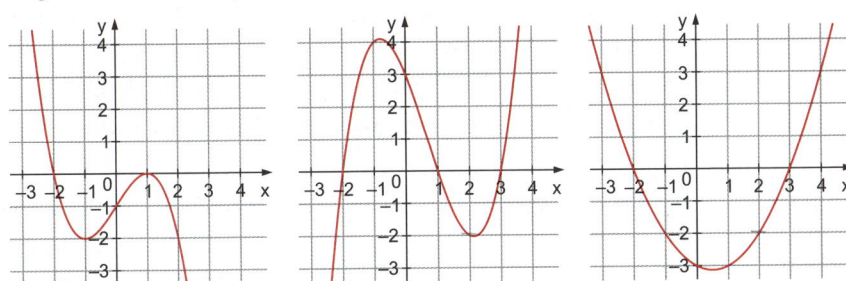

**Aufgabenstellung:** Geben Sie die Koordinaten jener zwei Punkte P und Q an, die auf allen drei Graphen liegen!

P = (__ | __), Q = (__ | __)

## Aufgabe 13
**Abbau eines Medikamentes**

Der Abbau von Medikamenten im Körper kann näherungsweise mit exponentiellen Modellen beschrieben werden. Welcher der folgenden Graphen veranschaulicht den beschriebenen Abbau des Narkosemedikaments am besten?

**Aufgabenstellung:** Kreuzen Sie den zutreffenden Graphen an!

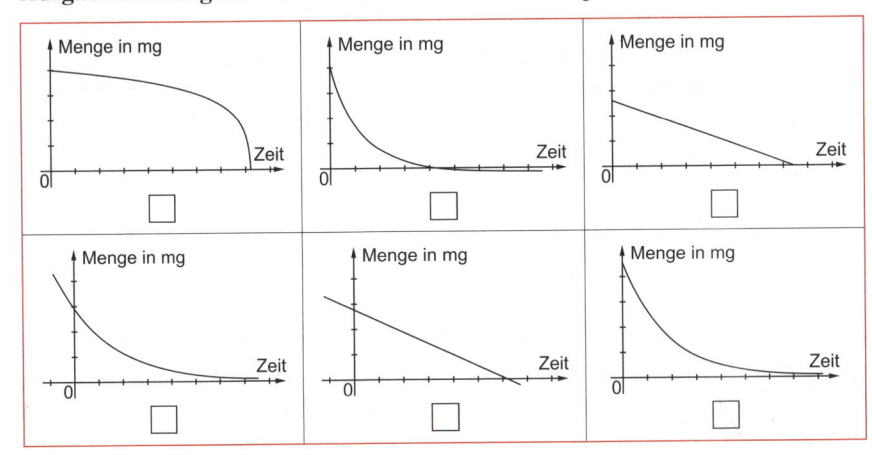

## Aufgabe 14
**Exponentielles Modell?**

In welchen Fällen ist aufgrund des Wachstumsverhaltens eine Modellierung mittels Exponentialfunktionen gerechtfertigt?

**Aufgabenstellung:** Kreuzen Sie die zutreffende(n) Aussage(n) an, in denen exponentielle Zusammenhänge vorliegen!

☐ Trainingslauf: In jeder Runde wird das Tempo verdoppelt.

☐ Taschengeld: Jeden Monat wird die Hälfte des erhaltenen Geldes auf ein Konto eingezahlt.

- [ ] Urlaubsgeld: Am ersten Tag wird die Hälfte des Geldes ausgegeben, am zweiten Tag die Hälfte des Restgeldes, am dritten Tag die Hälfte vom verbleibenden Geld usw.
- [ ] Bremsung: Das Fahrzeug wird pro Sekunde um 25 km/h langsamer.
- [ ] Chemie: Von einem radioaktiven Stoff zerfallen pro Tag 50 %.

**Aufgabe 15**
Sinusfunktionen

Gegeben sind Aussagen über die Gleichheit von verschiedenen Winkelfunktionen.

**Aufgabenstellung:** Kreuzen Sie die zwei zutreffenden Aussagen an!

- [ ] $\sin x = -(\cos x)'$
- [ ] $\cos x = (\sin x)' + \pi$
- [ ] $3 \cdot (\cos x)' = -3 \cdot \sin x$
- [ ] $\sin(2x) = [\cos(2x)]'$
- [ ] $5 \cdot \cos x = -5 \cdot (\sin x)'$

**Aufgabe 16**
Tauchsicherheit

Beim Tauchen nimmt der Druck (p in bar) unter Wasser mit steigender Tiefe (t in m) zu. Die Funktion p(t) beschreibt diesen Zusammenhang.

**Aufgabenstellung:** Interpretieren Sie den Ausdruck $\frac{p(12) - p(8)}{12 - 8}$ in diesem Zusammenhang!

**Aufgabe 17**
Ableitung von Winkelfunktionen

Gegeben ist die Winkelfunktion $f(x) = \cos(4x)$.

**Aufgabenstellung:** Geben Sie die Ableitungsfunktionen f'(x) und f"(x) an!

f'(x) = _____ ; f"(x) = _____

**Aufgabe 18**
Eigenschaften von Funktionen

Gegeben sind Begriffe zur Beschreibung von Funktionen.

**Aufgabenstellung:** Vervollständigen Sie den Satz so, dass er mathematisch korrekt ist!

Hat eine Funktion ①, dann hat ihre Ableitungsfunktion an dieser Stelle ②.

① 
- [ ] einen Wendepunkt
- [ ] einen Hochpunkt
- [ ] eine Nullstelle

② 
- [ ] einen Extrempunkt
- [ ] einen Wendepunkt
- [ ] einen Fixpunkt

# Teil-1-Aufgaben – Probeklausur 4

**Aufgabe 19**
Taschengeld

Es sei F eine Funktion, deren Funktionswerte F(x) die Anzahl der Schülerinnen und Schüler einer Schule mit einem Taschengeldbetrag von x Euro angibt.

**Aufgabenstellung:** Stellen Sie den Gesamtbetrag jener Schülerinnen und Schüler, die höchstens $x_1$ als Taschengeld bekommen, mit einem Integral dar!

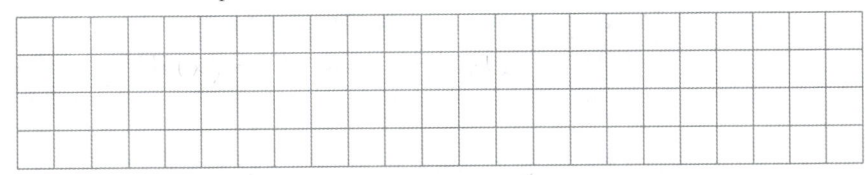

**Aufgabe 20**
Längenmessung

Die Länge von Metallstiften kann mithilfe einer Messschraube auf hundertstel Millimeter genau gemessen werden. Bei der Messung von 10 Stiften ergaben sich die folgenden leicht schwankenden Messergebnisse (in Millimeter) sowie die daraus ermittelten Kennzahlen:
2,14  2,22  2,15  2,17  2,18  2,25  2,22  2,17  2,18  2,15
$\bar{x} = 2{,}183$; $v = 0{,}0012$; $s = 0{,}0341$

**Aufgabenstellung:** Welche Aussagen über die Messergebnisse bzw. die berechneten statistischen Kennzahlen sind richtig? Kreuzen Sie die zutreffende(n) Aussage(n) an!

☐ Innerhalb des einfachen Streuungsbereichs $[\bar{x} - s;\ \bar{x} + s] = [2{,}149;\ 2{,}217]$ liegen bei dieser Messung genau 60 % der Messwerte.

☐ Die Standardabweichung s = 0,0341 ist ein Maß dafür, wie die Messwerte um den Mittelwert gestreut sind, und wird ebenfalls in Millimeter angegeben.

☐ Bei der Berechnung der Standardabweichung werden die Abstände der Messwerte zum Mittelwert quadriert, die Summe der Abstandsquadrate wird durch n dividiert und aus dem Quotienten wird die Wurzel gezogen.

☐ Der einfache Streuungsbereich ist $[\bar{x} - s;\ \bar{x} + s] = [2{,}149;\ 2{,}217]$; wäre das Intervall größer, so würden die Messwerte näher beieinander liegen.

☐ Für das arithmetische Mittel $\bar{x}$ gilt, dass die Summe der Abweichungen aller Messwerte vom Mittelwert null ergibt:
$(x_1 - \bar{x}) + (x_2 - \bar{x}) + \ldots + (x_{10} - \bar{x}) = 0$

**Aufgabe 21**
Gehälter

Für die sieben MitarbeiterInnen eines Betriebes werden monatlich folgende Gehälter ausbezahlt:
€ 1.240   € 980   € 8.760   € 950   € 1.200   € 1.120   € 1.500

**Aufgabenstellung:** Welche der folgenden Aussagen über die Verteilung der Gehälter in diesem Betrieb sind richtig? Kreuzen Sie die zutreffende(n) Aussage(n) an!

- [ ] Der Median ist die in der Mitte gelegene Zahl, nämlich 950 Euro.
- [ ] Die Differenz von mehr als 1.000 Euro zwischen dem arithmetischen Mittel und dem Median ist ein Hinweis auf Ausreißer nach oben.
- [ ] Eine Erhöhung der drei niedrigsten Gehälter um 100 Euro würde den Mittelwert erhöhen und den Median unverändert lassen.
- [ ] Der Median wäre ohne das höchste Gehalt (8.760 Euro) der Mittelwert zwischen den beiden mittleren Werten, nämlich zwischen 1.120 Euro und 1.200 Euro.
- [ ] Das arithmetische Mittel wäre ohne das höchste Gehalt (8.760 Euro) um mehr als 1.000 Euro niedriger.

**Aufgabe 22**
Defektes Gerät

Eine Maschine produziert technische Geräte mit einer Fehlerquote von 5 %.

**Aufgabenstellung:** Kreuzen Sie je eine der angegebenen Möglichkeiten so an, dass eine mathematisch korrekte Aussage entsteht!

Die Wahrscheinlichkeit, dass von drei geprüften Geräten ①, kann folgendermaßen berechnet werden: ②

① 
- [ ] alle drei defekt sind
- [ ] mindestens eines defekt ist
- [ ] höchstens eines defekt ist

② 
- [ ] $1 - \left(\frac{5}{100}\right)^3$
- [ ] $0{,}95^3$
- [ ] $1 - 0{,}95^3$

**Aufgabe 23**
Glücksspiel

Bei einem Glücksspiel soll mit zwei Würfeln, die gleichzeitig geworfen werden, eine möglichst hohe Augensumme erzielt werden. Die Zufallsvariable X beschreibt die Summe der gewürfelten Augenzahlen.

**Aufgabenstellung:** Geben Sie für die Ergebnismenge Ω an, welche Werte die Zufallsvariable annehmen kann!

Ω = {_____}

**Aufgabe 24**
Münzwurf

Eine Münze wird 5-mal geworfen. X sei die Anzahl der geworfenen Köpfe.

**Aufgabenstellung:** Stellen Sie die Verteilung von X in einer Tabelle und grafisch dar!

## Hinweise und Tipps

**Aufgabe 1**
- Wählen Sie eine Zahl aus jeder angeführten Zahlenmenge aus und addieren Sie diese mit sich selbst.

**Aufgabe 2**
- In **A** wird ein Gleichungssystem mit 2 Gleichungen in 2 Variablen dargestellt.
- In **B** und **C** ist eine lineare Funktion abgebildet.
- Die Ausdrücke $x+4$ und $3x+2$ sind Terme.

**Aufgabe 3**
- Führen Sie mit der gegebenen Gleichung Äquivalenzumformungen durch.

**Aufgabe 4**
- Wenn ein Gleichungssystem keine Lösung hat, sind die entsprechenden Geraden im Koordinatensystem parallel. Hat das Gleichungssystem genau eine Lösung, dann gibt es einen Schnittpunkt und hat das Gleichungssystem unendlich viele Lösungen, dann sind die Geraden ident.
- Wenn die Koeffizienten von x und y in beiden Gleichungssystemen (eventuell nach Umformung) gleich sind, dann gibt es entweder keine oder unendlich viele Lösungen, je nachdem ob die Zahl c unterschiedlich oder ebenfalls gleich ist.

**Aufgabe 5**
- Berechnen Sie das skalare Produkt $A \cdot P$.

**Aufgabe 6**
- Beim Addieren bzw. Subtrahieren werden Vektoren koordinatenweise addiert bzw. subtrahiert.
- Die Multiplikation zweier Vektoren liefert eine Zahl, daher der Name Skalarmultiplikation.
- Die Multiplikation eines Vektors mit einem Skalar (Zahl) liefert einen Vektor, ein Vielfaches des ursprünglichen Vektors.

**Aufgabe 7**
- Parameterform: $g: \vec{X} = \vec{A} + t \cdot \vec{a}$
- Überlegen Sie, wie Sie zu einem Punkt von g kommen.
- Wie können Sie einen Richtungsvektor $\vec{a}$ von g angeben?

**Aufgabe 8**
- Zeichnen Sie zwei (übereinanderliegende) rechtwinklige Dreiecke: Ziehen Sie durch die Schnittpunkte der Winkelschenkel mit der Kreislinie jeweils eine Parallele zur y-Achse; die zweite Kathete liegt auf der x-Achse.

| | Wenden Sie im kleineren Dreieck die Definition des Sinus und des Cosinus sowie im größeren Dreieck die Definition des Tangens an. |
|---|---|
| Aufgabe 9 | Nur wenn jedem Argument (Schuhgröße) genau ein Funktionswert (Person) zugeordnet werden kann, liegt eine Funktion vor. |
| Aufgabe 10 | Ein Wendepunkt liegt dort vor, wo sich das Krümmungsverhalten einer Kurve von einer Richtung in die andere ändert. |
| Aufgabe 11 | Je mehr Becher zur Verfügung stehen, desto weniger kann pro Becher eingeschenkt werden. |
| | Direkt proportional: je mehr – desto mehr, je weniger – desto weniger |
| | Indirekt proportional: je mehr – desto weniger, je weniger – desto mehr |
| Aufgabe 12 | Erstellen Sie Wertetabellen zu den drei Graphen. |
| Aufgabe 13 | Sortieren Sie zunächst diejenigen Graphen aus, die keinen exponentiellen Verlauf darstellen. |
| Aufgabe 14 | Ein exponentieller Zusammenhang besteht zwischen zwei Größen, wenn die prozentuelle Zunahme/Abnahme konstant ist. |
| Aufgabe 15 | Wenden Sie die Ableitungsregeln für den Sinus bzw. Cosinus an. |
| Aufgabe 16 | p(12) gibt den Wasserdruck auf 12 Meter Tiefe an. Was bedeutet der Ausdruck $\frac{\text{absolute Druckzunahme}}{\text{überwundene Meter}}$? |
| Aufgabe 17 | Denken Sie an die Kettenregel. |
| Aufgabe 18 | Skizzieren Sie einen beliebigen Funktionsgraphen (z. B. $f(x) = 3x^3 + 2x^2$) und zeichnen Sie die Ableitungsfunktion in dasselbe Koordinatensystem ein. Ermitteln Sie dazu Tangenten an den Funktionsgraphen f(x) und bestimmen Sie den Anstieg in einigen Punkten. Diese Werte sind dann die y-Koordinaten der Ableitungsfunktion. |
| | Hat eine Funktion einen Hoch- oder Tiefpunkt, dann hat deren Ableitungsfunktion an dieser Stelle eine Nullstelle. |

# Teil-1-Aufgaben – Probeklausur 4 – Hinweise und Tipps 65

- An der Nullstelle einer Funktion hat deren Ableitungsfunktion nichts Besonderes.

**Aufgabe 19**
- Angenommen 5 SchülerInnen bekommen 10 Euro und 3 SchülerInnen bekommen 12 Euro, dann sind das insgesamt: $5 \cdot 10 + 3 \cdot 12 = 50 + 36 = 86$ [Euro]
- Bedenken Sie, dass es unterschiedliche Taschengeldbeträge gibt, die die Schülerinnen und Schüler erhalten. Diese müssen aufsummiert werden.
- Nehmen Sie vereinfachend an, dass nur ganzzahlige Taschengeldbeträge vorkommen.

**Aufgabe 20**
- Wie wird das arithmetische Mittel bzw. die Standardabweichung berechnet?
- Beschreiben Sie die Formel zur Berechnung der Standardabweichung mit Worten:
$$s = \sqrt{\frac{(x_1 - \overline{x})^2 + (x_2 - \overline{x})^2 + \ldots + (x_n - \overline{x})^2}{n}}$$
- Was bedeutet „einfacher Streuungsbereich"?

**Aufgabe 21**
- Welche wesentlichen Eigenschaften haben der Median bzw. das arithmetische Mittel?

**Aufgabe 22**
- Erstellen Sie ein Baumdiagramm mit drei Ziehungen.

**Aufgabe 23**
- Der Grundraum $\Omega$ gibt alle möglichen Werte an, die die Zufallsvariable annehmen kann.

**Aufgabe 24**
- Überlegen Sie, wie groß p bei diesem Zufallsversuch ist. Da 5-mal geworfen wird, kann k die Werte 0, 1, 2, 3, 4, 5 annehmen. Berechnen Sie für jedes k die Wahrscheinlichkeit $P(X = k)$ und listen Sie diese Wahrscheinlichkeiten auf.
- Für die Grafik beschriften Sie die Achsen mit k und $P(X = k)$.

## Lösungsvorschlag

**Aufgabe 1**
Addition in Zahlenmengen

Die Summe zweier **negativer rationaler** Zahlen ergibt immer eine **negative rationale** Zahl.

- Die Summe zweier ungerader natürlicher Zahlen ergibt eine gerade natürliche Zahl. Die Summe zweier irrationaler Zahlen kann, muss aber nicht irrational sein, z. B.: $\pi + (-\pi) = 0$

**Aufgabe 2**
Terme, Gleichungen und Gleichungssysteme

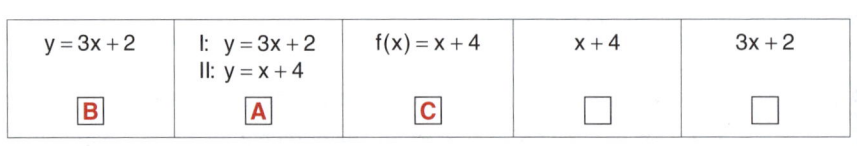

| $y = 3x + 2$ | I: $y = 3x + 2$<br>II: $y = x + 4$ | $f(x) = x + 4$ | $x + 4$ | $3x + 2$ |
|---|---|---|---|---|
| B | A | C | ☐ | ☐ |

- Lösungsweg **A**:
- I: $y = 3x + 2$    $d = 2, k = 3$
  Vom Punkt $(0|2)$ aus zeichnen Sie das Steigungsdreieck mit 1 nach rechts und 3 hinauf.
- II: $y = x + 4$    $d = 4, k = 1$
  Vom Punkt $(0|4)$ aus zeichnen Sie das Steigungsdreieck mit 1 nach rechts und 1 hinauf.
- Lösungsweg **B**:
- $y = 3x + 2$    $d = 2, k = 3$
  Vom Punkt $(0|2)$ aus zeichnen Sie das Steigungsdreieck mit 1 nach rechts und 3 hinauf.
- Lösungsweg **C**:
- $f(x) = x + 4$    $d = 4, k = 1$
- oder auch
- $y = x + 4$    Vom Punkt $(0|4)$ aus zeichnen Sie das Steigungsdreieck mit 1 nach rechts und 1 hinauf.

**Aufgabe 3**
Äquivalenzumformungen

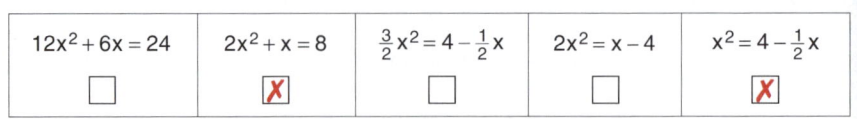

| $12x^2 + 6x = 24$ | $2x^2 + x = 8$ | $\frac{3}{2}x^2 = 4 - \frac{1}{2}x$ | $2x^2 = x - 4$ | $x^2 = 4 - \frac{1}{2}x$ |
|---|---|---|---|---|
| ☐ | ✗ | ☐ | ☐ | ✗ |

- Zur Gleichung $6x^2 + 3x - 24 = 0$ wären auch äquivalent:
- $12x^2 + 6x = 28$;   $\frac{3}{2}x^2 = 6 - \frac{3}{4}x$;   $2x^2 = -x + 8$

**Aufgabe 4**
Gleichungssystem

keine Lösung:    **(parallel) bei $a = -3$, $c \in \mathbb{R} \setminus \{-15\}$**
genau eine Lösung:    **(Schnittpunkt) bei $a \in \mathbb{R} \setminus \{-3\}$ und $c \in \mathbb{R}$**
unendlich viele Lösungen:    **(ident) bei $a = -3$ und $c = -15$**

**Keine Lösung**
I:   $3x - 4y = 4$
II:  $-3x + 4y = 15$
Lösen Sie mit dem Additionsverfahren:
I + II:  $0 = 19$
Liefert eine falsche Aussage, daher hat das Gleichungssystem keine Lösung.

**Genau eine Lösung**
I:   $3x - 4y = 3$
II:  $4y = 15$
Wählen Sie z. B. c = 3 und a = 0 und lösen Sie mit dem Additionsverfahren:
I + II:  $3x = 18$,  $x = 6$ und $y = \frac{15}{4}$, also genau eine Lösung $S = \left(6 \mid \frac{15}{4}\right)$

**Unendlich viele Lösungen**
I:   $3x - 4y = -15$
II:  $-3x + 4y = 15$
Wählen Sie a = –3 und c = –15 und lösen Sie mit dem Additionsverfahren:
I + II:  $0 = 0$
Liefert eine wahre Aussage, daher hat das Gleichungssystem unendlich viele Lösungen.

**Aufgabe 5**
**Textilreinigung**

$P = (6,50 \mid 7,50 \mid 14 \mid 5 \mid 13 \mid 14 \mid 10 \mid 10 \mid 14,50 \mid 21 \mid 5 \mid 8)$;
$A = (3 \mid 1 \mid 2 \mid 0 \mid 0 \mid 0 \mid 0 \mid 0 \mid 0 \mid 0 \mid 7 \mid 0)$

Herr Kurz muss **90 Euro** bezahlen.

$A \cdot P = 3 \cdot 6{,}50 + 1 \cdot 7{,}50 + 2 \cdot 14 + 7 \cdot 5 = 19{,}50 + 7{,}50 + 28 + 35 = 90$

**Aufgabe 6**
**Rechenoperationen von Vektoren**

| $\binom{-2}{4}$ | 2 | $\binom{3}{0}$ | $\binom{-1}{4}$ | 6 | $\binom{2}{4}$ |
|---|---|---|---|---|---|
|  | **B** | **C** | **A** |  | **D** |

**A**:  $\vec{a} + \vec{b} = \binom{1}{2} + \binom{-2}{2} = \binom{1-2}{2+2} = \binom{-1}{4}$

**B**:  $\vec{a} \cdot \vec{b} = \binom{1}{2} \cdot \binom{-2}{2} = 1 \cdot (-2) + 2 \cdot 2 = -2 + 4 = 2$

**C**:  $\vec{a} + (-\vec{b}) = \binom{1}{2} + \binom{2}{-2} = \binom{1+2}{2-2} = \binom{3}{0}$

**D**:  $2 \cdot \vec{a} = 2 \cdot \binom{1}{2} = \binom{2}{4}$

**Aufgabe 7**
Geradendarstellung

Für einen Punkt A von g muss die Gleichung erfüllt werden: Wählen Sie für die x-Koordinate von A z. B. x = 0 und berechnen Sie dann die y-Koordinate.
$2 \cdot 0 + y = 5 \implies y = 5 \implies A = (0 | 5)$

Die Koeffizienten 2 und 1 bilden einen Normalvektor von g, daher ist $\begin{pmatrix} -1 \\ 2 \end{pmatrix}$ ein Richtungsvektor („Vertauschen Sie die Koordinaten und wechseln Sie ein Vorzeichen."). Somit gilt:

g: $X = \begin{pmatrix} 0 \\ 5 \end{pmatrix} + t \cdot \begin{pmatrix} -1 \\ 2 \end{pmatrix}$

**Aufgabe 8**
Winkelfunktionen im Einheitskreis

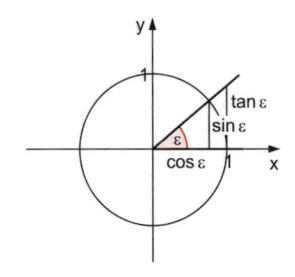

| | Vorzeichen |
|---|---|
| $\sin \varepsilon$ | + |
| $\cos \varepsilon$ | + |
| $\tan \varepsilon$ | + |

Im kleineren Dreieck gilt
$\sin \varepsilon = \frac{G}{H} = G$ und $\cos \varepsilon = \frac{A}{H} = A$,
weil H = r = 1 ist (r ... Radius des Einheitskreises).
Im größeren Dreieck gilt
$\tan \varepsilon = \frac{G}{A} = G$,
weil A = r = 1 ist.

**Aufgabe 9**
Schuhgrößen

Nein, es handelt sich nicht um eine Funktion, da der Schuhgröße 45 zwei Personen (Papa und Andreas) zugeordnet sind. Für eine Funktion muss die Zuordnung jedoch eindeutig sein.

**Aufgabe 10**
Entwicklung der Kinderzahl

Die beiden „Wendepunkte" liegen etwa 1954 und 1971. Zu diesen Zeitpunkten herrscht die stärkste Zunahme (1954) bzw. die stärkste Abnahme (1971) der Kinderzahl.

Die zweite Ableitung beschreibt das Krümmungsverhalten einer Kurve und als Ableitung der Ableitung auch die Änderung der Abnahme (oder Zunahme) der Geburtenzahl. Der Wendepunkt beschreibt also jenen Punkt, an dem sich die Geburtenzahl am stärksten ändert.

## Durchschnittliche Kinderzahl pro Frau seit 1951*)

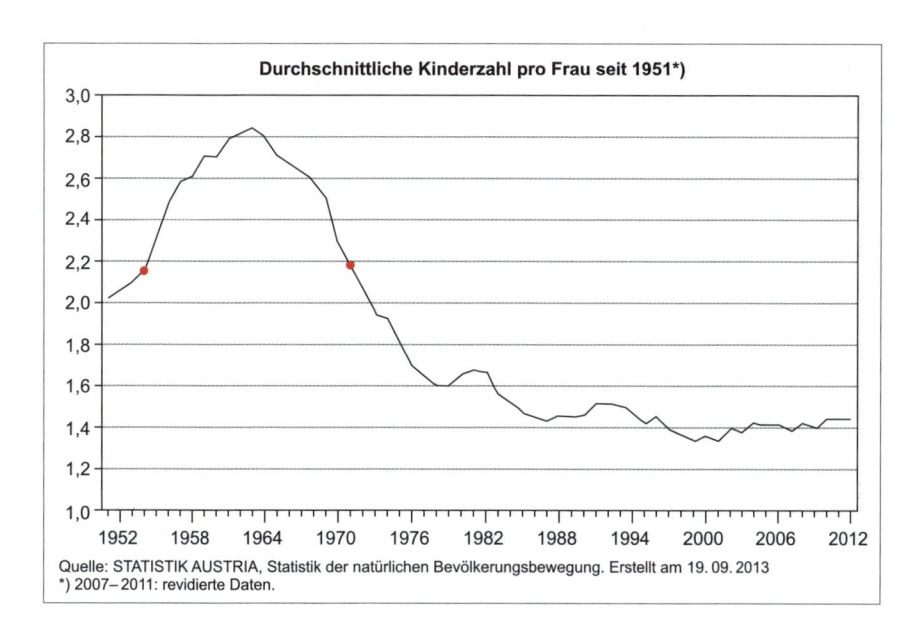

Quelle: STATISTIK AUSTRIA, Statistik der natürlichen Bevölkerungsbewegung. Erstellt am 19. 09. 2013
*) 2007–2011: revidierte Daten.

**Aufgabe 11**
Wasser verteilen

- [X] Die Funktionsgleichung lautet $f(x) = \frac{8}{x}$.
- [ ] Die Funktionsgleichung lautet $f(x) = 8^x$.
- [ ] Die Funktionsgleichung lautet $f(x) = 8^{-x}$.
- [X] Die Füllmenge x pro Becher ist indirekt proportional zur Anzahl der befüllten Becher.
- [ ] Die Füllmenge x pro Becher ist direkt proportional zur Anzahl der befüllten Becher.

✎ Die Funktion $f(x) = 8^x$ ist eine Exponentialfunktion.
✎ Die Funktion $f(x) = 8^{-x}$ kann in $f(x) = \frac{1}{8^x}$ umgewandelt werden. Es ist eine Exponentialfunktion.
✎ Die Füllmenge x pro Becher ist direkt proportional zur Anzahl der befüllten Becher, bedeutet, dass eine größere Füllmenge eine Erhöhung der Anzahl der Becher liefert. Die Füllmenge ist jedoch auf 8 Liter beschränkt.

**Aufgabe 12**
Polynomfunktionen

$P = (-2 \mid 0)$, $Q = (2 \mid -2)$

**Aufgabe 13**
Abbau eines Medikamentes

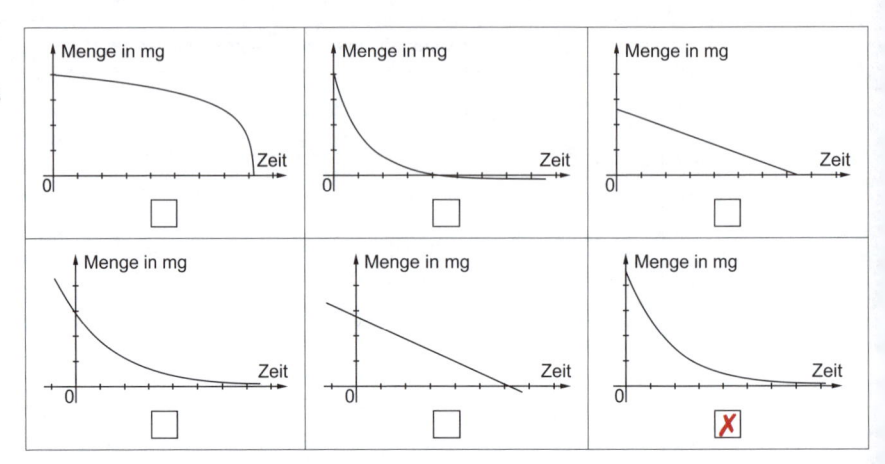

(Sechs Diagramme "Menge in mg" gegen "Zeit"; das sechste (unten rechts) ist mit ✗ markiert.)

- Die beiden Geraden kommen als Schaubilder von exponentiellen Verläufen keinesfalls infrage, ebenso der Verlauf oben links, der keinen prozentuellen, sondern einen logarithmischen Abbauvorgang zeigt.
- Die beiden Funktionen (oben in der Mitte und unten links) zeigen negative Funktionswerte (also eine negative Medikamentendosis) und negative Argumente (negative Zeit) und sind daher im Kontext sinnlos.

**Aufgabe 14**
Exponentielles Modell?

- ✗ Trainingslauf: In jeder Runde wird das Tempo verdoppelt.
- ☐ Taschengeld: Jeden Monat wird die Hälfte des erhaltenen Geldes auf ein Konto eingezahlt.
- ✗ Urlaubsgeld: Am ersten Tag wird die Hälfte des Geldes ausgegeben, am zweiten Tag die Hälfte des Restgeldes, am dritten Tag die Hälfte vom verbleibenden Geld usw.
- ☐ Bremsung: Das Fahrzeug wird pro Sekunde um 25 km/h langsamer.
- ✗ Chemie: Von einem radioaktiven Stoff zerfallen pro Tag 50 %.

- Trainingslauf: +100% des Tempos der Vorrunde in jeder neuen Runde.
- Urlaubsgeld: −50% des Restgeldes jeden Tag.
- Taschengeld: Jeden Monat wird ein konstanter Betrag eingezahlt.
- Bremsweg: Das Fahrzeug wird um einen konstanten Wert langsamer.

**Aufgabe 15**
Sinusfunktionen

- ✗ $\sin x = -(\cos x)'$
- ☐ $\cos x = (\sin x)' + \pi$
- ✗ $3 \cdot (\cos x)' = -3 \cdot \sin x$
- ☐ $\sin(2x) = [\cos(2x)]'$
- ☐ $5 \cdot \cos x = -5 \cdot (\sin x)'$

- $(\sin x)' + \pi = \cos x + \pi$
- Bei $[\cos(2x)]' = -2\sin(2x)$ muss die Kettenregel angewandt werden: Die Ableitung von $\cos x$ (äußere Funktion) ist $-\sin x$ und dies wird multipliziert mit der Ableitung von $2x$ (innere Funktion), also mit 2.
- $-5 \cdot (\sin x)' = -5 \cdot \cos x$

**Aufgabe 16**
Tauchsicherheit

Der Bruch beschreibt die durchschnittliche Zunahme des Wasserdrucks zwischen 8 Meter und 12 Meter Tiefe.

- Der Zähler beschreibt die Veränderung des Wasserdrucks zwischen 8 Meter und 12 Meter Tiefe.

**Aufgabe 17**
Ableitung von Winkelfunktionen

$f'(x) = \mathbf{-4 \cdot \sin(4x)}$;   $f''(x) = \mathbf{-16 \cdot \cos(4x)}$

- Die Ableitung von $\cos x$ ist $-\sin x$. Die Ableitung von $4 \cdot x$ ist 4. Weiters ist die Kettenregel zu beachten.
- Die Ableitung von $\sin x$ ist $\cos x$.

**Aufgabe 18**
Eigenschaften von Funktionen

Hat eine Funktion **einen Wendepunkt**, dann hat ihre Ableitungsfunktion an dieser Stelle **einen Extrempunkt**.

- Hat eine Funktion einen Hoch- oder Tiefpunkt, dann hat deren Ableitungsfunktion an dieser Stelle eine Nullstelle.
- An der Nullstelle einer Funktion hat deren Ableitungsfunktion nichts Besonderes.

**Aufgabe 19**
Taschengeld

$$\int_{0}^{x_1} F(x) \cdot x \, dx$$

- Die Anzahl $F(x)$ der Schülerinnen und Schüler mit ein und demselben Taschengeldbetrag muss mit dem Geldbetrag $x$ multipliziert werden.

**Aufgabe 20**
Längenmessung

- [X] Innerhalb des einfachen Streuungsbereichs $[\bar{x} - s; \bar{x} + s] = [2,149; 2,217]$ liegen bei dieser Messung genau 60 % der Messwerte.
- [X] Die Standardabweichung $s = 0,0341$ ist ein Maß dafür, wie die Messwerte um den Mittelwert gestreut sind, und wird ebenfalls in Millimeter angegeben.
- [X] Bei der Berechnung der Standardabweichung werden die Abstände der Messwerte zum Mittelwert quadriert, die Summe der Abstandsquadrate wird durch n dividiert und aus dem Quotienten wird die Wurzel gezogen.
- [ ] Der einfache Streuungsbereich ist $[\bar{x} - s; \bar{x} + s] = [2,149; 2,217]$; wäre das Intervall größer, so würden die Messwerte näher beieinander liegen.

☒ Für das arithmetische Mittel $\bar{x}$ gilt, dass die Summe der Abweichungen aller Messwerte vom Mittelwert null ergibt:
$(x_1 - \bar{x}) + (x_2 - \bar{x}) + \ldots + (x_{10} - \bar{x}) = 0$

✐ Wäre der einfache Streuungsbereich ein größeres Intervall, dann würden die Messwerte weiter um den Mittelwert gestreut liegen.

**Aufgabe 21**
Gehälter

☐ Der Median ist die in der Mitte gelegene Zahl, nämlich 950 Euro.

☒ Die Differenz von mehr als 1.000 Euro zwischen dem arithmetischen Mittel und dem Median ist ein Hinweis auf Ausreißer nach oben.

☐ Eine Erhöhung der drei niedrigsten Gehälter um 100 Euro würde den Mittelwert erhöhen und den Median unverändert lassen.

☒ Der Median wäre ohne das höchste Gehalt (8.760 Euro) der Mittelwert zwischen den beiden mittleren Werten, nämlich zwischen 1.120 Euro und 1.200 Euro.

☒ Das arithmetische Mittel wäre ohne das höchste Gehalt (8.760 Euro) um mehr als 1.000 Euro niedriger.

✐ Der Median ist die in der Mitte gelegene Zahl einer geordneten Liste. Vor der Erhöhung ist der Median 1.200 Euro, danach 1 120 + 100 = 1 220 [Euro].

**Aufgabe 22**
Defektes Gerät

Die Wahrscheinlichkeit, dass von drei geprüften Geräten **mindestens eines defekt ist**, kann folgendermaßen berechnet werden: $\mathbf{1 - 0{,}95^3}$

✐ P(alle drei Geräte sind defekt) = $0{,}05^3$
✐ P(höchstens ein Gerät ist defekt) = $0{,}95^3 + 0{,}95^2 \cdot 0{,}05 \cdot 3$

**Aufgabe 23**
Glücksspiel

$\Omega = \{\mathbf{2; 3; 4; 5; 6; \ldots; 11; 12}\}$

✐ Die Augensumme beträgt mindestens 1 + 1 = 2, höchstens 6 + 6 = 12.

**Aufgabe 24**
Münzwurf

| k | P(X = k) |
|---|----------|
| 0 | 0,03125 |
| 1 | 0,15625 |
| 2 | 0,3125 |
| 3 | 0,3125 |
| 4 | 0,15625 |
| 5 | 0,03125 |

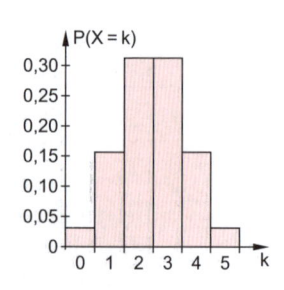

✐ Die Verteilung ist symmetrisch, da p = 0,5 ist.

# Schriftliche Reifeprüfung – Mathematik
## Teil-1-Aufgaben – Probeklausur 5

**Aufgabe 1**
Darstellung von Zahlen

Gegeben sind Zahlen in unterschiedlichen Darstellungen.

**Aufgabenstellung:** Ordnen Sie passende Zahlen einander zu, indem Sie die entsprechenden Buchstaben in die Kästchen eintragen!

A $\quad 5{,}67 \cdot 10^{-2}$
B $\quad 567 \cdot 10^{-2}$
C $\quad 5{,}67 \cdot 10^{2}$
D $\quad 567 \cdot 10^{2}$
E $\quad 567 \cdot 10^{-3}$
F $\quad 5{,}67 \cdot 10^{3}$

☐ $\frac{567}{100}$

☐ $567$

☐ $5\,670$

☐ $\frac{567}{1\,000}$

**Aufgabe 2**
Lösung einer quadratischen Gleichung

Gegeben ist eine quadratische Gleichung der Form $ax^2 + b = 0$ mit $a \neq 0$.

**Aufgabenstellung:** Geben Sie eine Lösung in $\mathbb{R}$ und eine dafür notwendige Bedingung für die Variablen a und b an!

$x = $ _____, für a gilt: _____, für b gilt: _____

**Aufgabe 3**
Fahrradbestellung

Ein Sportartikelhändler bestellt zwei Typen von Fahrrädern. Es werden x Rennräder und y Mountainbikes geordert. Die Rennräder kosten im Einkauf a Euro und die Mountainbikes b Euro.
Welcher Zusammenhang wird von der Gleichung $ax + by = 14\,590$ beschrieben?

**Aufgabenstellung:** Interpretieren Sie die Gleichung im gegebenen Kontext!

**Aufgabe 4**
Lösungsfälle quadratischer Gleichungen

Gegeben ist die Gleichung $x^2 + px + 1 = 0$.

**Aufgabenstellung:** Kreuzen Sie je eine der angegebenen Möglichkeiten so an, dass eine mathematisch korrekte Aussage entsteht!

Die angegebene Gleichung hat für ① eine Lösungsmenge mit zwei ② Zahlen.

① ☐ $p = -1$
   ☐ $p = 0$
   ☐ $p = 3$

② ☐ negativen rationalen
   ☐ irrationalen
   ☐ ganzen

## Aufgabe 5
**Lösungen von linearen Ungleichungen**

Eine lineare Ungleichung in der Grundmenge $\mathbb{N}$ hat die Lösung $y > -3$.

**Aufgabenstellung:** Kreuzen Sie die zwei zutreffenden Beschreibungen der Lösungsmenge an!

☐ L = {−4; −5; −6; …}

☐ L = [−2; ∞)

☐ (Zahlenstrahl von −3 bis 6, markiert ab −2)

☐ L = {0; 1; 2; …}

☐ (Zahlenstrahl von −3 bis 6, markiert ab 1)

## Aufgabe 6
**Lösungen von Gleichungssystemen**

Gegeben ist ein Gleichungssystem in zwei Variablen.

**Aufgabenstellung:** Vervollständigen Sie folgende Sätze, sodass sie mathematisch richtig sind!

Das Gleichungssystem $ax + by = c$ und $dx + ey = f$ hat bei ① keine Lösung. Die entsprechenden Geraden im Koordinatensystem liegen zueinander ②.

① ☐ $a = d$, $b = e$, $c \neq f$
　 ☐ $a = d$, $b = e$, $c = f$
　 ☐ $a \neq d$, $b = e$, $c \neq f$

② ☐ schneidend
　 ☐ parallel
　 ☐ ident

## Aufgabe 7
**Schnittpunkt zweier Geraden**

Gegeben sind die Geraden g: $X = \begin{pmatrix} 2 \\ 2 \\ 1 \end{pmatrix} + t \cdot \begin{pmatrix} 2 \\ 4 \\ 1 \end{pmatrix}$ und h: $X = \begin{pmatrix} 0 \\ -2 \\ 0 \end{pmatrix} + s \cdot \begin{pmatrix} 0 \\ 3 \\ 3 \end{pmatrix}$ im $\mathbb{R}^3$.

**Aufgabenstellung:** Berechnen Sie den Schnittpunkt S!

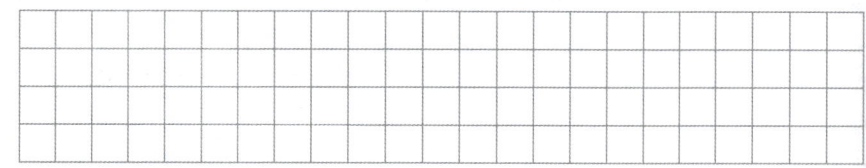

## Aufgabe 8
**Winkelfunktionen**

Gegeben ist das Intervall [0°; 360°].

**Aufgabenstellung:** Geben Sie alle Winkel $\alpha$ im gegebenen Intervall an, für die gilt: $\sin\alpha = -\cos\alpha$

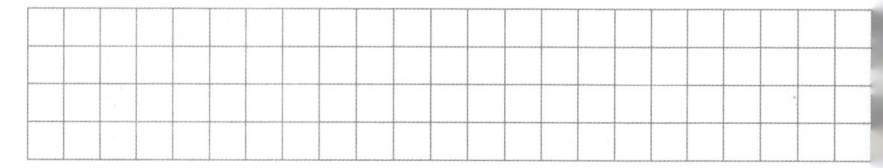

## Aufgabe 9
**Funktionen**

Gegeben sind Graphen von Funktionen sowie Beschreibungen von funktionalen Zusammenhängen.

**Aufgabenstellung:** Welcher Graph passt zu welchem Sachverhalt? Tragen Sie die Buchstaben in die Kästchen der zutreffenden Graphen ein!

- **A** x-Achse: Flächeninhalt einer quadratischen Terrasse
  y-Achse: Seitenlänge der Terrasse
- **B** x-Achse: Höhe eines quaderförmigen Wasserbeckens
  y-Achse: Querschnittsfläche des Beckens
- **C** x-Achse: Radius eines kreisförmigen Blumenbeets
  y-Achse: Länge der Umgrenzung des Beets
- **D** x-Achse: Anzahl von Badetagen
  y-Achse: Summe aus Errichtungs- und Wartungskosten für ein Pool
- **E** x-Achse: Radius einer kreisförmigen Terrasse
  y-Achse: Flächeninhalt der Terrasse
- **F** x-Achse: Gleichförmiges Ablassen des Wassers aus einem Becken
  y-Achse: Volumen des Wassers

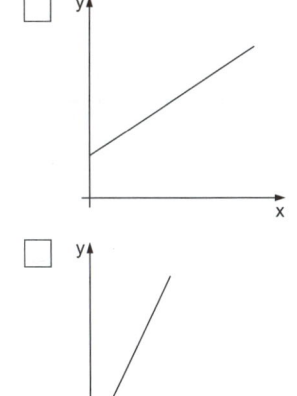

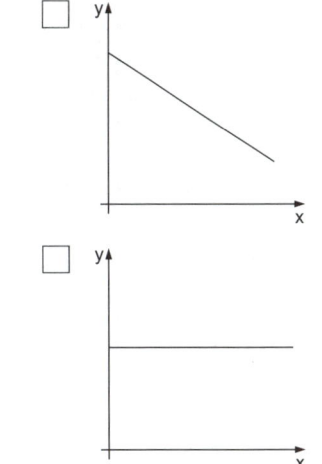

## Aufgabe 10
**Colamischung**

In der Gastronomie werden Getränke aus Sirup und Wasser selbst hergestellt, weil das die Lieferkosten reduziert. Für ein Colagetränk wird Sirup und Wasser im Verhältnis 2:7 gemischt und danach mit Kohlensäure versetzt.

**Aufgabenstellung:** Zeichnen Sie einen Funktionsgraphen, der das Mischungsverhältnis der beiden Inhaltsstoffe darstellt!

**Aufgabe 11**
Funktionsgleichung finden

Gegeben ist der Funktionsgraph f(x).

**Aufgabenstellung:** Kreuzen Sie die richtige Funktionsgleichung an!

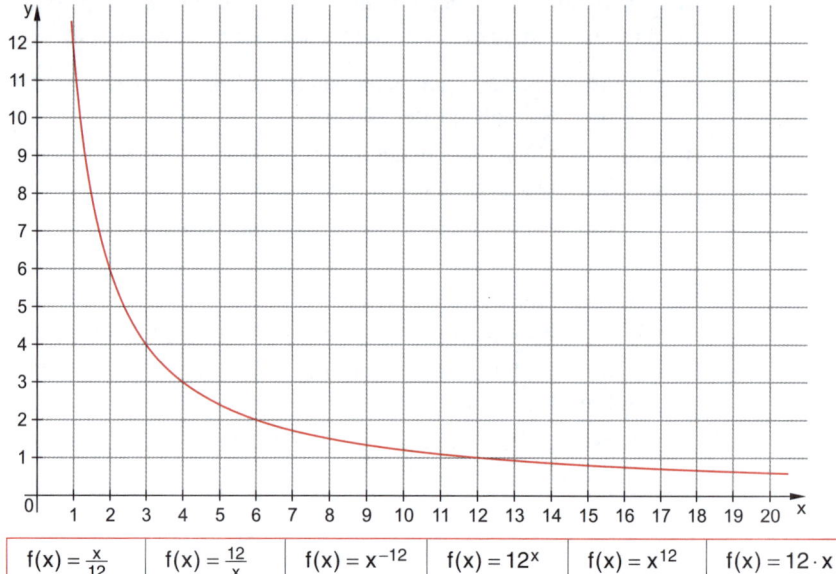

| $f(x) = \frac{x}{12}$ | $f(x) = \frac{12}{x}$ | $f(x) = x^{-12}$ | $f(x) = 12^x$ | $f(x) = x^{12}$ | $f(x) = 12 \cdot x$ |
|---|---|---|---|---|---|
| ☐ | ☐ | ☐ | ☐ | ☐ | ☐ |

**Aufgabe 12**
Eigenschaften von Polynomfunktionen

Gegeben ist der Graph einer Polynomfunktion:

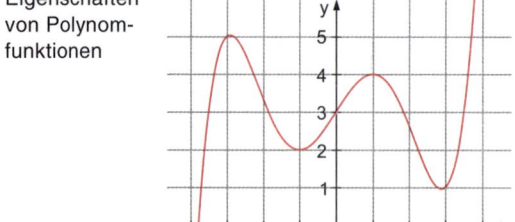

**Aufgabenstellung:** Kreuzen Sie die zutreffende(n) Aussage(n) über den abgebildeten Funktionsgraphen an!

☐ Die Funktion ist im Intervall (−1; 1) streng monoton steigend.

☐ An der Stelle x = −1 ändert sich das Monotonieverhalten der Funktion.

☐ An der Stelle x = 0 ändert sich das Krümmungsverhalten der Funktion.

☐ Die Funktion hat bei x = −3 eine lokale Maximumstelle.

☐ Die Funktion ist im Intervall (1; 4) positiv gekrümmt.

# Teil-1-Aufgaben – Probeklausur 5

**Aufgabe 13**
Quadratische Funktion

Gegeben ist die Funktion $f(x) = 0{,}5x^2 + 2x - 3$.

**Aufgabenstellung:** Ermitteln Sie die fehlenden Koordinaten der auf dem Graphen von f liegenden Punkte $P = (-6 \mid y)$, $Q = (x \mid -5)$, $R = (x \mid -3)$ und begründen Sie, weshalb es bei R zwei Lösungen, bei Q hingegen nur eine Lösung gibt!

**Aufgabe 14**
Medikamentenabbau

Der Funktionsgraph zeigt den Ablauf des Abbauvorganges eines Medikaments im Körper.

**Aufgabenstellung:** Geben Sie die Koordinaten des markierten Punktes B an und interpretieren Sie diese im Kontext!

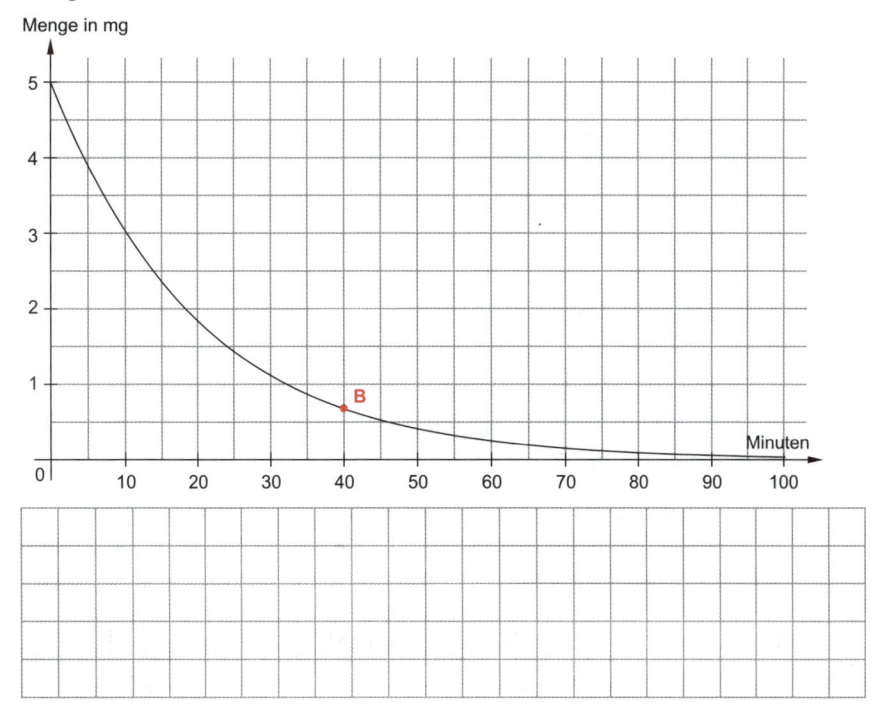

## Aufgabe 15
**Periodizität der Sinusfunktion**

Gegeben sind Aussagen über die Periodizität und andere Eigenschaften der Sinusfunktion.

**Aufgabenstellung:** Kreuzen Sie die zutreffende(n) Aussage(n) an!

☐ Die Sinusfunktion ist periodisch, weil sich die y-Werte nach Ablauf einer Periode p (p ∈ ℝ) wiederholen: $\sin x = \sin(x+p)$ mit $p = 2\pi$

☐ Innerhalb der Periode $p = 2\pi$ ändert die Sinusfunktion dreimal das Monotonieverhalten.

☐ Innerhalb der Periode $p = 2\pi$ gibt es zu jedem Winkelfunktionswert der Sinusfunktion genau zwei zugehörige Winkel – außer zu $\sin\varphi = \pm 1$: Zu diesen Winkelfunktionswerten gibt es jeweils nur einen zugehörigen Winkel.

☐ Die Sinusfunktion ist im Verlauf der Periode $p = 2\pi$ negativ und positiv gekrümmt.

☐ Die Periode von $\sin\left(\frac{1}{3}x\right)$ ist dreimal so lang wie die Periode von $\sin x$.

## Aufgabe 16
**Sinusfunktionen**

Gegeben sind verschiedene Winkelfunktionen.

**Aufgabenstellung:** Kreuzen Sie die zwei Funktionen an, die denselben Graphen wie die Sinusfunktion haben!

☐ $f(x) = -\cos x$

☐ $f(x) = \cos\left(x + \frac{\pi}{2}\right)$

☐ $f(x) = -\sin(x + \pi)$

☐ $f(x) = \cos x - \frac{\pi}{2}$

☐ $f(x) = \cos\left(x + \frac{3\pi}{2}\right)$

## Aufgabe 17
**Vereinskassa**

Der Vorstand eines Vereines stellt fest, dass sich das Vermögen des Vereines gemäß der Differenzengleichung verändert:
$V_{n+1} = V_n \cdot 0{,}9 - 250$

**Aufgabenstellung:** Interpretieren Sie, welche Bedeutung der Wert 0,9 in diesem Zusammenhang haben könnte, und geben Sie die Vermögensstände des Vereines bis zum 5-jährigen Jubiläum an, wenn bei der Gründung 10.000 Euro gespendet wurden!

# Teil-1-Aufgaben – Probeklausur 5

**Aufgabe 18**
Ableitungsregeln

Gegeben ist die Funktion $f(x) = (4 \cdot x)^3$.

**Aufgabenstellung:** Wie lautet die Ableitungsfunktion f'(x)? Kreuzen Sie alle zutreffenden Ausdrücke an!

| $3 \cdot (4x)^2 \cdot 4$ | $12 \cdot (4x)^2$ | $3 \cdot (4x)^2$ | $4^3 \cdot 3x^2$ | $\frac{1}{3} \cdot (4x)^4$ |
|---|---|---|---|---|
| ☐ | ☐ | ☐ | ☐ | ☐ |

**Aufgabe 19**
Krümmung von Funktionen

Die Krümmung von Funktionen.

**Aufgabenstellung:** Vervollständigen Sie den Satz so, dass er mathematisch korrekt ist!

Ist die Ableitungsfunktion f'(x) in einem Bereich ①, dann ist die Funktion f(x) in diesem Bereich ② gekrümmt.

① ☐ streng monoton steigend
☐ streng monoton fallend
☐ konstant

② ☐ positiv (links)
☐ linear
☐ positiv (links) und negativ (rechts)

**Aufgabe 20**
Integrale zuordnen

Gegeben ist die Funktion $f(x) = x + 2$.

**Aufgabenstellung:** Ordnen Sie die Integrale den Termen zu, indem Sie die Buchstaben in die entsprechenden Kästchen eintragen!

A $\int f(x)\,dx$

B $\int f(x+1)\,dx$

C $\int f(2x)\,dx$

D $\int 2f(x)\,dx$

E $\int f\left(\frac{1}{2}x\right)dx$

F $\int \frac{1}{2}f(x)\,dx$

☐ $\frac{1}{4}x^2 + x + c$

☐ $\frac{1}{4}x^2 + 2x + c$

☐ $x^2 + 2x + c$

☐ $\frac{1}{2}x^2 + 3x + c$

**Aufgabe 21**
Geschwindigkeitskontrolle

Bei einer Geschwindigkeitskontrolle von 80 motorisierten Fahrzeugen waren 35 % zu schnell unterwegs, wobei die Geschwindigkeit von 75 % der RaserInnen bis zu 10 km/h überhöht war; sechs AutofahrerInnen waren 10 bis 20 km/h zu schnell unterwegs und bei einem Autofahrer wurde eine Geschwindigkeit von 27 km/h über dem Limit von 30 km/h gemessen.

**Aufgabenstellung:** Erstellen Sie ein Säulendiagramm mit den prozentuellen Häufigkeiten der Geschwindigkeitskontrolle und geben Sie die jeweiligen absoluten Häufigkeiten an!

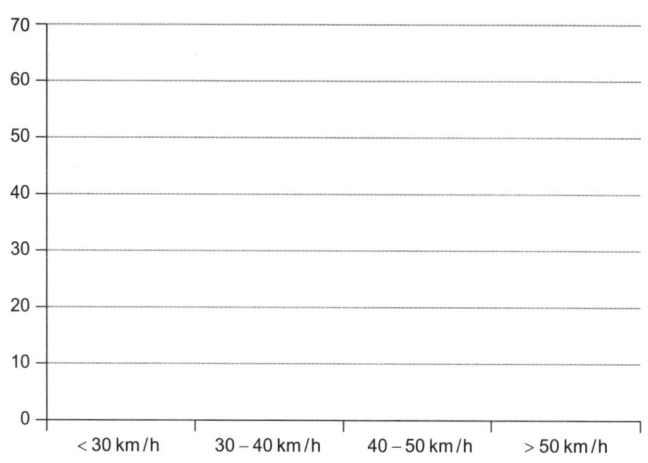

(Säulendiagramm mit y-Achse 0–70 und x-Achse: < 30 km/h, 30–40 km/h, 40–50 km/h, > 50 km/h)

### Aufgabe 22
Nachrichten versenden

Lena hat in der 6B eine Umfrage gemacht, wie viele SMS ihre Mitschülerinnen und Mitschüler pro Tag versenden. Sie hat die Ergebnisse wie folgt notiert:

| 7 | 16 | 16 | 18 | 7 | 17 | 19 | 20 | 17 | 18 | 7 | 10 | 18 | 19 | 7 | 4 |

**Aufgabenstellung:** Kreuzen Sie je eine der angegebenen Möglichkeiten so an, dass eine mathematisch korrekte Aussage entsteht!

Der Wert 16 ist ① der Liste, weil er ②.

① ☐ der Median
　 ☐ die Spannweite
　 ☐ der Modus

② ☐ am häufigsten vorkommt
　 ☐ in der Mitte der geordneten Liste steht
　 ☐ mit $x_{max} - x_{min}$ berechnet wird

### Aufgabe 23
RaucherInnen

An einer Schule mit 430 SchülerInnen wurde eine Erhebung durchgeführt, wie viele RaucherInnen es gibt. Die Zahlen sind in folgender Tabelle zusammengefasst:

|  | RaucherIn | NichtraucherIn | $\Sigma$ |
|---|---|---|---|
| Schüler | 87 | 100 | 187 |
| Schülerinnen | 34 | 209 | 243 |
| $\Sigma$ | 121 | 309 | 430 |

**Aufgabenstellung:** Welche Rechenwege passen zu welchen Ereignissen? Ordnen Sie die Ereignisse den passenden Termen zu!

A  $\frac{187}{430} \approx 0{,}435 = 43{,}5\,\%$

B  $\frac{243}{430} \approx 0{,}565 = 56{,}5\,\%$

C  $\frac{87}{187} \approx 0{,}465 = 46{,}5\,\%$

D  $\frac{87}{121} \approx 0{,}719 = 71{,}9\,\%$

E  $\frac{121}{430} \approx 0{,}281 = 28{,}1\,\%$

F  $\frac{34}{243} \approx 0{,}14 = 14\,\%$

☐ „X ist Schülerin"
☐ „X ist Schüler"
☐ „X ist Raucherin | X ist Schülerin"
☐ „X ist Schüler | X ist RaucherIn"

## Aufgabe 24
Binomialverteilung

Welche Bedingungen müssen gelten, damit mit Binomialverteilung (n; p) modelliert werden darf?

**Aufgabenstellung:** Kreuzen Sie die zutreffende(n) Aussage(n) an!

☐ Wenn sich die Wahrscheinlichkeit p und die Gegenwahrscheinlichkeit q auf 1 ergänzen.

☐ Wenn es sich um eine Stichprobe mit Zurücklegen handelt.

☐ Wenn es sich um eine Stichprobe ohne Zurücklegen handelt.

☐ Wenn der Zufallsversuch beliebig oft unter gleichen Bedingungen wiederholt werden kann.

☐ Wenn bei jeder Wiederholung des Zufallsversuchs die Wahrscheinlichkeiten p und q unverändert bleiben.

## Hinweise und Tipps

**Aufgabe 1** • Wandeln Sie die Zahlen von der Gleitkommadarstellung in Dezimalzahlen um.

**Aufgabe 2** • Formen Sie die Gleichung um und denken Sie daran, dass a bzw. b positiv, negativ oder null sein können.

**Aufgabe 3** • a ist der Preis der Rennräder. Davon kauft der Händler x Stück. Wofür steht daher das Produkt $a \cdot x$?

**Aufgabe 4** • Setzen Sie die Werte für p ein und lösen Sie die Gleichung.

**Aufgabe 5** • Welche Zahlen sind größer als −3? Welche davon sind in der Menge $\mathbb{N}$ enthalten?

**Aufgabe 6** • Hat das Gleichungssystem keine Lösung, so liegen die Geraden parallel.

**Aufgabe 7** • Beachten Sie, dass der Schnittpunkt sowohl auf der Geraden g als auch auf der Geraden h liegt. Denken Sie sich statt dem X den Schnittpunkt S.
• Setzen Sie $g = h$.

**Aufgabe 8** • Bei welchen Winkeln $\alpha$ im Einheitskreis ist das Dreieck mit den Katheten $\sin \alpha$ bzw. $\cos \alpha$ gleichschenklig?
• Beachten Sie die Vorzeichen der Winkelfunktionswerte.

**Aufgabe 9** • Besteht ein linearer Zusammenhang zwischen den Größen? Wenn ja, ist der Zusammenhang steigend, fallend oder konstant?

**Aufgabe 10** • Da eine direkte Proportionalität vorliegt, muss der Funktionsgraph eine Gerade werden.

**Aufgabe 11** • Die Funktion stellt eine indirekte Proportion dar. Der Graph ist eine Hyperbel.

**Aufgabe 12** • Das Monotonieverhalten einer Funktion ändert sich bei den Extremstellen, das Krümmungsverhalten bei den Wendestellen.

# Teil-1-Aufgaben – Probeklausur 5 – Hinweise und Tipps

**Aufgabe 13**  ✦ Setzen Sie die gegebenen Werte für x bzw. y ein und lösen Sie die Gleichung.

**Aufgabe 14**  ✦ Der Graph beschreibt die noch vorhandene Medikamentenmenge in Abhängigkeit von der Zeit.

**Aufgabe 15**  ✦ Durchläuft ein Winkel im Einheitskreis das Intervall [0°; 360°), so bilden die zugehörigen Sinuswerte eine Periode der Sinusfunktion.

**Aufgabe 16**  ✦ f(x + b) bewirkt eine Verschiebung des Graphen von f(x) im Koordinatensystem um b nach links; –f(x) bewirkt eine Spiegelung des Graphen von f(x) an der x-Achse.

**Aufgabe 17**  ✦ $V_n$ beschreibt das Vermögen des Vorjahres. Der Koeffizient beziffert die Abnahme des Vermögens.
✦ Beginnend mit $V_0 = 10\,000$ [Euro] müssen Sie jeweils das Vermögen des Vorjahres in die Differenzengleichung einsetzen.

**Aufgabe 18**  ✦ Denken Sie an die Potenzregel und an die Kettenregel.

**Aufgabe 19**  ✦ f'(x) ist streng monoton steigend:    f'(x) ist streng monoton fallend:    f'(x) ist konstant:

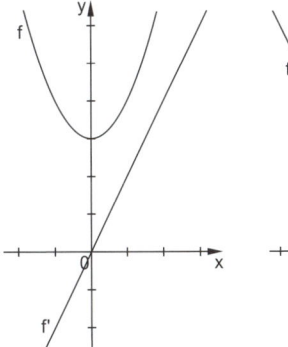

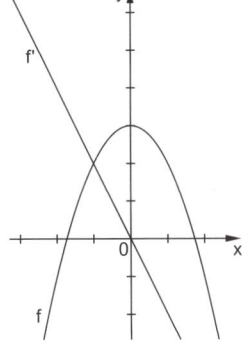

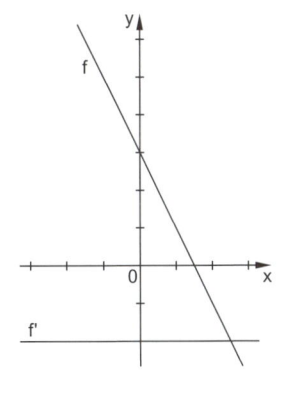

**Aufgabe 20**  ✦ Setzen Sie den Funktionsterm für f ein und ermitteln Sie die Stammfunktionen.

**Aufgabe 21**  ✦ Wie viel Prozent der kontrollierten Autolenker fuhren weniger als 30 km/h? 75 % von 35 % der Kontrollierten fuhren mit 30 bis 40 km/h.

**Aufgabe 22** ✎ Erstellen Sie eine geordnete Liste der SMS-Anzahl.

**Aufgabe 23** ✎ Überlegen Sie, ob sich das jeweilige Ereignis auf alle SchülerInnen bezieht bzw. welche Bedingungen/Einschränkungen vorliegen.

**Aufgabe 24** ✎ Wann darf mit der Binomialverteilung modelliert werden? Denken Sie an ein typisches Beispiel und gehen Sie die aufgezählten Bedingungen durch.

✎ $q = 1 - p$

## Lösungsvorschlag

**Aufgabe 1**
Darstellung von Zahlen

- B  $\frac{567}{100}$
- C  567
- F  5 670
- E  $\frac{567}{1\,000}$

✏ Bei **A** steht die Zahl 0,0567, bei **D** die Zahl 56 700.

**Aufgabe 2**
Lösung einer quadratischen Gleichung

$x = \pm\sqrt{\frac{-b}{a}}$, für a gilt: $a \in \mathbb{R}^- \setminus \{0\}$, für b gilt: $b \in \mathbb{R}^+ \setminus \{0\}$

$x = \pm\sqrt{\frac{-b}{a}}$, für a gilt: $a \in \mathbb{R}^+ \setminus \{0\}$, für b gilt: $b \in \mathbb{R}^- \setminus \{0\}$

$x = 0$, für a gilt: $a \neq 0$, für b gilt: $b = 0$

✏ $ax^2 + b = 0$  | $-b$
✏ $ax^2 = -b$  | $: a \;(a \neq 0)$
✏ $x^2 = -\frac{b}{a}$  | Wurzel ziehen (in $\mathbb{R}$ nur möglich, falls $-\frac{b}{a} \geq 0$)
✏ $x = \pm\sqrt{\frac{-b}{a}}$
✏ Wann ist $-\frac{b}{a} \geq 0$?
✏ • wenn entweder a oder b negativ ist
✏ • wenn $b = 0$ (und $a \neq 0$) ist (dann ist der ganze Ausdruck 0)

**Aufgabe 3**
Fahrradbestellung

Die Gleichung stellt den Gesamteinkaufspreis für alle bestellten Räder dar. Der Händler hat Ausgaben von 14.590 Euro.

✏ Für x Rennräder muss der Händler insgesamt ax Euro bezahlen, für y Mountainbikes insgesamt by Euro.

**Aufgabe 4**
Lösungsfälle quadratischer Gleichungen

Die angegebene Gleichung hat für **p = 3** eine Lösungsmenge mit zwei **irrationalen** Zahlen.

✏ Für p = 3 ergeben sich die Lösungen:
✏ $x_{1,2} = -\frac{3}{2} \pm \frac{\sqrt{5}}{2}$

✏ Für p = −1 sowie für p = 0 ist die Diskriminante (der Ausdruck unter der Wurzel in der Lösungsformel) negativ; diese Gleichungen haben keine reellen Lösungen; sie sind (nur) im Zahlenraum der komplexen Zahlen lösbar.

## Aufgabe 5
**Lösungen von linearen Ungleichungen**

☐ L = {−4; −5; −6; …}

☐ L = [−2; ∞)

☐ ─┼──┼──┼──●──┼──┼──┼──┼──┼──►
  −3 −2 −1  0  1  2  3  4  5  6

☒ L = {0; 1; 2; …}

☒ ─┼──┼──┼──●──●──●──●──●──●──►
  −3 −2 −1  0  1  2  3  4  5  6

✎ Größer als −3 heißt, auf dem Zahlenstrahl weiter rechts liegend. Weil ℕ die
✎ natürlichen Zahlen sind, kommen die Zahlen zwischen −3 und 0 nicht für die
✎ Lösung infrage.

## Aufgabe 6
**Lösungen von Gleichungssystemen**

Das Gleichungssystem ax + by = c und dx + ey = f hat bei **a = d, b = e, c ≠ f** keine Lösung. Die entsprechenden Geraden im Koordinatensystem liegen zueinander **parallel**.

✎ Bei a = d, b = e, c = f liegen die Geraden ident und es gibt unendlich viele Lö-
✎ sungen.
✎ Bei a ≠ d, b = e, c ≠ f hat das Gleichungssystem genau eine Lösung und die
✎ Geraden schneiden einander.

## Aufgabe 7
**Schnittpunkt zweier Geraden**

✎ $\begin{pmatrix} 2 \\ 2 \\ 1 \end{pmatrix} + t \cdot \begin{pmatrix} 2 \\ 4 \\ 1 \end{pmatrix} = \begin{pmatrix} 0 \\ -2 \\ 0 \end{pmatrix} + s \cdot \begin{pmatrix} 0 \\ 3 \\ 3 \end{pmatrix}$

✎ zeilenweise anschreiben:
✎ I:   $2 + 2t = 0$
✎ II:  $2 + 4t = -2 + 3s$
✎ III: $1 + t = 3s$

✎ aus I folgt: $t = -1$ … in II und III einsetzen:
✎ II:  $2 - 4 = -2 + 3s$
✎ III: $1 - 1 = 3s$

✎ aus III folgt: $0 = s$ … Kontrolle mit II:
✎ II:  $2 - 4 = -2 + 0$

✎ Liefert eine wahre Aussage, daher existiert ein Schnittpunkt S.
✎ Das Einsetzen von t in g oder s in h liefert die Koordinaten des Schnitt-
✎ punktes S.

✎ h: $S = \begin{pmatrix} 0 \\ -2 \\ 0 \end{pmatrix} + 0 \cdot \begin{pmatrix} 0 \\ 3 \\ 3 \end{pmatrix} = \begin{pmatrix} 0 \\ -2 \\ 0 \end{pmatrix}$

**S = (0 | −2 | 0)**

## Aufgabe 8
### Winkelfunktionen

$\alpha_1 = 135°$;  $\alpha_2 = 315°$

- Bei $\alpha = \alpha_1$ und $\alpha = \alpha_2$ gilt $|\sin \alpha| = |\cos \alpha|$, die Vorzeichen sind allerdings verschieden.

## Aufgabe 9
### Funktionen

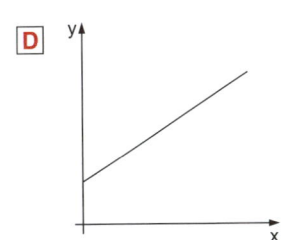

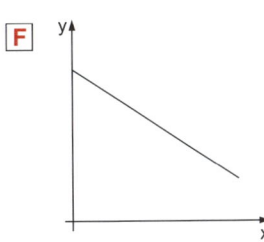

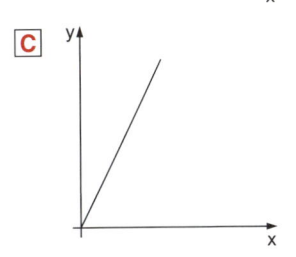

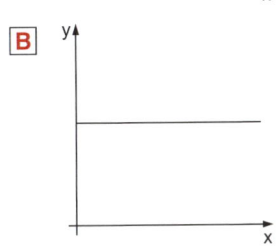

D / F / C / B

- Die (waagrechte) Querschnittsfläche eines quaderförmigen Beckens bleibt bei zunehmender Höhe des Beckens konstant.
- Die Errichtungskosten eines Pools sind Fixkosten, die Wartungskosten steigen mit der Anzahl der Badetage.
- Die Seitenlänge eines Quadrats wird als Wurzel aus dem Flächeninhalt berechnet.
- Zwischen dem Radius und dem Flächeninhalt eines Kreises besteht ein quadratischer Zusammenhang.

## Aufgabe 10
### Colamischung

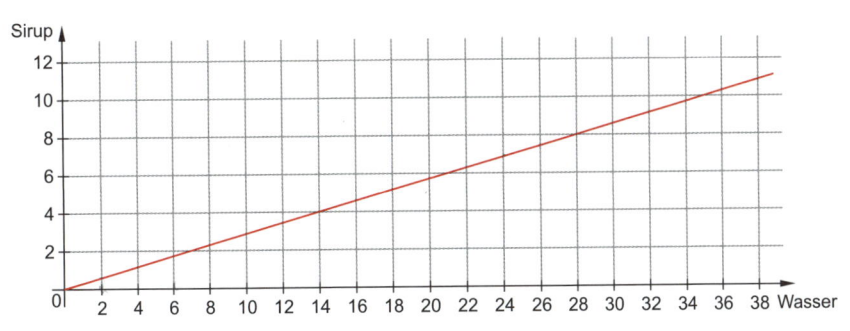

- Der Graph enthält den Ursprung, weil ein mögliches (aber in der Praxis sinnloses) Mischungsverhältnis 0 Teile Cola mit 0 Teilen Wasser wäre.

**Aufgabe 11**
Funktionsgleichung finden

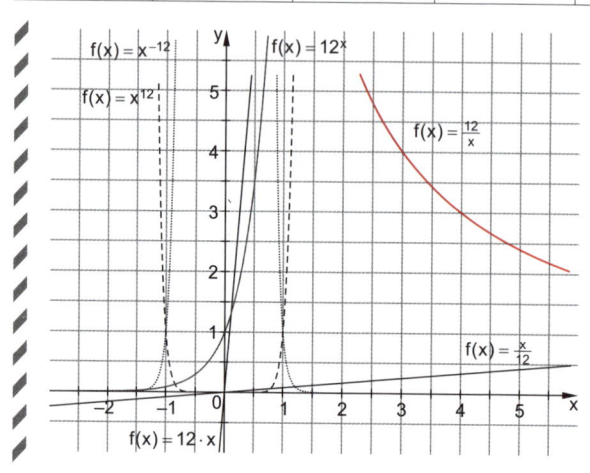

| $f(x) = \frac{x}{12}$ | $f(x) = \frac{12}{x}$ | $f(x) = x^{-12}$ | $f(x) = 12^x$ | $f(x) = x^{12}$ | $f(x) = 12 \cdot x$ |
|---|---|---|---|---|---|
| ☐ | ☒ | ☐ | ☐ | ☐ | ☐ |

**Aufgabe 12**
Eigenschaften von Polynomfunktionen

☒ Die Funktion ist im Intervall (−1; 1) streng monoton steigend.
☒ An der Stelle x = −1 ändert sich das Monotonieverhalten der Funktion.
☒ An der Stelle x = 0 ändert sich das Krümmungsverhalten der Funktion.
☐ Die Funktion hat bei x = −3 eine lokale Maximumstelle.
☐ Die Funktion ist im Intervall (1; 4) positiv gekrümmt.

- Die Funktion hat bei x ≈ −2,9 eine lokale Maximumstelle.
- Die Funktion ist im Intervall [2; 4] positiv gekrümmt.

**Aufgabe 13**
Quadratische Funktion

P = (−6 | **3**), Q = (**−2** | −5), $R_1$ = (**0** | −3), $R_2$ = (**−4** | −3)

Q ist der Scheitelpunkt der Parabel, bei allen anderen y-Werten gibt es zwei zugehörige x-Werte.
*Alternative Begründung:* Die Berechnung der x-Werte führt zu quadratischen Gleichungen, die eine Lösung haben, wenn die Diskriminante null ist, bzw. zwei Lösungen haben, wenn die Diskriminante positiv ist.

- Berechnung für P: $f(-6) = 0{,}5 \cdot 36 - 2 \cdot 6 - 3 = 3$
- Berechnung für Q mit der Lösungsformel:
  $0{,}5x^2 + 2x - 3 = -5 \Rightarrow 0{,}5x^2 + 2x + 2 = 0 \Rightarrow x = -2$
- Berechnung für R mit dem Produkt-Null-Satz:
  $0{,}5x^2 + 2x - 3 = -3 \Rightarrow 0{,}5x^2 + 2x = 0 \Rightarrow x \cdot (0{,}5x + 2) = 0$
  $\Rightarrow x_1 = 0, \ x_2 = -4$

## Aufgabe 14
Medikamentenabbau

**B = (40 | 0,7)**

B = (40 | 0,7) bedeutet, dass nach 40 Minuten noch ca. 0,7 mg des Medikaments im Körper vorhanden sind.

## Aufgabe 15
Periodizität der Sinusfunktion

- [X] Die Sinusfunktion ist periodisch, weil sich die y-Werte nach Ablauf einer Periode p (p ∈ ℝ) wiederholen: $\sin x = \sin(x+p)$ mit $p = 2\pi$
- [ ] Innerhalb der Periode $p = 2\pi$ ändert die Sinusfunktion dreimal das Monotonieverhalten.
- [X] Innerhalb der Periode $p = 2\pi$ gibt es zu jedem Winkelfunktionswert der Sinusfunktion genau zwei zugehörige Winkel – außer zu $\sin\varphi = \pm 1$: Zu diesen Winkelfunktionswerten gibt es jeweils nur einen zugehörigen Winkel.
- [X] Die Sinusfunktion ist im Verlauf der Periode $p = 2\pi$ negativ und positiv gekrümmt.
- [X] Die Periode von $\sin\left(\frac{1}{3}x\right)$ ist dreimal so lang wie die Periode von $\sin x$.

▸ Innerhalb der Periode $p = 2\pi$ ändert die Sinusfunktion (höchstens) zweimal das Monotonieverhalten.

## Aufgabe 16
Sinusfunktionen

- [ ] $f(x) = -\cos x$
- [ ] $f(x) = \cos\left(x + \frac{\pi}{2}\right)$
- [X] $f(x) = -\sin(x + \pi)$
- [ ] $f(x) = \cos x - \frac{\pi}{2}$
- [X] $f(x) = \cos\left(x + \frac{3\pi}{2}\right)$

▸ Bei $f(x) = -\sin(x + \pi)$ wird der Graph der Sinusfunktion an der x-Achse gespiegelt und um $\pi$ nach links verschoben, wodurch f denselben Verlauf hat wie der Graph der Sinusfunktion.
▸ Wird der Graph von $\cos x$ um $\frac{\pi}{2}$ nach rechts oder um $\frac{3\pi}{2}$ nach links verschoben, dann ergibt sich der Graph der Sinusfunktion:
$\sin x = \cos(x - \frac{\pi}{2}) = \cos(x + \frac{3\pi}{2})$

## Aufgabe 17
Vereinskassa

Die 0,9 ist der Faktor, um den sich das Vermögen des Vereines jedes Jahr verringert. Es werden jedes Jahr 10 % des bestehenden Vermögens ausgegeben und zusätzlich hat der Verein jedes Jahr Fixausgaben von 250 Euro.

$V_0 = 10\,000$     $V_1 = 8\,750$     $V_2 = 7\,625$
$V_3 = 6\,612,5$    $V_4 = 5\,701,25$  **$V_5 = 4\,881,125$**

▸ $V_1 = V_0 \cdot 0,9 - 250 = 10\,000 \cdot 0,9 - 250 = 8\,750$
▸ $V_2 = V_1 \cdot 0,9 - 250 = 8\,750 \cdot 0,9 - 250 = 7\,625$ usw.

**Aufgabe 18**
Ableitungs-
regeln

| $3 \cdot (4x)^2 \cdot 4$ | $12 \cdot (4x)^2$ | $3 \cdot (4x)^2$ | $4^3 \cdot 3x^2$ | $\frac{1}{3} \cdot (4x)^4$ |
|---|---|---|---|---|
| X | X |  | X |  |

🖋 Die Ableitung von $(\ldots)^3$ ist $3 \cdot (\ldots)^2$. Die Ableitung von $4 \cdot x$ ist 4.

**Aufgabe 19**
Krümmung von
Funktionen

Ist die Ableitungsfunktion f'(x) in einem Bereich **streng monoton steigend**, dann ist die Funktion f(x) in diesem Bereich **positiv (links)** gekrümmt.

🖋 Ist die Ableitungsfunktion f'(x) in einem Bereich streng monoton fallend,
🖋 dann ist die Funktion f(x) in diesem Bereich negativ (rechts) gekrümmt.
🖋 Ist die Ableitungsfunktion f'(x) eine konstante Funktion, dann ist die Funk-
🖋 tion f(x) linear – und gar nicht gekrümmt.

**Aufgabe 20**
Integrale
zuordnen

F  $\frac{1}{4}x^2 + x + c$

E  $\frac{1}{4}x^2 + 2x + c$

C  $x^2 + 2x + c$

B  $\frac{1}{2}x^2 + 3x + c$

🖋 $\int f(x)\,dx = \int (x+2)\,dx = \frac{1}{2}x^2 + 2x + c$
🖋 $\int 2f(x)\,dx = \int 2(x+2)\,dx = 2(\frac{1}{2}x^2 + 2x) + c = x^2 + 4x + c$

**Aufgabe 21**
Geschwindig-
keitskontrolle

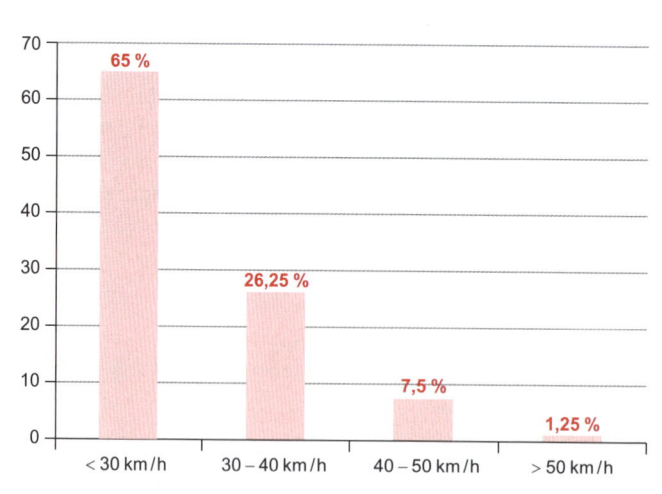

<30 km/h: 65 %
30–40 km/h: 26,25 %
40–50 km/h: 7,5 %
>50 km/h: 1,25 %

Die zugehörigen absoluten Häufigkeiten lauten (von links nach rechts):
$80 \cdot 65\,\% = \mathbf{52}$;  $80 \cdot 26{,}25\,\% = \mathbf{21}$;  **6**;  **1**

- Mit nicht überhöhter Geschwindigkeit fuhren 100 % − 35 % = 65 % der kontrollierten Autolenker.
- Bis zu 10 km/h zu schnell fuhren 75 % von 35 %, also 0,75 · 0,35 = 26,25 % der Kontrollierten.

**Aufgabe 22**
Nachrichten versenden

Der Wert 16 ist **die Spannweite** der Liste, weil er **mit $x_{max} - x_{min}$ berechnet wird**.

- Der Median ist 16,5 und der Modus ist 7.

**Aufgabe 23**
RaucherInnen

- [B] „X ist Schülerin"
- [A] „X ist Schüler"
- [F] „X ist Raucherin | X ist Schülerin"
- [D] „X ist Schüler | X ist RaucherIn"

- P(X ist Raucher | X ist Schüler) = $\frac{87}{187}$
- P(X ist RaucherIn) = $\frac{121}{430}$
- „X ist Schüler | X ist RaucherIn" bedeutet, einen Schüler aus der Gruppe der RaucherInnen auszuwählen.
- Im Unterschied dazu bedeutet „X ist Raucher | X ist Schüler", einen Raucher aus der Gruppe der Schüler auszuwählen. Bei der sogenannten bedingten Wahrscheinlichkeit ist eine (einschränkende) Information über die Grundmenge bekannt.

**Aufgabe 24**
Binomialverteilung

- [X] Wenn sich die Wahrscheinlichkeit p und die Gegenwahrscheinlichkeit q auf 1 ergänzen.
- [X] Wenn es sich um eine Stichprobe mit Zurücklegen handelt.
- [ ] Wenn es sich um eine Stichprobe ohne Zurücklegen handelt.
- [X] Wenn der Zufallsversuch beliebig oft unter gleichen Bedingungen wiederholt werden kann.
- [X] Wenn bei jeder Wiederholung des Zufallsversuchs die Wahrscheinlichkeiten p und q unverändert bleiben.

- Mit der Binomialverteilung darf bei Zufallsversuchen wie dem Ziehen von Kugeln mit Zurücklegen modelliert werden, da bei Wiederholungen des Experimentes gleiche Bedingungen vorliegen.
- Zufallsversuche wie das Ziehen von Kugeln ohne Zurücklegen werden z. B. mit der hypergeometrischen Verteilung modelliert.

# Schriftliche Reifeprüfung – Mathematik
## Teil-1-Aufgaben – Probeklausur 6

**Aufgabe 1**
Rationale Zahlen

Gegeben sind Aussagen über die Eigenschaften von rationalen Zahlen.

**Aufgabenstellung:** Kreuzen Sie die zwei zutreffenden Aussagen an!

☐ Jede rationale Zahl hat einen Vorgänger und einen Nachfolger.
☐ Jede unendliche periodische Dezimalzahl ist eine rationale Zahl.
☐ Zwischen zwei rationalen Zahlen gibt es stets eine weitere rationale Zahl.
☐ Jedem Punkt auf der Zahlengerade ist eindeutig eine rationale Zahl zugeordnet.
☐ Das Wurzelziehen ist in der Menge der positiven rationalen Zahlen abgeschlossen.

**Aufgabe 2**
Algebraische Begriffe

Gegeben sind Begriffe aus der Algebra.

**Aufgabenstellung:** Vervollständigen Sie den folgenden Satz so, dass er mathematisch korrekt ist!

Eine ① ist eine mathematische Aussage, bei der links und rechts vom Gleichheitszeichen gültige ② stehen.

① ☐ Äquivalenzumformung
  ☐ Gleichung
  ☐ Variable

② ☐ Terme
  ☐ Variablen
  ☐ Rechenzeichen

**Aufgabe 3**
Astronomische Einheit

Der mittlere Abstand der Erde zur Sonne wird eine Astronomische Einheit (AE) genannt. 1 AE ist ungefähr 149,6 Millionen km. Die Entfernung zwischen Erde und Mars schwankt zwischen 56 Millionen km und 401 Millionen km. Die Distanz ist am größten, wenn Erde und Mars auf jeweils gegenüberliegenden Seiten der Sonne stehen (Mars – Sonne – Erde). Diese Stellung wird in der astronomischen Fachsprache auch Konjunktion genannt. Die Distanz ist am kleinsten, wenn die Erde zwischen Mars und Sonne liegt. Diese Stellung nennt man Opposition.

**Aufgabenstellung:** Wie viele AE hat 1 km? Geben Sie die Differenz der maximalen und minimalen Entfernung der Erde zum Mars in AE an!

### Aufgabe 4
**Arten von Gleichungen**

Gegeben sind lineare und quadratische Gleichungen.

**Aufgabenstellung:** Welche Gleichung entspricht welchem Gleichungstyp? Ordnen Sie den Gleichungen die Gleichungstypen zu, indem Sie die entsprechenden Buchstaben in die Kästchen eintragen!

**A** $(7x-3)(5x^2+6) = 0$

**B** $0{,}08x^2 = 0{,}008$

**C** $\frac{1}{2}x^2 - x = \frac{3}{4}x$

**D** $x(10-x) = x^2 - 10$

**E** $\frac{1}{2}x^3 = \frac{3}{4}x$

**F** $x(x-1) = x^2 - 1$

☐ $ax + b = 0$

☐ $ax^2 + c = 0$

☐ $ax^2 + bx = 0$

☐ $ax^2 + bx + c = 0$

### Aufgabe 5
**Fahrradbestellung**

Ein Händler kauft zwei Fahrradtypen, wobei die Einkaufspreise 345 Euro und 280 Euro sind, und hat für beide Typen ein Einkaufsbudget von höchstens 2.000 Euro.

**Aufgabenstellung:** Schreiben Sie den Text als Ungleichung an und geben Sie ein Beispiel an, wie viele der beiden Fahrradtypen der Händler kaufen könnte!

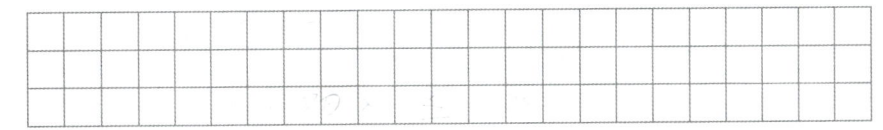

### Aufgabe 6
**Vektoren veranschaulichen**

Gegeben sind die Vektoren

$\vec{a} = \begin{pmatrix}1\\2\end{pmatrix}$, $\vec{b} = \begin{pmatrix}-2\\3\end{pmatrix}$, $\vec{c} = \begin{pmatrix}-1\\-3\end{pmatrix}$.

**Aufgabenstellung:** Veranschaulichen Sie die Rechnung $\vec{d} = \frac{1}{2} \cdot (-(\vec{a} + \vec{b}) + \vec{c})$ im Koordinatensystem und beschriften Sie die Vektoren!

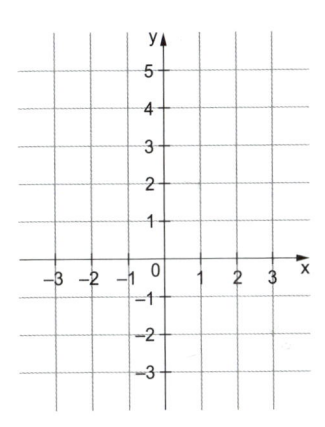

### Aufgabe 7
**Geradendarstellung**

Gegeben ist die Gerade g: $X = \begin{pmatrix}0\\7\end{pmatrix} + s \cdot \begin{pmatrix}-3\\1\end{pmatrix}$.

**Aufgabenstellung:** Geben Sie eine parameterfreie Form der Geraden an!

g: _____

**Aufgabe 8**
Steigung – Steigungswinkel

Gegeben sind Aussagen über den Zusammenhang von Steigung und Steigungswinkel.

**Aufgabenstellung:** Kreuzen Sie die zutreffende(n) Aussage(n) an!

☐ Wird der Tangens vom Steigungswinkel mit 100 multipliziert, erhält man die Steigung in Prozent.

☐ Mit der Umkehrfunktion des Tangens kann aus der Steigung k der Steigungswinkel φ berechnet werden.

☐ Der Tangens von 45° ist 1 und die Steigung daher 100 %.

☐ Ein Steigungswinkel von 90° entspricht einer Steigung von 200 %.

☐ Eine Gerade mit dem Steigungswinkel φ = 20° hat eine Steigung von 36,4 %.

**Aufgabe 9**
Winkelfunktion im Einheitskreis

In der nebenstehenden Abbildung ist ein Winkelfunktionswert im Einheitskreis dargestellt.

**Aufgabenstellung:** Um welche Winkelfunktion handelt es sich beim dargestellten Winkelfunktionswert? Zeichnen Sie alle Winkel im Einheitskreis ein, die diesen Winkelfunktionswert besitzen!

**Aufgabe 10**
Regentonne

In eine zylinderförmige Regentonne mit 1 m² Grundfläche fließen 60 Liter pro Stunde. Beschreiben Sie die Füllhöhe h bzw. das Volumen V in Abhängigkeit von der Zeit t, wenn zu Beginn (t = 0) 120 Liter in der Tonne waren.

**Aufgabenstellung:** Kreuzen Sie die beiden falschen Aussagen an!

☐ Der Zusammenhang zwischen h und t ist linear.

☐ Der Zusammenhang zwischen h und t ist nicht linear.

☐ $h(t) = 0{,}6t + 1{,}2$

☐ $V(t) = 120 + 60t$

☐ $V(t) = 2 + t$

## Aufgabe 11
**Bakterien im Labor**

Im Labor wird das Wachstum einer Bakterienkultur untersucht. Während der Beobachtung wird die Bakterienzahl notiert und in einer Tabelle zusammengefasst.

**Aufgabenstellung:** Beschreiben Sie anhand der Tabelle für die Funktionswerte einer reellen Funktion ihren Verlauf auf dem beschriebenen Intervall!

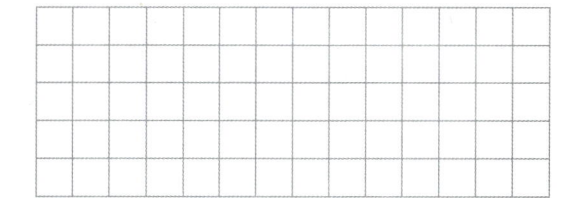

| Zeit in h | Bakterienzahl (gerundet in Tausend) |
|---|---|
| 0 | 6 |
| 5 | 7 |
| 10 | 9 |
| 15 | 12 |
| 20 | 16 |
| 25 | 21 |
| 30 | 29 |
| 35 | 39 |
| 40 | 51 |

## Aufgabe 12
**Füllvorgang eines Gartenpools**

In einer Gartensiedlung wird ein zylinderförmiger Pool mit Wasser gefüllt. Der Graph stellt die Füllhöhe des Pools im Zeitverlauf dar.

**Aufgabenstellung:** Kreuzen Sie die zutreffende(n) Aussage(n) an!

☐ Nach 3 Stunden ist der Pegelstand im Pool nicht gestiegen.

☐ Nach abgeschlossener Füllung ist das Pool tiefer als 1,60 m.

☐ Um 6 Uhr früh betrug der Pegelstand im Pool 40 cm.

☐ Die Füllung des Pools startete um 4 Uhr morgens.

☐ Um eine Füllhöhe von 80 cm zu erreichen, benötigte der Gärtner mindestens 4 Stunden.

## Aufgabe 13
**Erlösfunktion**

Der Funktionsgraph zeigt den Erlös beim Verkauf eines Produktes in Abhängigkeit von der Stückzahl.

**Aufgabenstellung:** Zeichnen Sie den Ausdruck

$$\frac{f(8) - f(4)}{8 - 4}$$

in den Graphen ein!

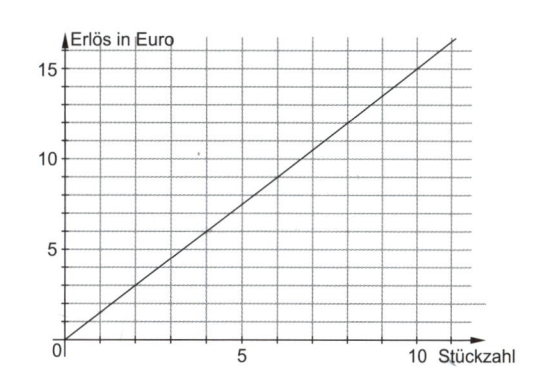

## Aufgabe 14
**Flächeninhalt eines Rechtecks**

Gegeben ist ein Rechteck mit den Seitenlängen a und b. Der Flächeninhalt A des Rechtecks sei 48 cm².

**Aufgabenstellung:** Vervollständigen Sie die Wertetabelle und geben Sie die Funktionsgleichung an!

| a | 1 | 2 | 3 | 4 | 6 | 8 | 12 | 16 | 24 | 48 |
|---|---|---|---|---|---|---|----|----|----|----|
| b |   |   |   |   |   |   |    |    |    |    |

## Aufgabe 15
**Exponentialfunktion**

Gegeben sind vier Graphen von Exponentialfunktionen.

**Aufgabenstellung:** Ordnen Sie den Funktionen die entsprechenden Funktionsterme zu!

**A** $a(x) = 4 \cdot 0{,}8^x$   **B** $b(x) = 5 \cdot 0{,}8^x$   **C** $c(x) = 2 \cdot 1{,}06^x$

**D** $d(x) = 2 \cdot 1{,}08^x$   **E** $e(x) = 3 \cdot 1{,}08^x$   **F** $f(x) = 3 \cdot 0{,}8^x$

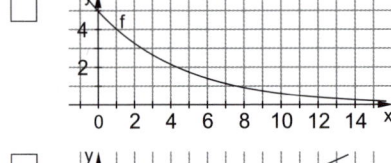

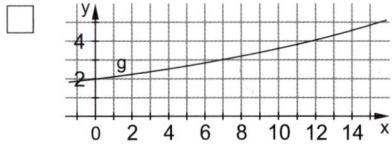

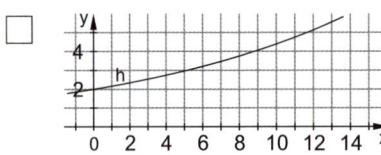

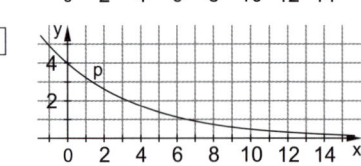

## Aufgabe 16
**Luftdruck**

Der Luftdruck (p) nimmt mit zunehmender Höhe (h) über dem Meeresspiegel gemäß dem Gesetz $p = p_0 \cdot 0{,}88^h$ ab, wobei die Höhe in km angegeben wird.

Am Mont Blanc (4 810 m) beträgt der Luftdruck nur mehr 0,56 bar. Welchen Luftdruck haben Begsteiger zu erwarten, wenn sie in Peru den Pucajirca besteigen, der exakt 1 000 m höher ist?

**Aufgabenstellung:** Geben Sie den Luftdruck am Pucajirca an!

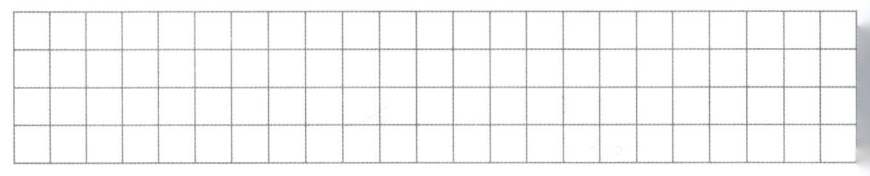

**Aufgabe 17**
Töne

Töne sind Schwingungen und können durch allgemeine Sinusfunktionen $f(x) = a \cdot \sin(b \cdot x)$ dargestellt werden, wobei die Amplitude und die Frequenz variieren:

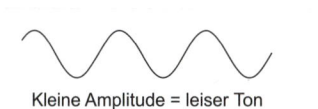

Kleine Amplitude = leiser Ton

Große Amplitude = lauter Ton

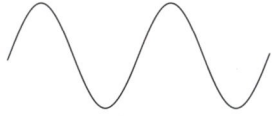

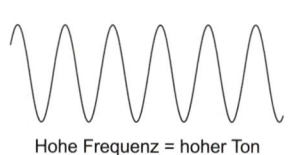

Niedrige Frequenz = tiefer Ton

Hohe Frequenz = hoher Ton

**Aufgabenstellung:** Kreuzen Sie die zutreffende(n) Aussage(n) an!

☐ Werden a und b größer, dann wird der Ton lauter und höher.

☐ Erhöht sich die Frequenz eines Tones, dann wird die Schwingungsdauer kürzer.

☐ Wird a kleiner und b größer, dann verkleinern sich die Amplitude und die Schwingungsdauer.

☐ Werden a und b kleiner, dann vergrößern sich die Amplitude und die Frequenz.

☐ Wird a größer und b kleiner, dann wird der Ton lauter und tiefer.

**Aufgabe 18**
Ableitungsregeln

Gegeben ist die Potenzfunktion $f(x) = x^a$ mit $a \neq 0$. Es wird nach x abgeleitet.

**Aufgabenstellung:** Kreuzen Sie die richtige Lösung an!

| $x^a \cdot \ln x$ | $\frac{1}{a} \cdot x^{a+1}$ | $\frac{x^{a-1}}{a}$ | $x^{1-a}$ | $a \cdot x^{a-1}$ | $x^{a-1}$ |
|---|---|---|---|---|---|
| ☐ | ☐ | ☐ | ☐ | ☐ | ☐ |

**Aufgabe 19**
Monotonie von Funktionen

Gegeben sind Begriffe zur Beschreibung von Funktionen.

**Aufgabenstellung:** Vervollständigen Sie den Satz so, dass er mathematisch korrekt ist!

Hat die Ableitungsfunktion f'(x) auf einem Intervall ①, dann ist die Funktion f(x) in diesem Intervall ②.

① ☐ einen Extrempunkt
　 ☐ nur positive y-Werte
　 ☐ einen Wendepunkt

② ☐ streng monoton steigend
　 ☐ streng monoton fallend
　 ☐ konstant

## Aufgabe 20
**Flächenberechnung**

Gegeben ist der Graph einer im Intervall [a; b] stetigen Funktion. Der Flächeninhalt, den der Graph von f mit der x-Achse im Intervall [a; b] einschließt, kann u. a. folgendermaßen berechnet werden: mithilfe von Untersummen
$U_n = \Delta x \cdot f(m_1) + \Delta x \cdot f(m_2) + \ldots + \Delta x \cdot f(m_n)$
mit $f(m_k)$ als minimalem Funktionswert im k-ten Abschnitt oder mithilfe von Obersummen
$O_n = \Delta x \cdot f(M_1) + \Delta x \cdot f(M_2) + \ldots + \Delta x \cdot f(M_n)$
mit $f(M_k)$ als maximalem Funktionswert im k-ten Abschnitt.

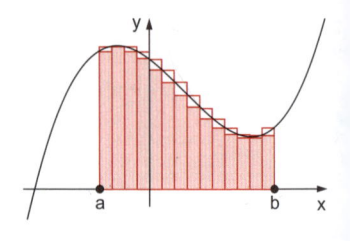

**Aufgabenstellung:** Kreuzen Sie die zutreffende(n) Aussage(n) an!

☐ Die Untersumme $U_n$ ist eine Annäherung an den Flächeninhalt unter der Kurve im Intervall [a; b] mit n Rechtecken, die $\Delta x$ breit und $f(m_k)$ hoch sind.

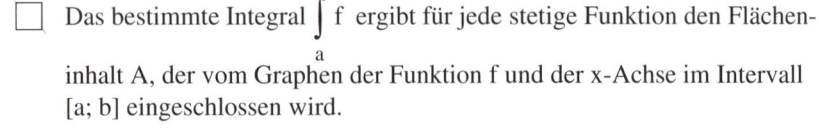

☐ Das bestimmte Integral $\int_a^b f$ ergibt für jede stetige Funktion den Flächeninhalt A, der vom Graphen der Funktion f und der x-Achse im Intervall [a; b] eingeschlossen wird.

☐ Die Breite $\Delta x$ eines Abschnitts des unterteilten Intervalls [a; b] wird mit $\Delta x = \dfrac{b-a}{n+1}$ berechnet.

☐ Die Zahlenfolge der Obersummen $O_n$ der Rechteckflächen konvergiert mit $n \to \infty$ gegen das Integral $\int_a^b f$.

☐ Ist f eine im Intervall [a; b] stetige Funktion, so gilt: Der Grenzwert der Obersummen $O_n$ ist gleich dem Grenzwert der Untersummen $U_n$.

## Aufgabe 21
**Kuraufenthalt**

Die Kastenschaubilder zeigen die Aufenthaltsdauer von Kurgästen in den Kurhäusern A und B:

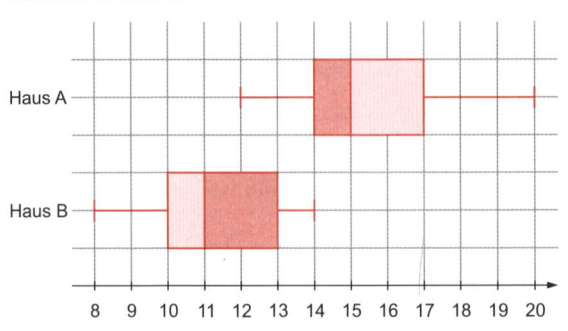

**Aufgabenstellung:** Vervollständigen Sie die folgenden Sätze mithilfe der Kastenschaubilder!

a) ____ % der Gäste von Haus A bleiben zwischen 15 und 17 Tagen.

b) 75 % aller Gäste des Hauses B bleiben mindestens ____ Tage.

c) Der Median der Aufenthaltsdauer der Gäste im Haus A ist um ____ Tage länger als im Haus B.

d) Im Haus A bleiben ____ % der Kurgäste höchstens 17 Tage.

**Aufgabe 22**
**Körpergröße**

In der 8A sind 24 SchülerInnen, 14 davon sind Mädchen. Die mittlere Körpergröße der Mädchen ist 171 cm, die der Buben ist 179 cm. In der 8B sind 16 Buben und ebenfalls 14 Mädchen. Die durchschnittliche Körpergröße aller SchülerInnen der 8B ist 176,4 cm. Die Mädchen sind durchschnittlich 170 cm groß.

**Aufgabenstellung:** Welche Aussagen über die durchschnittlichen Körpergrößen in verschiedenen SchülerInnengruppen sind richtig? Kreuzen Sie die zwei zutreffenden Aussagen an!

☐ Die SchülerInnen der 8A sind durchschnittlich 175 cm groß.

☐ Die Buben in der 8B sind durchschnittlich 182 cm groß.

☐ In der 8A sind 50 % der SchülerInnen mindestens 179 cm groß.

☐ Die Durchschnittsgröße der Mädchen beider Klassen kann als Mittelwert der Durchschnittsgrößen beider Mädchengruppen berechnet werden.

☐ Die Spannweite der Körpergrößen in der 8B beträgt 76,4 cm.

**Aufgabe 23**
**Ereignisse verknüpfen**

Bei 1 000 zufällig ausgewählten Personen werden die Wahrscheinlichkeiten für folgende Ereignisse erhoben: Ereignis A: „die Person trägt eine Brille", Ereignis B: „die Person hat braune Augen".

**Aufgabenstellung:** Kreuzen Sie je eine der angegebenen Möglichkeiten so an, dass eine mathematisch korrekte Aussage entsteht!

Die Ereignisse A und B sind ①, wenn ② gilt.

① ☐ voneinander unabhängig
   ☐ voneinander abhängig
   ☐ vereinbar/nicht ausschließend

② ☐ $P(A \vee B) = P(A) + P(B)$
   ☐ $P(A) = P(A|B)$ und $P(B) = P(B|A)$
   ☐ $P(A) = P(B)$

**Aufgabe 24**
Binomialverteilung

Gegeben sind vier Verteilungen binomialverteilter Zufallsgrößen mit n = 50.

**Aufgabenstellung:** Ordnen Sie den Verteilungen jeweils die passende Wahrscheinlichkeit zu!

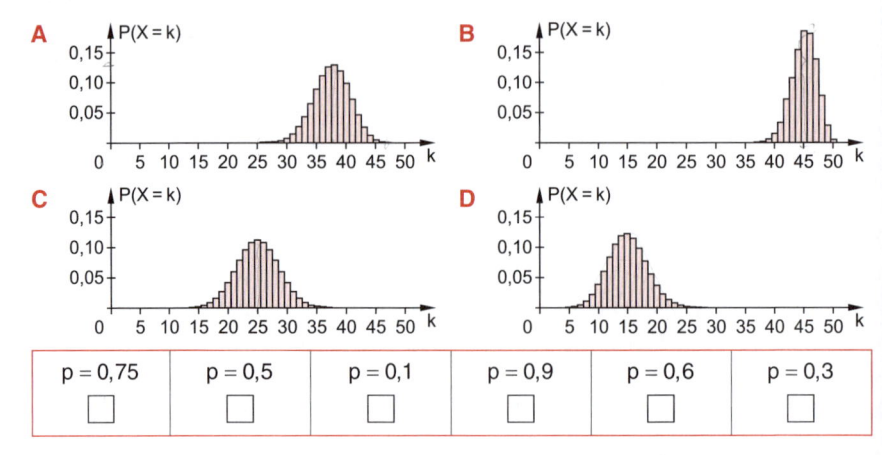

| p = 0,75 | p = 0,5 | p = 0,1 | p = 0,9 | p = 0,6 | p = 0,3 |
|---|---|---|---|---|---|
| A ☒ | C ☒ | ☐ | B ☒ | ☐ | D ☒ |

## Hinweise und Tipps

**Aufgabe 1**
- Alle Zahlen, die als Brüche darstellbar sind, sind rationale Zahlen.

**Aufgabe 2**
- Eine Variable ist Platzhalter für eine unbekannte Zahl oder Größe.
- Bei einer Äquivalenzumformung wird auf beiden Seiten einer Gleichung dasselbe gerechnet.
- Terme sind mathematische Ausdrücke mit z. B. Zahlen, Variablen, Rechenzeichen. Rechenzeichen sind z. B.: „+", „–", „·", „:"

**Aufgabe 3**
- 1 AE = 149,6 Millionen km
- 1 AE = $1,496 \cdot 10^8$ km    … auf beiden Seiten durch $1,496 \cdot 10^8$ dividieren

**Aufgabe 4**
- Berechnen Sie die Klammern und formen Sie die Gleichungen so um, dass auf der rechten Seite null steht.

**Aufgabe 5**
- Würde der Händler 5 Stück des ersten Typs bestellen, hätte er Kosten von $345 \cdot 5$ Euro.

**Aufgabe 6**
- Bei der Addition zweier Vektoren wird der zweite Vektor an die Spitze des ersten Vektors angehängt. Die Summe der beiden Vektoren ist jener Pfeil, der vom 1. Anfangspunkt zum 2. Endpunkt führt.
- Bei der Differenz $\vec{a} - \vec{b}$ zweier Vektoren kann man aus $\vec{b}$ den Vektor $-\vec{b}$ machen und diesen an $\vec{a}$ anhängen und somit wie bei der Summe zweier Vektoren vorgehen.
- Wird ein Vektor mit einem Skalar $\lambda$ multipliziert, dann ist der Ergebnisvektor $\lambda$-mal so lang.

**Aufgabe 7**
- Bestimmen Sie einen Normalvektor $\vec{n}$ vom Richtungsvektor $\begin{pmatrix} -3 \\ 1 \end{pmatrix}$ und setzen Sie diesen zusammen mit dem gegebenen Punkt $P = \begin{pmatrix} 0 \\ 7 \end{pmatrix}$ in die Normalvektorform $\vec{n} \cdot X = \vec{n} \cdot P$ ein.
- Die Normalvektorform, die Gleichung einer Geraden und die lineare Funktion sind parameterfreie Darstellungen einer Geraden.

**Aufgabe 8**
- Überlegen Sie anhand des Steigungsdreiecks: Die Steigung in Prozent wird als Quotient „Höhengewinn durch Horizontalentfernung" mal 100 ermittelt. Wie ist der Tangens des Steigungswinkels definiert?

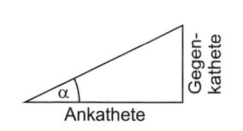

**Aufgabe 9**  / Der 1. Schenkel des gesuchten Winkels liegt auf der positiven x-Achse. Der 2. Schenkel verläuft vom Koordinatenursprung durch den Schnittpunkt des Winkelfunktionswerts mit der Kreislinie.

**Aufgabe 10**  / Versuchen Sie, die Funktionsgleichungen für V(t) und h(t) aufzustellen.
/ Wandeln Sie alle Einheiten in dm um.
/ Zylindervolumen: $V = G \cdot h$, $G = 1\ m^2 = 100\ dm^2$, $1\ \ell \triangleq 1\ dm^3$
/ Funktionsgleichung für die Volumenänderung: $V(t) = 60\ \frac{dm^3}{h} \cdot t + 120\ dm^3$
/ $h(t) = \frac{V(t)}{G} = \frac{60 \cdot t + 120}{100} = 0,6 \cdot t + 1,2$ (ohne Einheiten)
/ Weil die Veränderliche t nur linear in der Funktionsgleichung vorkommt, ist der Zusammenhang zwischen h und t linear.

**Aufgabe 11**  / Versuchen Sie, aus der Tabelle eine Entwicklung der Bakterienkultur abzulesen.
/ Verbalisieren Sie Ihre Erkenntnisse.

**Aufgabe 12**  / Kontrollieren Sie zu jeder Aussage die betreffenden Funktionswerte.

**Aufgabe 13**  / Zeichnen Sie die Ausdrücke $f(8) - f(4)$ und $8 - 4$ getrennt ein und verbinden Sie sie zuletzt.

**Aufgabe 14**  / Berechnen Sie für jede Seite a die Seite b, wenn der Flächeninhalt A unverändert bleibt.

**Aufgabe 15**  / Bedenken Sie, dass in der Funktion $y = c \cdot a^x$ die Basis a über Zu- ($a > 1$) bzw. Abnahme ($a < 1$) entscheidet und dass der Koeffizient c bei $x = 0$ abgelesen werden kann.

**Aufgabe 16**  / 1 000 m sind 1 km. Ausgehend vom Luftdruck am Mont Blanc ist das gesuchte Ergebnis „nur einen Schritt" der Funktion entfernt, also von $p_0$ auf $p_1$.

**Aufgabe 17**  / Wie verändern die Parameter a bzw. b den Funktionsgraphen der Sinusfunktion?
/ Welcher Zusammenhang besteht zwischen Schwingungsdauer und Frequenz?

**Aufgabe 18**  / Denken Sie an das Ableiten von Potenzen.

# Teil-1-Aufgaben – Probeklausur 6 – Hinweise und Tipps

**Aufgabe 19** ◆ Betrachten Sie die Funktion f(x) und ihre Ableitungsfunktion f'(x). Was fällt Ihnen hier zur Monotonie von f(x) auf?

**Aufgabe 20** ◆ Die Fläche unter der Kurve wird in n gleich breite Rechteckstreifen untereilt.
◆ Die Unterteilung wird laufend „verfeinert", wodurch sich die Summe der Flächeninhalte der Rechteckstreifen dem Flächeninhalt der Fläche unter der Kurve annähert.

**Aufgabe 21** ◆ Lesen Sie aus dem Boxplot für Haus A bzw. Haus B die Quartile und den Median ab. Welche Aussagen über die Aufenthaltsdauern der Kurgäste können anhand dieser Kennzahlen getroffen werden?

**Aufgabe 22** ◆ Wie kann der Mittelwert aus Mittelwerten von verschieden großen Gruppen berechnet werden?

**Aufgabe 23** ◆ Was bedeutet, dass Ereignisse „voneinander abhängig" sind? Zum Beispiel beim Ziehen aus einer Urne verändern sich die Wahrscheinlichkeiten, wenn die Kugeln nicht zurückgelegt werden.
◆ Was bedeutet, dass Ereignisse „nicht ausschließend" („vereinbar") sind? Zum Beispiel kann man beim Roulette, wenn man auf Rot und auf die ungeraden Zahlen setzt, die Wahrscheinlichkeiten für beide Ereignisse nicht einfach addieren.

**Aufgabe 24** ◆ Überlegen Sie, bei welchem Wert k die Wahrscheinlichkeit am größten ist.

## Lösungsvorschlag

**Aufgabe 1**
Rationale Zahlen

☐ Jede rationale Zahl hat einen Vorgänger und einen Nachfolger.
☒ Jede unendliche periodische Dezimalzahl ist eine rationale Zahl.
☒ Zwischen zwei rationalen Zahlen gibt es stets eine weitere rationale Zahl.
☐ Jedem Punkt auf der Zahlengerade ist eindeutig eine rationale Zahl zugeordnet.
☐ Das Wurzelziehen ist in der Menge der positiven rationalen Zahlen abgeschlossen.

- Da zwischen zwei rationalen Zahlen stets weitere rationale Zahlen liegen, hat eine rationale Zahl keinen Vorgänger bzw. Nachfolger.
- Auf der Zahlengeraden liegen „zwischen" den rationalen Zahlen irrationale Zahlen.
- Die Wurzel aus einer positiven rationalen Zahl kann rational oder irrational sein, z. B. $\sqrt{2}$. Im Zahlenraum der positiven reellen Zahlen ist das Wurzelziehen abgeschlossen.

**Aufgabe 2**
Algebraische Begriffe

Eine **Gleichung** ist eine mathematische Aussage, bei der links und rechts vom Gleichheitszeichen gültige **Terme** stehen.

- Bei einer Äquivalenzumformung wird auf beiden Seiten einer Gleichung dasselbe gerechnet.

**Aufgabe 3**
Astronomische Einheit

$1 \text{ AE} = 1{,}496 \cdot 10^8 \text{ km} \quad |: 1{,}496 \cdot 10^8$
ca. $0{,}000000006684 \text{ AE} = 1 \text{ km}$
**$6{,}684 \cdot 10^{-9} \text{ AE} = 1 \text{ km}$**

kleinste Distanz Erde – Mars (Opposition):
$56\,000\,000 \text{ km} \cdot 6{,}684 \cdot 10^{-9} \approx 0{,}3743 \text{ AE}$

größte Distanz Erde – Mars (Konjunktion):
$401\,000\,000 \text{ km} \cdot 6{,}684 \cdot 10^{-9} \text{ AE} \approx 2{,}680 \text{ AE}$

Differenz der maximalen und minimalen Entfernung Erde – Mars:
$2{,}680 \text{ AE} - 0{,}3743 \text{ AE} \approx \mathbf{2{,}306 \text{ AE}}$

**Aufgabe 4**
Arten von Gleichungen

[F] $ax + b = 0$
[B] $ax^2 + c = 0$
[C] $ax^2 + bx = 0$
[D] $ax^2 + bx + c = 0$

# Teil-1-Aufgaben – Probeklausur 6 – Lösungsvorschlag

- $(7x-3)(5x^2+6) = 0 \Leftrightarrow 35x^3 - 15x^2 + 42x - 18 = 0$
- Dies ist eine kubische Gleichung vom Typ $ax^3 + bx^2 + cx + d = 0$.
- $\frac{1}{2}x^3 = \frac{3}{4}x \Leftrightarrow \frac{1}{2}x^3 - \frac{3}{4}x = 0$
- Dies ist eine kubische Gleichung vom Typ $ax^3 + cx = 0$.

**Aufgabe 5**
Fahrradbestellung

$345x + 280y \leq 2\,000$

Der Händler könnte beispielsweise 2 Fahrräder des ersten Typs und 4 des zweiten kaufen.

- Für das Finden von möglichen Einkaufszahlen des Händlers können Sie die Ungleichung auf die allgemeine Geradengleichung bringen und die Gerade einzeichnen. Jeder Punkt der entstandenen Halbebene erfüllt die Ungleichung und gibt somit die Anzahl der beiden Fahrradtypen an, die der Händler kaufen kann. Ebenso finden Sie das Wertepaar (3|2), also 3 Fahrräder des ersten Typs und 2 des anderen.
- Alternativ können Sie die Anzahl für einen der beiden Typen geschickt „schätzen" und die entsprechende Anzahl des anderen Fahrradtyps berechnen: z. B. 2 Fahrräder des Typ 1 $\Rightarrow x = 2$

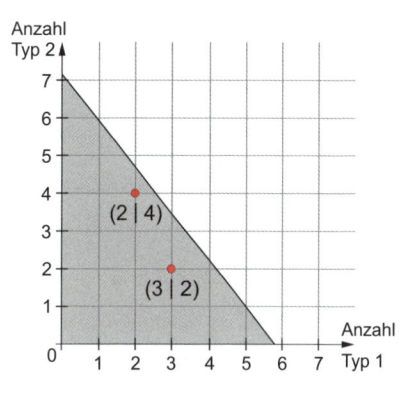

$345 \cdot 2 + 280y \leq 2\,000$
$690 + 280y \leq 2\,000$
$\qquad 280y \leq 1\,310$
$\qquad\quad y \leq 4{,}68$

- Das heißt: Es gehen sich dann noch 4 Räder des anderen Typs aus und ein wenig Geld bleibt über!

**Aufgabe 6**
Vektoren veranschaulichen

- Wählen Sie den Vektor $\vec{a}$ z. B. mit Anfangspunkt (0|0). Hängen Sie dann den Vektor $\vec{b}$ an den Vektor $\vec{a}$ an. Der Vektor $-(\vec{a}+\vec{b})$ ist die Verbindung der Spitze von $\vec{b}$ mit dem Schaft von $\vec{a}$. Der Vektor $-(\vec{a}+\vec{b})$ hat somit seine Spitze in (0|0).
- Hängen Sie den Vektor $\vec{c}$ an die Spitze von $-(\vec{a}+\vec{b})$ an.
- Verbinden Sie nun den Schaft von $-(\vec{a}+\vec{b})$ mit der Spitze von $\vec{c}$ und halbieren Sie den Vektor. Dies ist der gesuchte Vektor $\vec{d}$.

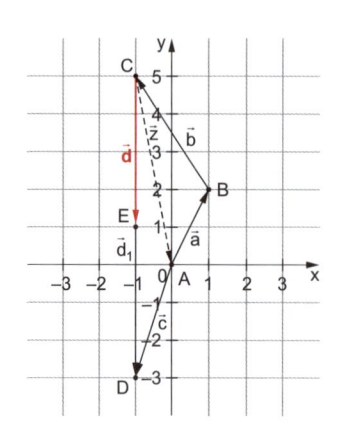

$$\vec{a} = \begin{pmatrix} 1 \\ 2 \end{pmatrix}$$

$$\vec{b} = \begin{pmatrix} -2 \\ 3 \end{pmatrix}$$

$$\vec{c} = \begin{pmatrix} -1 \\ -3 \end{pmatrix}$$

$$\vec{z} = -(\vec{a} + \vec{b}) = -\begin{pmatrix} -1 \\ 5 \end{pmatrix} = \begin{pmatrix} 1 \\ -5 \end{pmatrix}$$

$$\vec{d}_1 = \vec{z} + \vec{c} = \begin{pmatrix} 0 \\ -8 \end{pmatrix}$$

$$\vec{d} = \tfrac{1}{2}\vec{d}_1 = \begin{pmatrix} 0 \\ -4 \end{pmatrix}$$

**Aufgabe 7**
Geradendarstellung

$x + 3y = 21$ oder $y = -\tfrac{1}{3}x + 7$, $\begin{pmatrix} 1 \\ 3 \end{pmatrix} \cdot X = 21$

- Die **Normalvektorform** lässt sich so bestimmen:
- $\begin{pmatrix} -3 \\ 1 \end{pmatrix}$ ist ein Richtungsvektor, $\begin{pmatrix} 1 \\ 3 \end{pmatrix}$ ist ein Normalvektor von g.
- Formel: $\vec{n} \cdot X = \vec{n} \cdot P$
- Einsetzen: g: $\begin{pmatrix} 1 \\ 3 \end{pmatrix} \cdot X = \begin{pmatrix} 1 \\ 3 \end{pmatrix} \cdot \begin{pmatrix} 0 \\ 7 \end{pmatrix}$
- Die **allgemeine Gleichung** folgt aus der Normalvektorform, indem „ausgerechnet" wird:
  $1 \cdot x + 3 \cdot y = 1 \cdot 0 + 3 \cdot 7 \implies$ g: $x + 3y = 21$
- Die **lineare Funktion** entsteht durch Umformung:
  $x + 3y = 21 \qquad |-x$
  $3y = -x + 21 \qquad |:3$
  g: $y = -\tfrac{1}{3}x + 7$

**Aufgabe 8**
Steigung – Steigungswinkel

- [X] Wird der Tangens vom Steigungswinkel mit 100 multipliziert, erhält man die Steigung in Prozent.
- [X] Mit der Umkehrfunktion des Tangens kann aus der Steigung k der Steigungswinkel φ berechnet werden.
- [X] Der Tangens von 45° ist 1 und die Steigung daher 100 %.
- [ ] Ein Steigungswinkel von 90° entspricht einer Steigung von 200 %.
- [X] Eine Gerade mit dem Steigungswinkel φ = 20° hat eine Steigung von 36,4 %.

- Ein Steigungswinkel von 90° entspricht einer senkrechten Steigung.
- *Alternative Erklärung:* Der Steigungswinkel von 63,4° entspricht einer Steigung von 200 %, weil $\tan \alpha = 2 \Leftrightarrow \alpha = \arctan 2 \approx 63{,}4°$. Es besteht kein direkt proportionaler Zusammenhang zwischen Steigungswinkel und Steigung!

**Aufgabe 9**
Winkelfunktion im Einheitskreis

Eingezeichnet ist der **Sinus**.

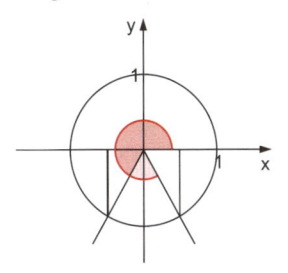

- Für die geometrische Ermittlung des 2. Winkels mit demselben Winkelfunktionswert wird die Strecke, die den Sinus angibt, auf den IV. Quadranten übertragen.

**Aufgabe 10**
Regentonne

- [ ] Der Zusammenhang zwischen h und t ist linear.
- [X] Der Zusammenhang zwischen h und t ist nicht linear.
- [ ] $h(t) = 0{,}6t + 1{,}2$
- [ ] $V(t) = 120 + 60t$
- [X] $V(t) = 2 + t$

- Funktionsgleichung für die Volumenänderung: $V(t) = 60 \, \frac{dm^3}{h} \cdot t + 120 \, dm^3$
- $h(t) = \frac{V(t)}{G} = \frac{60 \cdot t + 120}{100} = 0{,}6 \cdot t + 1{,}2$ (ohne Einheiten)

**Aufgabe 11**
Bakterien im Labor

Die Zeitabschnitte der Argumente sind immer gleich (5 min), man kann daher den Zuwachs der Bakterienzahl von einem Messpunkt zum nächsten gut vergleichen. Das Ansteigen der Bakterienzahl ist augenscheinlich. Zusätzlich kann festgestellt werden, dass die Zunahme immer schneller wird. Zu Beginn kann nur eine geringe Zunahme festgestellt werden (1, 2, 3 Tausend nach 5, 10 bzw. 15 Std.), die jedoch immer mehr wird (10, 12 Tausend am Ende der Beobachtungsperiode).

**Aufgabe 12**
Füllvorgang eines Gartenpools

- [ ] Nach 3 Stunden ist der Pegelstand im Pool nicht gestiegen.
- [ ] Nach abgeschlossener Füllung ist das Pool tiefer als 1,60 m.
- [X] Um 6 Uhr früh betrug der Pegelstand im Pool 40 cm.
- [X] Die Füllung des Pools startete um 4 Uhr morgens.
- [ ] Um eine Füllhöhe von 80 cm zu erreichen, benötigte der Gärtner mindestens 4 Stunden.

- Da der Graph streng monoton steigt, wird das Pool volle 6 Stunden lang ständig befüllt.

**Aufgabe 13**
Erlösfunktion

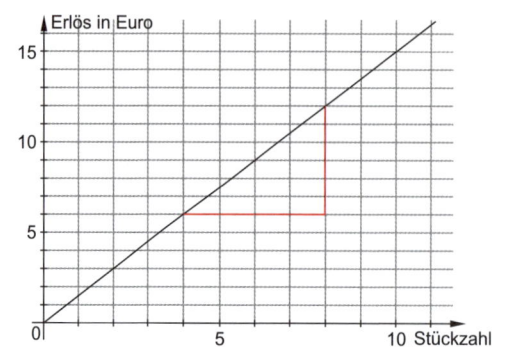

f(8) − f(4) beschreibt die Zunahme der Funktionswerte zwischen 4 und 8 Stück.

**Aufgabe 14**
Flächeninhalt eines Rechtecks

$\frac{A}{a} = b$; nun werden der Reihe nach die Werte für a eingesetzt. A bleibt stets 48.

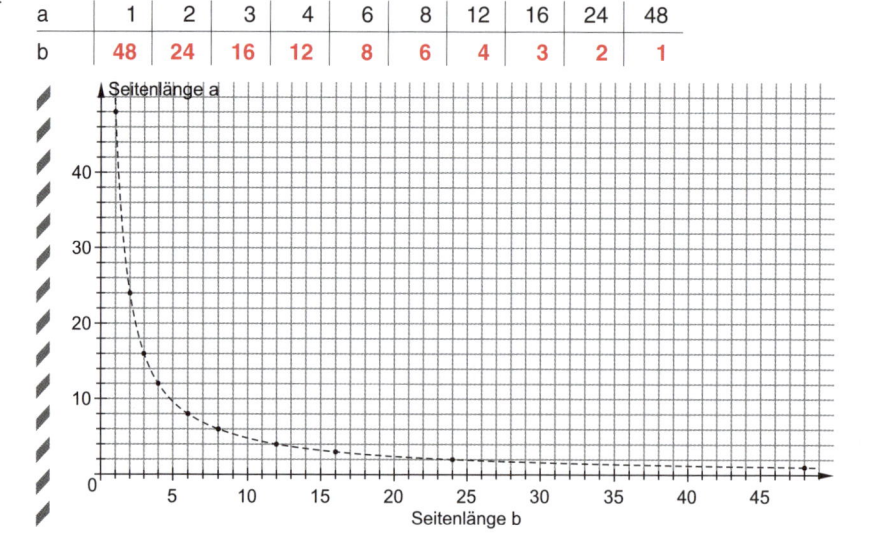

| a | 1 | 2 | 3 | 4 | 6 | 8 | 12 | 16 | 24 | 48 |
|---|---|---|---|---|---|---|---|---|---|---|
| b | 48 | 24 | 16 | 12 | 8 | 6 | 4 | 3 | 2 | 1 |

**Aufgabe 15**
Exponentialfunktion

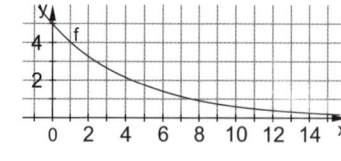

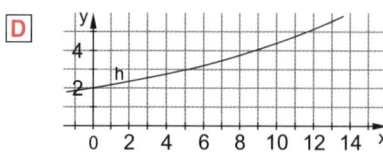

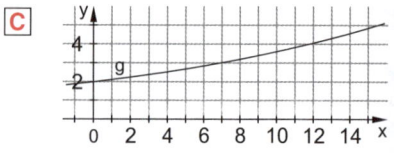

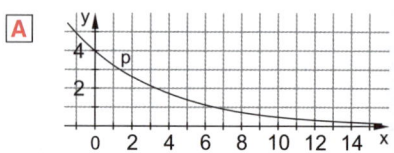

B   C   D   A

- Die Basis a der Funktion $y = c \cdot a^x$ gibt Zu- ($a > 1$) bzw. Abnahme ($a < 1$) an.
- Der Koeffizient c kann bei $x = 0$ abgelesen werden.
- e(x) wäre eine steigende Funktion mit $e(0) = 3$.
- f(x) wäre eine fallende Funktion mit $f(0) = 3$.

**Aufgabe 16**
Luftdruck

**0,4928 bar**

- Das Argument der Funktion ist die Höhe (in km). Erhöht sich dieses Argument um 1, so schreitet die Funktion um „einen Schritt weiter". Die Basis 0,88 in der Funktionsgleichung gibt an, dass 1 km höher nur mehr 88 % des Drucks herrschen.
- $p_{4,81} = 0{,}56$
- $p_{5,81} = p_{4,81} \cdot 0{,}88$, also $p_{5,81} = 0{,}56 \cdot 0{,}88 = 0{,}4928$

**Aufgabe 17**
Töne

[X] Werden a und b größer, dann wird der Ton lauter und höher.

[X] Erhöht sich die Frequenz eines Tones, dann wird die Schwingungsdauer kürzer.

[X] Wird a kleiner und b größer, dann verkleinern sich die Amplitude und die Schwingungsdauer.

[ ] Werden a und b kleiner, dann vergrößern sich die Amplitude und die Frequenz.

[X] Wird a größer und b kleiner, dann wird der Ton lauter und tiefer.

- Wird b kleiner, dann wird die Frequenz f kleiner bzw. die Schwingungsdauer T größer: $T = \frac{1}{f}$

**Aufgabe 18**
Ableitungsregeln

| $x^a \cdot \ln x$ | $\frac{1}{a} \cdot x^{a+1}$ | $\frac{x^{a-1}}{a}$ | $x^{1-a}$ | $a \cdot x^{a-1}$ | $x^{a-1}$ |
|---|---|---|---|---|---|
| [ ] | [ ] | [ ] | [ ] | [X] | [ ] |

- Die Hochzahl wird ein Faktor, die neue Hochzahl ist um 1 kleiner als in der Angabe.

**Aufgabe 19**
Monotonie von Funktionen

Hat die Ableitungsfunktion f'(x) auf einem Intervall **nur positive y-Werte**, dann ist die Funktion f(x) in diesem Intervall **streng monoton steigend**.

- Ist f(x) in einem Intervall streng monoton fallend, dann hat die Ableitungsfunktion f'(x) in diesem Intervall nur negative Werte.
- Ist f(x) in einem Intervall konstant, dann sind die Funktionswerte ihrer Ableitungsfunktion null.

**Aufgabe 20**
Flächenberechnung

- [x] Die Untersumme $U_n$ ist eine Annäherung an den Flächeninhalt unter der Kurve im Intervall [a; b] mit n Rechtecken, die $\Delta x$ breit und $f(m_k)$ hoch sind.
- [ ] Das bestimmte Integral $\int_a^b f$ ergibt für jede stetige Funktion den Flächeninhalt A, der vom Graphen der Funktion f und der x-Achse im Intervall [a; b] eingeschlossen wird.
- [ ] Die Breite $\Delta x$ eines Abschnitts des unterteilten Intervalls [a; b] wird mit $\Delta x = \frac{b-a}{n+1}$ berechnet.
- [x] Die Zahlenfolge der Obersummen $O_n$ der Rechteckflächen konvergiert mit $n \to \infty$ gegen das Integral $\int_a^b f$.
- [x] Ist f eine im Intervall [a; b] stetige Funktion, so gilt: Der Grenzwert der Obersummen $O_n$ ist gleich dem Grenzwert der Untersummen $U_n$.

Das bestimmte Integral $\int_a^b f$ ergibt nur dann den Flächeninhalt des Flächenstücks, das von der x-Achse und der Kurve im Intervall [a; b] eingeschlossen wird, wenn die Funktionswerte in [a; b] nicht negativ sind. Verläuft der Graph der Funktion im Intervall [a; b] unterhalb der x-Achse, ergibt das bestimmte Integral eine negative Zahl, wobei der Betrag dieser Zahl den Flächeninhalt des Flächenstücks zwischen x-Achse und Kurve im Intervall [a; b] ergibt. Verläuft der Graph der Funktion im Intervall [a; b] teils oberhalb, teils unterhalb der x-Achse, dann sind die Nullstellen der Funktion zu berechnen und das Integral wird in zwei oder mehrere Integrale mit Grenzen entsprechend der Nullstellen aufgespaltet.
Die Breite eines Rechteckstreifens wird folgendermaßen ermittelt:
$\Delta x = \frac{b-a}{n}$

**Aufgabe 21**
Kuraufenthalt

a) **25** % der Gäste von Haus A bleiben zwischen 15 und 17 Tagen.

b) 75 % aller Gäste des Hauses B bleiben mindestens **10** Tage.

c) Der Median der Aufenthaltsdauer der Gäste im Haus A ist um **4** Tage länger als im Haus B.

d) Im Haus A bleiben **75** % der Kurgäste höchstens 17 Tage.

Das 1. Quartil, der Median und das 3. Quartil teilen die geordnete Liste der Aufenthaltsdauern der Kurgäste in 25 %-Blöcke auf.

# Teil-1-Aufgaben – Probeklausur 6 – Lösungsvorschlag

**Aufgabe 22**
**Körpergröße**

- [ ] Die SchülerInnen der 8A sind durchschnittlich 175 cm groß.
- [X] Die Buben in der 8B sind durchschnittlich 182 cm groß.
- [ ] In der 8A sind 50 % der SchülerInnen mindestens 179 cm groß.
- [X] Die Durchschnittsgröße der Mädchen beider Klassen kann als Mittelwert der Durchschnittsgrößen beider Mädchengruppen berechnet werden.
- [ ] Die Spannweite der Körpergrößen in der 8B beträgt 76,4 cm.

- Durchschnittsgröße der SchülerInnen in der 8A:
$$\bar{x} = \frac{14 \cdot 171 + 10 \cdot 179}{24} \approx 174,3$$
- Der Mittelwert kann, aber muss nicht in der Mitte der geordneten Datenliste liegen (im Unterschied zum Median).
- In der 8B ist die durchschnittliche Körpergröße bekannt:
$$176,4 = \frac{14 \cdot 170 + 16 \cdot y}{30}$$
- Daraus kann die durchschnittliche Körpergröße der Buben berechnet werden:
$y = 182$ cm
- Die Durchschnittsgröße der Mädchen beider Klassen kann nur deshalb als Mittelwert der Durchschnittsgrößen beider Mädchengruppen berechnet werden, weil beide Mädchengruppen gleich groß (jeweils 14 Mädchen) sind.

**Aufgabe 23**
**Ereignisse verknüpfen**

Die Ereignisse A und B sind **voneinander unabhängig**, wenn **$P(A) = P(A|B)$ und $P(B) = P(B|A)$** gilt.

- Wenn sich die Wahrscheinlichkeit durch „Weglassen" der Bedingung nicht ändert, bedeutet das, dass die Ereignisse voneinander unabhängig sind.

**Aufgabe 24**
**Binomialverteilung**

| p = 0,75 | p = 0,5 | p = 0,1 | p = 0,9 | p = 0,6 | p = 0,3 |
|---|---|---|---|---|---|
| A | C |  | B |  | D |

- $E(X) = n \cdot p$
- **A**: $E(X) = 50 \cdot 0,75 = 37,5$
- **C**: $E(X) = 50 \cdot 0,5 = 25$
- $E(X) = 50 \cdot 0,1 = 5$
- **B**: $E(X) = 50 \cdot 0,9 = 45$
- $E(X) = 50 \cdot 0,6 = 30$
- **D**: $E(X) = 50 \cdot 0,3 = 15$
- Die größte Wahrscheinlichkeit (der höchste Balken in der Grafik) liegt beim Erwartungswert.

# Schriftliche Reifeprüfung – Mathematik
## Teil-1-Aufgaben – Probeklausur 7

**Aufgabe 1**
Zahlenmengen

Folgende Aussage bezieht sich auf Beziehungen von Zahlenmengen.

**Aufgabenstellung:** Kreuzen Sie je eine der angegebenen Möglichkeiten so an, dass eine mathematisch korrekte Aussage entsteht!

Die ① Dezimalzahlen sind ② der rationalen Zahlen.

① ☐ periodischen
　☐ unendlichen nicht-periodischen
　☐ unendlichen

② ☐ dieselbe Zahlenmenge
　☐ eine Obermenge
　☐ eine Teilmenge

**Aufgabe 2**
Lösung einer Ungleichung

Gegeben ist die Ungleichung $-bx < a$ mit $a, b > 0$.

**Aufgabenstellung:** Kreuzen Sie die richtige Lösung an!

| $x < -\frac{a}{b}$ | $x < \frac{a}{b}$ | $x > -\frac{a}{b}$ | $x > \frac{a}{b}$ | $x > b - a$ | $x = \frac{-a}{b}$ |
|---|---|---|---|---|---|
| ☐ | ☐ | ☐ | ☐ | ☐ | ☐ |

**Aufgabe 3**
Grafische Lösung quadratischer Gleichungen

Quadratische Gleichungen $ax^2 + bx + c = 0$ mit $a \neq 0$ können grafisch gelöst werden, indem die linke Seite der Gleichung als Funktion aufgefasst wird und die Nullstellen der Funktion ermittelt werden.

**Aufgabenstellung:** Welcher Graph passt zu welchen Bedingungen für die Gleichung? Tragen Sie die Buchstaben in die zutreffenden Kästchen ein!

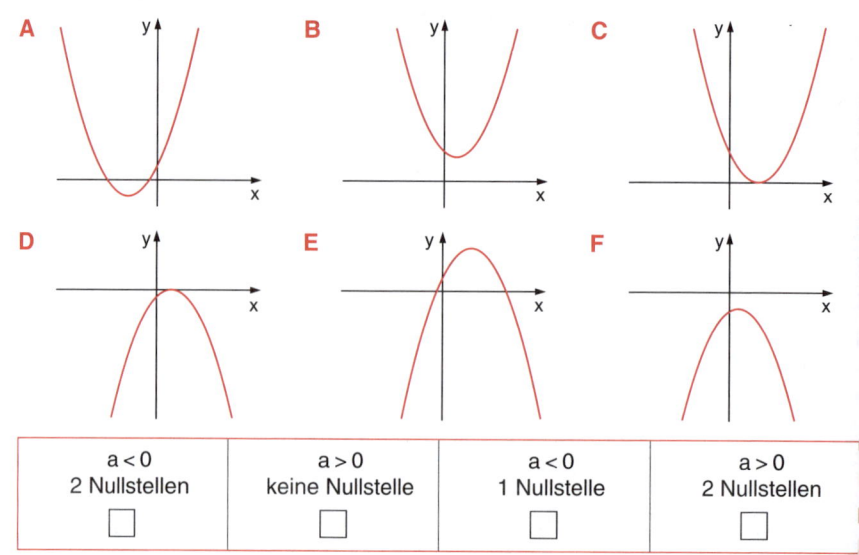

A, B, C, D, E, F

| $a < 0$ 2 Nullstellen | $a > 0$ keine Nullstelle | $a < 0$ 1 Nullstelle | $a > 0$ 2 Nullstellen |
|---|---|---|---|
| ☐ | ☐ | ☐ | ☐ |

# Teil-1-Aufgaben – Probeklausur 7

**Aufgabe 4**
Lösungen von Gleichungssystemen

Gegeben ist ein lineares Gleichungssystem in zwei Variablen.

**Aufgabenstellung:** Welche Lösungsmöglichkeiten gibt es für ein solches Gleichungssystem?

- _____
- _____
- _____

**Aufgabe 5**
Gemüselieferungen

Die Großmärkte A und B beziehen ihr Frischgemüse von den drei Lieferanten X, Y, Z.
Die Vektoren $A = \begin{pmatrix} x_A \\ y_A \\ z_A \end{pmatrix}$ und $B = \begin{pmatrix} x_B \\ y_B \\ z_B \end{pmatrix}$ geben an, wie viel Tonnen Gemüse von den drei Händlern an die beiden Großmärkte geliefert wurden.

**Aufgabenstellung:** Welche Aussagen über die angeführten Berechnungen mit den Vektoren A bzw. B sind richtig? Kreuzen Sie die zutreffende(n) Aussage(n) an!

☐ Der Vektor D = B − A gibt an, wie viele Tonnen Gemüse von den drei Lieferanten an den Großmarkt A mehr geliefert wurden als an B.

☐ Der Vektor B' = 0,6 · B drückt aus, dass die Gemüselieferungen an den Großmarkt B um 60 % zurückgegangen sind.

☐ Der Vektor S = A + B gibt an, wie viele Tonnen Gemüse von den drei Lieferanten an beide Großmärkte geliefert wurden.

☐ Der Vektor A' = 1,04 · A drückt aus, dass die Gemüselieferungen an den Großmarkt A um 4 % zugenommen haben.

☐ Der Vektor D = A − B gibt an, wie viele Tonnen Gemüse von den drei Lieferanten an den Großmarkt A mehr geliefert wurden als an B.

**Aufgabe 6**
Schnittpunkt zweier Geraden

Gegeben sind die Geraden g: $X = \begin{pmatrix} 1 \\ 5 \end{pmatrix} + s \cdot \begin{pmatrix} 3 \\ -2 \end{pmatrix}$ und h: $X = \begin{pmatrix} 4 \\ -2 \end{pmatrix} + t \cdot \begin{pmatrix} 1 \\ 1 \end{pmatrix}$ im $\mathbb{R}^2$.

**Aufgabenstellung:** Berechnen Sie den Schnittpunkt S!

S = _____

**Aufgabe 7**
Steigungsdreieck

Gegeben ist der Graph der Geraden g, zu der das Steigungsdreieck eingezeichnet ist.

**Aufgabenstellung:** Ermitteln Sie die Steigung der Geraden in Prozent und berechnen Sie den Steigungswinkel φ dieser Geraden!

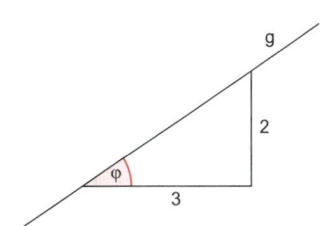

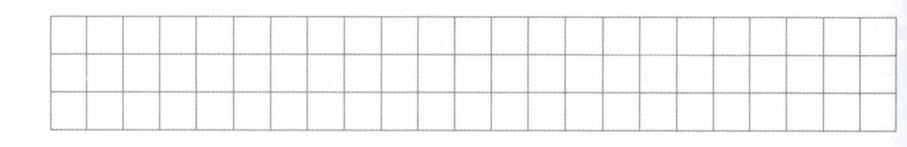

## Aufgabe 8
**Winkelfunktionen**

Gegeben sind Winkelfunktionswerte, deren zugehörige Winkel in den Quadranten I bis IV liegen können.

**Aufgabenstellung:** In welchen Quadranten können die Winkel liegen? Geben Sie alle Quadranten an, in denen die Winkel liegen können!
a) $\sin\alpha = 0{,}734$
b) $\cos\beta = -0{,}532$

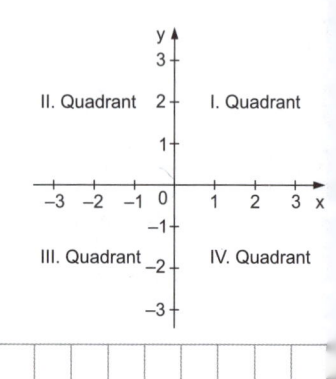

## Aufgabe 9
**Formeln als Funktionen**

Zwischen x und den Variablen r, s, t besteht folgender Zusammenhang: x ist direkt proportional zu s und $t^2$ sowie indirekt proportional zu r.

**Aufgabenstellung:** Welche der angegebenen Formeln drücken diesen Zusammenhang aus? Kreuzen Sie die zwei zutreffenden Formeln an!

| $x = \frac{4rt^2}{s}$ | $x = \frac{3st^2}{r}$ | $x = \frac{3r}{st^2}$ | $x = \frac{t^2 s}{4r}$ | $x = \frac{t^2 s}{r^2}$ |
|---|---|---|---|---|
| ☐ | ☐ | ☐ | ☐ | ☐ |

## Aufgabe 10
**Bakterien im Labor**

Im Labor wird das Wachstum einer Bakterienkultur untersucht. Während der Beobachtung wird die Bakterienzahl notiert und in einer Tabelle zusammengefasst.

**Aufgabenstellung:** Vervollständigen Sie den folgenden Satz, sodass er mathematisch korrekt ist!

Das Wachstum der Bakterienzahl ist ① und im Intervall [50; 100] gibt es einen Bakterienzuwachs, der prozentuell ② im Intervall [0; 50] ist.

① ☐ exponentiell
  ☐ linear
  ☐ unregelmäßig

② ☐ größer als
  ☐ kleiner als
  ☐ genauso groß wie

| Zeit in h | Bakterienzahl |
|---|---|
| 0 | 5 |
| 5 | 7 |
| 10 | 9 |
| 15 | 12 |
| 20 | 16 |
| 25 | 21 |
| 30 | 29 |
| 35 | 39 |
| 40 | 51 |

## Aufgabe 11
**Regentonne**

Das Diagramm veranschaulicht, wie aus einer Regentonne Wasser ausgelassen wird.

**Aufgabenstellung:** Beschreiben Sie, welche Bedeutung der Punkt X aus der Grafik in diesem Kontext hat!

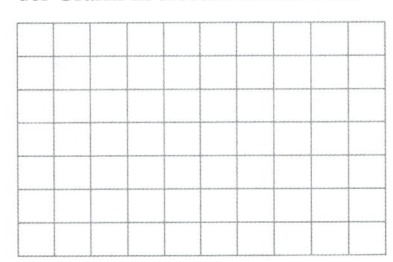

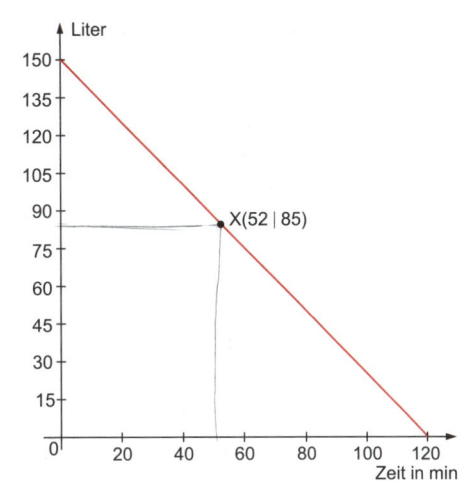

## Aufgabe 12
**Funktionen**

Gegeben sind verschiedene Funktionstypen sowie Beschreibungen von funktionalen Zusammenhängen.

**Aufgabenstellung:** Welcher Funktionstyp passt zu welchem Sachverhalt? Tragen Sie die Buchstaben in die Kästchen der zutreffenden Beschreibungen ein!

- ☐ Die Schwingungen einer Stimmgabel werden aufgezeichnet.
- ☐ Mit zunehmendem Volumen erhöht sich die Masse eines Körpers.
- ☐ Bei Zunahme der Höhenmeter um den gleichen Wert verringert sich der Luftdruck mit demselben Faktor.
- ☐ Einem Würfel mit der Seitenkante a wird das Volumen zugeordnet.

**A** Logarithmusfunktion
**B** Lineare Funktion
**C** Quadratische Funktion
**D** Exponentielle Funktion
**E** Sinusfunktion
**F** Kubische Funktion

## Aufgabe 13
**Potenzfunktionen**

Folgende Aussage bezieht sich auf die Eigenschaften von Potenzfunktionen.

**Aufgabenstellung:** Wählen Sie die jeweils richtigen Ausdrücke, damit der Satz mathematisch korrekt ist!

Der Graph der Funktion $f(x) = x^{-2}$ ist ① und verläuft durch den Punkt ②.

① 
- ☐ eine Gerade
- ☐ eine Parabel
- ☐ eine Hyperbel

② 
- ☐ (0|0)
- ☐ (−1|1)
- ☐ (2|4)

**Aufgabe 14**
Erlösfunktion

Der Funktionsgraph zeigt den Erlös beim Verkauf eines Produktes in Abhängigkeit von der Stückzahl. Der zugehörige Funktionsterm lautet $E(x) = 1{,}5 \cdot x$.

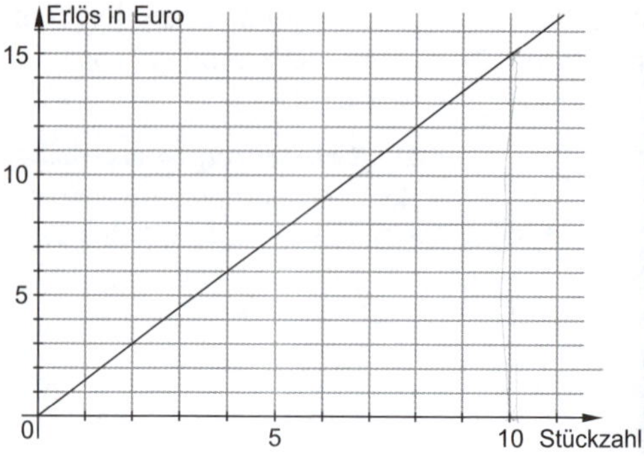

**Aufgabenstellung:** Kreuzen Sie die zwei richtigen Aussagen an!

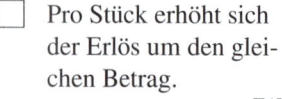

☐ Pro Stück erhöht sich der Erlös um den gleichen Betrag.

☐ Mit dem Ausdruck $\dfrac{E(8) - E(4)}{8 - 4}$ kann der Erlös pro Stück berechnet werden.

☐ Je mehr Stück verkauft werden, umso schneller wächst der Erlös.

☐ Die Steigung des Erlöses im Intervall [0; 5] ist kleiner als im Intervall [5; 10].

☐ Die durchschnittliche Steigung des Erlöses wird immer mehr, je mehr Stück verkauft werden.

**Aufgabe 15**
Umkehrfunktion

Im Koordinatensystem ist der Graph der Funktion $f(x) = (x + 1{,}5)^2 + 0{,}5$ dargestellt.

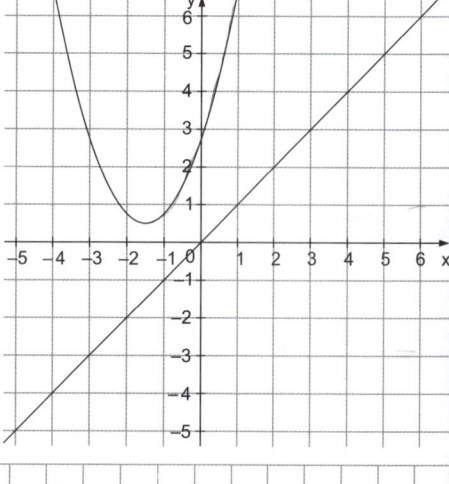

**Aufgabenstellung:** Spiegeln Sie den Graphen an der 1. Mediane und begründen Sie, wieso der gespiegelte Graph keine Funktion ist! Markieren Sie einen Abschnitt des Graphen von f sowie den entsprechenden Teil des gespiegelten Graphen so mit Farbe, dass beide gefärbten Abschnitte Funktionen darstellen!

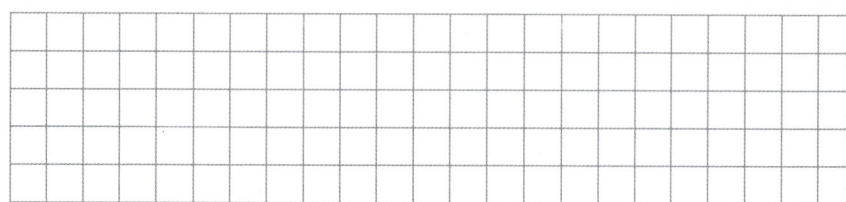

## Aufgabe 16 – Allgemeine Sinusfunktion

Gegeben sind Aussagen über die Parameter a und b von allgemeinen Sinusfunktionen $f(x) = a \cdot \sin(b \cdot x)$.

**Aufgabenstellung:** Ordnen Sie die Aussagen den Funktionen zu, indem Sie die Buchstaben zu den passenden Funktionsgleichungen eintragen!

- A Die Amplitude wird verdreifacht.
- B Die Periodenlänge wird verdreifacht.
- C Die Amplitude wird halbiert.
- D Die Frequenz wird verdoppelt.
- E Die Periodenlänge wird verdoppelt.
- F Die Frequenz wird verdreifacht.

☐ $f(x) = \sin(0,5x)$
☐ $f(x) = \sin(3x)$
☐ $f(x) = \sin(2x)$
☐ $f(x) = 3 \cdot \sin x$

## Aufgabe 17 – Ableitung von Potenzfunktionen

Gegeben ist die Potenzfunktion $f(x) = x^{-2}$.

**Aufgabenstellung:** Geben Sie die Ableitungsfunktionen f'(x) und f''(x) an!

f'(x) = _____ ; f''(x) = _____

## Aufgabe 18 – Beschreibung von Funktionen

Gegeben sind Begriffe zur Beschreibung von Funktionen.

**Aufgabenstellung:** Vervollständigen Sie den Satz so, dass er mathematisch korrekt ist!

Hat eine Funktion f(x) ①, dann hat ihre Ableitungsfunktion f'(x) an dieser Stelle ②.

① ☐ einen Extrempunkt
☐ einen Wendepunkt
☐ eine Nullstelle

② ☐ eine Nullstelle
☐ einen Wendepunkt
☐ eine Definitionslücke

## Aufgabe 19 – Integrale zuordnen

Gegeben sind Integrale und Terme.

**Aufgabenstellung:** Ordnen Sie die Integrale den Termen (mit Integrationskonstante c = 0) zu, indem Sie die Buchstaben in die entsprechenden Kästchen eintragen!

A $\int (2x)^2 \, dx$
B $\int \frac{1}{3} x^2 \, dx$
C $\int 3x^2 \, dx$
D $\int (3x)^2 \, dx$
E $\int \left(\frac{x}{2}\right)^2 dx$
F $\int \frac{1}{2} x^2 \, dx$

| $\frac{1}{9} x^3$ | $\frac{1}{12} x^3$ | $x^3$ | $\frac{4}{3} x^3$ |
|---|---|---|---|
| ☐ | ☐ | ☐ | ☐ |

**Aufgabe 20**
Neue Liste von Daten

In einer Datenliste $x_1, x_2, x_3, \ldots, x_n$ ist jeder Wert auf eine Nachkommastelle angegeben. Für eine neue Liste wird jeder Wert mit 10 multipliziert.

**Aufgabenstellung:** Kreuzen Sie die beiden zutreffenden Aussagen für die neue Liste an!

- ☐ Der Modus ist zehnmal so groß wie der Modus der ursprünglichen Liste.
- ☐ Der Mittelwert bleibt unverändert.
- ☐ Der Median ist zehnmal so groß wie der Median der ursprünglichen Liste.
- ☐ Die Spannweite bleibt unverändert.
- ☐ Die relative Häufigkeit der Werte wird mit dem Faktor 10 multipliziert.

**Aufgabe 21**
Schularbeitsergebnis

Gegeben ist folgendes Ergebnis einer Schularbeit: 1, 2, 2, 3, 3, 3, 4, 4, 4, 4, 5

**Aufgabenstellung:** Kreuzen Sie je eine der angegebenen Möglichkeiten so an, dass eine mathematisch korrekte Aussage entsteht!

Wenn man die 5 aus der Notenliste streicht, dann wird ① ②.

① ☐ der Median
  ☐ das arithmetische Mittel
  ☐ die Spannweite

② ☐ kleiner als 3 werden
  ☐ größer werden
  ☐ gleich bleiben

**Aufgabe 22**
Zufallsversuch

Ein Zufallsversuch ist ein wesentlicher Begriff in der Wahrscheinlichkeitsrechnung.

**Aufgabenstellung:** Kreuzen Sie die zutreffende(n) Aussage(n) über Zufallsversuche an!

- ☐ Ein Elementarereignis eines Zufallsversuchs besteht aus einem oder mehreren Ereignissen.
- ☐ Zufallsversuche können unter denselben Bedingungen beliebig oft wiederholt werden, wobei die möglichen Versuchsausfälle bekannt sind.
- ☐ Der Grundraum eines Zufallsversuchs besteht aus der Menge aller möglichen Ereignisse.
- ☐ Ein Ereignis eines Zufallsversuchs setzt sich aus einem oder mehreren Elementarereignissen zusammen.
- ☐ Zufallsversuche können unter denselben Bedingungen beliebig oft wiederholt werden, wobei das Ergebnis eines Zufallsversuchs vom Zufall abhängt.

## Aufgabe 23
**Binomialkoeffizient**

Ist eine Zufallsvariable X binomialverteilt mit den Parametern n und p, wird die Wahrscheinlichkeit, dass die Zufallsvariable X den Wert k annimmt, mit folgender Formel berechnet:

$P(X = k) = \binom{n}{k} p^k q^{n-k}$

**Aufgabenstellung:** Welche Aussagen über den Binomialkoeffizienten $\binom{n}{k}$ sind richtig? Kreuzen Sie die zutreffende(n) Aussage(n) an!

- ☐ Der Binomialkoeffizient $\binom{n}{0} = 1$ bedeutet, dass es im zugehörigen Baumdiagramm einen Pfad mit der Wahrscheinlichkeit $q^n$ gibt.
- ☐ Die Zahl k gibt an, welchen Wert die Zufallsvariable annimmt, und es gilt: $n > k \geq 0$
- ☐ Der Parameter n gibt an, wie oft der Zufallsversuch wiederholt wird.
- ☐ Wegen $\binom{n}{k} = \frac{n!}{k!(n-k)!}$ gilt: $\binom{n}{k} = \binom{n}{n-k}$
- ☐ Der Binomialkoeffizient $\binom{n}{1} = n$ bedeutet, dass es im zugehörigen Baumdiagramm n Pfade gibt, wo die Zufallsvariable k-mal den Wert 1 annimmt.

## Aufgabe 24
**Modellierung eines Zufallsversuchs**

**Aufgabenstellung:** Vervollständigen Sie den folgenden Satz, sodass er mathematisch korrekt ist!

Für die Modellierung einer Zufallssituation mit ① muss der Zufallsversuch ②.

① 
- ☐ der Binomialverteilung
- ☐ der Normalverteilung
- ☐ einer beliebigen Verteilung

② 
- ☐ unter gleichen Bedingungen beliebig oft wiederholbar sein und zwei unabhängige Ausgänge haben
- ☐ standardisiert sein
- ☐ eine begrenzte Anzahl an Möglichkeiten haben

## Hinweise und Tipps

**Aufgabe 1** — Welche Bedingungen müssen Dezimalzahlen erfüllen, damit sie als Brüche darstellbar sind?

**Aufgabe 2** — Beim Dividieren durch eine negative Zahl (–b) verändert sich das Ungleichheitszeichen.

**Aufgabe 3** — Ist a < 0, dann ist die Parabel nach unten offen.

**Aufgabe 4** — Denken Sie daran, wie zwei Geraden im Koordinatensystem zueinander liegen können, und finden Sie zu den Lagebeziehungen die Lösungsmöglichkeiten.

**Aufgabe 5**
- Was kann mit A + B bzw. A – B berechnet werden?
- Was bedeutet 1,04 · A oder 0,6 · B in diesem Zusammenhang?

**Aufgabe 6** — Legen Sie ein Gleichungssystem mit zwei Gleichungen in zwei Variablen (s, t) an und berechnen Sie s oder t. Die Lösung für s oder t setzen Sie in die entsprechende Geradendarstellung ein.

**Aufgabe 7** — Die Steigung wird aus dem Quotienten Höhengewinn durch Horizontalentfernung ermittelt.

**Aufgabe 8** — Überlegen Sie anhand des Einheitskreises: In welchen Quadranten sind die Werte der Sinusfunktion positiv bzw. die Werte der Cosinusfunktion negativ?

**Aufgabe 9** — Welche Variablen müssen im Zähler, welche im Nenner stehen?

**Aufgabe 10**
- Versuchen Sie zunächst aufgrund der Funktionswerte (Bakterienzahl) den Funktionstyp festzulegen.
- Überlegen Sie danach, welches Charakteristikum dieser Funktionstyp bezüglich des Wachstums hat.

**Aufgabe 11** — Auf der x-Achse sind die vergangenen Minuten eingetragen, auf der y-Achse ist die in der Tonne befindliche Wassermenge abzulesen.

| Aufgabe 12 | Skizzieren Sie die Graphen der Funktionen und vergleichen Sie deren Verlauf mit den beschriebenen Sachverhalten. |
|---|---|
| Aufgabe 13 | Erstellen Sie eine Wertetabelle und skizzieren Sie den Graphen. |
| Aufgabe 14 | Es handelt sich hier um eine lineare Funktion. Was bedeutet das für ihr Wachstum? |
| Aufgabe 15 | Spiegeln Sie einzelne Punkte des Graphen an der 1. Mediane und verbinden Sie diese anschließend. |
| | Welche Bedingung für das Vorliegen einer Funktion wird vom gespiegelten Graphen nicht erfüllt? |
| Aufgabe 16 | Was bedeutet „Amplitude", „Frequenz" bzw. „Periodenlänge" einer Funktion? Wie hängen diese Begriffe mit den Parametern a und b zusammen? |
| Aufgabe 17 | Denken Sie an die Potenzrechenregel und achten Sie auf das Vorzeichen der Hochzahl. |
| Aufgabe 18 | Betrachten Sie eine beliebige Polynomfunktion p(x) dritten Grades und ihre Ableitungsfunktion p'(x). Markieren Sie von p(x) die Extrempunkte, den Wendepunkt und die Nullstellen. Was können Sie über die Funktion p'(x) an diesen Stellen sagen? |
| Aufgabe 19 | Berechnen Sie die Integrale. |
| Aufgabe 20 | Überlegen Sie anhand einer konkreten Liste, z. B. 2, 2, 6, wie sich die Verzehnfachung der Werte auf die Berechnung der angeführten Kennzahlen auswirkt. |
| Aufgabe 21 | Berechnen Sie die Kennzahlen mit der neuen Liste. |
| Aufgabe 22 | Der Grundraum umfasst alle möglichen Versuchsausfälle (= Elementarereignisse). |
| | Ein Ereignis ist eine Teilmenge des Grundraums und kann aus einem oder mehreren Elementarereignissen bestehen. |

**Aufgabe 23**  Wofür stehen die Bestandteile P, X, n, p, q, $\binom{n}{k}$ der Formel?

**Aufgabe 24**  Welche Voraussetzungen müssen für die verschiedenen Wahrscheinlichkeitsverteilungen gelten? Denken Sie an typische Anwendungen der Binomial- und Normalverteilung.

## Lösungsvorschlag

**Aufgabe 1**
Zahlenmengen

Die **periodischen** Dezimalzahlen sind **eine Teilmenge** der rationalen Zahlen.
- Rationale Zahlen sind endliche Dezimalzahlen oder unendliche, periodische Dezimalzahlen.

**Aufgabe 2**
Lösung einer Ungleichung

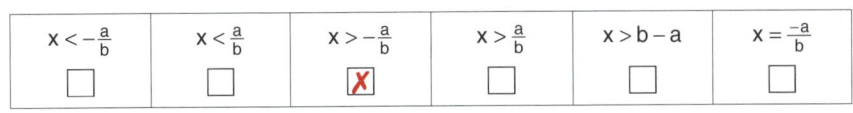

| $x < -\frac{a}{b}$ | $x < \frac{a}{b}$ | $x > -\frac{a}{b}$ | $x > \frac{a}{b}$ | $x > b - a$ | $x = \frac{-a}{b}$ |
|---|---|---|---|---|---|
| ☐ | ☐ | ☒ | ☐ | ☐ | ☐ |

- $-b \cdot x < a \quad |:(-b)$  Da durch eine negative Zahl dividiert wird, verändert sich das Ungleichheitszeichen.
- $x > -\frac{a}{b}$

**Aufgabe 3**
Grafische Lösung quadratischer Gleichungen

| $a < 0$ 2 Nullstellen | $a > 0$ keine Nullstelle | $a < 0$ 1 Nullstelle | $a > 0$ 2 Nullstellen |
|---|---|---|---|
| E | B | D | A |

- Für $a > 0$ ist die Parabel nach oben offen, für $a < 0$ nach unten offen.

**Aufgabe 4**
Lösungen von Gleichungssystemen

- **keine Lösung**
- **genau eine Lösung**
- **unendlich viele Lösungen**

- Ein Gleichungssystem in zwei Variablen kann grafisch mit zwei Geraden dargestellt werden. Hierfür gibt es drei Lagebeziehungen: ident, parallel, schneidend. Das zugehörige Gleichungssystem hat demnach unendlich viele, keine oder genau eine Lösung(en).

**Aufgabe 5**
Gemüselieferungen

☐ Der Vektor $D = B - A$ gibt an, wie viele Tonnen Gemüse von den drei Lieferanten an den Großmarkt A mehr geliefert wurden als an B.

☐ Der Vektor $B' = 0{,}6 \cdot B$ drückt aus, dass die Gemüselieferungen an den Großmarkt B um 60 % zurückgegangen sind.

☒ Der Vektor $S = A + B$ gibt an, wie viele Tonnen Gemüse von den drei Lieferanten an beide Großmärkte geliefert wurden.

☒ Der Vektor $A' = 1{,}04 \cdot A$ drückt aus, dass die Gemüselieferungen an den Großmarkt A um 4 % zugenommen haben.

☒ Der Vektor $D = A - B$ gibt an, wie viele Tonnen Gemüse von den drei Lieferanten an den Großmarkt A mehr geliefert wurden als an B.

**Aufgabe 6**
Schnittpunkt zweier Geraden

B' = 0,6 · B drückt aus, dass die Lieferungen an B nur mehr 60 % des ursprünglichen Lieferumfangs betragen bzw. dass die Lieferungen um 40 % zurückgegangen sind.

Gleichungssystem lösen:
I:  $1 + 3s = 4 + t$
II: $5 - 2s = -2 + t$
I − II: $-4 + 5s = 6$
$\phantom{I - II:\ -4 + }5s = 10$
$\phantom{I - II:\ -4 + 5}s = 2$

s = 2 in g einsetzen:

g: $S = \begin{pmatrix} 1 \\ 5 \end{pmatrix} + 2 \cdot \begin{pmatrix} 3 \\ -2 \end{pmatrix} = \begin{pmatrix} 7 \\ 1 \end{pmatrix}$

$S = (7 \mid 1)$

**Aufgabe 7**
Steigungsdreieck

Die Steigung beträgt **k ≈ 66,67 %**, der Steigungswinkel **φ ≈ 33,69°**.

$k = \frac{2}{3} \approx 0{,}6667 = 66{,}67\,\%$

$\tan\varphi = \frac{2}{3} \quad \Rightarrow \quad \varphi = \arctan\left(\frac{2}{3}\right) \approx 33{,}69°$

**Aufgabe 8**
Winkelfunktionen

α kann in den Quadranten I und II liegen, β in den Quadranten II und III.

sin φ ist im I. und II. Quadranten positiv, cos φ im I. und IV. Quadranten.

**Aufgabe 9**
Formeln als Funktionen

| $x = \frac{4rt^2}{s}$ | $x = \frac{3st^2}{r}$ | $x = \frac{3r}{st^2}$ | $x = \frac{t^2s}{4r}$ | $x = \frac{t^2s}{r^2}$ |
|---|---|---|---|---|
| ☐ | ☒ | ☐ | ☒ | ☐ |

Im Zähler müssen s und t² stehen, im Nenner muss r stehen.

**Aufgabe 10**
Bakterien im Labor

Das Wachstum der Bakterienzahl ist **exponentiell** und im Intervall [50; 100] gibt es einen Bakterienzuwachs, der prozentuell **genauso groß wie** im Intervall [0; 50] ist.

Bei linearem Wachstum würde die Bakterienzahl in gleichen Zeiträumen um denselben Wert zunehmen.

**Aufgabe 11**
Regentonne

Nach 52 min befinden sich noch 85 ℓ Wasser in der Tonne.

# Teil-1-Aufgaben – Probeklausur 7 – Lösungsvorschlag

**Aufgabe 12**
Funktionen

- [E] Die Schwingungen einer Stimmgabel werden aufgezeichnet.
- [B] Mit zunehmendem Volumen erhöht sich die Masse eines Körpers.
- [D] Bei Zunahme der Höhenmeter um den gleichen Wert verringert sich der Luftdruck mit demselben Faktor.
- [F] Einem Würfel mit der Seitenkante a wird das Volumen zugeordnet.

✎ Volumen und Masse eines Körpers sind direkt proportional.
✎ Das Volumen eines Würfels mit der Seitenkante a beträgt $a^3$.

**Aufgabe 13**
Potenz-funktionen

Der Graph der Funktion $f(x) = x^{-2}$ ist **eine Hyperbel** und verläuft durch den Punkt **(–1 | 1)**.

✎ Geraden haben Gleichungen der Form $f(x) = kx + d$, Parabeln haben Gleichungen der Form $f(x) = ax^2 + bx + c$.

**Aufgabe 14**
Erlösfunktion

- [X] Pro Stück erhöht sich der Erlös um den gleichen Betrag.
- [X] Mit dem Ausdruck $\frac{E(8) - E(4)}{8 - 4}$ kann der Erlös pro Stück berechnet werden.
- [ ] Je mehr Stück verkauft werden, umso schneller wächst der Erlös.
- [ ] Die Steigung des Erlöses im Intervall [0; 5] ist kleiner als im Intervall [5; 10].
- [ ] Die durchschnittliche Steigung des Erlöses wird immer mehr, je mehr Stück verkauft werden.

✎ Das wesentliche Charakteristikum einer linearen Funktion besteht darin, dass sie stets um einen konstanten Wert steigt (oder fällt).

**Aufgabe 15**
Umkehr-funktion

Der gespiegelte Graph ist keine Funktion, weil unendlich vielen x-Werten zwei y-Werte zugeordnet sind – außer im markierten Bereich.

✎ Im markierten Bereich ist die Funktion f streng monoton steigend, sodass der gespiegelte Graph dort eine Funktion ist, nämlich die Umkehrfunktion.

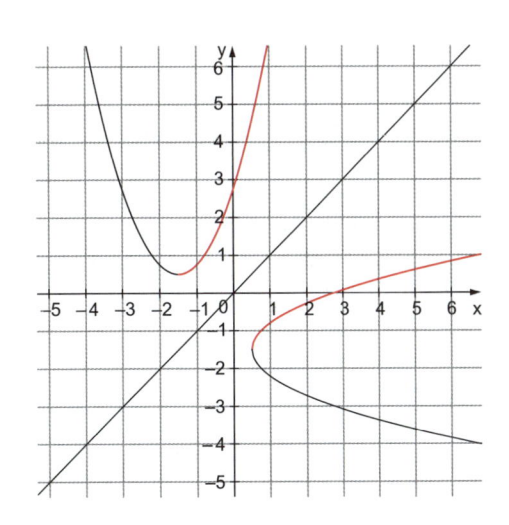

## Aufgabe 16
**Allgemeine Sinusfunktion**

- [E] $f(x) = \sin(0{,}5x)$
- [F] $f(x) = \sin(3x)$
- [D] $f(x) = \sin(2x)$
- [A] $f(x) = 3 \cdot \sin x$

- Die Periodenlänge wird verdreifacht: $\sin(\frac{1}{3}x)$
- Die Amplitude wird halbiert: $\frac{1}{2}\sin x$
- Der Parameter a erhöht die Amplitude für a > 1 (bzw. verkleinert die Amplitude für 0 < a < 1).
- Der Parameter b erhöht die Frequenz und verkleinert die Periodenlänge für b > 1 (bzw. verringert die Frequenz und vergrößert die Periodenlänge für 0 < b < 1).

## Aufgabe 17
**Ableitung von Potenzfunktionen**

$f'(x) = \mathbf{-2 \cdot x^{-3}}$;  $f''(x) = \mathbf{6 \cdot x^{-4}}$

- Die Hochzahl wird zum Faktor, die neue Hochzahl ist um 1 kleiner:
- $-2 - 1 = -3$  bzw.  $-3 - 1 = -4$

## Aufgabe 18
**Beschreibung von Funktionen**

Hat eine Funktion f(x) **einen Extrempunkt**, dann hat ihre Ableitungsfunktion f'(x) an dieser Stelle **eine Nullstelle**.

- Hat f(x) einen Wendepunkt, dann hat f'(x) an dieser Stelle einen Extrempunkt. Die Nullstelle von f(x) liefert keine besondere Stelle von f'(x).

## Aufgabe 19
**Integrale zuordnen**

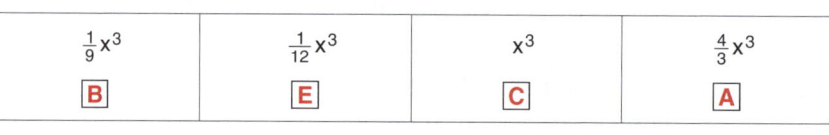

| $\frac{1}{9}x^3$ | $\frac{1}{12}x^3$ | $x^3$ | $\frac{4}{3}x^3$ |
|---|---|---|---|
| B | E | C | A |

- $\int \frac{1}{2}x^2 \, dx = \frac{1}{6}x^3$  bzw.  $\int (3x)^2 \, dx = 3x^3$

## Aufgabe 20
**Neue Liste von Daten**

- [X] Der Modus ist zehnmal so groß wie der Modus der ursprünglichen Liste.
- [ ] Der Mittelwert bleibt unverändert.
- [X] Der Median ist zehnmal so groß wie der Median der ursprünglichen Liste.
- [ ] Die Spannweite bleibt unverändert.
- [ ] Die relative Häufigkeit der Werte wird mit dem Faktor 10 multipliziert.

- Die Zentralmaße (Modus, Median, Mittelwert) werden verzehnfacht, ebenso die Streumaße (Spannweite, Standardabweichung). Die relativen Häufigkeiten bleiben unverändert.

# Teil-1-Aufgaben – Probeklausur 7 – Lösungsvorschlag

**Aufgabe 21**
Schularbeitsergebnis

Wenn man die 5 aus der Notenliste streicht, dann wird **der Median gleich bleiben**.

- Das arithmetische Mittel sowie die Spannweite der neuen Liste ist 3. Die entsprechenden Kennzahlen der alten Liste sind größer.

**Aufgabe 22**
Zufallsversuch

☐ Ein Elementarereignis eines Zufallsversuchs besteht aus einem oder mehreren Ereignissen.

☒ Zufallsversuche können unter denselben Bedingungen beliebig oft wiederholt werden, wobei die möglichen Versuchsausfälle bekannt sind.

☐ Der Grundraum eines Zufallsversuchs besteht aus der Menge aller möglichen Ereignisse.

☒ Ein Ereignis eines Zufallsversuchs setzt sich aus einem oder mehreren Elementarereignissen zusammen.

☒ Zufallsversuche können unter denselben Bedingungen beliebig oft wiederholt werden, wobei das Ergebnis eines Zufallsversuchs vom Zufall abhängt.

- Die Menge aller möglichen Ereignisse ist die Menge aller Teilmengen des Grundraums.

**Aufgabe 23**
Binomialkoeffizient

☒ Der Binomialkoeffizient $\binom{n}{0} = 1$ bedeutet, dass es im zugehörigen Baumdiagramm einen Pfad mit der Wahrscheinlichkeit $q^n$ gibt.

☐ Die Zahl k gibt an, welchen Wert die Zufallsvariable annimmt, und es gilt: $n > k \geq 0$

☒ Der Parameter n gibt an, wie oft der Zufallsversuch wiederholt wird.

☒ Wegen $\binom{n}{k} = \frac{n!}{k!(n-k)!}$ gilt: $\binom{n}{k} = \binom{n}{n-k}$

☐ Der Binomialkoeffizient $\binom{n}{1} = n$ bedeutet, dass es im zugehörigen Baumdiagramm n Pfade gibt, wo die Zufallsvariable k-mal den Wert 1 annimmt.

- Es gilt $0 \leq k \leq n$.
- Der Binomialkoeffizient $\binom{n}{1} = n$ bedeutet, dass es im zugehörigen Baumdiagramm n Pfade gibt, wo die Wahrscheinlichkeit $p \cdot q^{n-1}$ beträgt.

**Aufgabe 24**
Modellierung eines Zufallsversuchs

Für die Modellierung einer Zufallssituation mit **der Binomialverteilung** muss der Zufallsversuch **unter gleichen Bedingungen beliebig oft wiederholbar sein und zwei unabhängige Ausgänge haben**.

- Eine Standardisierung oder eine begrenzte Anzahl an Möglichkeiten für den Versuchsausgang alleine sind zu wenig für die Festlegung der Verteilung.

## Schriftliche Reifeprüfung – Mathematik
## Teil-2-Aufgaben

### ■ Aufgabe 1: Frisch Faschiert

Laut Österreichischem Lebensmittelcodex darf Faschiertes ausschließlich aus frischem Fleisch bestehen, das durch einen Fleischwolf gedreht wurde.
Durch das Zerkleinern des Fleisches vergrößert sich die Oberfläche und Keime können sich rascher ausbreiten. Somit verdirbt Faschiertes weit schneller als ein Fleischstück im Ganzen. Frisch faschiertes Fleisch soll daher am besten noch am selben Tag verzehrt werden.

**Aufgabenstellung**

a) Gegeben ist ein Fleischstück im Ganzen, das nahezu würfelförmig mit einem Volumen von 1 000 cm$^3$ ist. Aus diesem Stück Fleisch wird Faschiertes hergestellt. Die Einzelteile des Faschierten sind annähernd zylinderförmig mit dem Durchmesser d = 0,25 cm und der Höhe h = 0,5 cm.
Um welches Vielfache ist die Oberfläche des gesamten Faschierten größer als die Oberfläche des würfelförmigen Fleischstücks? Kreuzen Sie die zutreffende Antwort an!

☐ ca. 10-Fache
☐ ca. 1 222-Fache
☐ ca. 33-Fache
☐ ca. 40 744-Fache
☐ ca. 19 000-Fache
☐ ca. 100-Fache

b) Frisches Faschiertes darf nur am Tag der Herstellung verkauft werden, da sich im Fleisch enthaltene Bakterien (Escherichia coli, Salmonellen und Listerien) rasch vermehren und beim Menschen zu Erkrankungen führen können. Eine gekühlte Lagerung bei höchstens 4 °C ist dabei einzuhalten. Auch beim Transport nach Hause soll die Kühlkette nicht unterbrochen werden.
Die Vermehrung der Bakterien ist nahezu exponentiell. Bei ca. 20 °C verdoppelt sich die Anzahl der Salmonellen innerhalb von 20 Minuten.
Berechnen Sie die Wachstumskonstante λ und stellen Sie das Wachstumsgesetz in der Form N(t) = N(0) · e$^{\lambda t}$ auf!

c) Bei hohen Temperaturen vermehren sich die Salmonellen besonders stark. Gegeben ist ein Funktionsgraph (siehe folgende Seite), der eine Salmonellenvermehrung in faschiertem Fleisch bei etwa 40 °C darstellt.

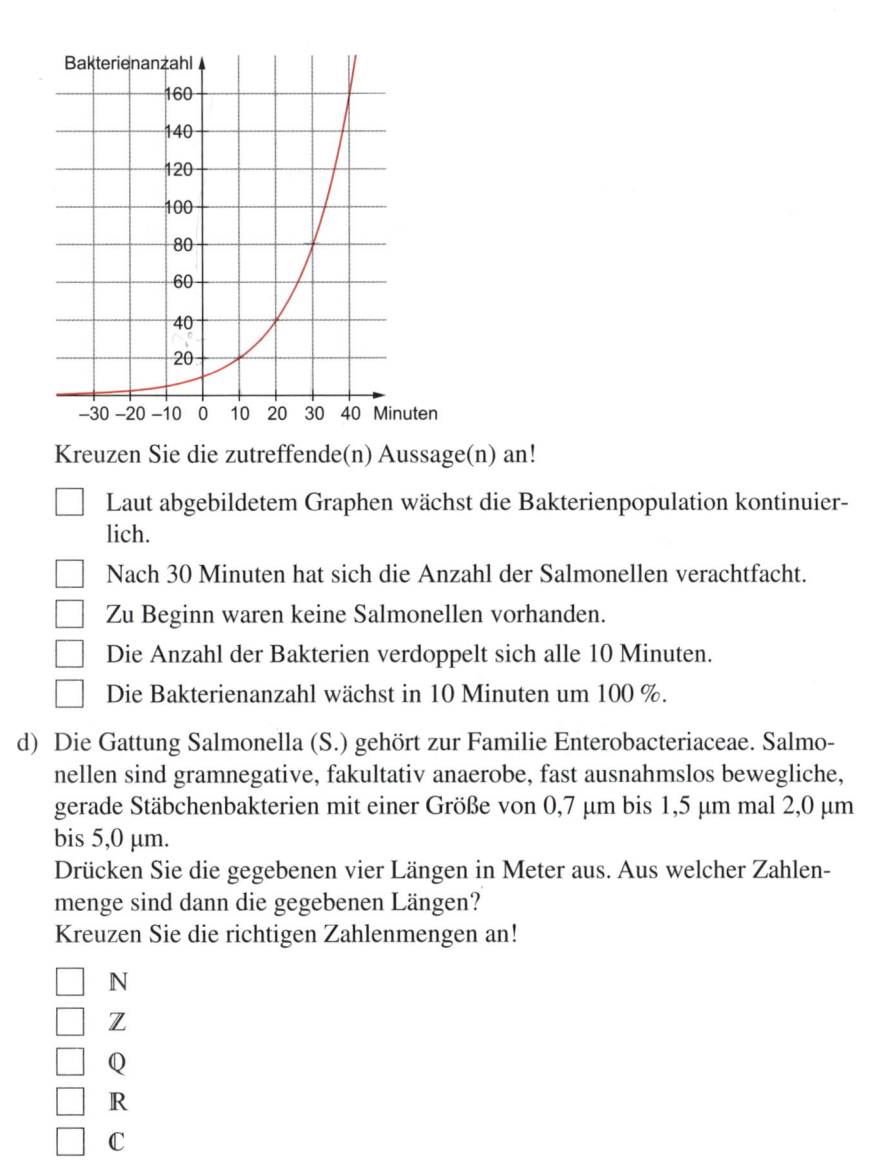

Kreuzen Sie die zutreffende(n) Aussage(n) an!

☐ Laut abgebildetem Graphen wächst die Bakterienpopulation kontinuierlich.

☐ Nach 30 Minuten hat sich die Anzahl der Salmonellen verachtfacht.

☐ Zu Beginn waren keine Salmonellen vorhanden.

☐ Die Anzahl der Bakterien verdoppelt sich alle 10 Minuten.

☐ Die Bakterienanzahl wächst in 10 Minuten um 100 %.

d) Die Gattung Salmonella (S.) gehört zur Familie Enterobacteriaceae. Salmonellen sind gramnegative, fakultativ anaerobe, fast ausnahmslos bewegliche, gerade Stäbchenbakterien mit einer Größe von 0,7 µm bis 1,5 µm mal 2,0 µm bis 5,0 µm.
Drücken Sie die gegebenen vier Längen in Meter aus. Aus welcher Zahlenmenge sind dann die gegebenen Längen?
Kreuzen Sie die richtigen Zahlenmengen an!

☐ $\mathbb{N}$
☐ $\mathbb{Z}$
☐ $\mathbb{Q}$
☐ $\mathbb{R}$
☐ $\mathbb{C}$

e) Abgepacktes Faschiertes wird normalerweise in mehreren Fettstufen angeboten, mit rund 12 Prozent beim reinen Rindsfaschierten und bis zu 35 Prozent Fett beim reinen Schweinsfaschierten.
Ein Kunde kauft ein gemischtes Faschiertes vom Rind und Schwein im Verhältnis 2 : 3.
Berechnen Sie den Fettgehalt von 50 dag Faschiertem in Prozent!

## Hinweise und Tipps

**Teil a**
- Berechnen Sie das Volumen des Würfels und das Volumen des Zylinders.
- Berechnen Sie die Anzahl der Zylinder, die in den Würfel passen.
- Ermitteln Sie die Oberfläche eines Zylinders und aller Zylinder.
- Vergleichen Sie diese mit der Oberfläche des Würfels.

**Teil b**
- Setzen Sie für t = 20 ein. Für N(t) verwenden Sie die Information, dass sich die Ausgangsmenge N(0) verdoppelt.

**Teil c**
- Lesen Sie aus der Grafik die Werte zu t = 0, t = 10, t = 20, t = 30 ab und zeichnen Sie die Differenzen zwischen den entsprechenden Funktionswerten ein.

**Teil d**
- 1 μm (Mikrometer) = 0,000 001 m

**Teil e**
- Auf wie viele Teile müssen Sie das gegebene Faschierte insgesamt aufteilen?
- Rechnen Sie mit der Formel $A = G \cdot \frac{p}{100}$ oder mit der Schlussrechnung, um den Fettgehalt vom Rind- bzw. Schweinefleisch zu bestimmen!

## Lösungsvorschlag

**Teil a**
- [ ] ca. 10-Fache
- [ ] ca. 1 222-Fache
- [X] ca. 33-Fache
- [ ] ca. 40 744-Fache
- [ ] ca. 19 000-Fache
- [ ] ca. 100-Fache

$V(\text{Würfel}) = a^3 = 1\,000 \text{ cm}^3 \Rightarrow a = 10 \text{ cm}$
$O(\text{Würfel}) = 6 \cdot a^2 \Rightarrow O(\text{Würfel}) = 600 \text{ cm}^2$
$O(\text{Zylinder}) = 2 \cdot r \cdot \pi \cdot h + 2 \cdot r^2 \cdot \pi$
$O(\text{Zylinder}) = 0{,}25 \text{ cm} \cdot \pi \cdot 0{,}5 \text{ cm} + 2 \cdot (0{,}125 \text{ cm})^2 \cdot \pi \approx 0{,}490873852 \text{ cm}^2$
$V(\text{Zylinder}) = r^2 \cdot \pi \cdot h$
$V(\text{Zylinder}) = (0{,}125 \text{ cm})^2 \cdot \pi \cdot 0{,}5 \text{ cm} \approx 0{,}024543693 \text{ cm}^3$

Der Quotient V(Würfel) : V(Zylinder) gibt die Anzahl der Zylinder, die in den Würfel passen, an:
$1\,000 : 0{,}024543693 \approx 40\,743{,}665$
Das sind ca. 40 743 kleine Zylinder.

Anzahl der Zylinder mal die Oberfläche des einzelnen Zylinders ergibt die gesamte Oberfläche des Faschierten:
$40\,743{,}665 \cdot 0{,}490873852 \approx 20\,000\,000$

Diese Gesamtoberfläche des Faschierten wird nun durch die Oberfläche des Fleisches im Ganzen dividiert, um das Vielfache zu erhalten:
$20\,000\,000 : 600 \approx 33{,}33$
Das ist ca. die **33fache** Oberfläche.

**Teil b**
$N(t) = N(0) \cdot e^{\lambda t}$
$N(20) = 2 \cdot N(0) = N(0) \cdot e^{\lambda \cdot 20}$ | durch $N(0) \neq 0$ dividieren
$\qquad\qquad 2 = e^{\lambda \cdot 20}$ | logarithmieren (Hinweis: $\ln e = 1$)
$\qquad \ln 2 = \lambda \cdot 20$ | $: 20$
$\qquad\quad \boldsymbol{\lambda \approx 0{,}034657359}$

$\mathbf{N(t) = N(0) \cdot e^{0{,}03466 \cdot t}}$ (t in Minuten)

**Teil c**
- [X] Laut abgebildetem Graphen wächst die Bakterienpopulation kontinuierlich.
- [X] Nach 30 Minuten hat sich die Anzahl der Salmonellen verachtfacht.

☐ Zu Beginn waren keine Salmonellen vorhanden.
☒ Die Anzahl der Bakterien verdoppelt sich alle 10 Minuten.
☒ Die Bakterienanzahl wächst in 10 Minuten um 100 %.

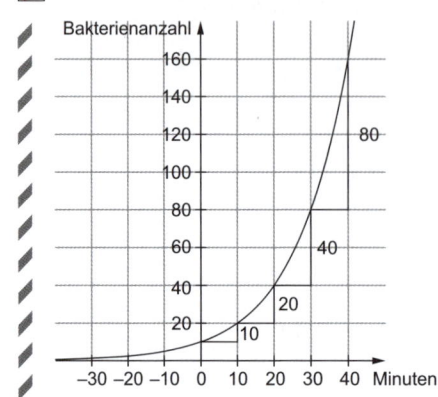

f(0) = 10 Bakterien
Das Wachstum von t = 10 auf t = 20, also die Differenz von f(20) − f(10), beträgt 20 Bakterien, bei f(30) − f(20) sind es 40 und bei f(40) − f(30) sind es 80 Bakterien.
Somit verdoppeln sich die Bakterien kontinuierlich alle 10 Minuten. Das ist ein Zuwachs von 100 %.

**Teil d**  0,7 μm = 0,000 0007 m
1,5 μm = 0,000 0015 m
2,0 μm = 0,000 002 m
5,0 μm = 0,000 005 m
Dies sind rationale Zahlen, insbesondere auch reelle und komplexe.

☐ $\mathbb{N}$
☐ $\mathbb{Z}$
☒ $\mathbb{Q}$
☒ $\mathbb{R}$
☒ $\mathbb{C}$

**Teil e**  50 dag im Verhältnis 2 : 3 auf Rind- und Schweinefleisch aufgeteilt ergibt 20 dag Rindfleisch und 30 dag Schweinefleisch.

20 dag Rindfleisch haben 12 % von 20 dag Fett.
Das sind $\frac{12}{100} \cdot 20 = 2,4$ dag Fett.

30 dag Schweinefleisch haben 35 % von 30 dag Fett.
Das sind $\frac{35}{100} \cdot 30 = 10,5$ dag Fett.

Zusammen sind das 12,9 dag Fett in 50 dag Faschiertem, das entspricht **25,8 %**:
$12,9 \cdot \frac{100}{50} = 25,8$

## Aufgabe 2: Die Atmung des Menschen

Die Beschreibung des Volumens V(t) an geatmeter Luft kann im Wesentlichen mit der Funktion $V(t) = a \cdot \sin(2\pi b \cdot t) + c$ geschehen. Dabei ist t die Zeit. Die Werte für a und b hängen von der Person ab. Die x-Achse wird dabei als Atemruhelage bezeichnet, die nach normaler Ausatmung erreicht wird. Es soll also bei normaler Atmung am Ende des Ausatmens V(t) = 0 gelten.

Abbildung 1 zeigt den Verlauf der Atmung eines durchschnittlichen, gesunden Menschen. Abbildung 2 erläutert die wichtigsten Fachbegriffe im Zusammenhang mit Atmung anhand einer ähnlichen Lungenvolumsfunktion und in Abbildung 3 ist der Verlauf des Lungenvolumens während eines Lungenfunktionstests abgebildet.

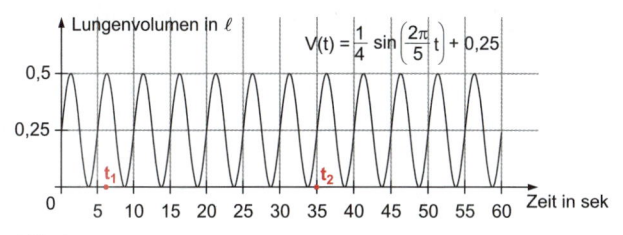

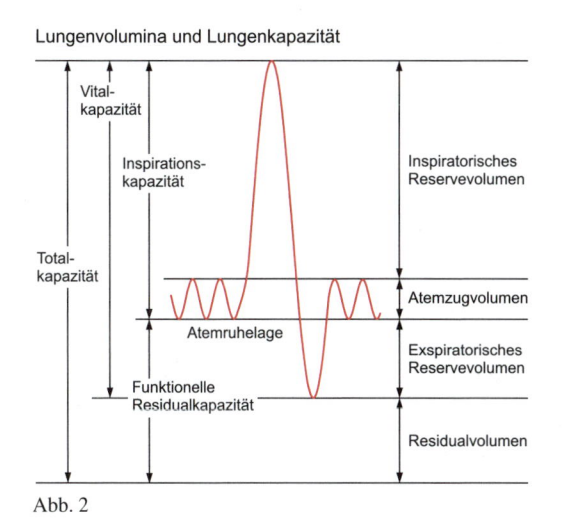

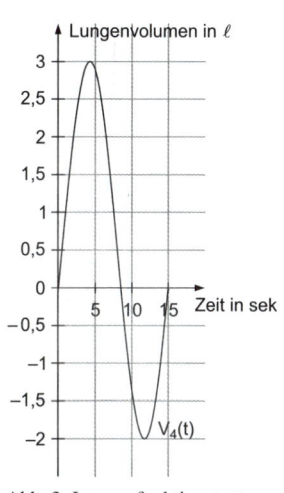

Abb. 1: $V(t) = \frac{1}{4} \sin\left(\frac{2\pi}{5} t\right) + 0{,}25$

Abb. 2: Lungenvolumina und Lungenkapazität

Abb. 3: Lungenfunktionstest

**Aufgabenstellung**

a) Lesen Sie aus der gegebenen Lungenvolumsfunktion das Atemzugsvolumen V der Versuchsperson und die Atemfrequenz (Atemzüge/Minute) ab!

   V = _____      Atemfrequenz = _____

b) Kreuzen Sie die zutreffende(n) Aussage(n) über Veränderungen der Atmung und der Parameter a, b, c an!

☐ Man weiß, dass bei körperlicher Belastung die Atmung schneller und tiefer wird. In der Funktion V(t) wird dadurch a größer, b kleiner.

☐ Die Funktion $V_1(t) = \frac{1}{2}\sin\left(\frac{2\pi}{5}t\right) + 0,25$ beschreibt ein Ausatmen über die Atemruhelage hinaus.

☐ Wäre a < 0, so würde die Funktion einen Messvorgang beschreiben, bei dem der Proband mit dem Ausatmen begonnen hat.

☐ Säuglinge atmen sehr schnell und flach. Die Funktion $V_2(t) = \frac{1}{6}\sin\left(\frac{2\pi}{3}t\right) + \frac{1}{6}$ könnte so eine Atmung beschreiben.

☐ Die Funktion $V_3(t) = \frac{1}{4}\cos\left(\frac{2\pi}{5}t\right) + 0,25$ beschreibt ebenfalls eine normale Atmung.

c) Betrachten Sie die Lungenvolumsfunktion der durchschnittlichen Versuchsperson und vervollständigen Sie den folgenden Satz, sodass er mathematisch korrekt ist!

An der Stelle $t_1$ hat die Funktion V(t) ①, das bedeutet, dass dort der Proband ②.

① ☐ ein lokales Maximum
　☐ eine Wendestelle
　☐ eine Nullstelle

② ☐ schon mit dem Ausatmen begonnen hat
　☐ nicht weiter einatmen kann
　☐ kurzzeitig weder ein- noch ausatmet

d) Betrachten Sie die Lungenvolumsfunktion der durchschnittlichen Versuchsperson und vervollständigen Sie den folgenden Satz, sodass er mathematisch korrekt ist!

An der Stelle $t_2$ hat die Funktion V(t) ①, das bedeutet, dass zu diesem Zeitpunkt ②.

① ☐ den Wert 35
　☐ den Wert 0,25
　☐ den Wert (35 | 0,25)

② ☐ 0,25 ℓ Luft in der Lunge des Probanden sind
　☐ 35 ℓ Luft in der Lunge des Probanden sind
　☐ ausgeatmet wird

e) Die Funktion $V_4(t)$ zeigt den Verlauf eines Tests, bei dem der Proband maximal ein- und danach maximal ausatmen musste. Geben Sie die Vitalkapazität (VK) des Probanden sowie seine Totalkapazität (TK) an, wenn für das Residualvolumen 1,3 ℓ angenommen werden!

VK = _____　　　TK = _____

## Hinweise und Tipps

**Teil a**   ◆ Atemzugsvolumen: Nehmen Sie die untere Grafik zu Hilfe, um den Begriff zu klären, und versuchen Sie in der oberen Grafik die entsprechenden Werte von der y-Achse abzulesen.

◆ Atemfrequenz: Bedenken Sie, dass für die Bestimmung der Frequenz das Ein- und Ausatmen zusammengehören.

**Teil b**   ◆ Gehen Sie von der gegebenen Funktion in der Grafik aus. Welche Veränderungen bedingen die Parameter a, b und c?

**Teil c**   ◆ Betrachten Sie die Abbildung 1. Welcher Vorgang wird von den steigenden Teilen der Funktion V(t) beschrieben, welcher von den fallenden?

**Teil d**   ◆ Betrachten Sie die Abbildung 1. Lesen Sie die Koordinaten des zugehörigen Punktes ab und interpretieren Sie, wofür die Werte der x- und y-Koordinate des Punktes stehen.

**Teil e**   ◆ Nehmen Sie die Abbildung 2 zu Hilfe, um die Begriffe zu klären, und versuchen Sie in der Abbildung 3 die entsprechenden Werte von der y-Achse abzulesen.

## Lösungsvorschlag

**Teil a**  V = **0,5 ℓ**  Frequenz = **12 Züge/min**

- Für das Volumen V ist die Gesamthöhe des Bogens entscheidend. Bei der Frequenz ist zu beachten, dass ein Atemzug aus Ein- *und* Ausatmen besteht.

**Teil b**
- ☐ Man weiß, dass bei körperlicher Belastung die Atmung schneller und tiefer wird. In der Funktion V(t) wird dadurch a größer, b kleiner.
- ☒ Die Funktion $V_1(t) = \frac{1}{2}\sin\left(\frac{2\pi}{5}t\right) + 0,25$ beschreibt ein Ausatmen über die Atemruhelage hinaus.
- ☒ Wäre a < 0, so würde die Funktion einen Messvorgang beschreiben, bei dem der Proband mit dem Ausatmen begonnen hat.
- ☒ Säuglinge atmen sehr schnell und flach. Die Funktion $V_2(t) = \frac{1}{6}\sin\left(\frac{2\pi}{3}t\right) + \frac{1}{6}$ könnte so eine Atmung beschreiben.
- ☒ Die Funktion $V_3(t) = \frac{1}{4}\cos\left(\frac{2\pi}{5}t\right) + 0,25$ beschreibt ebenfalls eine normale Atmung.

- Bei schnellerer und tieferer Atmung werden a und b *beide* größer.

**Teil c**  An der Stelle $t_1$ hat die Funktion V(t) **ein lokales Maximum**, das bedeutet, dass dort der Proband **kurzzeitig weder ein- noch ausatmet**.

- An einer Wendestelle müsste die Funktion ihre Krümmung ändern (an einer Extremstelle ändert sie ihre Monotonie) und für eine Nullstelle müsste ein Schnittpunkt mit der x-Achse vorliegen.
- Ausatmen findet stets an den monoton fallenden Teilen der Funktion statt und Einatmen an den steigenden Teilen. An den Hochpunkten ist die Funktion weder fallend noch steigend, daher ist dort ein kurzer Moment, in dem der Proband weder ein- noch ausatmet.

**Teil d**  An der Stelle $t_2$ hat die Funktion V(t) **den Wert 0,25**, das bedeutet, dass zu diesem Zeitpunkt **0,25 ℓ Luft in der Lunge des Probanden sind**.

- Eine Funktion kann nur einen Wert haben. Dieser ist der Funktionswert (y-Wert) und ist abhängig vom betrachteten Zeitpunkt (hier x-Wert).

**Teil e**  VK = 3 ℓ + 2 ℓ = **5 ℓ**  TK = VK + 1,3 ℓ = **6,3 ℓ**

- Die Vitalkapazität setzt sich aus 3 ℓ Einatmung und 2 ℓ Ausatmung zusammen. Für die Totalkapazität kommt dann noch das Residualvolumen hinzu.

## Aufgabe 3: Gehälter

Von den 816 Beschäftigten eines Betriebes sind 522 Frauen. Aus den Personalakten geht hervor, dass die beschäftigten Frauen und Männer folgendermaßen auf die jeweils höchsten Bildungsabschlüsse aufgeteilt sind:

|  | Frauen | Männer |
|---|---|---|
| Allgemeinbildende Pflichtschule | 261 | 98 |
| Berufsbildende mittlere Schule | 104 | 56 |
| Höhere Schule | 122 | 50 |
| Hochschulverwandte Lehranstalt | 23 | 73 |
| Universität, Hochschule | 12 | 17 |

Die folgende Tabelle zeigt die durchschnittlichen monatlichen Nettobezüge in Euro in diesem Betrieb – aufgeschlüsselt nach Geschlecht und den höchsten Bildungsabschlüssen:

|  | Frauen | Männer |
|---|---|---|
| Allgemeinbildende Pflichtschule | 1 236 | 1 447 |
| Berufsbildende mittlere Schule | 1 325 | 1 690 |
| Höhere Schule | 1 755 | 1 963 |
| Hochschulverwandte Lehranstalt | 1 830 | 2 483 |
| Universität, Hochschule | 2 230 | 3 750 |

a) Die Vektoren $B_F$ bzw. $B_M$ listen die Anzahl der Frauen bzw. Männer vom niedrigsten zum höchsten Bildungsabschluss auf. Die Vektoren $G_F$ und $G_M$ geben das Nettoeinkommen für weibliche und männliche Beschäftigte gestaffelt nach Bildungsabschlüssen an.
Geben Sie einen Vektorterm an, um die monatliche Summe der Nettogehälter zu berechnen!

b) Berechnen Sie das Durchschnittseinkommen $D_F$ aller weiblichen Beschäftigten des Betriebs!

c) Stellen Sie die Verteilung der durchschnittlichen Einkommen der männlichen Mitarbeiter in einem Boxplot dar!

d) Bei den Lohnverhandlungen wurden folgende Ergebnisse erzielt: Das Gehalt wird um 2,8 % erhöht, aber mindestens um 45 Euro.
Geben Sie die Vektoren $G'_F$ und $G'_M$ der neu verhandelten Bezüge für weibliche und männliche Beschäftigte gestaffelt nach Bildungsabschlüssen an! Welche Personengruppe profitiert am meisten von der Lohnerhöhung um 2,8 %? Für welche Personengruppen ist die Lohnerhöhung um 45 Euro lukrativer?

## Hinweise und Tipps

**Teil a**
- Denken Sie an die Skalarmultiplikation.
- Was wird mit dem skalaren Produkt $B_F \cdot G_F$ bzw. $B_M \cdot G_M$ berechnet?

**Teil b**
- Berechnen Sie die monatliche Summe der Nettobezüge aller weiblichen Beschäftigten.
- Durch welche Rechenoperation erhält man aus der Summe der Nettobezüge das durchschnittliche Gehalt einer Person?

**Teil c**
- Stellen Sie sich die durchschnittlichen Gehälter der 294 männlichen Mitarbeiter in einer geordneten Liste vor: 98-mal € 1.447, 56-mal € 1.690 usw.
- Überlegen Sie beispielhaft anhand einer geordneten Liste von 10 Gehältern:
  Der Median ist der Mittelwert zwischen dem 5. und 6. Gehalt (10 : 2 = 5).
  Das 1. Quartil ist das 3. Gehalt (5 : 2 = 2,5).
  Das 2. Quartil ist das 8. Gehalt (5 : 2 · 3 = 7,5).
  Übertragen Sie diese Überlegungen auf die geordnete Liste von 294 Durchschnittsgehältern.
- Zeichnen Sie den Boxplot mithilfe folgender Skala:

  ```
  ┼┼┼┼|┼┼┼┼┼┼┼┼┼┼|┼┼┼┼┼┼┼┼┼┼|┼┼┼┼┼┼┼┼┼┼|┼┼┼┼┼┼┼┼┼┼|┼┼┼┼→
      1 000         2 000        3 000        4 000
  ```

**Teil d**
- Prozentuelle Lohnerhöhungen mit einem fixen Prozentsatz ergeben bei höheren Grundwerten größere Zuwächse.
- Die durchschnittlichen Nettobezüge werden jeweils um 2,8 %, aber mindestens um 45 Euro steigen.
- Berechnen Sie die neuen durchschnittlichen Nettobezüge und vergleichen Sie die neuen mit den alten Werten.

## Lösungsvorschlag

**Teil a** $G = B_F \cdot G_F + B_M \cdot G_M$

- Der Vektor, der die Personenanzahl, geordnet nach Bildungsabschlüssen,
- angibt, wird skalar multipliziert mit dem Vektor, der die Gehälter, ebenfalls
- geordnet nach Bildungsabschlüssen, angibt. Die so ermittelten Summen der
- Nettobezüge aller weiblichen bzw. aller männlichen Mitarbeiter werden
- addiert.

**Teil b** $D_F = \dfrac{B_F \cdot G_F}{522} = \dfrac{261 \cdot 1\,236 + 104 \cdot 1\,325 + 122 \cdot 1\,755 + 23 \cdot 1\,830 + 12 \cdot 2\,230}{522} = \dfrac{743\,356}{522}$

$\approx 1\,424{,}05$

- Das skalare Produkt $B_F \cdot G_F$ ergibt die Summe der Nettobezüge aller 522
- weiblichen Beschäftigten.

**Teil c** $x_{min} = q_1 = 1\,447;\ x_{med} = 1\,690;\ q_2 = 2\,483;\ x_{max} = 3\,750$

Der Median ist der Mittelwert zwischen dem 147. und 148. Gehalt (294 : 2 = 147).

Das 1. Quartil ist das 74. Gehalt der geordneten Liste (147 : 2 = 73,5). Das Minimum ist gleich dem 1. Quartil, da die durchschnittlichen Nettobezüge der am wenigsten verdienenden 98 männlichen Mitarbeiter 1.447 Euro betragen.

Das 2. Quartil ist das 221. Gehalt der geordneten Liste (147 : 2 · 3 = 220,5).

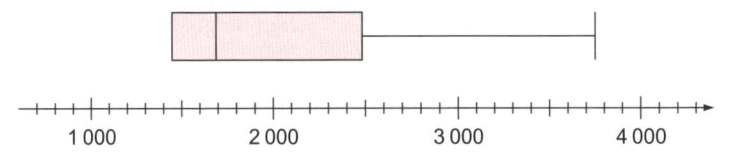

**Teil d** $G_F' = (1\,281\,|\,1\,370\,|\,1\,804\,|\,1\,881\,|\,2\,292)$

$G_M' = (1\,492\,|\,1\,737\,|\,2\,018\,|\,2\,553\,|\,3\,855)$

Die männlichen Akademiker profitieren am meisten von der prozentuellen Lohnerhöhung: Die Lohnerhöhung beträgt 105 Euro.

Die Lohnerhöhung um 45 Euro ist für drei Gruppen lukrativer als die prozentuelle Lohnerhöhung: für weibliche und männliche Beschäftigte mit Pflichtschulabschluss sowie für weibliche Beschäftigte mit dem Abschluss einer berufsbildenden mittleren Schule.

## Aufgabe 4: Schloßbergbahn – Fahrspaß mit Panoramablick

Schon seit 1894 befördert die Grazer Schloßbergbahn ihre Fahrgäste auf den Schloßberg. Während der Fahrt genießt man einen wunderbaren Panoramablick auf die Stadt Graz, da die Wagen mit einem Glasdach ausgestattet sind.

Bei dieser Standseilbahn sind zwei Wagen fest mit einem Drahtseil verbunden, das in der Bergstation über eine Seilscheibe geführt wird. Die beiden Wagen halten sich ungefähr im Gleichgewicht und fahren auf einem Gleis. In der Mitte der Fahrstrecke ist eine Ausweichstelle angelegt.

© Szalay Gábor István / wikipedia.com; Creative-Commons-Lizenz „Namensnennung – Weitergabe unter gleichen Bedingungen 3.0 nicht portiert"

**Aufgabenstellung**

a) Der Höhenunterschied zwischen Berg- und Talstation der Schloßbergbahn beträgt 108 m und die durchschnittliche Steigung der Standseilbahn auf den Schloßberg ist 60 %.
Berechnen Sie den Steigungswinkel der Schloßbergbahn!
Welche Länge hat die Strecke der Schloßbergbahn in einem Stadtplan von Graz mit dem Maßstab 1 : 5 000?

b) In der folgenden Grafik ist der Verlauf der Geschwindigkeit v(t) in m/s der Schloßbergbahn vereinfacht dargestellt:

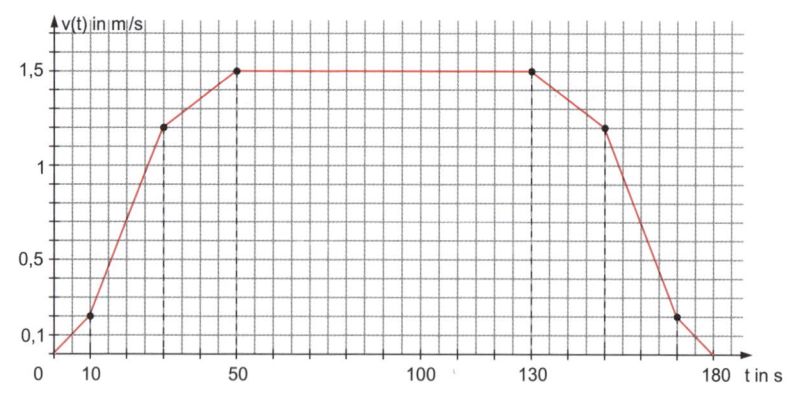

Berechnen Sie die Länge der gesamten Fahrstrecke!

Der Verlauf der Geschwindigkeit ist in der Grafik vereinfacht dargestellt. Beschreiben Sie einen wesentlichen Unterschied zum Verlauf der Geschwindigkeit in Wirklichkeit!

c) Die Funktion v(t) gibt die Geschwindigkeit der Schloßbergbahn nach t Sekunden an. Welcher Sachverhalt kann durch welchen Term berechnet werden? Ordnen Sie die Terme den zutreffenden Sachverhalten zu!

**A** Beschleunigung nach 30 Sekunden

**B** Durchschnittsgeschwindigkeit in den ersten 30 Sekunden

**C** Durchschnittliche Beschleunigung in den ersten 30 Sekunden

**D** Durchschnittliche Steigung in den ersten 30 Sekunden

**E** Geschwindigkeit nach 30 Sekunden

**F** Zurückgelegter Weg nach 30 Sekunden

| $v(30)$ | $\dfrac{v(30) - v(0)}{30}$ | $\displaystyle\int_0^{30} v(t)\, dt$ | $v'(30)$ |
|---|---|---|---|
| ☐ | ☐ | ☐ | ☐ |

## Hinweise und Tipps

**Teil a**
- Die Steigung ist der Quotient aus Höhengewinn durch Horizontalentfernung.
- Skizzieren Sie das Steigungsdreieck.
- Mithilfe welcher Winkelfunktion kann aus der Steigung der Steigungswinkel berechnet werden?
- Ermitteln Sie im Steigungsdreieck die Horizontalentfernung: Diese Länge ist relevant für die Angabe im Stadtplan.

**Teil b**
- Die Länge der Fahrstrecke ist das Integral der Geschwindigkeit in Abhängigkeit von der Zeit.
- Berechnen Sie den Flächeninhalt unter der Kurve.
- Überlegen Sie, wie Sie als Fahrgast die Geschwindigkeitsänderungen erleben würden.

**Teil c**
- Achten Sie auf die Unterscheidung zwischen der Durchschnittsgeschwindigkeit in einem Zeitintervall und der Momentangeschwindigkeit zu einem bestimmten Zeitpunkt.
- Ebenso ist die durchschnittliche Beschleunigung in einem Zeitintervall von der momentanen Beschleunigung zu einem Zeitpunkt zu unterscheiden.
- Was kann mit der Ableitungsfunktion der Geschwindigkeitsfunktion berechnet werden?
- Was kann mit dem Integral der Geschwindigkeitsfunktion berechnet werden?

## Lösungsvorschlag

**Teil a** Für die Steigung k gilt k = 0,6, für den Steigungswinkel φ gilt tan φ = k:
φ = arctan 0,6  ⇒  φ ≈ 30,96°
Der Steigungswinkel beträgt ca. **30,96°**.

Für die horizontale Länge x der Strecke in der Realität gilt:
$$\tan \varphi = \frac{108\ m}{x} \Rightarrow x \cdot \tan \varphi = 108\ m \Rightarrow x = \frac{108\ m}{\tan \varphi} = \frac{108\ m}{0,6} = 180\ m$$

Dies wird mit dem Maßstab des Stadtplans umgerechnet:
180 m : 5 000 = 0,036 m = 3,6 cm

Die horizontale Länge von 180 m ist im Maßstab von 1 : 5 000 als **3,6 cm** lange Strecke dargestellt.

**Teil b** Für die Gesamtstrecke berechnet man:
$$10 \cdot \frac{0,2}{2} + 20 \cdot \frac{0,2+1,2}{2} + 20 \cdot \frac{1,2+1,5}{2} + 80 \cdot 1,5 + 20 \cdot \frac{1,2+1,5}{2} + 20 \cdot \frac{0,2+1,2}{2} + 10 \cdot \frac{0,2}{2}$$
$$= 204$$

Die Gesamtstrecke beträgt **204 m**.

Die Beschleunigung (sowie das Abbremsen) erfolgt nicht „ruckartig", d. h., die „Ecken" im Graphen sind abgerundet.

**Teil c**

| v(30) | $\frac{v(30)-v(0)}{30}$ | $\int_0^{30} v(t)\,dt$ | v'(30) |
|---|---|---|---|
| E | C | F | A |

- Mit der Ableitung der Geschwindigkeitsfunktion kann die momentane Beschleunigung für einen bestimmten Zeitpunkt berechnet werden. Mit dem Integral der Geschwindigkeitsfunktion kann der zurückgelegte Weg in einem Zeitintervall berechnet werden.
- Durchschnittsgeschwindigkeit in den ersten 30 Sekunden:
$$\frac{s(30)-s(0)}{30}$$
- Steigung nach 30 Sekunden:
$$k = \frac{y_1 - y_0}{x_1 - x_0}$$
- Die Steigung kann mit der Geschwindigkeitsfunktion nicht ermittelt werden.

## Aufgabe 5: Bruttojahreseinkommen

Die folgende Tabelle zeigt das Bruttojahreseinkommen (gemäß § 25 EStG) von unselbständig Erwerbstätigen, aufgegliedert in ArbeiterInnen, Angestellte, Vertragsbedienstete und BeamtInnen, im Jahr 2012 (ohne Lehrlinge).

**Bruttojahreseinkommen der unselbständig Erwerbstätigen 2012**

| Dezil /Quartil | Unselbständig Erwerbstätige | Arbeiter und Arbeiterinnen | Angestellte | Vertragsbedienstete | Beamte und Beamtinnen |
|---|---|---|---|---|---|
| | Euro | | | | |
| | insgesamt | | | | |
| 10 % | 2 428 | 1 353 | 3 504 | 10 683 | 32 590 |
| 20 % | 7 837 | 4 083 | 10 233 | 17 459 | 38 161 |
| **25 %** | **11 227** | **5 995** | **13 807** | **20 352** | **40 477** |
| 30 % | 14 365 | 8 536 | 16 909 | 23 020 | 42 514 |
| 40 % | 20 027 | 13 525 | 22 795 | 27 051 | 46 572 |
| **50 %** | **25 373** | **18 383** | **28 696** | **30 673** | **50 730** |
| 60 % | 30 372 | 22 902 | 34 785 | 33 970 | 55 127 |
| 70 % | 35 936 | 27 202 | 42 200 | 37 896 | 59 606 |
| **75 %** | **39 450** | **29 352** | **46 857** | **40 467** | **62 416** |
| 80 % | 43 853 | 31 666 | 52 664 | 43 698 | 66 580 |
| 90 % | 58 407 | 37 814 | 70 724 | 54 750 | 79 986 |
| Arithmetisches Mittel | 29 723 | 19 083 | 35 646 | 32 569 | 54 275 |
| Personen insgesamt | 4 076 913 | 1 628 741 | 1 911 289 | 330 397 | 206 486 |
| Bezugstage je Person | 311 | 281 | 324 | 348 | 366 |
| Durchschnittsalter | 39 | 37 | 38 | 41 | 49 |
| Veränderung (Median) 2011–2012, % | 2,1 | 1,2 | 2,2 | 5,4 | 3,0 |

Quelle: STATISTIK AUSTRIA, Lohnsteuerdaten – Sozialstatistische Auswertungen. Erstellt am 19. 12. 2013.

**Aufgabenstellung**

a) Welche Aussagen können anhand der Tabelle getroffen werden? Kreuzen Sie die zutreffende(n) Aussage(n) an!

☐ Die Bestverdienenden 10 % der BeamtInnen verdienen 79.986 Euro oder mehr.

☐ Rund 162 874 ArbeiterInnen erhalten jährlich höchstens 1.353 Euro brutto.

☐ Die Hälfte der Vertragsbediensteten verdient brutto jährlich mindestens 32.596 Euro.

☐ Das Jahresbruttoeinkommen von rund 51 621 BeamtInnen beträgt höchstens 40.477 Euro.

☐ Die Hälfte der Angestellten verdient brutto zwischen 13.807 Euro und 46.857 Euro.

b) Geben Sie einem Term an, mit dem aus dem arithmetischen Mittel der Jahresbruttoeinkommen der ArbeiterInnen, Angestellten, Vertragsbediensteten und BeamtInnen das Durchschnittsgehalt aller unselbständig Erwerbstätigen berechnet werden kann!

c) Das arithmetische Mittel der Einkommen der unselbständig Erwerbstätigen ist mehr als 4.000 Euro höher als der Median. Formulieren Sie eine Aussage über die Verteilung der Bruttojahreseinkommen, die diese Tatsache erläutert!

d) Der Median der Bruttojahreseinkommen der unselbständig Erwerbstätigen ist im Jahr 2012 laut Tabelle um rund 2,1 % im Vergleich zum Vorjahr gestiegen. Ermitteln Sie ein Intervall für den Median der Bruttojahreseinkommen der unselbständig Erwerbstätigen im Jahr 2011, wobei Sie berücksichtigen, dass die Zunahme um 2,1 % ein gerundeter Wert ist!

## Hinweise und Tipps

**Teil a**
- Die „unselbständig Erwerbstätigen" werden in die Beschäftigungsgruppen „ArbeiterInnen", „Angestellte", „Vertragsbedienstete" und „BeamtInnen" unterteilt.
- In der Zeile „Personen insgesamt" sind alle Beschäftigten je Gruppe aufgelistet. Berechnen Sie, wenn notwendig, entsprechende Anteile.
- 10 % (20 %, 25 %, …) der Anzahl der Beschäftigten verdient höchstens … den in der entsprechenden Zeile angeführten Betrag.
- 10 % (20 %, 25 %, …) der Anzahl der Beschäftigten verdient mindestens … den in der mit 90 % (80 %, 75 %, …) beginnenden Zeile angeführten Betrag.

**Teil b**
- Die Mittelwerte der Beschäftigungsgruppen können nicht einfach addiert werden, da die Anzahl der Beschäftigten in den einzelnen Beschäftigungsgruppen unterschiedlich ist.
- Für die Berechnung des Durchschnittsgehalts aller unselbständig Erwerbstätigen muss das jeweilige arithmetische Mittel mit der Personenanzahl je Beschäftigungsgruppe „gewichtet" werden.

**Teil c**
- Überlegen Sie die Eigenschaften des arithmetischen Mittels im Vergleich zu den Eigenschaften des Medians.
- Die Berechnung des arithmetischen Mittels erfolgt, indem die Summe aller Werte durch die Anzahl der Werte dividiert wird.
- Die Ermittlung des Medians erfolgt als „in der Mitte liegender Wert" einer geordneten Liste.

**Teil d**
- Der Wert von 2011 ist der Grundwert (100 %) und der Wert von 2012 ist der Anteil mit 102,1 %.
- Aufgrund der Rundungsregeln kann die wahre Zunahme P (in %) jeder Wert im halb offenen Intervall [2,05; 2,15) sein.
- Berechnen Sie den Grundwert G mit p = 102,05 % sowie mit p = 102,15 %.
- $G = A \cdot \frac{100}{p}$

## Lösungsvorschlag

**Teil a**
- [X] Die Bestverdienenden 10 % der BeamtInnen verdienen 79.986 Euro oder mehr.
- [X] Rund 162 874 ArbeiterInnen erhalten jährlich höchstens 1.353 Euro brutto.
- [ ] Die Hälfte der Vertragsbediensteten verdient brutto jährlich mindestens 32.596 Euro.
- [X] Das Jahresbruttoeinkommen von rund 51 621 BeamtInnen beträgt höchstens 40.477 Euro.
- [X] Die Hälfte der Angestellten verdient brutto zwischen 13.807 Euro und 46.857 Euro.

- 90 % der BeamtInnen verdienen höchstens 79.986 Euro, also verdienen 10 % der BeamtInnen mindestens 79 986 Euro.
- 10 % von 1 628 741 ArbeiterInnen, das sind 162 874,1 ArbeiterInnen, erhalten (höchstens) rund 1.353 Euro.
- Das Durchschnittsgehalt der Vertragsbediensteten beträgt 32.569 Euro. Das arithmetische Mittel der Gehälter liegt meist nicht „in der Mitte" der geordneten Liste der Gehälter (im Unterschied zum Median).
- 25 % von 206 486 BeamtInnen, das sind 51 621,5 BeamtInnen, verdienen höchstens 40.477 Euro.
- Zwischen dem 1. und dem 3. Quartil liegen 50 % der Werte.

**Teil b** $\overline{x} = \dfrac{1\,628\,741 \cdot 19\,083 + 1\,911\,289 \cdot 35\,646 + 330\,397 \cdot 32\,569 + 206\,486 \cdot 54\,275}{4\,076\,913} = \mathbf{29\,723}$

**Teil c** Es gibt etliche Ausreißer nach oben, wie die Bestverdienenden 10 % zeigen. Diese wirken sich bei der Berechnung des arithmetischen Mittels aus, jedoch nicht bei der Ermittlung des Medians.

**Teil d** Der Median der Einkommen der unselbständig Erwerbstätigen 2011 liegt im Intervall **[24 838,97; 24 863,30]**:

$25\,373 \cdot \dfrac{100}{102{,}05} = 24\,863{,}302\ldots$; $\quad 25\,373 \cdot \dfrac{100}{102{,}15} \approx 24\,838{,}962\ldots$

# Aufgabe 6: Kosten- und Preistheorie

a) Gegeben sind Begriffe und drei Graphen einer Kostenfunktion.
   Ordnen Sie den Funktionsgraphen die passende Beschreibung zu!

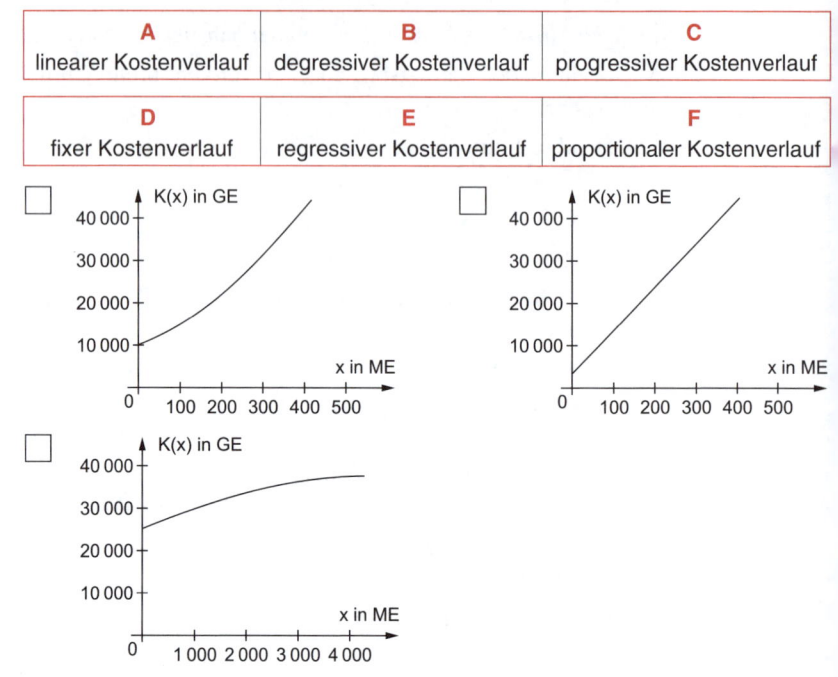

| A | B | C |
|---|---|---|
| linearer Kostenverlauf | degressiver Kostenverlauf | progressiver Kostenverlauf |

| D | E | F |
|---|---|---|
| fixer Kostenverlauf | regressiver Kostenverlauf | proportionaler Kostenverlauf |

b) Gegeben ist der Graph einer Kostenfunktion K(x) (siehe folgende Seite).
   Einige Punkte des Funktionsgraphen und ihre zugehörigen x-Werte sind markiert.
   Ordnen Sie den Werten K(x) die entsprechende Bedeutung der Kostenfunktion zu!

A Betriebsoptimum  
B Grenzkosten  
C Kostenkehre  
D Gewinnschwelle/Break-Even-Point  
E Maximale Kosten  
F Fixkosten  
G Gewinngrenze  

☐ $K(x_1)$
☐ $K(x_2)$
☐ $K(x_3)$
☐ $K(x_4)$
☐ $K(x_5)$

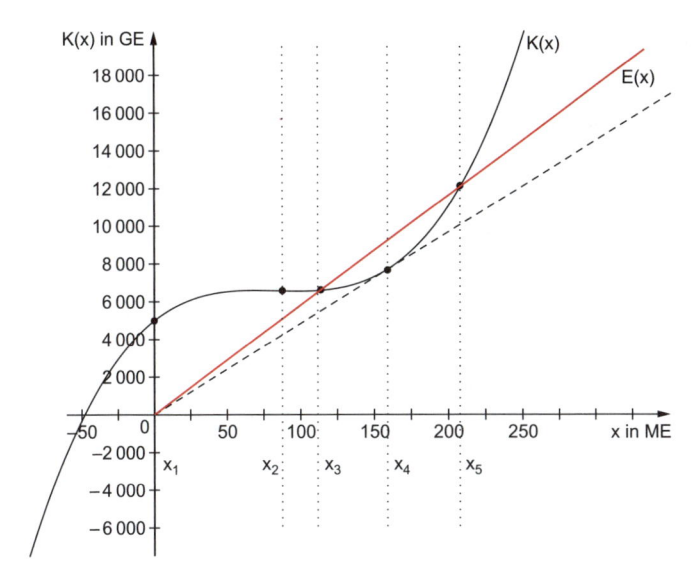

c) Markieren Sie in der oberen Grafik jene(n) Bereich(e), in dem/in denen die Produktion Verluste macht!

d) Von einer Produktionsfirma kennt man die Kostenfunktion $K(x) = x^3 - 15x^2 + 250x + 5\,000$. Der Nachfragepreis beträgt $p = 1\,480$ GE/ME.
Kreuzen Sie die beiden nicht zutreffenden Aussagen zur obigen Angabe an!

- [ ] $E(x) = 1\,480x$
- [ ] $G(x) = -x^3 + 15x^2 + 1\,230x - 5\,000$
- [ ] $G(x) = x^3 - 15x^2 - 1\,230x + 5\,000$
- [ ] Der maximale Gewinn wird mit 25 ME erzielt.
- [ ] Der maximale Gewinn wird mit 26 ME erzielt.

e) Punschstand auf einem Weihnachtsmarkt
Die Standgebühr auf dem Spittelberger Weihnachtsmarkt in Wien kostet 3.445,36 Euro (Stand 2014). Der Weihnachtsmarkt ist vom 14.11.2014 bis 23.12.2014 täglich geöffnet. Ein Becher Punsch kostet den Standbetreiber 0,90 Euro, er verkauft den Becher Punsch um 3,50 Euro.
Berechnen Sie die Gewinnschwellenmenge (Break-Even-Point)!
(Der Standbesitzer verkauft selbst, es entstehen also keine Personalkosten, Stromkosten und die Kosten zur Reinigung sind in der Standgebühr enthalten. Die Becher werden gratis zur Verfügung gestellt.)
Wie hoch sind in diesem Fall der Erlös bzw. seine Kosten?

## Hinweise und Tipps

**Teil a**
- Überlegen Sie, wie der Graph eines fixen Kostenverlaufes aussehen kann.
- Der Graph eines linearen Kostenverlaufes ist nahezu selbsterklärend.
- Degressive Kosten sind unterproportional, progressive überproportional. Wie können daher die entsprechenden Graphen aussehen?

**Teil b**
- Lesen Sie aus dem Graphen einige Werte der Kostenfunktion K(x) ab und versuchen Sie, diese zu interpretieren.
- Welche Bedeutung hat die Kostenfunktion an der Stelle x = 0?
- Wie kann der Wendepunkt der Kostenfunktion K(x) interpretiert werden?
- Welche Bedeutung haben die Schnittpunkte der Erlösfunktion E(x) mit der Kostenfunktion K(x)?

**Teil c**
- Gewinn wird erzielt, wenn der Erlös (Umsatz) größer ist als die Kosten. Wann wird ein Verlust gemacht?

**Teil d**
- Die Erlösfunktion E(x) lässt sich mit E(x) = p(x) · x anschreiben. Die Gewinnfunktion berechnet man mit G(x) = E(x) − K(x). Wie kann der maximale Gewinn ermittelt werden? Denken Sie an die Differenzialrechnung.

**Teil e**
- Die Gewinnschwelle wird als Nullstelle der Gewinnfunktion berechnet.

# Lösungsvorschlag

**Teil a**

C: K(x) in GE, progressiv steigend
A: K(x) in GE, linear steigend durch Ursprung
B: K(x) in GE, degressiv steigend

Kostenverlauf: regressiv, progressiv, proportional, degressiv, fix

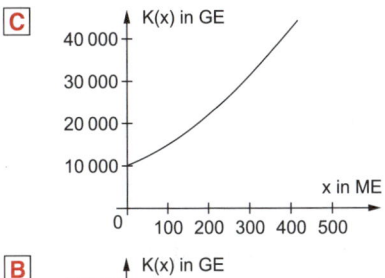

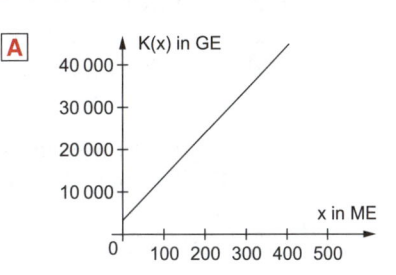

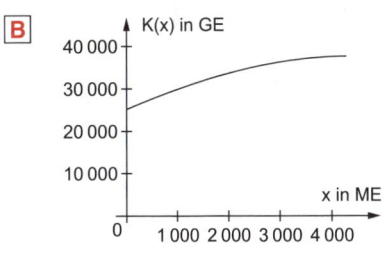

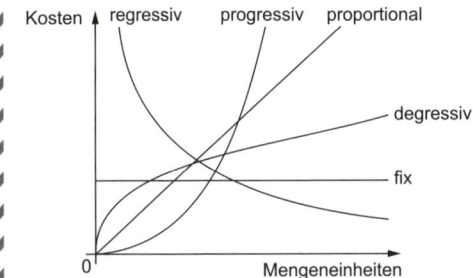

**proportionale Kosten (linear)**
Die Kosten ändern sich im selben Verhältnis wie die produzierte Stückzahl. Die Stückkosten sind von der Produktionsgröße unabhängig. Sie bleiben konstant und sind identisch mit den Grenzkosten.

**lineare Kosten**
Lineare Kosten setzen sich aus Fixkosten und Kosten pro Stück zusammen. Der zugehörige Funktionsgraph geht nicht wie bei den proportionalen Kosten durch den Koordinatenursprung.

**degressive Kosten (unterproportional)**
Die Kosten erhöhen sich im Verhältnis zur Änderung der produzierten Stückzahl in einem geringeren Maße. Die Stückkosten verringern sich somit bei zunehmender Produktion, z. B. Preisnachlass bei hoher Mengenabnahme. Das heißt: Erhöht sich die Stückzahl um 10 %, dann steigen die Kosten um weniger als 10 %.

- **progressive Kosten (überproportional)**
- Die Kosten wachsen im Verhältnis zur Änderung der produzierten Stückzahl stärker. Die Stückkosten steigen an, z. B. aufgrund von Überstunden.
- Das heißt: Erhöht sich die Stückzahl um 10 %, steigen die Kosten um mehr als 10 %.
- **regressive Kosten (abnehmend)**
- Die Kosten und auch die Stückkosten nehmen bei steigender Bezugsgrößenmenge ab (z. B. Heizkosten in Veranstaltungsräumen bei steigender Besucherzahl).
- Die Kosten nehmen bei Steigerung der Produktion ab bzw. bei abnehmender Produktion zu, z. B. erhöhte Kühlenergiekosten bei einer wenig gefüllten, offenen Tiefkühltruhe in einem Geschäft oder Heizkosten in Veranstaltungsräumen bei steigender Besucherzahl. Dasselbe gilt für die Stückkosten.
- **fixe Kosten**
- Die Kosten bleiben unabhängig von der produzierten Stückzahl konstant. Die Stückkostenfunktion verläuft degressiv. Die Grenzkosten sind null.

**Teil b**

- **F** $K(x_1)$
- **C** $K(x_2)$
- **D** $K(x_3)$
- **A** $K(x_4)$
- **G** $K(x_5)$

- Die gegebene Kostenfunktion ist eine Funktion 3. Grades.
- Der Wendepunkt wird auch **Kostenkehre** genannt. Hier ändern sich der Kostenverlauf von degressiv in progressiv (Erhöhung der Produktionsmenge zieht stärkere Erhöhung der Kosten mit sich).
- Der **Break-Even-Point** (die Gewinnschwelle) ist der „erste" Schnittpunkt der Erlös- mit der Kostenfunktion. Ab hier macht die Produktionsfirma Gewinn.
- Die **Gewinngrenze** ist der „zweite" Schnittpunkt der Erlös- mit der Kostenfunktion.
- Die **maximalen Kosten** würden einem Hochpunkt der Kostenfunktion entsprechen.
- **Fixkosten** sind jene Kosten, die die Produktionsfirma auf alle Fälle hat, auch ohne dass ein Stück produziert wird (z. B. Miete, …). Sie sind von der erzeugten Menge unabhängig.
- Das **Betriebsoptimum** ist jene Produktionsmenge, bei der die Grenzkosten gleich den Durchschnittskosten sind.
$$K'(x) = \overline{K}(x) = \frac{K(x)}{x}$$
- Es gibt an, bei welcher Menge man kostendeckend produzieren kann.

- Hier sind die Durchschnittskosten $\overline{K}(x) = \frac{K(x)}{x}$ am kleinsten.
- Die **Grenzkosten** K'(x) bezeichnen den Kostenzuwachs für eine zusätzlich produzierte Mengeneinheit.

**Teil c** Zu markieren ist der Bereich zwischen K(x) und E(x) im Bereich [$x_1$; $x_3$] und ab $x_5$.

**Teil d**
- ☐ E(x) = 1 480x
- ☐ G(x) = $-x^3 + 15x^2 + 1\,230x - 5\,000$
- ☒ G(x) = $x^3 - 15x^2 - 1\,230x + 5\,000$
- ☐ Der maximale Gewinn wird mit 25 ME erzielt.
- ☒ Der maximale Gewinn wird mit 26 ME erzielt.

- Es gilt E(x) = p(x) · x, also ist E(x) = 1 480x.
- Weiters ist G(x) = E(x) − K(x), also:
- G(x) = 1 480x − ($x^3 - 15x^2 + 250x + 5\,000$) = $-x^3 + 15x^2 + 1\,230x - 5\,000$
- Um den maximalen Gewinn zu berechnen, setzt man G'(x) = 0 und erhält die Mengeneinheit, bei der der maximale Gewinn erzielt wird:
- G'(x) = $-3x^2 + 30x + 1\,230$
- 0 = $-3x^2 + 30x + 1\,230$
- $x_{1,2} = \frac{-30 \pm \sqrt{30^2 - 4 \cdot (-3) \cdot 1\,230}}{2 \cdot (-3)}$ ⇒ $x_1 \approx -15{,}86$ (entfällt), $x_2 \approx 25{,}86$ ME
- Der maximale Gewinn wird mit der Produktion von 26 Mengeneinheiten erreicht.
- G(26) = $-26^3 + 15 \cdot 26^2 + 1\,230 \cdot 26 - 5\,000$
- G(26) = 19 544 GE

**Teil e**

| | |
|---|---|
| Preisfunktion: | p = 3,50 |
| Umsatz: | E(x) = p(x) · x |
| | E(x) = 3,50x |
| Kostenfunktion: | K(x) = 3 445,36 + 0,90x |
| Gewinnfunktion: | G(x) = E(x) − K(x) |
| | G(x) = 3,50x − 3 445,36 − 0,90x |

Gewinnschwelle: $G(x) = 0$

$$0 = 3{,}50x - 3\,445{,}36 - 0{,}90x$$
$$0 = 2{,}60x - 3\,445{,}36$$
$$3445{,}36 = 2{,}60x$$
$$x = 1\,325{,}13846$$
$$x \approx 1\,326 \text{ ME}$$

Ab dem **1 326. Becher Punsch** macht der Standbetreiber Gewinn.

$E(1\,326) = 3{,}50 \cdot 1\,326 = 4\,641$ GE

$K(1\,326) = 3\,445{,}36 + 0{,}90 \cdot 1\,326 = 4\,638{,}76$ GE

Der Erlös beträgt bei 1 326 Bechern Punsch **4 641 GE**, die Kosten **4 638,76 GE**.

## Aufgabe 7: AB0-Blutgruppensystem

Das AB0-Blutgruppensystem wurde 1901 vom österreichischen Arzt und späteren Nobelpreisträger Karl Landsteiner entdeckt. Erbliche biochemische Merkmale auf der Oberfläche der roten Blutkörperchen sowie Antikörper bestimmen die Blutgruppe eines Menschen. Weitere Merkmale von Blutgruppen wurden von Karl Landsteiner mit „Rhesus positiv" bzw. „Rhesus negativ" bezeichnet. Das Wissen über Blutgruppen ist u. a. für Bluttransfusionen grundlegend: Sind die Blutgruppen von Spender und Empfänger nicht kompatibel, kommt es zu Verklumpungen der Blutkörperchen.

Die folgende Grafik zeigt die prozentuelle Verteilung der Blutgruppen mit Berücksichtigung des Rhesusfaktors in der österreichischen Bevölkerung (Österreichisches Rotes Kreuz, August 2014).

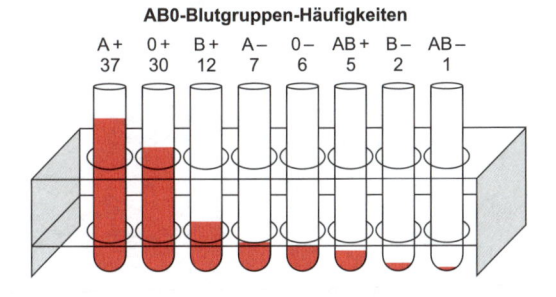

**AB0-Blutgruppen-Häufigkeiten**

| A+ | 0+ | B+ | A− | 0− | AB+ | B− | AB− |
|----|----|----|----|----|-----|----|----|
| 37 | 30 | 12 | 7  | 6  | 5   | 2  | 1  |

a) 12 SchülerInnen der 8C spenden Blut.
Welches Modell der Wahrscheinlichkeitsverteilung ist geeignet, die Wahrscheinlichkeit für das Ereignis zu berechnen, dass mindestens zwei SchülerInnen die Blutgruppe A haben? Begründen Sie Ihre Entscheidung!
Berechnen Sie die Wahrscheinlichkeit, dass mindestens zwei SchülerInnen die Blutgruppe A haben!

b) Das Rote Kreuz ruft zum Blutspenden auf. Wie kann die Wahrscheinlichkeit berechnet werden, dass mindestens einer von drei Blutspendern die Blutgruppe B hat? Kreuzen Sie die zutreffenden Terme an!

☐ $\binom{3}{0} \cdot 0{,}14^0 \cdot 0{,}86^3 + \binom{3}{1} \cdot 0{,}14^1 \cdot 0{,}86^2 + \binom{3}{2} \cdot 0{,}14^2 \cdot 0{,}86^1$

☐ $0{,}14 \cdot 0{,}86^2 \cdot 3 + 0{,}14^2 \cdot 0{,}86^1 \cdot 3 + 0{,}14^3$

☐ $1 - 0{,}86^3$

☐ $1 - 0{,}88^3$

☐ $\binom{3}{3} \cdot 0{,}14^3 \cdot 0{,}86^0 + \binom{3}{2} \cdot 0{,}14^2 \cdot 0{,}86^1 + \binom{3}{1} \cdot 0{,}14^1 \cdot 0{,}86^2$

c) Eine Sonderstellung nimmt die Blutgruppe 0 ein: Das Spenderblut der Blutgruppe 0 ist mit allen anderen Blutgruppen kompatibel, Personen mit der Blutgruppe 0 gelten daher als Universalspender.
Mit welchem Modell kann man die Wahrscheinlichkeit berechnen, dass von 100 Personen mindestens 40 Personen die Blutgruppe 0 haben? Welche Bedingung muss dabei erfüllt sein?
Wie groß ist die Wahrscheinlichkeit, dass mindestens 40 von 100 Personen die Blutgruppe 0 haben?

d) Die Blutgruppe AB mit Rhesusfaktor „negativ" ist sehr selten. Berechnen Sie die Wahrscheinlichkeit, dass in einer Kleinstadt mit 25 000 EinwohnerInnen 220 bis 280 Personen die Blutgruppe AB− haben.

## Hinweise und Tipps

**Teil a**
- Sind nur die Blutgruppen von Interesse, dann müssen die Werte für „Rhesus positiv" und „Rhesus negativ" addiert werden.
- Welche Bedingungen müssen erfüllt sein, damit mit dem Modell der Binomialverteilung gerechnet werden kann?
- Formulieren Sie das Gegenereignis zum Ereignis „mindestens zwei der 12 SchülerInnen haben Blutgruppe A". Berechnen Sie die Wahrscheinlichkeit des Gegenereignisses.

**Teil b**
- Wie groß sind die Wahrscheinlichkeiten, dass ein Blutspender die Blutgruppe B bzw. nicht die Blutgruppe B hat?
- Berechnen Sie die Wahrscheinlichkeit, dass einer, zwei oder drei von drei Blutspendern die Blutgruppe B hat, mithilfe der Binomialverteilung.
- Formulieren Sie das Gegenereignis und berechnen Sie die Wahrscheinlichkeit mithilfe des Gegenereignisses.

**Teil c**
- Ist die Bedingung $n \cdot p \cdot (1-p) > 9$ für die Berechnung der Wahrscheinlichkeit mit der Normalverteilung erfüllt?
- Berechnen Sie $\mu$ und $\sigma$ für das Auftreten der Blutgruppe 0 und wenden Sie die Standardisierungsformel an, um z zu berechnen.
- Ermitteln Sie die Wahrscheinlichkeit anhand der Tabelle für die Normalverteilung. Es gilt: $1 - \Phi(z) = \Phi(-z)$

**Teil d**
- Die Wahrscheinlichkeit $P(a \leq X \leq b)$ wird bei der Normalverteilung mithilfe der Differenz $P(X=b) - P(X=a)$ berechnet.
- Berechnen Sie $\mu$ und $\sigma$ für das Vorkommen der Blutgruppe AB– und wenden Sie die Standardisierungsformel an, um z zu berechnen.
- Ermitteln Sie die Wahrscheinlichkeiten anhand der Tabelle für die Normalverteilung.

## Lösungsvorschlag

**Teil a** Das Modell der Binomialverteilung ist geeignet: Es liegt ein Bernoulli-Experiment vor, nämlich dass eine Person „Blutgruppe A" oder „nicht Blutgruppe A" aufweist:

$P(A) = \frac{37+7}{100} = 0,44$ und $P(\neg A) = 1 - P(A) = 0,56$

Die Überprüfung der Blutgruppe wird 12-mal mit denselben Wahrscheinlichkeiten wiederholt.

$P(X \geq 2) = 1 - P(X < 2) = 1 - \big(P(X=0) + P(X=1)\big)$
$= 1 - \left(\binom{12}{0} \cdot 0,44^0 \cdot 0,56^{12} + \binom{12}{1} \cdot 0,44^1 \cdot 0,56^{11}\right) \approx 0,9901$

Mit einer Wahrscheinlichkeit von **99 %** haben mindestens 2 der 12 SchülerInnen die Blutgruppe A.

**Teil b**
- ☐ $\binom{3}{0} \cdot 0,14^0 \cdot 0,86^3 + \binom{3}{1} \cdot 0,14^1 \cdot 0,86^2 + \binom{3}{2} \cdot 0,14^2 \cdot 0,86^1$
- ☒ $0,14 \cdot 0,86^2 \cdot 3 + 0,14^2 \cdot 0,86^1 \cdot 3 + 0,14^3$
- ☒ $1 - 0,86^3$
- ☐ $1 - 0,88^3$
- ☒ $\binom{3}{3} \cdot 0,14^3 \cdot 0,86^0 + \binom{3}{2} \cdot 0,14^2 \cdot 0,86^1 + \binom{3}{1} \cdot 0,14^1 \cdot 0,86^2$

$P(B) = \frac{12+2}{100} = 0,14$ und $P(\neg B) = 0,86$

P(mindestens einer von drei Blutspendern hat Blutgruppe B)

$= \binom{3}{3} \cdot 0,14^3 \cdot 0,86^0 + \binom{3}{2} \cdot 0,14^2 \cdot 0,86^1 + \binom{3}{1} \cdot 0,14^1 \cdot 0,86^2$

$= 0,14^3 + 3 \cdot 0,14^2 \cdot 0,86^1 + 3 \cdot 0,14 \cdot 0,86^2$

Das Gegenereignis lautet, dass keiner von drei Blutspendern die Blutgruppe B hat: P(mindestens einer von drei Blutspendern hat Blutgruppe B) $= 1 - 0,86^3$

**Teil c** Mit Binomialverteilung und entsprechender Technologie oder näherungsweise mit der Normalverteilung kann die Wahrscheinlichkeit berechnet werden. Die Normalverteilung führt zu angemessenen Näherungswerten, wenn $n \cdot p \cdot (1-p) > 9$ gilt: $100 \cdot 0,36 \cdot 0,64 = 23,04 > 9$

$P(X \geq 40) = 1 - \Phi\left(\frac{40-36}{4,8}\right) \approx 1 - \Phi(0,83) = \Phi(-0,83) \approx 0,20327$

Die Wahrscheinlichkeit, dass mindestens 40 Personen von 100 Personen die Blutgruppe 0 haben, beträgt **20,3 %**.

**Teil d**  $P(AB-) = 0,01;\ \mu = 25\,000 \cdot 0,01 = 250;\ \sigma = \sqrt{25\,000 \cdot 0,01 \cdot 0,99} \approx 15,73$

$P(220 \leq X \leq 280) = P(X = 280) - P(X = 220) \approx \Phi\left(\dfrac{280 - 250}{15,73}\right) - \Phi\left(\dfrac{220 - 250}{15,73}\right)$

$\approx \Phi(1,91) - \Phi(-1,91) \approx 0,97193 - 0,02807 \approx 0,9439$

Mit einer Wahrscheinlichkeit von **94,4 %** haben 220 bis 280 Personen von 25 000 EinwohnerInnen die Blutgruppe AB−.

## Aufgabe 8: Tageslänge

Die Tageslänge – die Zeitdauer zwischen dem astronomischen Sonnenaufgang und Sonnenuntergang – hängt von der Jahreszeit und der geographischen Lage des Standorts ab. In der folgenden Tabelle sind für Klagenfurt (46° 37' nördliche Breite) die Tageslängen jeweils zu Quartalbeginn aufgelistet (nach: ZAMG, August 2014):

| Datum | t ...Tage seit Jahresbeginn | Sonnen-aufgang | Sonnen-untergang | TL Tageslänge (in Stunden) |
|---|---|---|---|---|
| 1.1.2014 | 1 | 7:47 | 16:25 | 8,63 |
| 1.4.2014 | 91 | 6:42 | 19:32 | 12,83 |
| 1.7.2014 | 182 | 5:13 | 21:00 | 15,78 |
| 1.10.2014 | 274 | 7:01 | 18:43 | 11,70 |

**Aufgabenstellung**

a) Berechnen Sie mithilfe des Ausdrucks $\frac{TL(91) - TL(1)}{90}$, um wie viele Minuten und Sekunden die Tage zwischen dem 1. Jänner und dem 1. April durchschnittlich länger werden!

Welche Aussagen über die Tageslänge bzw. Veränderung der Tageslänge sind richtig? Kreuzen Sie die zutreffende(n) Aussage(n) an!

☐ Die Zunahme der Tageslänge kann nicht negativ sein.

☐ Der Differenzenquotient zwischen dem 182. und dem 274. Tag ist negativ, was bedeutet, dass zwischen dem 1.7. und dem 1.10. die Tageslänge abnimmt.

☐ Ist der Differenzenquotient in einem Zeitintervall positiv, so bedeutet dies eine kontinuierliche Zunahme der Tageslänge in diesem Zeitraum.

☐ Am Tag der Sommersonnenwende (21.6.2014) ist die Zunahme der Tageslänge null.

☐ Die Tageslänge kann nicht negativ sein.

b) Die Tageslänge nimmt im Jahresverlauf periodisch zu und ab und folgt in Abhängigkeit von der Zeit t (in Tagen seit Jahresbeginn) annähernd folgender Funktionsgleichung:

$TL(t) = a \cdot \sin\left(\frac{2\pi}{365} \cdot (t - 79)\right) + c$

Das Argument der Sinusfunktion ist im Bogenmaß angegeben.
Berechnen Sie die Parameter a und c mithilfe der Werte vom 1.1. und 1.4.!
Wie verändert die Zahl 79 den Graphen der Sinusfunktion?

Teil-2-Aufgaben – Aufgabe 8

c) Liegt ein Standort auf der Nordhalbkugel weiter nördlich, dann sind die Unterschiede der Tageslängen im Jahresverlauf umso ausgeprägter.

Verwenden Sie die allgemeine Funktion von Aufgabenteil b. Ermitteln Sie anhand des Graphen von Kiel (siehe Grafik unten) die Werte a und c und geben Sie die Funktionsgleichung für die Tageslänge TL von Kiel an!

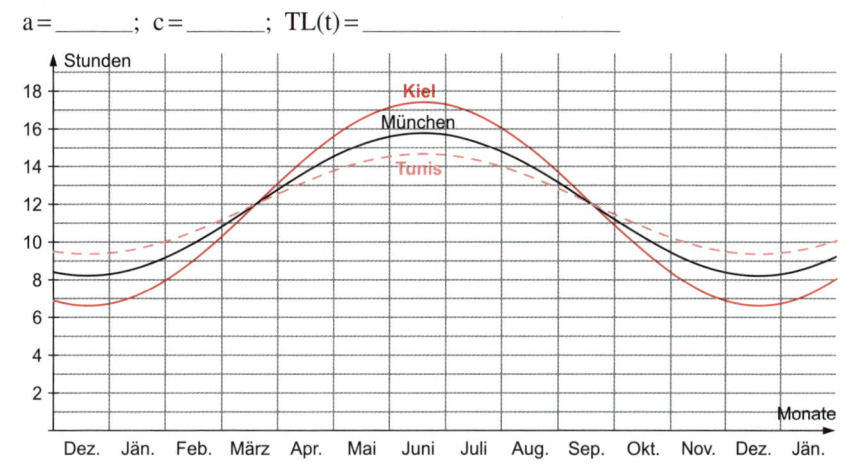

a = _____ ; c = _____ ; TL(t) = _____

## Hinweise und Tipps

**Teil a**
- Setzen Sie die Tageslängen vom Tag 91 bzw. Tag 1 im Jahr ein.
- Wie werden Stunden bzw. Stundenbruchteile in Minuten umgerechnet? Wie werden Minuten bzw. Minutenbruchteile in Sekunden umgerechnet?
- Nimmt die Tageslänge im Jahresverlauf ständig zu? Welche Bedeutung hat der Tag der Sommersonnenwende in Bezug auf die Tageslänge?

**Teil b**
- Denken Sie an eine umgekehrte Kurvendiskussion.
- Für die Ermittlung der Parameter a und c werden zwei Gleichungen benötigt.
- Entnehmen Sie aus der Tabelle die Tageslänge TL und die Tage t seit Jahresbeginn vom 1. 1. sowie vom 1. 4.
- Für die Berechnung des Koeffizienten von a muss der Taschenrechner auf Radiant eingestellt sein.
- Lösen Sie das Gleichungssystem mit dem Additionsverfahren.
- Durch welche Veränderung der Funktionsgleichung wird der Graph der Sinusfunktion parallel zur x-Achse verschoben?

**Teil c**
- Wie verändern die Parameter a bzw. c den Graphen der Funktion $f(x) = a \cdot \sin x + c$ im Vergleich zum Graphen von $\sin x$?
- Der Parameter c verschiebt den Graphen parallel zur y-Achse. Lesen Sie bei einem Wendepunkt ab, um wie viel der Graph der Sinusfunktion nach oben verschoben ist.
- Der Parameter a streckt (oder staucht) den Graphen in y-Richtung. Lesen Sie beim Hochpunkt ab, um welchen Faktor der Graph der Sinusfunktion in y-Richtung gestreckt ist.

## Lösungsvorschlag

**Teil a** $\dfrac{TL(91) - TL(1)}{90} = \dfrac{12{,}83\,\text{h} - 8{,}63\,\text{h}}{90} = \dfrac{4{,}2\,\text{h}}{90} = 0{,}04\dot{6}\,\text{h} = 2{,}8\,\text{min} = \mathbf{2\,min\,48\,s}$

- ☐ Die Zunahme der Tageslänge kann nicht negativ sein.
- ☒ Der Differenzenquotient zwischen dem 182. und dem 274. Tag ist negativ, was bedeutet, dass zwischen dem 1. 7. und dem 1. 10. die Tageslänge abnimmt.
- ☐ Ist der Differenzenquotient in einem Zeitintervall positiv, so bedeutet dies eine kontinuierliche Zunahme der Tageslänge in diesem Zeitraum.
- ☒ Am Tag der Sommersonnenwende (21. 6. 2014) ist die Zunahme der Tageslänge null.
- ☒ Die Tageslänge kann nicht negativ sein.

Die Tageslänge ist immer positiv. Zwischen Winter- und Sommersonnenwende werden die Tage länger, an diesen Tagen selbst ist die Zunahme null und nach der Sommersonnenwende nimmt die Tageslänge ab.
Ist der Differenzenquotient in einem Zeitraum positiv, so ist die Tageslänge beim zweiten Datum länger als beim ersten Datum. Liegt aber in diesem Zeitraum die Sommersonnenwende, dann wurden die Tage zunächst länger und danach kürzer (aber in Summe länger).

**Teil b**
$8{,}63 = a \cdot \sin\left(\dfrac{2\pi}{365} \cdot (1-79)\right) + c \quad \Leftrightarrow \quad 8{,}63 = -0{,}974a + c$

$12{,}83 = a \cdot \sin\left(\dfrac{2\pi}{365} \cdot (91-79)\right) + c \quad \Leftrightarrow \quad 12{,}83 = 0{,}205a + c \quad \Big| -$

$\phantom{12{,}83 = a \cdot \sin\left(\dfrac{2\pi}{365} \cdot (91-79)\right) + c \quad \Leftrightarrow \quad } -4{,}2 = -1{,}179a$

$$\mathbf{a \approx 3{,}56}$$

Einsetzen des Wertes für a in die obere Gleichung liefert:
$8{,}63 = -0{,}974 \cdot 3{,}56 + c \quad \Rightarrow \quad \mathbf{c \approx 12{,}10}$

Die Zahl 79 bewirkt eine Verschiebung der Sinusfunktion um 79 Tage nach rechts: Am 79. Tag im Jahr 2014 (20. 3.) sind Tag und Nacht gleich lang (Äquinoktium).

**Teil c** Der Graph, der die Veränderung der Tageslänge in Kiel im Jahresverlauf darstellt, ist im Vergleich zum Graphen der Sinusfunktion parallel zur y-Achse um 12 nach oben verschoben. Der längste Tag dauert ca. 17,4 Stunden. Zieht man davon die Verschiebung nach oben ab, erhält man $17{,}4 - 12 = 5{,}4$. Mit dem Faktor 5,4 wird der Graph der Sinusfunktion in y-Richtung gestreckt.

$\mathbf{a \approx 5{,}4}; \quad \mathbf{c = 12}; \quad TL(t) = \mathbf{5{,}4 \cdot \sin\left(\dfrac{2\pi}{365} \cdot (t-79)\right) + 12}$

**Notizen**

**Notizen**

# Prüfungsaufgaben

# Zentral-Matura Mathematik
## 2015 – Teil 1

**2015-1**

**Aufgabe 1**
Taschengeld

Tim hat x Wochen lang wöchentlich € 8, y Wochen lang wöchentlich € 10 und z Wochen lang wöchentlich € 12 Taschengeld erhalten.

**Aufgabenstellung:** Geben Sie in Worten an, was in diesem Zusammenhang durch den Term $\frac{8x + 10y + 12z}{x + y + z}$ dargestellt wird!

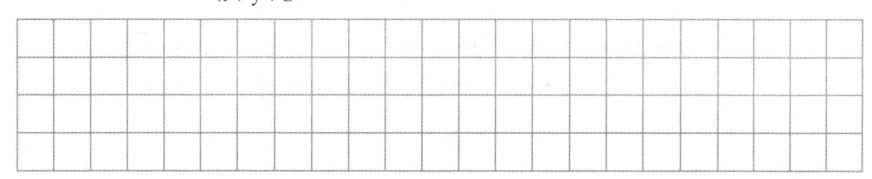

**Aufgabe 2**
Fahrenheit und Celsius

Während man in Europa die Temperatur in Grad Celsius (°C) angibt, verwendet man in den USA die Einheit Grad Fahrenheit (°F). Zwischen der Temperatur $T_F$ in °F und der Temperatur $T_C$ in °C besteht ein linearer Zusammenhang.
Für die Umrechnung von °F in °C gelten folgende Regeln:
- 32 °F entsprechen 0 °C.
- Eine Temperaturzunahme um 1 °F entspricht einer Zunahme der Temperatur um $\frac{5}{9}$ °C.

**Aufgabenstellung:** Geben Sie eine Gleichung an, die den Zusammenhang zwischen der Temperatur $T_F$ (°F, Grad Fahrenheit) und der Temperatur $T_C$ (°C, Grad Celsius) beschreibt!

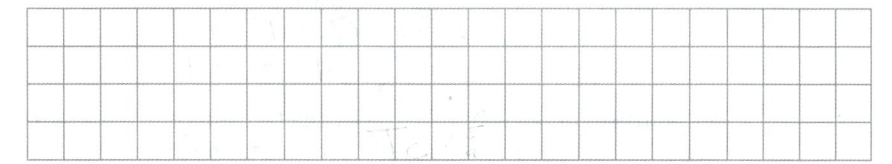

**Aufgabe 3**
Gehälter

Die Gehälter der 8 Mitarbeiter/innen eines Kleinunternehmens sind im Vektor $G = \begin{pmatrix} G_1 \\ G_2 \\ \vdots \\ G_8 \end{pmatrix}$ dargestellt.

**Aufgabenstellung:** Geben Sie an, was der Ausdruck (das Skalarprodukt) $G \cdot \begin{pmatrix} 1 \\ 1 \\ 1 \\ 1 \\ 1 \\ 1 \\ 1 \\ 1 \end{pmatrix}$ in diesem Kontext bedeutet!

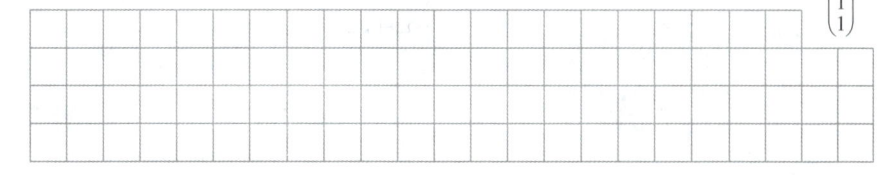

## Aufgabe 4 — Parameterdarstellung einer Geraden

Die zwei Punkte $A=(-1|-6|2)$ und $B=(5|-3|-3)$ liegen auf einer Geraden g in $\mathbb{R}^3$.

**Aufgabenstellung:** Geben Sie eine Parameterdarstellung dieser Geraden g unter Verwendung der konkreten Koordinaten der Punkte A und B an!

g: X = _____

## Aufgabe 5 — Vektoren

Gegeben sind zwei Vektoren $\vec{a} = \begin{pmatrix} 2 \\ 3 \end{pmatrix}$ und $\vec{b} = \begin{pmatrix} b_1 \\ -4 \end{pmatrix}$.

**Aufgabenstellung:** Bestimmen Sie die unbekannte Koordinate $b_1$ so, dass die beiden Vektoren $\vec{a}$ und $\vec{b}$ normal aufeinander stehen!

$b_1 =$ _____

## Aufgabe 6 — Sehwinkel

Der Sehwinkel ist derjenige Winkel, unter dem ein Objekt von einem Beobachter wahrgenommen wird. Die nachstehende Abbildung verdeutlicht den Zusammenhang zwischen dem Sehwinkel α, der Entfernung r und der realen („wahren") Ausdehnung g eines Objekts in zwei Dimensionen.

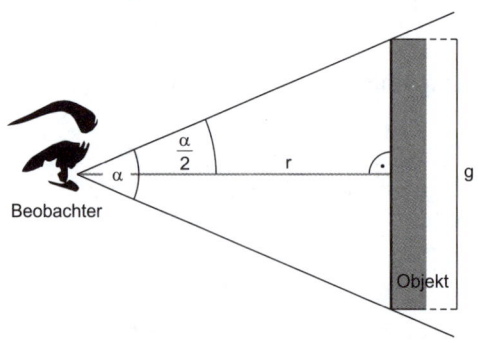

**Aufgabenstellung:** Geben Sie eine Formel an, mit der die reale Ausdehnung g dieses Objekts mithilfe von α und r berechnet werden kann!

g = _____

## Aufgabe 7
**Volumen eines Drehkegels**

Das Volumen V eines Drehkegels hängt vom Radius r und der Höhe h ab. Es wird durch die Formel $V = \frac{1}{3} \cdot r^2 \cdot \pi \cdot h$ beschrieben.

**Aufgabenstellung:** Eine der nachstehenden Abbildungen stellt die Abhängigkeit des Volumens eines Drehkegels vom Radius bei konstanter Höhe dar.

Kreuzen Sie die entsprechende Abbildung an!

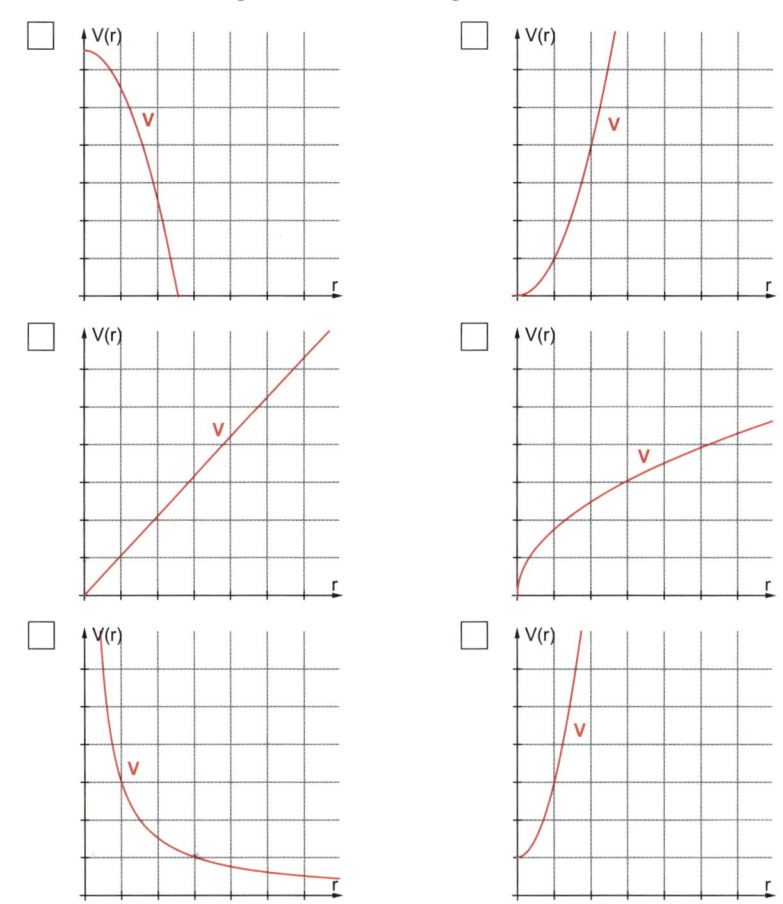

## Aufgabe 8
**Lorenz-Kurve**

Die in der unten stehenden Abbildung dargestellte Lorenz-Kurve kann als Graph einer Funktion f verstanden werden, die gewissen Bevölkerungsanteilen deren jeweiligen Anteil am Gesamteinkommen zuordnet.

Dieser Lorenz-Kurve kann man z. B. entnehmen, dass die einkommensschwächsten 80 % der Bevölkerung über ca. 43 % des Gesamteinkommens verfügen. Das bedeutet zugleich, dass die einkommensstärksten 20 % der Bevölkerung über ca. 57 % des Gesamteinkommens verfügen.

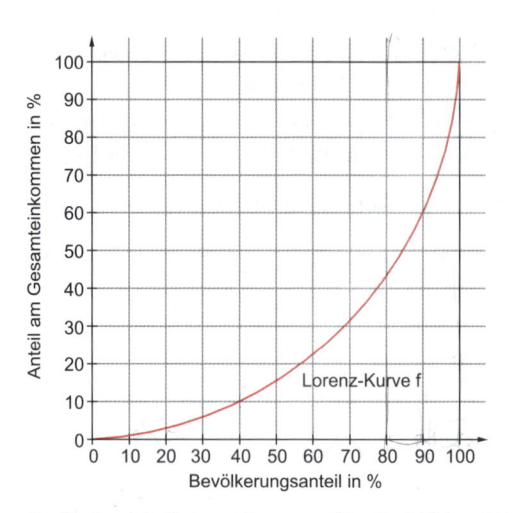

**Aufgabenstellung:** Kreuzen Sie die beiden für die oben dargestellte Lorenz-Kurve zutreffenden Aussagen an!

☐ Die einkommensstärksten 10 % der Bevölkerung verfügen über ca. 60 % des Gesamteinkommens.

☐ Die einkommensstärksten 40 % der Bevölkerung verfügen über ca. 90 % des Gesamteinkommens.

☐ Die einkommensschwächsten 40 % der Bevölkerung verfügen über ca. 10 % des Gesamteinkommens.

☐ Die einkommensschwächsten 60 % der Bevölkerung verfügen über ca. 90 % des Gesamteinkommens.

☐ Die einkommensschwächsten 90 % der Bevölkerung verfügen über ca. 60 % des Gesamteinkommens.

**Aufgabe 9**
Den Graphen einer Polynomfunktion skizzieren

Eine Polynomfunktion f hat folgende Eigenschaften:
- Die Funktion ist für $x \leq 0$ streng monoton steigend.
- Die Funktion ist im Intervall $[0; 3]$ streng monoton fallend.
- Die Funktion ist für $x \geq 3$ streng monoton steigend.
- Der Punkt $P = (0 \mid 1)$ ist ein lokales Maximum (Hochpunkt).
- Die Stelle 3 ist eine Nullstelle.

**Aufgabenstellung:** Erstellen Sie anhand der gegebenen Eigenschaften eine Skizze eines möglichen Funktionsgraphen von f im Intervall $[-2; 4]$!

## Aufgabe 10
Produktionskosten

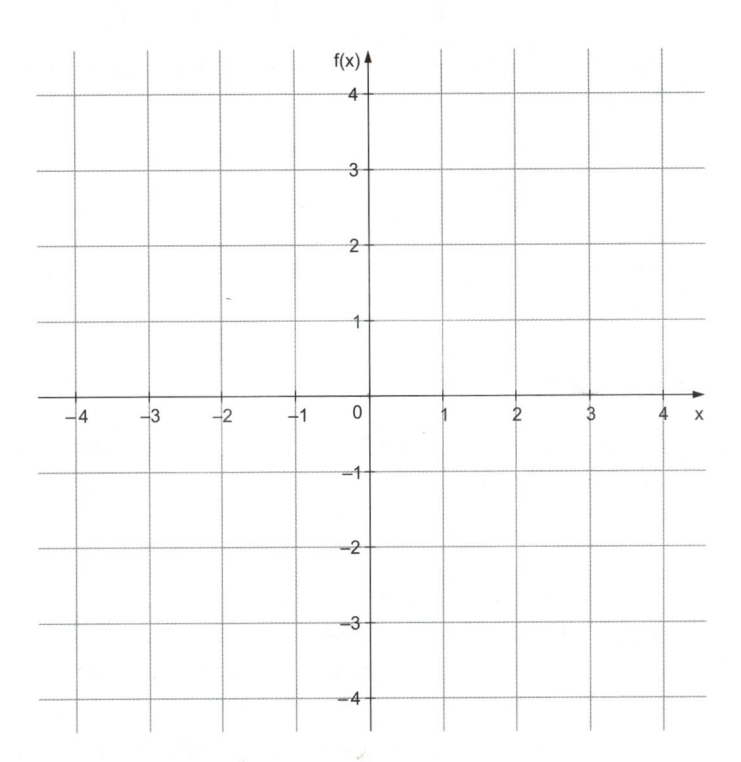

Ein Betrieb gibt für die Abschätzung der Gesamtkosten K(x) für x produzierte Stück einer Ware folgende Gleichung an: $K(x) = 25x + 12\,000$.

**Aufgabenstellung:** Interpretieren Sie die beiden Zahlenwerte 25 und 12 000 in diesem Kontext!

## Aufgabe 11
Technetium

Für eine medizinische Untersuchung wird das radioaktive Isotop $^{99m}_{43}$Tc (Technetium) künstlich hergestellt. Dieses Isotop hat eine Halbwertszeit von 6,01 Stunden.

**Aufgabenstellung:** Geben Sie an, wie lange es dauert, bis von einer bestimmten Ausgangsmenge Technetiums nur noch ein Viertel vorhanden ist!

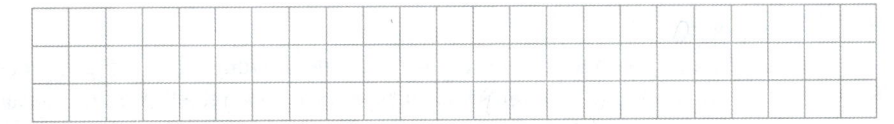

## Aufgabe 12 — Sinusfunktion

Die nachstehende Abbildung zeigt den Graphen einer Funktion f mit $f(x) = a \cdot \sin(b \cdot x)$ mit $a, b \in \mathbb{R}$.

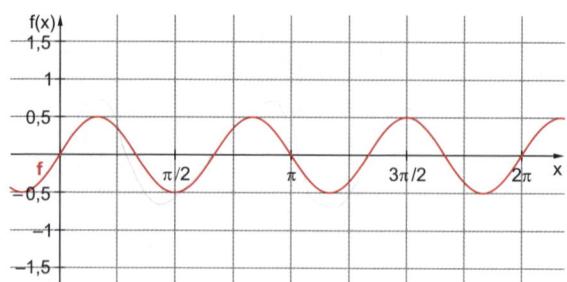

**Aufgabenstellung:** Geben Sie die für den abgebildeten Graphen passenden Parameterwerte von f an!

a = _____  b = _____

## Aufgabe 13 — Preisänderungen

Ein Fernsehgerät wurde im Jahr 2012 zum Preis $P_0$ verkauft, das gleiche Gerät wurde im Jahr 2014 zum Preis $P_2$ verkauft.

**Aufgabenstellung:** Ergänzen Sie die Textlücken im folgenden Satz durch Ankreuzen der jeweils richtigen Satzteile so, dass eine korrekte Aussage entsteht!

Der Term ① gibt die absolute Preisänderung von 2012 auf 2014 an, der Term ② die relative Preisänderung von 2012 auf 2014.

① ☐ $\dfrac{P_0}{P_2}$  ☐ $P_2 - P_0$  ☐ $\dfrac{P_2 - P_0}{2}$

② ☐ $\dfrac{P_2}{P_0}$  ☐ $\dfrac{P_0 - P_2}{2}$  ☐ $\dfrac{P_2 - P_0}{P_0}$

## Aufgabe 14 — Mittlere Änderungsrate der Temperatur

Ein bestimmter Temperaturverlauf wird modellhaft durch eine Funktion T beschrieben.

Die Funktion $T: [0; 60] \to \mathbb{R}$ ordnet jedem Zeitpunkt t eine Temperatur $T(t)$ zu. Dabei wird t in Minuten und $T(t)$ in Grad Celsius angegeben.

**Aufgabenstellung:** Stellen Sie die mittlere Änderungsrate D der Temperatur im Zeitintervall [20; 30] durch einen Term dar!

D = _____ °C/min

## Aufgabe 15 — Kredit

Ein langfristiger Kredit soll mit folgenden Bedingungen getilgt werden: Der offene Betrag wird am Ende eines jeden Jahres mit 5 % verzinst, danach wird jeweils eine Jahresrate von € 20.000 zurückgezahlt.

**Aufgabenstellung:** $y_2$ stellt die Restschuld nach Bezahlung der zweiten Rate zwei Jahre nach Kreditaufnahme dar, $y_3$ die Restschuld nach Bezahlung der dritten Rate ein Jahr später. Stellen Sie $y_3$ in Abhängigkeit von $y_2$ dar!

$y_3 =$ _____

## Aufgabe 16

Zusammenhang zwischen Funktion und Ableitungsfunktion

In der folgenden Abbildung ist der Graph einer Polynomfunktion f dargestellt:

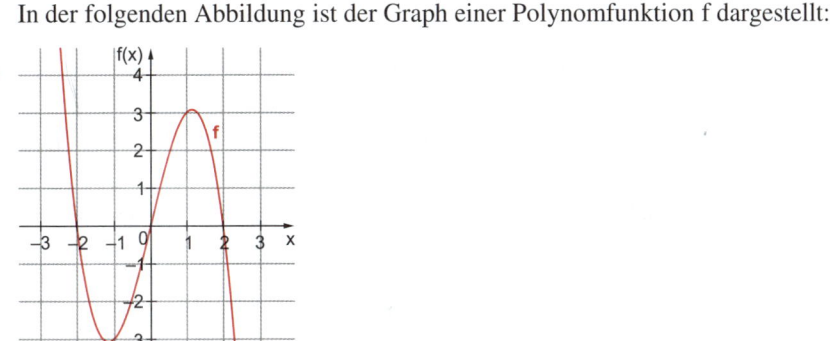

**Aufgabenstellung:** Ergänzen Sie die Textlücken im folgenden Satz durch Ankreuzen der jeweils richtigen Satzteile so, dass eine korrekte Aussage entsteht!

Die erste Ableitung der Funktion f ist ①, und daraus folgt: ②.

① ☐ im Intervall [−1; 1] negativ

☐ im Intervall [−1; 1] gleich null

☐ im Intervall [−1; 1] positiv

② ☐ f hat im Intervall [−1; 1] eine Nullstelle

☐ f ist im Intervall [−1; 1] streng monoton steigend

☐ f hat im Intervall [−1; 1] eine Wendestelle

## Aufgabe 17

Graph einer Ableitungsfunktion

Die nachstehende Abbildung zeigt den Graphen der Ableitungsfunktion f' mit $f'(x) = \frac{1}{4} \cdot x^2 - \frac{1}{2} \cdot x - 2$ einer Polynomfunktion f.

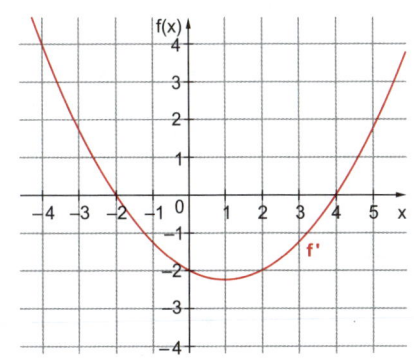

**Aufgabenstellung:** Welche der folgenden Aussagen über die Funktion f sind richtig?
Kreuzen Sie die beiden zutreffenden Aussagen an!

☐ Die Funktion f hat im Intervall [−4; 5] zwei lokale Extremstellen.
☐ Die Funktion f ist im Intervall [1; 2] monoton steigend.
☐ Die Funktion f ist im Intervall [−4; −2] monoton fallend.
☐ Die Funktion f ist im Intervall [−4; 0] linksgekrümmt (d. h. f"(x) > 0 für alle $x \in [-4; 0]$).
☐ Die Funktion f hat an der Stelle x = 1 eine Wendestelle.

**Aufgabe 18**
Integral einer Funktion f

Die nachstehende Abbildung zeigt den Graphen der Polynomfunktion f. Alle Nullstellen sind ganzzahlig. Die Fläche, die vom Graphen der Funktion f und der x-Achse begrenzt wird, ist schraffiert dargestellt. A bezeichnet die Summe der beiden schraffierten Flächeninhalte.

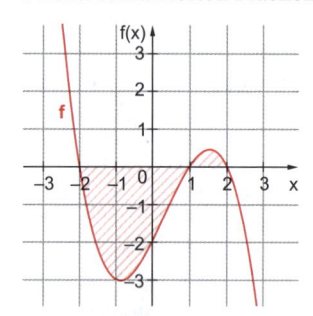

**Aufgabenstellung:** Geben Sie einen korrekten Ausdruck für A mithilfe der Integralschreibweise an!

A = _____

**Aufgabe 19**
Internetplattform

Die Nutzung einer bestimmten Internetplattform durch Jugendliche wird für Mädchen und Burschen getrennt untersucht. Dabei wird erfasst, wie oft die befragten Jugendlichen diese Plattform pro Woche besuchen. Die nachstehenden Kastenschaubilder (Boxplots) zeigen das Ergebnis der Untersuchung.

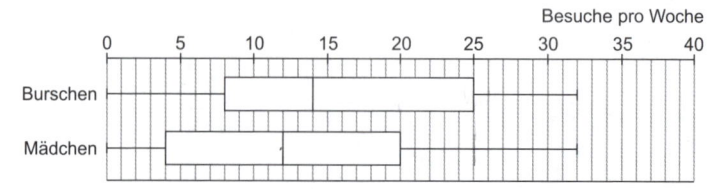

**Aufgabenstellung:** Kreuzen Sie die beiden zutreffenden Aussagen an!

☐ Der Median der Anzahl von Besuchen pro Woche ist bei den Burschen etwas höher als bei den Mädchen.

☐ Die Spannweite der wöchentlichen Nutzung der Plattform ist bei den Burschen größer als bei den Mädchen.

☐ Aus der Grafik kann man ablesen, dass genauso viele Mädchen wie Burschen die Plattform wöchentlich besuchen.

☐ Der Anteil der Burschen, die mehr als 20-mal pro Woche die Plattform nützen, ist zumindest gleich groß oder größer als jener der Mädchen.

☐ Ca. 80 % der Mädchen und ca. 75 % der Burschen nützen die Plattform genau 25-mal pro Woche.

## Aufgabe 20
Nettojahreseinkommen

Im Jahre 2012 gab es in Österreich unter den etwas mehr als 4 Millionen unselbstständig Erwerbstätigen (ohne Lehrlinge) 40 % Arbeiterinnen und Arbeiter, 47 % Angestellte, 8 % Vertragsbedienstete und 5 % Beamtinnen und Beamte (Prozentzahlen gerundet).

Die folgende Tabelle zeigt deren durchschnittliches Nettojahreseinkommen (arithmetisches Mittel).

|  | arithmetisches Mittel der Nettojahreseinkommen 2012 (in Euro) |
|---|---|
| Arbeiterinnen und Arbeiter | 14 062 |
| Angestellte | 24 141 |
| Vertragsbedienstete | 22 853 |
| Beamtinnen und Beamte | 35 708 |

Datenquelle: Statistik Austria (Hrsg.) (2014). Statistisches Jahrbuch Österreichs 2015. Wien: Verlag Österreich. S. 246.

**Aufgabenstellung:** Ermitteln Sie das durchschnittliche Nettojahreseinkommen (arithmetisches Mittel) aller in Österreich unselbstständig Erwerbstätigen (ohne Lehrlinge)!

## Aufgabe 21 — Mehrere Wahrscheinlichkeiten

In einer Unterrichtsstunde sind 15 Schülerinnen und 10 Schüler anwesend. Die Lehrperson wählt für Überprüfungen nacheinander zufällig drei verschiedene Personen aus dieser Schulklasse aus. Jeder Prüfling wird nur einmal befragt.

**Aufgabenstellung:** Kreuzen Sie die beiden zutreffenden Aussagen an!

☐ Die Wahrscheinlichkeit, dass die Lehrperson drei Schülerinnen auswählt, kann mittels $\frac{15}{25} \cdot \frac{14}{25} \cdot \frac{13}{25}$ berechnet werden.

☐ Die Wahrscheinlichkeit, dass die Lehrperson als erste Person einen Schüler auswählt, ist $\frac{10}{25}$.

☐ Die Wahrscheinlichkeit, dass die Lehrperson bei der Wahl von drei Prüflingen als zweite Person eine Schülerin auswählt, ist $\frac{24}{25}$.

☐ Die Wahrscheinlichkeit, dass die Lehrperson drei Schüler auswählt, kann mittels $\frac{10}{25} \cdot \frac{9}{24} \cdot \frac{8}{23}$ berechnet werden.

☐ Die Wahrscheinlichkeit, dass sich unter den von der Lehrperson ausgewählten Personen genau zwei Schülerinnen befinden, kann mittels $\frac{15}{25} \cdot \frac{14}{24} \cdot \frac{23}{23}$ berechnet werden.

## Aufgabe 22 — Elfmeterschießen

In einer Fußballmannschaft stehen elf Spieler als Elfmeterschützen zur Verfügung.

**Aufgabenstellung:** Deuten Sie den Ausdruck $\binom{11}{5}$ im gegebenen Kontext!

## Aufgabe 23 — Erwartungswert des Gewinns

Bei einem Gewinnspiel gibt es 100 Lose. Der Lospreis beträgt € 5. Für den Haupttreffer werden € 100 ausgezahlt, für zwei weitere Treffer werden je € 50 ausgezahlt und für fünf weitere Treffer werden je € 20 ausgezahlt. Für alle weiteren Lose wird nichts ausgezahlt.

Unter *Gewinn* versteht man *Auszahlung minus Lospreis*.

**Aufgabenstellung:** Berechnen Sie den Erwartungswert des Gewinns aus der Sicht einer Person, die ein Los kauft!

## Aufgabe 24 — Tennisspiel

Stefan und Helmut spielen im Training 5 Sätze Tennis. Stefan hat eine konstante Gewinnwahrscheinlichkeit von 60 % für jeden gespielten Satz.

**Aufgabenstellung:** Es wird folgender Wert berechnet:

$$\binom{5}{3} \cdot 0{,}4^3 \cdot 0{,}6^2 = 0{,}2304$$

Geben Sie an, was dieser Wert im Zusammenhang mit der Angabe aussagt!

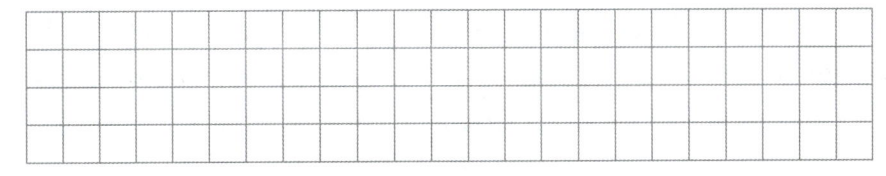

## Hinweise und Tipps

**Aufgabe 1**
- Überlegen Sie, welche Bedeutung die Ausdrücke 8x, 10y und 12z im Kontext haben.
- Was bedeutet der Term x + y + z in diesem Zusammenhang?

**Aufgabe 2**
- 0 °C = 32 °F
- Stellen Sie zunächst die Zunahme von $\frac{5}{9}$ °C in einem Term dar.
- Machen Sie ein Zahlenbeispiel und füllen Sie die Tabelle aus.

| °F | 32 | 33 | 34 | 35 | ... | |
|---|---|---|---|---|---|---|
| °C | 0 | $\frac{5}{9}$ | $\frac{10}{9}$ | ... | ... | |

**Aufgabe 3**
- Wie wird das Skalarprodukt zweier Vektoren berechnet?
- Überlegen Sie, welche Bedeutung diese Rechnung im gegebenen Kontext hat.

**Aufgabe 4**
- Die Parameterdarstellung einer Geraden lautet g: $X = P + t \cdot \overrightarrow{PQ}$, wobei P und Q Punkte der Geraden sind und $t \in \mathbb{R}$ der Parameter ist.

**Aufgabe 5**
- Mithilfe des Skalarproduktes können Sie eine Aussage über die Orthogonalität zweier Vektoren treffen.
- Wie liegen zwei Vektoren zueinander, wenn ihr skalares Produkt null ist?
- Es ist eine Gleichung nach $b_1$ zu lösen.

**Aufgabe 6**
- Denken Sie an die Definition der Winkelfunktionen im rechtwinkeligen Dreieck.
- Beschriften Sie im rechtwinkeligen Dreieck die Seiten mit Ankathete, Gegenkathete und Hypotenuse.
- Finden Sie eine geeignete Winkelfunktion.

**Aufgabe 7**
- Für das Volumen eines Drehkegels gilt die Formel $V(r) = \frac{1}{3} \cdot r^2 \cdot \pi \cdot h$.
- Wenn die Höhe h konstant ist und die Volumsformel $V(r) = \frac{1}{3} \cdot r^2 \cdot \pi \cdot h$ als Funktion vom Radius r aufgefasst wird, welcher Funktionstyp liegt dann vor?
- Denken Sie daran, dass der fett hervorgehobene Klammerausdruck in der Formel $V(r) = \left(\frac{1}{3} \cdot \pi \cdot h\right) \cdot r^2$ ein konstanter Faktor ist.

# Matura 2015 – Teil 1 – Hinweise und Tipps

**Aufgabe 8**
- Zeichnen Sie den in der Angabe genannten Punkt im Graphen ein. Markieren Sie dazu auf der ersten Achse die 80 % und auf der zweiten Achse den zugehörigen Funktionswert.
- Ändern Sie die Antwortmöglichkeit so um, dass ihre Aussage mit „Die einkommensschwächsten … % der Bevölkerung …" beginnt.

**Aufgabe 9**
- Färben Sie zuerst im gegebenen Koordinatensystem die angegebenen Intervalle.
- Zeichnen Sie die gegebenen Punkte des Graphen im Koordinatensystem ein. Wo liegen die Nullstellen einer Funktion?
- Zeichnen Sie den gegebenen Hochpunkt ein und bedenken Sie, wie der Verlauf des Graphen in der Nähe eines Hochpunktes sein muss.
- Versuchen Sie danach mit Pfeilen, der gegebenen Monotonie entsprechend, für jedes Intervall eine Richtung des Graphen zu skizzieren und verbinden Sie dann die bekannten Punkte zu einem fertigen Graphen.

**Aufgabe 10**
- Versuchen Sie anhand des Funktionsterms herauszufinden, welcher Funktionstyp hier vorliegt (lineare Funktion, quadratische Funktion, …).
- Finden Sie die charakteristischen Parameter der Funktion K(x) und überlegen Sie, welche Aussagen Sie über diese Parameter k und d treffen können.

**Aufgabe 11**
- Nach Ablauf der „Halbwertszeit" ist von einer bestimmten Menge nur mehr die Hälfte übrig.
- Bedenken Sie, dass ein Viertel die Hälfte der Hälfte ist.

**Aufgabe 12**
- Zeichnen Sie in das gegebene Koordinatensystem die Standardsinusfunktion s(x) = sin x ein. Vergleichen Sie den Verlauf der Standardsinusfunktion mit dem der gegebenen Funktion.
- Der Faktor a gibt in der Funktionsgleichung die Amplitude der Schwingung an.
- Der Koeffizient b vor dem Argument gibt die Frequenz der Schwingung an.

**Aufgabe 13**
- Der Begriff absolute Änderung beschreibt eine Änderung als Zahl in Euro, während eine relative Änderung die Veränderung eines Wertes in Relation zum Ursprungswert angibt. Sie kann auch als Prozentsatz dargestellt werden.

**Aufgabe 14**
- Der Begriff „mittlere Änderungsrate" ist ein Synonym für den Differenzenquotienten $\frac{f(b) - f(a)}{b - a}$.

**Aufgabe 15**
- Beginnen Sie mit den Schulden $y_1$ nach dem ersten Jahr, wenn $y_0$ der aufgenommene Kreditwert ist.
- Bedenken Sie, dass die 5 % der Schulden hinzukommen. Die Schulden überschreiten daher einen Wert von 100 %.

**Aufgabe 16**
- Die erste Ableitung f'(x) einer Funktion f(x) gibt den Wert der Steigung ihrer Tangente an einer bestimmten Stelle x an.
- Für die Lücke 1 müssen Sie sich also fragen, was es bedeutet, wenn die Ableitung in einem Intervall positiv, negativ oder gleich null ist.
- Für die Lücke 2 können Sie die Aussagen mit dem gezeichneten Graphen vergleichen. Alle Aussagen betreffen ein ablesbares Intervall und die gegebene Funktion f.

**Aufgabe 17**
- Wie viele Nullstellen hat die Funktion f'? Welcher Zusammenhang besteht zwischen der Anzahl der Nullstellen von f' und der Anzahl der Extremstellen der Funktion f?
- Welche Bedeutung hat das Vorzeichen der Funktionswerte von f' für das Monotonieverhalten von f?
- Welcher Zusammenhang besteht zwischen dem Monotonieverhalten der Funktion f' und dem Krümmungsverhalten der Funktion f?

**Aufgabe 18**
- Bedenken Sie, dass das Flächenstück, das von der x-Achse und vom Graphen der Funktion f begrenzt wird, teils unterhalb und teils oberhalb der x-Achse liegt.
- Das bestimmte Integral $\int_{-2}^{1} f(x)\,dx$ ergibt eine negative Zahl. Der Betrag dieser Zahl gibt den Inhalt dieses Flächenstücks korrekt an.
- Beachten Sie:
$$A = \left| \int_{-2}^{1} f(x)\,dx \right| = -\int_{-2}^{1} f(x)\,dx = \int_{1}^{-2} f(x)\,dx = \int_{-2}^{1} |f(x)|\,dx$$

**Aufgabe 19**
- Welche fünf statistischen Kennzahlen sind in einem Kastenschaubild (Boxplot) ablesbar?
- Welche Aussagen können anhand der Werte für den Median bzw. die Quartile zuverlässig getroffen werden?
- Ist die Anzahl der befragten Personen in einem Kastenschaubild (Boxplot) bzw. in den einzelnen Abschnitten des Kastenschaubilds ablesbar?
- Können anhand eines Kastenschaubilds Aussagen wie z. B. über ein 80 %-Quantil getroffen werden?

# Matura 2015 – Teil 1 – Hinweise und Tipps

**Aufgabe 20**
- Die unterschiedliche Anzahl von Personen in den aufgelisteten Arbeitsverhältnissen („Arbeiterinnen und Arbeiter", „Angestellte", „Vertragsbedienstete", „Beamtinnen und Beamte") ist bei der Berechnung des durchschnittlichen Jahreseinkommens zu berücksichtigen.
- Was versteht man unter einem „gewichteten arithmetischen Mittel"?

**Aufgabe 21**
- Wie groß ist die Wahrscheinlichkeit, einen Schüler bzw. eine Schülerin (als erste Person) auszuwählen?
- Wie groß ist die Wahrscheinlichkeit, zwei Schüler, zwei Schülerinnen bzw. einen Schüler und eine Schülerin (in beliebiger Reihenfolge) auszuwählen?
- Mit welcher Wahrscheinlichkeit wird eine Dreiergruppe mit drei Schülern, drei Schülerinnen bzw. zwei Schülerinnen und einem Schüler (in beliebiger Reihenfolge) ausgewählt?

**Aufgabe 22**
- Überlegen Sie anhand eines analogen Beispiels: Wie viele unterschiedliche Paare für ein Tennisspiel können aus einer Gruppe von vier Spielern ausgewählt werden? Mit welchem Term kann die Anzahl der Paare aus einer Gruppe mit vier Personen berechnet werden?
- Aus einer Fußballmannschaft mit elf Spielern sollen fünf Spieler ausgewählt werden. Wie viele Möglichkeiten der Auswahl (ohne Berücksichtigung der Reihenfolge) gibt es? Mit welchem Term kann die Anzahl unterschiedlich zusammengesetzter Fünfergruppen aus einer Mannschaft mit elf Spielern berechnet werden?

**Aufgabe 23**
- Würde man beim Kauf aller Lose einen Gewinn oder einen Verlust machen?
- Mit welcher Wahrscheinlichkeit erhält man den Haupttreffer? Wie groß ist die Wahrscheinlichkeit, € 50 bzw. € 20 zu gewinnen?
- Addieren Sie die Produkte aus Gewinn mal Gewinnwahrscheinlichkeit und berücksichtigen Sie den Preis für ein Los.

**Aufgabe 24**
- Mit welcher Wahrscheinlichkeit gewinnt bzw. verliert Helmut? Mit welcher Wahrscheinlichkeit gewinnt bzw. verliert Stefan?
- Der Term $0{,}4^k$ gibt die Wahrscheinlichkeit an, mit der Helmut in k Sätzen gewinnt bzw. Stefan in k Sätzen verliert.
- Für wie viele der fünf gespielten Sätze gibt der Term $\binom{5}{3} \cdot 0{,}4^3 \cdot 0{,}6^2$ die Gewinnwahrscheinlichkeit von Helmut an?

## Lösungsvorschlag

**Aufgabe 1**
**Taschengeld**

- 8x ist jener Geldbetrag, den Tim nach x Wochen in Summe erhalten hat,
- wenn er wöchentlich € 8 bekommt.
- 10y ist jener Geldbetrag, den Tim nach y Wochen in Summe erhalten hat,
- wenn er wöchentlich € 10 bekommt.
- 12z ist jener Geldbetrag, den Tim nach z Wochen in Summe erhalten hat,
- wenn er wöchentlich € 12 bekommt.
- Die Summe (8x + 10y + 12z) der drei oben genannten Beträge wird nun durch
- die Summe der Wochen (x + y + z), in denen Tim Geld bekommen hat, dividiert.

Der Term gibt die Höhe des **durchschnittlich erhaltenen Taschengelds** pro Woche in Euro an.

**Aufgabe 2**
**Fahrenheit und Celsius**

- Die Tabelle aus den Tipps lautet:

| °F | 32 | 33 | 34 | 35 | 36 | 37 |
|---|---|---|---|---|---|---|
| °C | 0 | $\frac{5}{9}$ | $\frac{5}{9} \cdot 2$ | $\frac{5}{9} \cdot 3$ | $\frac{5}{9} \cdot 4$ | $\frac{5}{9} \cdot 5$ |
|  |  |  | $\frac{5}{9} \cdot (34-32)$ | $\frac{5}{9} \cdot (35-32)$ | $\frac{5}{9} \cdot (36-32)$ | ... |

- Aus der Angabe entnimmt man $T_F = 0\ °C + 32$ (für $T_F = 32\ °F$) bzw. durch
- Umformung $T_F - 32 = 0\ °C$.
- Da der Zuwachs von 1 °F einem Zuwachs von $\frac{5}{9}$ °C entspricht, kann der Ausdruck $T_F - 32$ mit $\frac{5}{9}$ multipliziert werden, um $T_C$ zu erhalten:

$$(T_F - 32) \cdot \frac{5}{9} = T_C$$

Durch Umformung der Gleichung erhalten Sie eine zweite akzeptierte Lösung:

$(T_F - 32) \cdot \frac{5}{9} = T_C \qquad \vert : \frac{5}{9}$

$T_F - 32 = T_C \cdot \frac{9}{5} \qquad \vert + 32$

$$T_F = \frac{9}{5} \cdot T_C + 32$$

**Aufgabe 3**
**Gehälter**

Das Skalarprodukt stellt die **Summe der Gehälter** der 8 Mitarbeiter/innen dar.

$$\vec{G} \cdot \begin{pmatrix} 1 \\ 1 \\ 1 \\ 1 \\ 1 \\ 1 \\ 1 \\ 1 \end{pmatrix} = G_1 \cdot 1 + G_2 \cdot 1 + G_3 \cdot 1 + G_4 \cdot 1 + G_5 \cdot 1 + G_6 \cdot 1 + G_7 \cdot 1 + G_8 \cdot 1 = \sum_{i=1}^{8} G_i$$

# Matura 2015 – Teil 1 – Lösungsvorschlag　　2015-17

**Aufgabe 4**
**Parameterdarstellung einer Geraden**

- Die Parameterdarstellung lautet allgemein g: $X = A + t \cdot \overrightarrow{AB}$ $(t \in \mathbb{R})$.
- Zunächst wird der Richtungsvektor der Geraden g berechnet:

$$\overrightarrow{AB} = B - A = \begin{pmatrix} 5 \\ -3 \\ -3 \end{pmatrix} - \begin{pmatrix} -1 \\ -6 \\ 2 \end{pmatrix} = \begin{pmatrix} 6 \\ 3 \\ -5 \end{pmatrix}$$

- Die Parameterdarstellung von g lautet:

$$g: X = \begin{pmatrix} -1 \\ -6 \\ 2 \end{pmatrix} + t \cdot \begin{pmatrix} 6 \\ 3 \\ -5 \end{pmatrix}$$

**Aufgabe 5**
**Vektoren**

- $\vec{a} \cdot \vec{b} = 0 \iff \vec{a} \perp \vec{b}$
- Setzen Sie die Gleichung $\vec{a} \cdot \vec{b} = 0$ an und berechnen Sie $b_1$.

$$\begin{pmatrix} 2 \\ 3 \end{pmatrix} \cdot \begin{pmatrix} b_1 \\ -4 \end{pmatrix} = 0$$

$2 \cdot b_1 + 3 \cdot (-4) = 0$

$\quad 2 \cdot b_1 - 12 = 0 \quad |+12$

$\quad\quad 2 \cdot b_1 = 12$

$\quad\quad\quad \mathbf{b_1 = 6}$

- Der Vektor $\vec{b}$, der zum Vektor $\vec{a}$ normal steht, lautet $\begin{pmatrix} 6 \\ -4 \end{pmatrix}$.

**Aufgabe 6**
**Sehwinkel**

Im rechtwinkeligen Dreieck gilt:

$$\tan \varphi = \frac{\text{Gegenkathete}}{\text{Ankathete}}$$

Beim gegebenen Dreieck gilt daher:

$$\tan\left(\frac{\alpha}{2}\right) = \frac{\frac{g}{2}}{r}$$

Nun wird die Gleichung umgeformt mit $\alpha \in (0°; 180°)$ im Gradmaß bzw. $\alpha \in (0; \pi)$ im Bogenmaß:

$\tan\left(\frac{\alpha}{2}\right) = \frac{\frac{g}{2}}{r} \quad |\cdot r$

$r \cdot \tan\left(\frac{\alpha}{2}\right) = \frac{g}{2} \quad |\cdot 2$

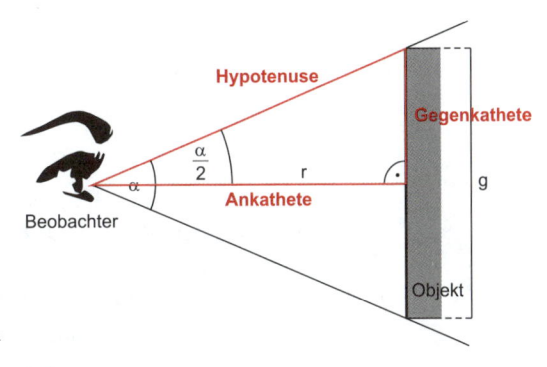

$\mathbf{2 \cdot r \cdot \tan\left(\frac{\alpha}{2}\right) = g}$

## Aufgabe 7
Volumen eines Drehkegels

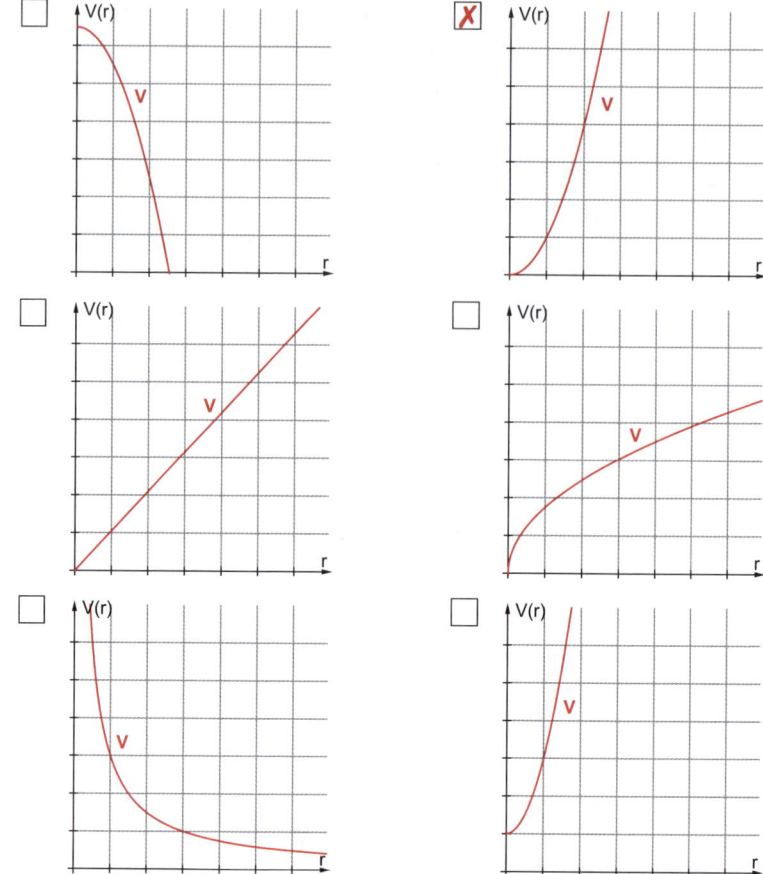

- Der gesuchte Graph stellt die Veränderung des Volumens eines Drehkegels bei zunehmendem Radius dar. Es ist also klar, dass je größer der Radius des Drehkegels wird, umso größer auch das Volumen wird; damit scheiden die beiden fallenden Graphen (links oben und links unten) sofort aus.

- Der Graph rechts unten kommt nicht infrage, weil ein Drehkegel mit Radius r = 0 nicht existiert, sein Volumen wäre dann 0. Das heißt, dass der gesuchte Graph jedenfalls durch den Ursprung verlaufen muss.

- Bei der Funktion $V(r) = \left(\frac{1}{3} \cdot \pi \cdot h\right) \cdot r^2$ ist bei konstanter Höhe h die Variable r quadratisch und der hervorgehobene Ausdruck ein konstanter Faktor. Es liegt eine Potenzfunktion, genauer eine **quadratische Funktion** vor, ihr Graph hat die Form einer **Parabel**.

- Daher stellt der markierte Funktionsgraph die Abhängigkeit des Volumens V des Drehkegels vom Radius r bei konstanter Höhe dar. Es ist in der Grafik erkennbar, dass mit wachsendem Radius r auch das Volumen V größer wird.

- Der Graph links oben könnte auch eine quadratische Funktion darstellen.
- Allerdings ist die Parabel nach unten hin offen, was bedeuten würde, dass entweder der hervorgehobene Faktor oder $r^2$ negativ sein müsste. Beides ist allerdings unmöglich ($r^2 > 0$, $h > 0$).
- Der Graph links in der Mitte stellt eine lineare Funktion dar.
- Der Graph links unten hat die Form eines Hyperbelastes und zeigt die Funktion $f(x) = \frac{1}{x}$ ($x > 0$).
- Der Graph rechts in der Mitte stellt eine Wurzelfunktion dar.
- Der Graph rechts unten zeigt eine quadratische Funktion, jedoch ist der Graph entlang der V(r)-Achse verschoben. Diesen Summanden $a \neq 0$ gibt es jedoch nicht in der gegebenen Funktionsgleichung: $V(r) \neq \left(\frac{1}{3} \cdot \pi \cdot h\right) \cdot r^2 + a$

**Aufgabe 8**
Lorenz-Kurve

☐ Die einkommensstärksten 10 % der Bevölkerung verfügen über ca. 60 % des Gesamteinkommens.

☐ Die einkommensstärksten 40 % der Bevölkerung verfügen über ca. 90 % des Gesamteinkommens.

☒ Die einkommensschwächsten 40 % der Bevölkerung verfügen über ca. 10 % des Gesamteinkommens.

☐ Die einkommensschwächsten 60 % der Bevölkerung verfügen über ca. 90 % des Gesamteinkommens.

☒ Die einkommensschwächsten 90 % der Bevölkerung verfügen über ca. 60 % des Gesamteinkommens.

- *Antwortmöglichkeit 1* ist **falsch**. Die Aussage bedeutet, dass die einkommensschwächsten 90 % der Bevölkerung über ca. 40 % des Gesamteinkommens verfügen würden. Aus dem Graphen kann allerdings abgelesen werden, dass die einkommensschwächsten 90 % der Bevölkerung über ca. 60 % des Gesamteinkommens verfügen. Daraus folgt, dass die einkommensstärksten 10 % der Bevölkerung über ca. 40 % des Gesamteinkommens verfügen.

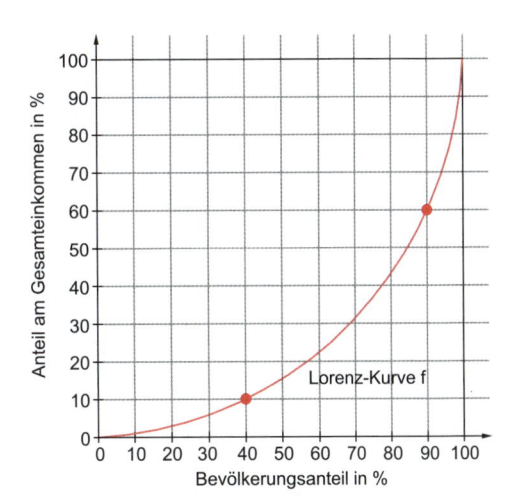

- *Antwortmöglichkeit 2* ist **falsch**. Der Umkehrschluss ist, dass die einkommensschwächsten 60 % der Bevölkerung über ca. 10 % des Gesamteinkommens verfügen, es sind allerdings ca. 22 % des Gesamteinkommens.
- *Antwortmöglichkeit 3* ist **richtig**: Dies kann aus dem Graphen abgelesen werden.
- *Antwortmöglichkeit 4* ist **falsch**, da aus dem Graphen abzulesen ist, dass die einkommensschwächsten 60 % der Bevölkerung über ca. 22 % des Gesamteinkommens verfügen.
- *Antwortmöglichkeit 5* ist **richtig**: Dies kann aus dem Graphen abgelesen werden.

**Aufgabe 9**
Den Graphen einer Polynomfunktion skizzieren

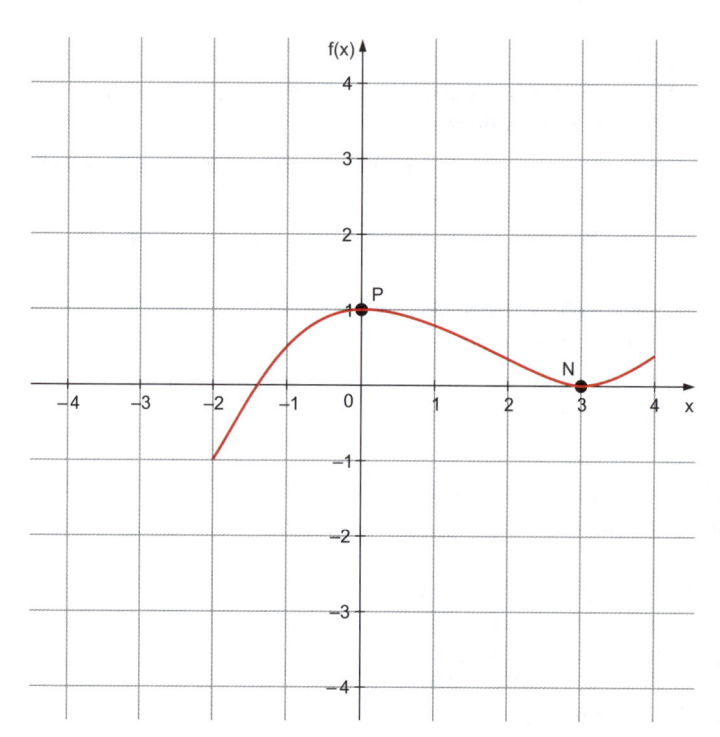

- Markieren Sie die im Text erwähnten Intervalle und überlegen Sie einen möglichen Monotonieverlauf für jedes Intervall. Zeichnen Sie zudem die gegebenen Punkte ein.
- Achten Sie bei Ihrer Skizze darauf, dass der Graph beim Hochpunkt tatsächlich am höchsten ist und dort gleichzeitig eine waagrechte Tangente denkbar ist. Dasselbe gilt für die Nullstelle $x = 3$: Auch dort muss eine waagrechte Tangente möglich sein, weil sich dort die Monotonie umkehrt. Das muss aus Ihrer Skizze deutlich hervorgehen.

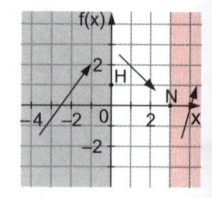

## Aufgabe 10
**Produktionskosten**

Mögliche Interpretationen:
25 … der Kostenzuwachs für die Produktion eines weiteren Stücks, das sind zusätzliche (variable) Kosten, die pro Stück für die Produktion anfallen.
12 000 … das sind Fixkosten, also jene Kosten, die unabhängig von der produzierten Stückzahl anfallen.

- Es handelt sich hier um eine lineare Funktion der Form $y = kx + d$ mit $k = 25$ und $d = 12\,000$.
- Bei linearen Funktionen beschreibt k den Zuwachs, wenn x um einen Wert steigt. Hier steht k also für die Kosten eines Stücks, da x die Anzahl der produzierten Stücke beschreibt (bei einem Stück 25, bei zwei 50, …).
- Der Wert d beschreibt die Verschiebung des Graphen auf der y-Achse, also den Wert der Funktion, wenn $x = 0$ ist. Hier sind das die Kosten, wenn noch gar kein Stück ($x = 0$) produziert wurde, oder mit anderen Worten: die Fixkosten der Produktion.

## Aufgabe 11
**Technetium**

- Nach Ablauf der Halbwertszeit ist noch die Hälfte des Isotops vorhanden.
- Wenn die Halbwertszeit noch einmal vergeht, ist von der Hälfte nur mehr die Hälfte vorhanden, und das ist ein Viertel der ursprünglichen Menge.
- Zu berechnen ist also:

$6{,}01\text{ h} \cdot 2 = \mathbf{12{,}02\text{ h}}$

## Aufgabe 12
**Sinusfunktion**

Lesen Sie aus dem Graphen die höchste Auslenkung der Funktion (= Amplitude) z. B. am Punkt $\left(\frac{3\pi}{2} \mid \frac{1}{2}\right)$ mit dem Wert $\mathbf{a = \frac{1}{2}}$ ab. Der Faktor a hat ein positives Vorzeichen, weil die Schwingung den gleichen Verlauf hat wie die ursprüngliche Sinusschwingung.

Innerhalb eines Kreisumlaufs (also von 0 bis $2\pi$) schwingt die gegebene Funktion 3-mal, die Standardsinusfunktion hingegen nur einmal. Für den Wert des Koeffizienten gilt daher $\mathbf{b = 3}$.

- Vergleichen Sie die Sinusfunktion $s(x) = \sin x$ in der Grafik mit der gegebenen Funktion.

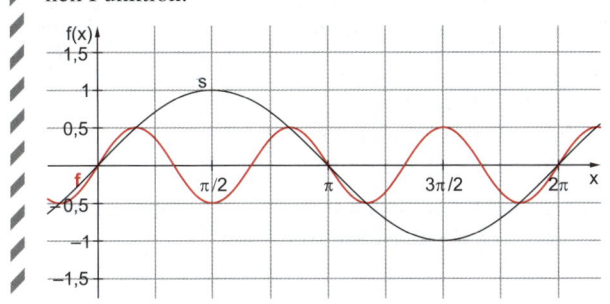

## Aufgabe 13
**Preisänderungen**

Der Term $P_2 - P_0$ gibt die absolute Preisänderung von 2012 auf 2014 an, der Term $\frac{P_2 - P_0}{P_0}$ die relative Preisänderung von 2012 auf 2014.

- $P_2 - P_0$ gibt den Unterschied der Preise in Euro an.
- Der Bruchterm bezieht sich dabei auf den Ausgangswert $P_0$, also den Preis aus 2012. Die relative Änderung kann auch in Prozent ausgedrückt werden.

## Aufgabe 14
**Mittlere Änderungsrate der Temperatur**

$$D = \frac{T(30) - T(20)}{30 - 20} \,°C/\min = \frac{T(30) - T(20)}{10} \,°C/\min$$

- Setzen Sie in den Differenzenquotienten den Funktionswert der Funktion am Ende des Intervalls minus dem Funktionswert der Funktion am Beginn des gefragten Intervalls ein. Im Nenner steht die Länge des Intervalls.

## Aufgabe 15
**Kredit**

- Wir beginnen mit den Schulden $y_1$ nach dem ersten Jahr, wenn $y_0$ der aufgenommene Kreditwert ist. Weil der Restbetrag mit 5 % verzinst wird, müssen 105 % der Schulden berechnet werden, davon wird allerdings die Jahresrate von 20 000 abgezogen, sodass als Restschulden $y_1$ bleibt:
- $y_1 = y_0 \cdot 1{,}05 - 20\,000$

- Nach dem zweiten Jahr sieht das ganz ähnlich aus:
- $y_2 = y_1 \cdot 1{,}05 - 20\,000$

- Und schließlich der gefragte Term am Ende des dritten Jahres:

$$y_3 = \mathbf{y_2 \cdot 1{,}05 - 20\,000}$$

## Aufgabe 16
**Zusammenhang zwischen Funktion und Ableitungsfunktion**

Die erste Ableitung der Funktion f ist **im Intervall [−1; 1] positiv**, und daraus folgt: **f ist im Intervall [−1; 1] streng monoton steigend**.

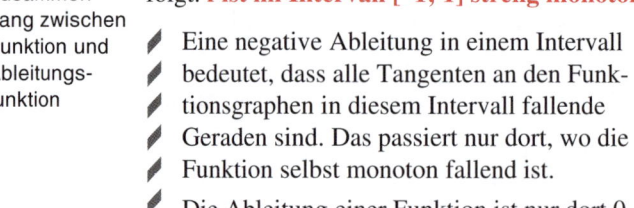

- Eine negative Ableitung in einem Intervall bedeutet, dass alle Tangenten an den Funktionsgraphen in diesem Intervall fallende Geraden sind. Das passiert nur dort, wo die Funktion selbst monoton fallend ist. 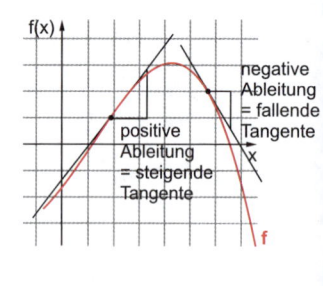
- Die Ableitung einer Funktion ist nur dort 0, wo waagrechte Tangenten an den Funktionsgraphen gezeichnet werden können, das sind Extrem- oder Sattelstellen.
- Die gegebene Funktion f ist im Intervall [−1; 1] streng monoton steigend und hat daher dort eine positive erste Ableitung.

- Für die Lücke 2 ist die Nullstelle im Intervall [−1; 1] zwar richtig, dies folgt aber nicht aus der positiven Ableitung. Eine positive Ableitung heißt ja nur, dass die Funktion dort steigend sein muss, sie kann aber zum Beispiel auch zur Gänze oberhalb der Achse liegen und trotzdem steigend sein, dann hätte sie dort keine Nullstelle.
- Für die Wendestelle gilt dasselbe: Auch diese liegt bei f im Intervall [−1; 1], ist aber keine Folge der positiven Ableitung.

**Aufgabe 17**
Graph einer Ableitungsfunktion

- [X] Die Funktion f hat im Intervall [−4; 5] zwei lokale Extremstellen.
- [ ] Die Funktion f ist im Intervall [1; 2] monoton steigend.
- [ ] Die Funktion f ist im Intervall [−4; −2] monoton fallend.
- [ ] Die Funktion f ist im Intervall [−4; 0] linksgekrümmt (d. h. f''(x) > 0 für alle x ∈ [−4; 0]).
- [X] Die Funktion f hat an der Stelle x = 1 eine Wendestelle.

- *Antwortmöglichkeit 1* ist **richtig**: An den Stellen x = −2 und x = 4 hat die Funktion f' Nullstellen und die Funktion f Extremwerte.
- *Antwortmöglichkeit 2* ist **falsch**, da die Funktionswerte von f' im Intervall [1; 2] negativ sind. Die Ableitungsfunktion f' gibt in jedem Punkt die Steigung der Tangente von f an. Sind die Steigungen der Tangenten in einem Intervall negativ, dann ist die Funktion f in diesem Intervall streng monoton fallend.
- *Antwortmöglichkeit 3* ist **falsch**: Die Funktionswerte von f' im Intervall [−4; −2] sind größer oder gleich null und daher ist die Funktion f in diesem Intervall monoton steigend.
- *Antwortmöglichkeit 4* ist **falsch**, da im Intervall [−4; 0] die Funktion f' streng monoton fallend und somit die Funktion f rechtsgekrümmt ist, d. h., es gilt f''(x) < 0 für alle x ∈ [−4; 0].
- *Antwortmöglichkeit 5* ist **richtig**: An der Stelle x = 1 hat die Ableitungsfunktion f' einen Extremwert und die Funktion f eine Wendestelle.

**Aufgabe 18**
Integral einer Funktion f

- Der Flächeninhalt A der schraffierten Fläche kann auf verschiedene Weisen korrekt angeschrieben werden:

Das Integral wird bei der Nullstelle gesplittet und der Inhalt des Flächenstücks unterhalb der x-Achse wird als Betrag des bestimmten Integrals (einer Zahl) berechnet:

$$A = \left| \int_{-2}^{1} f(x)\,dx \right| + \int_{1}^{2} f(x)\,dx$$

Das Integral wird bei der Nullstelle gesplittet und für die Berechnung des Inhalts des Flächenstücks unterhalb der x-Achse wird das Ergebnis des bestimmten Integrals mit (–1) multipliziert:

$$A = -\int_{-2}^{1} f(x)\,dx + \int_{1}^{2} f(x)\,dx \quad \text{bzw.} \quad A = \int_{1}^{2} f(x)\,dx - \int_{-2}^{1} f(x)\,dx$$

Die schraffierte Fläche wird mittels Integral der Betragsfunktion von f berechnet:

$$A = \int_{-2}^{1} |f(x)|\,dx + \int_{1}^{2} f(x)\,dx \quad \text{bzw.} \quad A = \int_{-2}^{2} |f(x)|\,dx$$

**Aufgabe 19**
Internetplattform

- [X] Der Median der Anzahl von Besuchen pro Woche ist bei den Burschen etwas höher als bei den Mädchen.
- [ ] Die Spannweite der wöchentlichen Nutzung der Plattform ist bei den Burschen größer als bei den Mädchen.
- [ ] Aus der Grafik kann man ablesen, dass genauso viele Mädchen wie Burschen die Plattform wöchentlich besuchen.
- [X] Der Anteil der Burschen, die mehr als 20-mal pro Woche die Plattform nützen, ist zumindest gleich groß oder größer als jener der Mädchen.
- [ ] Ca. 80 % der Mädchen und ca. 75 % der Burschen nützen die Plattform genau 25-mal pro Woche.

*Antwortmöglichkeit 1* ist **richtig**: Der Median bei den Burschen liegt bei 14 Besuchen der Plattform pro Woche, bei den Mädchen bei 12.

*Antwortmöglichkeit 2* ist **falsch**, da die Spannweite r = 32 bei beiden Geschlechtern gleich ist.

*Antwortmöglichkeit 3* ist **falsch**, weil ein Kastenschaubild (Boxplot) keine Information darüber liefert, wie viele Personen befragt wurden. Die Anzahl der befragten Mädchen bzw. Burschen kann gleich, aber auch (sehr) unterschiedlich sein.

*Antwortmöglichkeit 4* ist **richtig**: Ca. ein Viertel der Mädchen nützt diese Plattform mindestens 20-mal pro Woche, während ca. ein Viertel der Burschen diese Plattform 25-mal pro Woche oder öfter nützt.

*Antwortmöglichkeit 5* ist **falsch**. Ca. 75 % der Burschen nützen diese Plattform höchstens (nicht: „genau") 25-mal pro Woche. Über die Nutzung der Plattform bei den Mädchen kann anhand des Kastenschaubilds (nur) ausgesagt werden, dass ca. 75 % der Mädchen die Plattform höchstens 20-mal pro Woche nützen. Eine Aussage über die Nutzung der Plattform von 80 % der Mädchen ist aufgrund der Grafik nicht möglich.

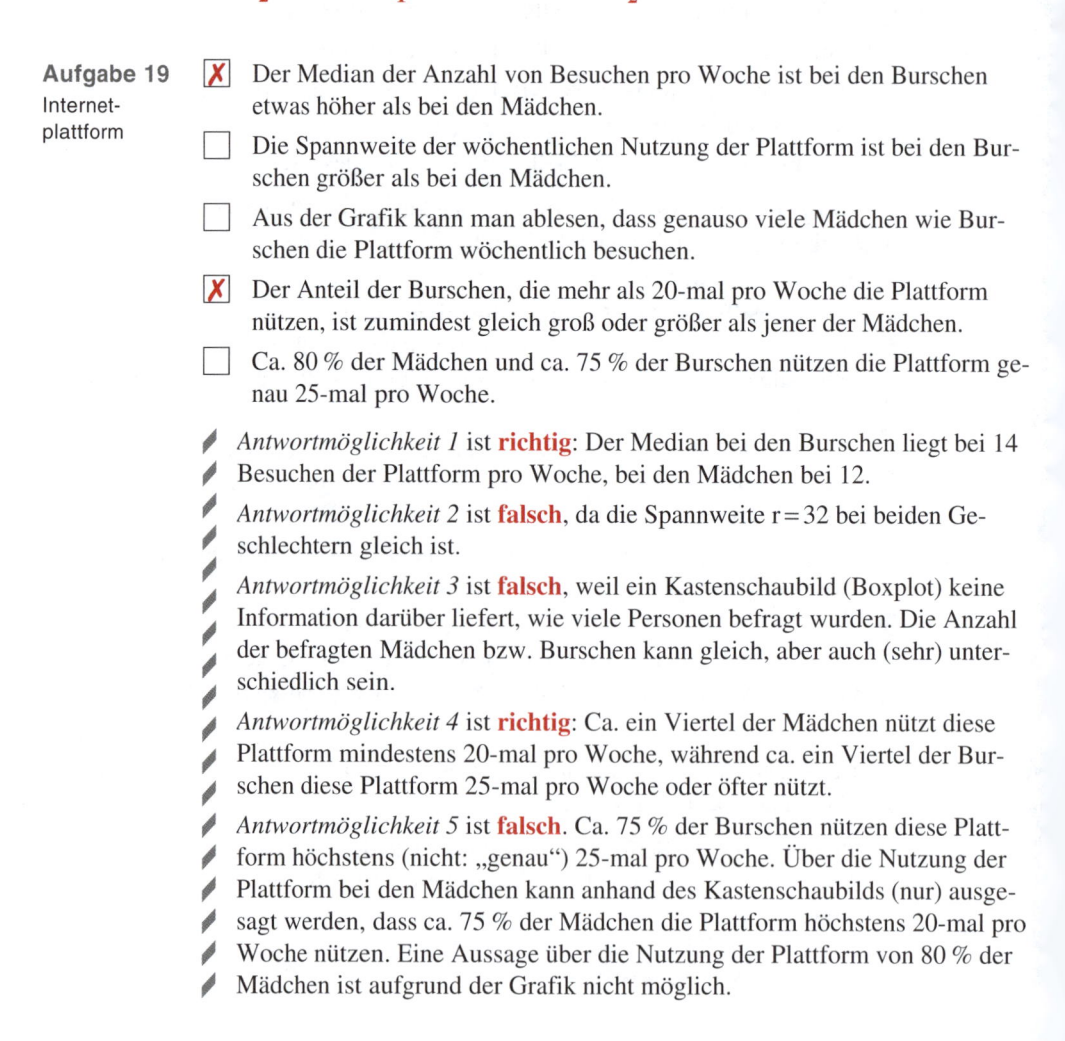

# Matura 2015 – Teil 1 – Lösungsvorschlag  2015-25

**Aufgabe 20**
**Nettojahreseinkommen**

Bei der Berechnung des durchschnittlichen Nettojahreseinkommens aller unselbstständig Erwerbstätigen im Jahre 2012 wird das arithmetische Mittel der Nettojahreseinkommen entsprechend dem Anteil der Personen im jeweiligen Arbeitsverhältnis gewichtet:
„Arbeiterinnen und Arbeiter" – 40 % der unselbstständig Erwerbstätigen – verdienen durchschnittlich € 14.062 im Jahr; „Angestellte" – 47 % der unselbstständig Erwerbstätigen – verdienen durchschnittlich € 24.141 im Jahr usw.
$\bar{x} = 14\,062 \cdot 0{,}4 + 24\,141 \cdot 0{,}47 + 22\,853 \cdot 0{,}08 + 35\,708 \cdot 0{,}05 = 20\,584{,}71$

Das durchschnittliche Nettojahreseinkommen beträgt **€ 20.584,71**.

**Aufgabe 21**
**Mehrere Wahrscheinlichkeiten**

☐ Die Wahrscheinlichkeit, dass die Lehrperson drei Schülerinnen auswählt, kann mittels $\frac{15}{25} \cdot \frac{14}{25} \cdot \frac{13}{25}$ berechnet werden.

☒ Die Wahrscheinlichkeit, dass die Lehrperson als erste Person einen Schüler auswählt, ist $\frac{10}{25}$.

☐ Die Wahrscheinlichkeit, dass die Lehrperson bei der Wahl von drei Prüflingen als zweite Person eine Schülerin auswählt, ist $\frac{24}{25}$.

☒ Die Wahrscheinlichkeit, dass die Lehrperson drei Schüler auswählt, kann mittels $\frac{10}{25} \cdot \frac{9}{24} \cdot \frac{8}{23}$ berechnet werden.

☐ Die Wahrscheinlichkeit, dass sich unter den von der Lehrperson ausgewählten Personen genau zwei Schülerinnen befinden, kann mittels $\frac{15}{25} \cdot \frac{14}{24} \cdot \frac{23}{23}$ berechnet werden.

*Antwortmöglichkeit 1* ist **falsch**. Wurde bereits eine Schülerin ausgewählt, dann verringert sich die Anzahl der Mädchen und ebenfalls die SchülerInnenzahl der Klasse um 1. Die Wahrscheinlichkeit, drei Schülerinnen auszuwählen, beträgt daher $\frac{15}{25} \cdot \frac{14}{24} \cdot \frac{13}{23}$.

*Antwortmöglichkeit 2* ist **richtig**, denn zehn der 25 SchülerInnen sind Burschen.

*Antwortmöglichkeit 3* ist **falsch**. In dieser Klasse sind 15 Schülerinnen und somit beträgt die Wahrscheinlichkeit, als zweite Person eine Schülerin auszuwählen, $\frac{15}{24}$, wenn die erste Person ein Bursche ist, bzw. $\frac{14}{24}$, wenn die erste Person ein Mädchen ist.

*Antwortmöglichkeit 4* ist **richtig**. Nach jedem ausgewählten Schüler verringert sich sowohl die Anzahl der Burschen als auch die SchülerInnenzahl der Klasse.

*Antwortmöglichkeit 5* ist **falsch**. Es gibt zehn Burschen in der Klasse und der Schüler kann als erster, als zweiter oder als dritter ausgewählt werden:
$\frac{10}{25} \cdot \frac{15}{24} \cdot \frac{14}{23} + \frac{15}{25} \cdot \frac{10}{24} \cdot \frac{14}{23} + \frac{15}{25} \cdot \frac{14}{24} \cdot \frac{10}{23} = \frac{15}{25} \cdot \frac{14}{24} \cdot \frac{10}{23} \cdot 3$

## Aufgabe 22
**Elfmeterschießen**

Der Ausdruck $\binom{11}{5}$ gibt die Anzahl der Möglichkeiten an, von den elf Spielern einer Mannschaft fünf Schützen für das Elfmeterschießen – unabhängig von der Reihenfolge des Antretens – auszuwählen.

- Der Binomialkoeffizient $\binom{11}{5}$ gibt an, dass es 462 Möglichkeiten gibt, Gruppen mit fünf Spielern aus einer Mannschaft mit elf Spielern zu bilden, wobei die Reihenfolge in den Fünfergruppen keine Rolle spielt.

## Aufgabe 23
**Erwartungswert des Gewinns**

Der Erwartungswert des Gewinns wird berechnet als die Summe der Produkte „Gewinnwahrscheinlichkeit mal Auszahlungsbetrag" abzüglich des Lospreises:

$E = \frac{1}{100} \cdot 100 + \frac{2}{100} \cdot 50 + \frac{5}{100} \cdot 20 - 5 = -2$

Der Erwartungswert des Gewinns beträgt **€ –2**.

*Alternativ* wird der Erwartungswert des Gewinns berechnet als die Summe von Verlustwahrscheinlichkeit mal Lospreis und den Produkten der Gewinnwahrscheinlichkeiten mal „Auszahlungsbeträge abzüglich des Lospreises":

$E = \frac{92}{100} \cdot (-5) + \frac{5}{100} \cdot 15 + \frac{2}{100} \cdot 45 + \frac{1}{100} \cdot 95 = -2$

Der Erwartungswert des Gewinns beträgt **€ –2**.

- Es kann ein Verlust von € 2 erwartet werden.

## Aufgabe 24
**Tennisspiel**

- Hier sind mehrere Formulierungen korrekt.
- P("Stefan gewinnt")=0,6 bzw. P("Helmut gewinnt")=0,4 bzw.
- P("Stefan verliert")=0,4 bzw. P("Helmut verliert")=0,6
- Der Term $0{,}4^3 \cdot 0{,}6^2$ gibt die Wahrscheinlichkeit an, dass Helmut drei Sätze gewinnt und zwei Sätze verliert. Dies entspricht dem Produkt der Wahrscheinlichkeiten entlang eines Pfades in einem fünfstufigen Baumdiagramm (fünf Sätze werden gespielt). Für die Berechnung der Wahrscheinlichkeit, dass Helmut drei von fünf Sätzen gewinnt und zwei Sätze verliert – in beliebiger Reihenfolge –, ist das Produkt $0{,}4^3 \cdot 0{,}6^2$ mit der Anzahl der Pfade im Baumdiagramm zu multiplizieren.
- Es werden fünf Sätze gespielt: Aus der Sicht von Helmut gibt das 5-Tupel (g, g, g, v, v) an, dass er die ersten drei Sätze gewinnt und dann zwei verliert; das 5-Tupel (g, v, g, g, v) gibt ebenfalls an, dass Helmut drei Sätze gewinnt und zwei verliert. Der Term $\binom{5}{3}$ gibt die Anzahl aller 5-Tupel an, in denen Helmut dreimal gewinnt und zweimal verliert.

Der Wert $\binom{5}{3} \cdot 0{,}4^3 \cdot 0{,}6^2 = 0{,}2304$ gibt die Wahrscheinlichkeit an, …

**… mit der Helmut genau 3 von 5 Sätzen im Training gewinnt.**
**… mit der Helmut genau 2 von 5 Sätzen im Training verliert.**
**… mit der Stefan genau 2 von 5 Sätzen im Training gewinnt.**
**… mit der Stefan genau 3 von 5 Sätzen im Training verliert.**

## Aufgabe 1: 200-m-Lauf

In der Leichtathletik gibt es für Läufer/innen spezielle Trainingsmethoden. Dazu werden Trainingspläne erstellt. Es ist dabei sinnvoll, bei Trainingsläufen Teilzeiten zu stoppen, um Stärken und Schwächen der Läuferin/des Läufers zu analysieren.

Zur Erstellung eines Trainingsplans für eine Läuferin wurden die Teilzeiten während eines Trainingslaufs gestoppt. Für die 200 Meter lange Laufstrecke wurden bei diesem Trainingslauf 26,04 Sekunden gemessen. Im nachstehenden Diagramm ist der zurückgelegte Weg s(t) in Abhängigkeit von der Zeit t für diesen Trainingslauf mithilfe einer Polynomfunktion s vom Grad 3 modellhaft dargestellt.

Für die Funktion s gilt die Gleichung $s(t) = -\frac{7}{450}t^3 + 0{,}7t^2$ (s(t) in Metern, t in Sekunden).

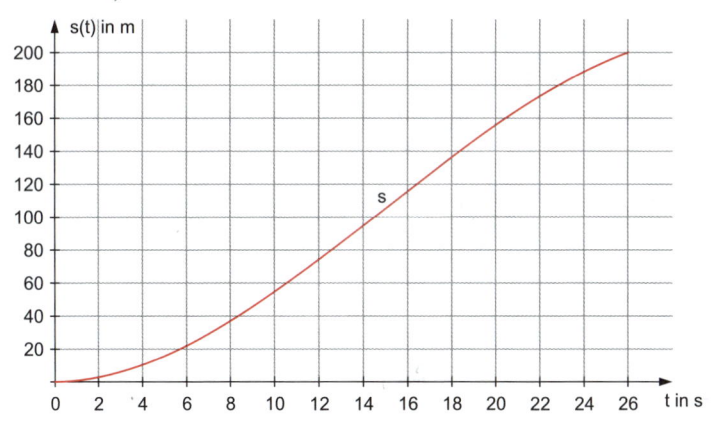

a) Berechnen Sie die Wendestelle der Funktion s!

Interpretieren Sie die Bedeutung der Wendestelle in Bezug auf die Geschwindigkeit der Läuferin!

b) **A** Bestimmen Sie die mittlere Geschwindigkeit der Läuferin für die 200 Meter lange Laufstrecke in Metern pro Sekunde!

Der Mittelwertsatz der Differenzialrechnung besagt, dass unter bestimmten Voraussetzungen in einem Intervall [a; b] für eine Funktion f mindestens ein $x_0 \in (a; b)$ existiert, sodass $f'(x_0) = \frac{f(b) - f(a)}{b - a}$ gilt. Interpretieren Sie diese Aussage im vorliegenden Kontext für die Funktion s im Zeitintervall [0; 26,04]!

## Hinweise und Tipps

**Teil a**
- Gegeben ist eine Funktion, die den zurückgelegten Weg s(t) in Abhängigkeit von der Zeit t darstellt. Welche Funktionen geben den Zusammenhang zwischen Zeit und Geschwindigkeit bzw. Zeit und Beschleunigung an?
- Denken Sie an die Ableitungen einer Funktion.
- Welcher Zusammenhang besteht zwischen dem Wendepunkt einer Funktion und ihren Ableitungsfunktionen?
- Interpretieren Sie den Wendepunkt mithilfe der Geschwindigkeit der Läuferin.
- Die Beschleunigung ist die zweite Ableitung einer Weg-Zeit-Funktion.

**Teil b**
- **A** Der erste Teil dieser Aufgabe (mittlere Geschwindigkeit) ist eine Ausgleichsaufgabe. Falls Sie diese Aufgabe richtig lösen, wird der Punkt im Teil 1 Ihrer Matura eingerechnet. Diese Aufgabe sollten Sie auf jeden Fall lösen!
- Es wird zwischen der mittleren Geschwindigkeit in einem gegebenen Zeitintervall (Differenzenquotient) und der Momentangeschwindigkeit zu einem bestimmten Zeitpunkt (Differenzialquotient) unterschieden.
- Ermitteln Sie den Differenzenquotienten im Intervall [0; 26,04].
- Beachten Sie das gegebene Zeitintervall [0; 26,04] aus der Angabe! Es ist im Graphen nicht vollständig eingezeichnet.

## Lösungsvorschlag

**Teil a**
- Die Wendestelle einer Polynomfunktion vom Grad 3 ist jene Stelle x, an der die zweite Ableitung null und die dritte Ableitung ungleich null ist. An dieser Stelle ändert die Funktion ihr Krümmungsverhalten.
- Leiten Sie die gegebene Funktion s(t) dreimal ab, indem Sie die Potenz- und die Summenregel sowie die Regel „konstanter Faktor" anwenden.

$s(t) = -\frac{7}{450}t^3 + 0{,}7t^2$

$s'(t) = -\frac{7}{450} \cdot 3 \cdot t^2 + 0{,}7 \cdot 2 \cdot t$  1. Ableitung

$s'(t) = -\frac{7}{150}t^2 + 1{,}4t$  1. Ableitung vereinfachen

$s''(t) = -\frac{7}{150} \cdot 2 \cdot t + 1{,}4$  2. Ableitung

$s''(t) = -\frac{7}{75}t + 1{,}4$  2. Ableitung vereinfachen

$s'''(t) = -\frac{7}{75}$  3. Ableitung

$s''(t) = 0$ und $s'''(t) \neq 0$  Berechnung des Wendepunktes

$-\frac{7}{75}t + 1{,}4 = 0 \quad |-1{,}4$

$\quad -\frac{7}{75}t = -1{,}4 \quad |:\left(-\frac{7}{75}\right)$

$\quad t = 15$

Es muss gelten: $s'''(15) \neq 0$

$s'''(15) = -\frac{7}{75} \neq 0$

Die **Wendestelle** der Funktion s liegt bei **t = 15 s**.

**Interpretation:**
In den ersten 15 Sekunden wird die Läuferin immer schneller, nach 15 Sekunden erreicht sie ihre höchste Geschwindigkeit, danach wird sie langsamer.

**Teil b** Die mittlere Geschwindigkeit der Läuferin im Intervall [0; 26,04] wird mit dem Differenzenquotienten berechnet:

$\overline{v} = \frac{s(26{,}04) - s(0)}{26{,}04 - 0} = \frac{200 - 0}{26{,}04} = \frac{200}{26{,}04} = 7{,}68049\ldots$

Die **mittlere Geschwindigkeit** der Läuferin für die 200 Meter lange Laufstrecke beträgt **ca. 7,68 $\frac{m}{s}$**.

Der Mittelwertsatz der Differenzialrechnung sagt, dass **im Intervall [0; 26,04] zumindest ein Zeitpunkt t** existiert, an dem die **Momentangeschwindigkeit** der Läuferin **gleich der mittleren Geschwindigkeit** ihres 200-m-Laufs ist.

Die Graphik veranschaulicht den Mittelwertsatz der Differenzialrechnung:
Man kann erkennen, dass die rote Sekante im angegebenen Intervall [0; 26,04] parallel zu den zwei schwarz eingezeichneten Tangenten ist.
Der Sekantenanstieg ist der Differenzenquotient der gegebenen Funktion im Intervall [0; 26,04], der Tangentenanstieg ist der Differenzialquotient der gegebenen Funktion.
Hier sieht man, dass es zwei Zeitpunkte gibt, an denen die Momentangeschwindigkeit der Durchschnittsgeschwindigkeit im Intervall [0; 26,04] entspricht.

## Aufgabe 2: Altersbestimmung

Die Radiokohlenstoffdatierung, auch $^{14}$C-Methode genannt, ist ein Verfahren zur Altersbestimmung von kohlenstoffhaltigen Materialien. Das Verfahren beruht darauf, dass in abgestorbenen Organismen die Menge an gebundenen radioaktiven $^{14}$C-Atomen gemäß dem Zerfallsgesetz exponentiell abnimmt, während der Anteil an $^{12}$C-Atomen gleich bleibt. Lebende Organismen sind von diesem Effekt nicht betroffen, da sie ständig neuen Kohlenstoff aus der Umwelt aufnehmen, sodass der $^{14}$C-Anteil nahezu konstant bleibt und somit auch das Verhältnis zwischen $^{14}$C und $^{12}$C.

Die Anzahl der noch vorhandenen $^{14}$C-Atome in einem abgestorbenen Organismus wird durch die Funktion N beschrieben. Für diese Anzahl N(t) der $^{14}$C-Atome t Jahre nach dem Tod des Organismus gilt daher näherungsweise die Gleichung $N(t) = N_0 \cdot e^{-\lambda \cdot t}$, wobei $N_0$ die Anzahl der $^{14}$C-Atome zum Zeitpunkt $t = 0$ angibt und die Zerfallskonstante für $^{14}$C den Wert $\lambda = 1{,}21 \cdot 10^{-4}$ pro Jahr hat.

Eine frische Probe enthält pro Billion ($10^{12}$) Kohlenstoffatomen nur ein $^{14}$C-Atom. Die Nachweisgrenze von $^{14}$C liegt bei einem Atom pro Billiarde ($10^{15}$) Kohlenstoffatomen (also einem Tausendstel der frischen Probe).

a) **A** Berechnen Sie die Halbwertszeit von $^{14}$C!

Zeigen Sie, dass nach zehn Halbwertszeiten die Nachweisgrenze von $^{14}$C unterschritten ist!

b) Im Jahr 1991 wurde in den Ötztaler Alpen von Wanderern die Gletschermumie „Ötzi" entdeckt. Die $^{14}$C-Methode ergab, dass bereits 47 % ± 0,5 % der ursprünglich vorhandenen $^{14}$C-Atome zerfallen waren (d. h., das Messverfahren hat einen Fehler von ± 0,5 % der in der frischen Probe vorhandenen Anzahl an $^{14}$C-Atomen).
Berechnen Sie ein Intervall für das Alter der Gletschermumie zum Zeitpunkt ihres Auffindens!

Angenommen, Ötzi wäre nicht im Jahr $t_1 = 1991$, sondern zu einem späteren Zeitpunkt $t_2$ gefunden worden.
Geben Sie an, welche Auswirkung auf die Breite des für das Alter der Gletschermumie ermittelten Intervalls dies hat (den gleichen Messfehler vorausgesetzt)!
Begründen Sie Ihre Aussage anhand der unten abgebildeten Grafik!

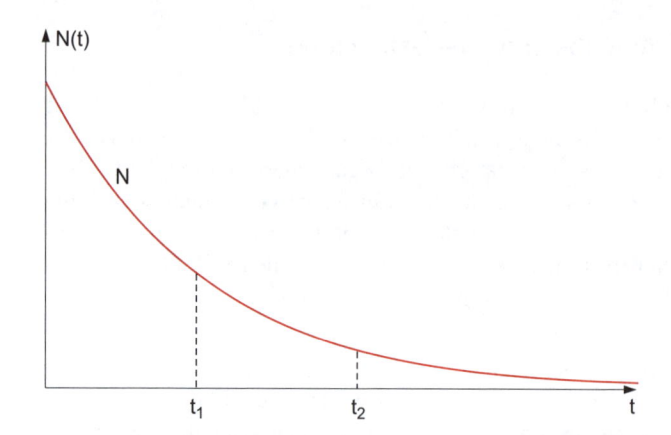

c) N(t) beschreibt die Anzahl der $^{14}$C-Atome zum Zeitpunkt t.
Interpretieren Sie N'(t) im Hinblick auf den radioaktiven Zerfallsprozess!

Nach den Gesetzmäßigkeiten des radioaktiven Zerfalls zerfällt pro Zeiteinheit ein konstanter Prozentsatz p der vorhandenen Menge an $^{14}$C-Atomen.
Welche der folgenden Differenzengleichungen beschreibt diese Gesetzmäßigkeit? Kreuzen Sie die zutreffende Differenzengleichung an!

☐ $N(t+1) - N(t) = p$
☒ $N(t+1) - N(t) = -p$
☐ $N(t+1) - N(t) = p \cdot t$
☐ $N(t+1) - N(t) = -p \cdot t$
☐ $N(t+1) - N(t) = p \cdot N(t)$
☒ $N(t+1) - N(t) = -p \cdot N(t)$

## Hinweise und Tipps

**Teil a**   **A**   Der erste Teil dieser Aufgabe (Halbwertszeit) ist eine Ausgleichsaufgabe. Falls Sie diese Aufgabe richtig lösen, wird der Punkt im Teil 1 Ihrer Matura eingerechnet. Diese Aufgabe sollten Sie auf jeden Fall lösen!

- Die Halbwertszeit $\tau$ ist jene Zeit, in der sich die Anzahl der Atome halbiert.
- Setzen Sie $N(t) = \frac{1}{2} \cdot N_0 = 0{,}5 \cdot N_0$.

**Teil b**
- Überlegen Sie, wie viel an $^{14}C$-Atomen laut Angabe zerfallen sind bzw. wie viel noch vorhanden sind.
- Wenn Ötzi später gefunden worden wäre, dann wären weniger $^{14}C$-Atome in der frischen Probe vorhanden gewesen als im Jahr 1991.

**Teil c**
- Bei der ersten Ableitung einer Funktion handelt es sich immer um eine momentane Änderung.

## Lösungsvorschlag

**Teil a** Es gilt die Gleichung $N(t) = N_0 \cdot e^{-\lambda \cdot t}$.

Berechnung der Halbwertszeit $\tau$:

$$0{,}5 \cdot N_0 = N_0 \cdot e^{-\lambda \cdot \tau} \quad | : N_0 \; (\neq 0)$$
$$0{,}5 = e^{-\lambda \cdot \tau} \quad | \ln$$
$$\ln 0{,}5 = \ln e^{-\lambda \cdot \tau} \quad | \text{Rechenregel } \ln u^r = r \cdot \ln u \text{ anwenden}$$
$$\ln 0{,}5 = -\lambda \cdot \tau \cdot \ln e \quad | \ln e = 1$$
$$\ln 0{,}5 = -\lambda \cdot \tau \quad | : (-\lambda)$$
$$\frac{\ln 0{,}5}{-\lambda} = \tau \quad \lambda = 1{,}21 \cdot 10^{-4} \text{ (lt. Angabe)}$$
$$\frac{\ln 0{,}5}{-1{,}21 \cdot 10^{-4}} = \tau$$
$$\tau = 5\,728{,}489\ldots$$

**Die Halbwertszeit** von $^{14}$C beträgt **ca. 5 728 Jahre**.

Laut Angabe liegt die Nachweisgrenze von $^{14}$C bei einem Atom pro Billiarde ($10^{15}$) Kohlenstoffatomen (also einem Tausendstel der frischen Probe).
Es muss gezeigt werden, dass nach 10 Halbwertszeiten die Nachweisgrenze von $^{14}$C unterschritten ist.

Ansatz: N(t) ist die Anzahl der $^{14}$C-Atome nach t Jahren (nach dem Tod des Organismus).

$$N(10 \cdot \tau) = N_0 \cdot e^{-\lambda \cdot 10 \cdot \tau}$$

$\tau = 5\,728$ einsetzen ($\tau$ wird bei der Überprüfung gerundet):

$$N(10 \cdot 5\,728) = N_0 \cdot e^{-\lambda \cdot 10 \cdot 5\,728} = N_0 \cdot 0{,}0009771\ldots$$

$$N_0 \cdot 0{,}0009771 < \frac{1}{1\,000} \cdot N_0$$

Da nach zehn Halbwertszeiten weniger als ein Tausendstel der frischen Probe vorhanden ist, ist die Nachweisgrenze unterschritten.

- Alternativ kann auch nach einer weiteren Methode vorgegangen werden.
- Da sich bei zehn Halbwertszeiten die Menge der frischen Probe stets halbiert, gilt folgender Ansatz:
- $\left(\frac{1}{2}\right)^{10} = 0{,}0009765625 < \frac{1}{1\,000}$
- Dies entspricht dem Faktor aus der obigen Lösung (bis auf Rundungsfehler).

**Teil b** Laut Angabe waren beim Fund von Ötzi zwischen 46,5 % und 47,5 % der ursprünglichen $^{14}$C-Atome zerfallen. Das heißt, es waren noch 52,5 % bis 53,5 % der ursprünglichen $^{14}$C-Atome vorhanden.

Die Zerfallsformel lautet: $N(t) = N_0 \cdot e^{-\lambda \cdot t}$

Zu den beiden Prozentwerten werden die zwei Zeitpunkte $t_1$ und $t_2$ berechnet:

$$0{,}525 \cdot N_0 = N_0 \cdot e^{-\lambda \cdot t_2} \quad | : N_0$$
$$0{,}525 = e^{-\lambda \cdot t_2} \quad | \ln$$
$$\ln 0{,}525 = -\lambda \cdot t_2 \quad | : (-\lambda)$$
$$\frac{\ln 0{,}525}{-\lambda} = t_2 \qquad \lambda = 1{,}21 \cdot 10^{-4} \text{ (lt. Angabe)}$$
$$t_2 \approx 5\,325$$

Analog wird $t_1$ berechnet:
$$0{,}535 \cdot N_0 = N_0 \cdot e^{-\lambda \cdot t_1}$$
$$\vdots$$
$$t_1 \approx 5\,169$$

Das **Alter von Ötzi** zum Zeitpunkt des Auffindens liegt im Intervall **[5 169; 5 325] Jahre**.

Wenn Ötzi später gefunden worden wäre, dann wären weniger $^{14}$C-Atome als im Jahr 1991 in der frischen Probe vorhanden gewesen. Da der Messfehler ±0,5 % lautet, ist das Intervall auf der N(t)-Achse stets 1 %, also immer gleich groß, unabhängig vom Zeitpunkt des Fundes.

Das konstante Intervall auf der N(t)-Achse rutscht bei späterem Fund weiter nach unten und das Intervall auf der t-Achse rückt weiter nach rechts. Die Kurve wird für große t-Werte flacher, daher wird das **Intervall der t-Werte breiter**.

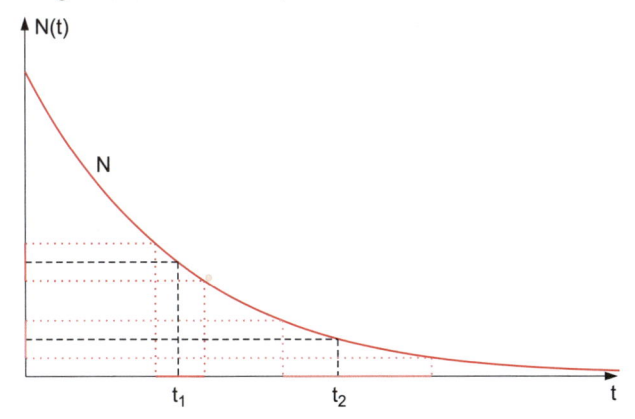

**Teil c** N'(t) beschreibt die momentane Änderungsrate der Anzahl der $^{14}$C-Atome in einer frischen Probe zu einem bestimmten Zeitpunkt t. Es handelt sich hier um die **momentane Zerfallsgeschwindigkeit der $^{14}$C-Atome zum Zeitpunkt t**.

☐ $N(t+1) - N(t) = p$
☐ $N(t+1) - N(t) = -p$
☐ $N(t+1) - N(t) = p \cdot t$
☐ $N(t+1) - N(t) = -p \cdot t$
☐ $N(t+1) - N(t) = p \cdot N(t)$
☒ $N(t+1) - N(t) = -p \cdot N(t)$

Differenzengleichung: Die linken Seiten $N(t+1) - N(t)$ der Gleichungen geben die Anzahl der zerfallenen $^{14}$C-Atome pro Zeiteinheit an. Hier wird von der Anzahl der $^{14}$C-Atome zum Zeitpunkt $t+1$ die Anzahl der $^{14}$C-Atome zum Zeitpunkt t subtrahiert.

Die letzte Differenzengleichung ist **richtig**: Die rechte Seite $-p \cdot N(t)$ der Gleichung beschreibt den Anteil der vorhandenen $^{14}$C-Atome zum Zeitpunkt t.

Die erste und die zweite Differenzengleichung sind **falsch**, denn die Anzahl der zerfallenen $^{14}$C-Atome pro Zeiteinheit entspricht nicht dem konstanten Prozentsatz p.

Die dritte und die vierte Differenzengleichung sind **falsch**, denn die Anzahl der zerfallenen $^{14}$C-Atome pro Zeiteinheit entspricht nicht dem Produkt des konstanten Prozentsatzes mit dem Zeitpunkt t. Dieses Produkt ist nicht sinnvoll.

Die fünfte Differenzengleichung ist **falsch**, denn hier wäre die Differenz positiv.

## Aufgabe 3: Blutgruppen

Die wichtigsten Blutgruppensysteme beim Menschen sind das AB0-System und das Rhesussystem. Es werden dabei die vier Blutgruppen A, B, AB und 0 unterschieden. Je nach Vorliegen eines bestimmten Antikörpers, den man erstmals bei Rhesusaffen entdeckt hat, wird bei jeder Blutgruppe noch zwischen Rhesus-positiv (+) und Rhesus-negativ (–) unterschieden. A– bedeutet z. B. Blutgruppe A mit Rhesusfaktor negativ.

In den nachstehenden Diagrammen sind die relativen Häufigkeiten der vier Blutgruppen in Österreich und Deutschland und im weltweiten Durchschnitt ohne Berücksichtigung des Rhesusfaktors dargestellt.

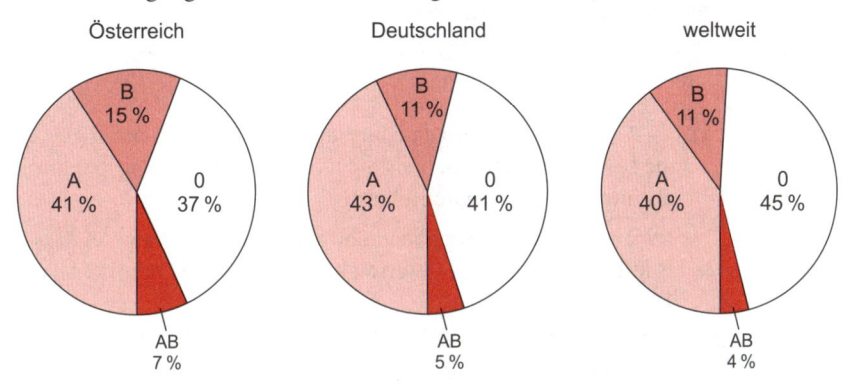

**Österreich**: B 15 %, A 41 %, 0 37 %, AB 7 %
**Deutschland**: B 11 %, A 43 %, 0 41 %, AB 5 %
**weltweit**: B 11 %, A 40 %, 0 45 %, AB 4 %

Die nachstehende Tabelle enthält die relativen Häufigkeiten der Blutgruppen in Deutschland und Österreich zusätzlich aufgeschlüsselt nach den Rhesusfaktoren.

|  | A+ | A– | B+ | B– | 0+ | 0– | AB+ | AB– |
|---|---|---|---|---|---|---|---|---|
| Deutschland | 37 % | 6 % | 9 % | 2 % | 35 % | 6 % | 4 % | 1 % |
| Österreich | 33 % | 8 % | 12 % | 3 % | 30 % | 7 % | 6 % | 1 % |

Daten nach: DRK-Blutspendedienste, Österreichisches Rotes Kreuz, bloodbook.com

Aufgrund von Unverträglichkeiten kann für eine Bluttransfusion nicht Blut einer beliebigen Blutgruppe verwendet werden. Jedes Kreuz (X) in der nachstehenden Tabelle bedeutet, dass eine Transfusion vom Spender zum Empfänger möglich ist.

| Empfänger | Spender | | | | | | | |
|---|---|---|---|---|---|---|---|---|
| | 0− | 0+ | B− | B+ | A− | A+ | AB− | AB+ |
| AB+ | X | X | X | X | X | X | X | X |
| AB− | X | | X | | X | | X | |
| A+ | X | X | | | X | X | | |
| A− | X | | | | X | | | |
| B+ | X | X | X | X | | | | |
| B− | X | | X | | | | | |
| 0+ | X | X | | | | | | |
| 0− | X | | | | | | | |

**Aufgabenstellung**

a) **A** Geben Sie diejenigen Blutgruppen an, die laut der abgebildeten Diagramme sowohl in Österreich als auch in Deutschland häufiger anzutreffen sind als im weltweiten Durchschnitt!

Jemand argumentiert anhand der gegebenen Diagramme, dass die Blutgruppe B in Deutschland und Österreich zusammen eine relative Häufigkeit von 13 % hat.
Entscheiden Sie, ob diese Aussage richtig ist, und begründen Sie Ihre Entscheidung!

b) Eine in Österreich lebende Person X hat Blutgruppe A−.

Geben Sie anhand der in der Einleitung angeführten Daten und Informationen die Wahrscheinlichkeit an, mit der diese Person X als Blutspender/in für eine zufällig ausgewählte, in Österreich lebende Person Y geeignet ist!

Wie viele von 100 zufällig ausgewählten Österreicherinnen/Österreichern kommen als Blutspender/in für die Person X infrage? Geben Sie für die Anzahl der potenziellen Blutspender/innen näherungsweise ein um den Erwartungswert symmetrisches Intervall mit 90 % Wahrscheinlichkeit an!

c) In einer österreichischen Gemeinde, in der 1 800 Einwohner/innen Blut spenden könnten, nahmen 150 Personen an einer freiwilligen Blutspendeaktion teil. Es wird angenommen, dass die Blutspender/innen eine Zufallsstichprobe darstellen. 72 Blutspender/innen hatten Blutgruppe A.

Berechnen Sie aufgrund dieses Stichprobenergebnisses ein symmetrisches 95 %-Konfidenzintervall für den tatsächlichen (relativen) Anteil p der Einwohner/innen dieser Gemeinde mit Blutgruppe A, die Blut spenden könnten!

Die Breite des Konfidenzintervalls wird vom Konfidenzniveau (Sicherheitsniveau) und vom Umfang der Stichprobe bestimmt. Geben Sie an, wie jeweils einer der beiden Parameter geändert werden müsste, um eine Verringerung der Breite des Konfidenzintervalls zu erreichen! Gehen Sie dabei von einem unveränderten (gleichbleibenden) Stichprobenergebnis aus.

d) Blutgruppenmerkmale werden von den Eltern an ihre Kinder weitervererbt. Dabei sind die Wahrscheinlichkeiten in der nachstehenden Tabelle angeführt.

| Blutgruppe der Eltern | mögliche Blutgruppe des Kindes | | | |
|---|---|---|---|---|
| | A | B | AB | 0 |
| A und A | 93,75 % | – | – | 6,25 % |
| A und B | 18,75 % | 18,75 % | 56,25 % | 6,25 % |
| A und AB | 50 % | 12,5 % | 37,5 % | – |
| A und 0 | 75 % | – | – | 25 % |
| B und B | – | 93,75 % | – | 6,25 % |
| B und AB | 12,5 % | 50 % | 37,5 % | – |
| B und 0 | – | 75 % | – | 25 % |
| AB und AB | 25 % | 25 % | 50 % | – |
| AB und 0 | 50 % | 50 % | – | – |
| 0 und 0 | – | – | – | 100 % |

Daten nach: DRK-Blutspendedienste

Eine Frau mit Blutgruppe A und ein Mann mit Blutgruppe 0 haben zwei (gemeinsame) leibliche Kinder.
Berechnen Sie die Wahrscheinlichkeit, dass beide Kinder die gleiche Blutgruppe haben!

Ein Kind aus der Nachbarschaft dieser Familie hat Blutgruppe 0.
Gibt es eine Blutgruppe bzw. Blutgruppen, die der leibliche Vater dieses Kindes sicher nicht haben kann? Begründen Sie Ihre Antwort anhand der gegebenen Daten!

## Hinweise und Tipps

**Teil a**   [A] Der erste Teil dieser Aufgabe (Blutgruppen) ist eine Ausgleichsaufgabe. Falls Sie diese Aufgabe richtig lösen, wird der Punkt im Teil 1 Ihrer Matura eingerechnet. Diese Aufgabe sollten Sie auf jeden Fall lösen!

- Vergleichen Sie die relativen Häufigkeiten in den drei Kreisdiagrammen, in denen das Vorkommen der verschiedenen Blutgruppen in Österreich, in Deutschland bzw. weltweit dargestellt ist.
- Beachten Sie, dass nur dann eine sinnvolle Aussage mithilfe des Mittelwerts aus zwei relativen Häufigkeiten getroffen werden kann, wenn die Anzahl, auf die sich die relativen Häufigkeiten beziehen, gleich groß ist.

**Teil b**
- Für welche Blutgruppen ist eine Konserve mit der Blutgruppe A− geeignet? Mit welchen relativen Häufigkeiten treten diese Blutgruppen in Österreich auf?
- Welche Blutgruppen sind als Spenderblut für eine Person mit der Blutgruppe A− geeignet? Mit welcher Wahrscheinlichkeit treten diese Blutgruppen in Österreich auf? Wie viele von 100 Personen können als BlutspenderInnen für einen Empfänger mit der Blutgruppe A− erwartet werden?
- Schätzen Sie ein um den Erwartungswert ($\mu = 15$) symmetrisches Intervall, in dem die Zahl der potenziellen BlutspenderInnen aus 100 zufällig ausgewählten Personen mit 90 %iger Wahrscheinlichkeit liegt.

**Teil c**
- Ermitteln Sie den relativen Anteil der SpenderInnen mit Blutgruppe A in der Gruppe, die an der freiwilligen Blutspendeaktion teilnahmen.
- Schätzen Sie ein um den relativen Anteil der freiwilligen SpenderInnen mit der Blutgruppe A ($h = 0{,}48$) symmetrisches Intervall, das mit 95 %iger Wahrscheinlichkeit den relativen Anteil der Personen mit Blutgruppe A in der Gemeinde angibt.
- Wie wirkt sich eine Erhöhung des Konfidenzniveaus auf die Breite des Konfidenzintervalls aus? Wie wirkt sich eine Erhöhung des Stichprobenumfangs auf die Breite des Konfidenzintervalls aus?

**Teil d**
- Welche Blutgruppen können Kinder von Eltern mit der Blutgruppe A bzw. 0 haben?
- Zeichnen Sie ein zweistufiges Baumdiagramm, in dem die verschiedenen Möglichkeiten der Blutgruppen dieser zwei Kinder dargestellt sind.
- Bei welchen Blutgruppen der Eltern kann das Kind nicht die Blutgruppe 0 haben?

# Lösungsvorschlag

**Teil a** Die Blutgruppen **A** und **AB** sind laut der abgebildeten Diagramme in Österreich und in Deutschland häufiger als weltweit anzutreffen.

Die Aussage, dass „die Blutgruppe B in Deutschland und Österreich zusammen eine relative Häufigkeit von 13 % hat", ist **nicht richtig**, weil die Anzahl der EinwohnerInnen in den beiden genannten Ländern nicht gleich groß ist. Bei der Berechnung einer relativen Häufigkeit, die für Österreich und Deutschland gelten soll, müssten die beiden relativen Häufigkeiten entsprechend den Einwohnerzahlen gewichtet werden.

**Teil b** Laut Tabelle kommt eine Person X mit der Blutgruppe A– als SpenderIn für die Blutgruppen AB+, AB–, A+ und A– infrage. Entsprechend den relativen Häufigkeiten dieser Blutgruppen in Österreich wird die Wahrscheinlichkeit, dass Person X für eine zufällig ausgewählte Person Y als SpenderIn geeignet ist, mit 48 % berechnet:

$$\underbrace{0{,}06}_{AB+} + \underbrace{0{,}01}_{AB-} + \underbrace{0{,}33}_{A+} + \underbrace{0{,}08}_{A-} = 0{,}48 = \mathbf{48\ \%}$$

Eine Person mit der Blutgruppe A– kann laut Tabelle Spenden der Blutgruppen A– und 0– erhalten. Die Wahrscheinlichkeit, dass ein zufällig ausgewählter Spender bzw. eine zufällig ausgewählte Spenderin eine der beiden Blutgruppen hat, beträgt 15 %.

Für das gesuchte um den Erwartungswert $\mu$ symmetrische Intervall $[\mu - z \cdot \sigma;\ \mu + z \cdot \sigma]$ soll laut Angabe gelten, dass die Anzahl der potenziellen BlutspenderInnen mit 90 %iger Wahrscheinlichkeit in diesem Intervall liegt:
$P(\mu - z \cdot \sigma \leq \text{Anzahl} \leq \mu + z \cdot \sigma) = 0{,}9$

Berechnung des Erwartungswerts $\mu$ und der Standardabweichung $\sigma$:
$\mu = n \cdot p = 100 \cdot 0{,}15 = 15$
$\sigma = \sqrt{n \cdot p \cdot (1-p)} = \sqrt{100 \cdot 0{,}15 \cdot 0{,}85} = \sqrt{12{,}75} \approx 3{,}57$

Ermitteln von z (durch Nachschlagen in der Tabelle „Normalverteilung"):

$2 \cdot \Phi(z) - 1 = 0{,}9 \qquad |+1$
$\quad 2 \cdot \Phi(z) = 1{,}9 \qquad |:2$
$\qquad \Phi(z) = 0{,}95 \qquad \text{Tabelle}$
$\qquad\quad z = 1{,}645$

Berechnen der Intervallgrenzen:
$\mu - z \cdot \sigma \approx 15 - 1{,}645 \cdot 3{,}57 \approx 9{,}1$
$\mu + z \cdot \sigma \approx 15 + 1{,}645 \cdot 3{,}57 \approx 20{,}9$

Von 100 zufällig ausgewählten Personen liegt im **Intervall [9; 21]** mit 90 %iger Wahrscheinlichkeit die Anzahl der möglichen SpenderInnen für eine Person mit der Blutgruppe A−.
**Zwischen 9 und 21** der 100 zufällig ausgewählten Personen kommen als BlutspenderInnen für die Person X (mit Blutgruppe A−) mit 90 %iger Wahrscheinlichkeit infrage.

**Teil c** Von den 150 BlutspenderInnen haben 72 die Blutgruppe A: Der relative Anteil der Personen mit Blutgruppe A in der Zufallsstichprobe der SpenderInnen beträgt $h = \frac{72}{150} = 0{,}48$.

Für das gesuchte Konfidenzintervall $\left[h - z \cdot \sqrt{\frac{h \cdot (1-h)}{n}};\ h + z \cdot \sqrt{\frac{h \cdot (1-h)}{n}}\right]$ soll laut Angabe gelten, dass der relative Anteil p der Personenanzahl mit der Blutgruppe A unter den 1 800 EinwohnerInnen dieser Gemeinde mit 95 %iger Wahrscheinlichkeit in diesem Intervall liegt:

$$P\left(h - z \cdot \sqrt{\frac{h \cdot (1-h)}{n}} \leq p \leq h + z \cdot \sqrt{\frac{h \cdot (1-h)}{n}}\right) = 0{,}95$$

Ermitteln von z (durch Nachschlagen in der Tabelle „Normalverteilung"):

$$2 \cdot \Phi(z) - 1 = 0{,}95 \quad |+1$$
$$2 \cdot \Phi(z) = 1{,}95 \quad |:2$$
$$\Phi(z) = 0{,}975 \quad \text{Tabelle}$$
$$z = 1{,}96$$

Berechnen der Intervallgrenzen:

$$p_1 = h - z \cdot \sqrt{\frac{h \cdot (1-h)}{n}} = 0{,}48 - 1{,}96 \cdot \sqrt{\frac{0{,}48 \cdot 0{,}52}{150}} \approx 0{,}48 - 0{,}08 = 0{,}4$$

$$p_2 = h + z \cdot \sqrt{\frac{h \cdot (1-h)}{n}} = 0{,}48 + 1{,}96 \cdot \sqrt{\frac{0{,}48 \cdot 0{,}52}{150}} \approx 0{,}48 + 0{,}08 = 0{,}56$$

Mit 95 %iger Wahrscheinlichkeit liegt der Anteil der EinwohnerInnen dieser Gemeinde mit Blutgruppe A im **Intervall [40 %; 56 %]**.

Die Wahrscheinlichkeit, dass **zwischen 40 % und 56 %** der EinwohnerInnen dieser Gemeinde die Blutgruppe A haben, liegt bei 95 %.

Die Breite des Konfidenzintervalls wird bei gleichbleibendem Stichprobenergebnis vom Konfidenzniveau und vom Umfang der Stichprobe bestimmt:
Eine **größere Stichprobe** führt stets zu einer **Verringerung der Breite** des Konfidenzintervalls.
Eine **Abnahme des Konfidenzniveaus** führt stets zu einem **schmaleren Konfidenzintervall**.

**Teil d**  Kinder von Eltern mit der Blutgruppe A bzw. 0 haben mit einer Wahrscheinlichkeit von 75 % Blutgruppe A und von 25 % Blutgruppe 0.

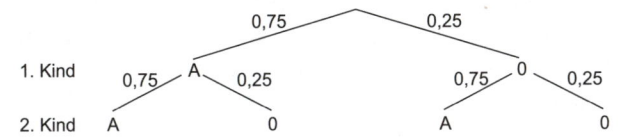

```
                    0,75            0,25
1. Kind      0,75  A   0,25    0,75  0   0,25
2. Kind        A       0         A       0
```

Berechnung der Wahrscheinlichkeit, dass zwei Kinder dieselbe Blutgruppe, also entweder beide A oder beide 0, haben:

$0,75^2 + 0,25^2 = 0,625$

Die Wahrscheinlichkeit, dass beide Kinder dieselbe Blutgruppe haben, beträgt **62,5 %**.

Der leibliche Vater kann nicht die **Blutgruppe AB** haben:
Laut Tabelle kann kein Kind, von dem ein Elternteil die Blutgruppe AB hat, die Blutgruppe 0 haben.

## Aufgabe 4: Füllen eines Gefäßes

Der Innenraum eines 20 cm hohen Gefäßes hat in jeder Höhe h eine rechteckige, horizontale Querschnittsfläche. Ihre Länge beträgt am Boden 10 cm und nimmt dann mit der Höhe linear bis auf 16 cm zu, ihre Breite beträgt in jeder Höhe 12 cm.

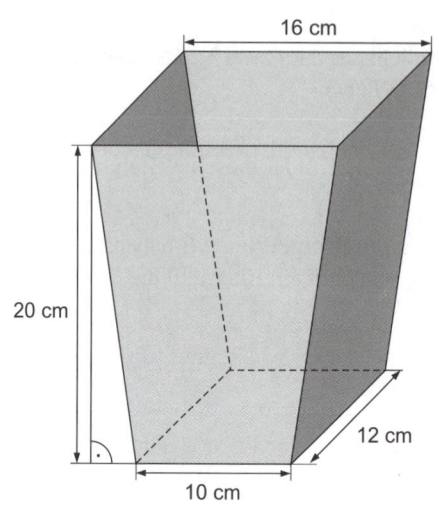

**Aufgabenstellung**

a) **A** Geben Sie eine Formel für die Länge a(h) der rechteckigen Querschnittsfläche in der Höhe h an!

In das Gefäß wird Flüssigkeit gefüllt.

Geben Sie an, was der Ausdruck $12 \cdot \int_0^{15} a(h)\, dh$ in diesem Zusammenhang bedeutet!

b) Das leere Gefäß wird bis zum Rand mit Flüssigkeit gefüllt.
Nach t Sekunden befindet sich die Wassermenge q(t) (in $m\ell$) im Gefäß. Die Füllung dauert 39 Sekunden. Für $t \in [0; 39]$ gilt: q'(t) = 80.

Interpretieren Sie q'(t) = 80 im gegebenen Zusammenhang!

Ermitteln Sie $\frac{q(t_2) - q(t_1)}{t_2 - t_1}$ für beliebige $t_1, t_2$ mit $t_1 < t_2$ aus dem gegebenen Zeitintervall!

c) Das Fassungsvermögen des Gefäßes (in $m\ell$) bis zur Höhe x kann durch das Integral $\int_0^x (3,6 \cdot h + 120)\, dh$ dargestellt werden.

Ermitteln Sie, bei welcher Höhe x das Wasser im Gefäß steht, wenn man 2,5 Liter Wasser in das Gefäß gießt!

Interpretieren Sie den im Integral vorkommenden Wert 3,6 im gegebenen Kontext!

## Hinweise und Tipps

**Teil a**   **A**   Der erste Teil dieser Aufgabe (Längenformel) ist eine Ausgleichsaufgabe. Falls Sie diese Aufgabe richtig lösen, wird der Punkt im Teil 1 Ihrer Matura eingerechnet. Diese Aufgabe sollten Sie auf jeden Fall lösen!

- Versuchen Sie für die Seitenkante des Gefäßes eine Funktion aufzustellen, wobei Sie die Steigung bestimmen und die kleinere Breite als Ausgangswert annehmen.

- Beim Einfüllen der Flüssigkeit: Überlegen Sie, was das Produkt $12 \cdot a(h)$ bedeutet, wenn 12 die eine Seitenlänge des Gefäßes ist und $a(h)$ die andere. Was beschreibt daraus folgend das Integral?

**Teil b** 
- $q'(t)$ ist die momentane Änderung der Wassermenge zu einem Zeitpunkt t und diese ist laut Angabe konstant. Von welchem Funktionstyp muss daher die ursprüngliche Funktion q sein? Benützen Sie die charakteristische Eigenschaft dieses Funktionstyps, um die Zahl 80 im Kontext zu interpretieren.

- Bevor Sie den Wert des Ausdrucks $\frac{q(t_2) - q(t_1)}{t_2 - t_1}$ berechnen können, müssen Sie aus der Gleichung $q'(t) = 80$ die Funktion $q(t)$ ermitteln. Wählen Sie dann für die Berechnung zwei beliebige (möglichst einfache) Zeitpunkte aus dem gegebenen Intervall.

**Teil c**
- Beachten Sie die unterschiedlichen Einheiten. In der Funktion kommen Milliliter vor, das Fassungsvermögen ist jedoch in Liter gegeben.

- Setzen Sie das Fassungsvermögen als Ergebnis des Integrals ein, integrieren Sie die Funktion wie gewohnt und setzen Sie danach die Grenzen ein. Lösen Sie nun die entstandene Gleichung nach x auf.

- Tipp zur Interpretation: Die zu integrierende Funktion $(3{,}6h + 120)$ muss eine Funktion sein, die die Querschnittsfläche in einer bestimmten Höhe beschreibt, denn nur so kann das Volumen berechnet werden. (Das Integral summiert sozusagen unendlich viele Querschnittsflächen.) Welcher Funktionstyp ist $(3{,}6h + 120)$? Welche Bedeutung hat 3,6 in diesem Zusammenhang?

## Lösungsvorschlag

**Teil a**
- Weil die Breite des Gefäßes überall gleich ist, genügt es, sich über die Trapezfläche vorne Gedanken zu machen. Die Seitenkanten sind Geraden und die Ausgangsbreite ist 10 cm. Wenn es noch gelingt, die Steigung der Seitenkanten zu bestimmen, wäre eine Funktion für diese Kanten festgelegt, mit der dann eine Länge a(h) in beliebiger Höhe h berechnet werden könnte.

Betrachten Sie für die Steigung das Dreieck ABC, das für eine bessere Vergleichbarkeit mit linearen Funktionen gedreht wurde.

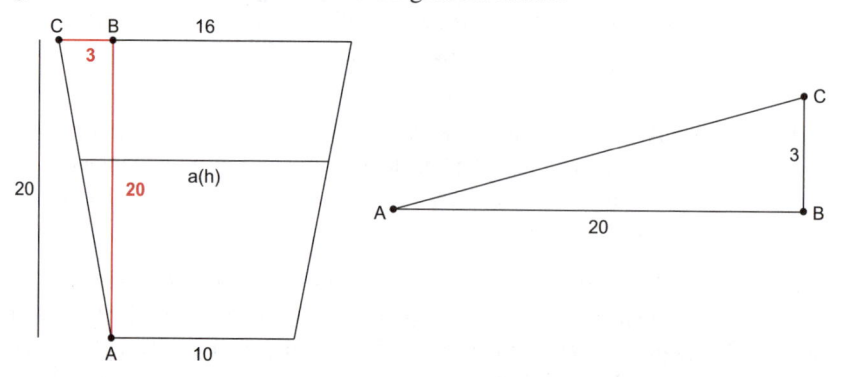

Anstatt nun die Zunahme der Länge a(h) auf *beiden* Seiten des Trapezes zu berücksichtigen, kann das Dreieck auch verändert werden. Der gesamte Unterschied der beiden Parallelseiten beträgt 6 cm (von 10 auf 16 cm). Anstatt also 2-mal eine Veränderung um 3 cm zu veranschaulichen, kann gleich das Steigungsdreieck auf 6 cm verändert werden.

Für die Bestimmung der Änderung gehen wir von einer allgemeinen linearen Funktion $y = kx + d$ aus. Weil hier h die unabhängige Variable ist und ein Ausdruck für die Seitenlänge a gefunden werden soll, benennen wir die Funktion mit $a(h) = k \cdot h + d$ und verschieben das gedrehte Trapez in den Koordinatenursprung. Die Höhe h des Trapezes (= des Gefäßes) befindet sich nun auf der x-Achse.

Beachten Sie nun das ausgedehnte Dreieck ABC mit der vergrößerten Seite $\overline{BC} = 6$ cm:

$a(0) = 10$    Länge der unteren Kante

$a(20) = 16$    In der Höhe 20 cm (also am oberen Rand des Gefäßes) beträgt die Länge des Gefäßes 16 cm (das entspricht dem Punkt $C = (20 | 16)$).

Die Steigung k ist daher: $k = \frac{6}{20} = \frac{3}{10}$

Als Funktionsterm erhält man daraus:

$a(h) = \frac{3}{10} \cdot h + 10$

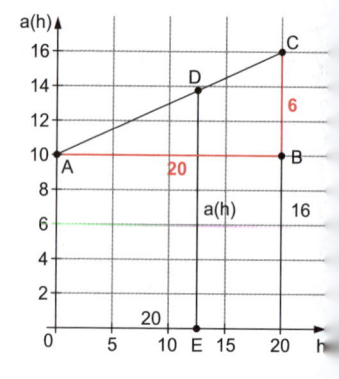

**Interpretation des Integrals:**
Der Ausdruck $12 \cdot a(h)$ berechnet die Querschnittsfläche in der Höhe h. Das Integral berechnet damit die Summe aller Querschnittsflächen des Gefäßes, und das ist das Volumen.

$\int 12 \cdot a(h)\,dh = 12 \cdot \int a(h)\,dh$ berechnet das Volumen, wobei der konstante Faktor 12 herausgehoben werden darf. Beim Integral $12 \cdot \int_0^{15} a(h)\,dh$ geben die Integrationsgrenzen 0 und 15 an, dass die Flüssigkeit bis in eine Höhe von 15 cm gefüllt wird, also bis 5 cm unter den Rand des Gefäßes.

**Teil b** Da die Ableitung q'(t) der Funktion konstant ist, muss q(t) eine lineare Funktion sein. Die **Wassermenge rinnt** also **gleichmäßig** (pro Zeiteinheit kommt gleich viel Wasser) in das Gefäß.

Da q'(t) = 80, erhält man durch einmaliges Integrieren q(t) = 80t + c. Die Konstante ist c = 0, weil zu Beginn der Füllung das Gefäß leer ist. Die Funktion lautet also q(t) = 80t.

Um den Differenzenquotienten (die mittlere Änderungsrate oder die durchschnittliche Füllgeschwindigkeit) zu berechnen, wählt man z. B. $t_1 = 10$ und $t_2 = 20$ Sekunden:

$$\frac{q(t_2) - q(t_1)}{t_2 - t_1} = \frac{80 \cdot 20 - 80 \cdot 10}{20 - 10} = \textbf{80}\ [\text{Milliliter pro Sekunde}]$$

✐ Natürlich können Sie sich die Rechnung ersparen, wenn Sie wissen, dass für
✐ lineare Funktionen die mittlere Änderungsrate gleich der Steigung der Funk-
✐ tion ist. Die 80 $\frac{m\ell}{sek}$ können Sie also direkt aus der Funktion q(t) ablesen.

**Teil c**  $\quad 2{,}5\ \ell = 2\,500\ m\ell \quad$ Einsetzen in das gegebene Integral

$$\int_0^x (3{,}6 \cdot h + 120)\,dh = 2\,500 \quad \text{Integrieren der Funktion}$$

$\left[1{,}8h^2 + 120h\right]_0^x = 2\,500 \quad$ Einsetzen der Grenzen 0 und x und Umformen

$1{,}8x^2 + 120x - 2\,500 = 0 \quad$ Auflösen dieser quadratischen Gleichung nach x

$$x_{1,2} = \frac{-120 \pm \sqrt{120^2 - 4 \cdot 1{,}8 \cdot (-2\,500)}}{2 \cdot 1{,}8}$$

$$= \frac{-120 \pm \sqrt{32\,400}}{3{,}6} = \frac{-120 \pm 180}{3{,}6}$$

$$x_1 = \frac{50}{3}\ \text{cm} \approx \textbf{16{,}7 cm}$$

✐ Die zweite Lösung $x_2 = -\frac{250}{3}$ cm kommt nicht infrage, da der Füllstand kei-
✐ nesfalls negativ sein kann.

**Interpretation von 3,6:**

Die lineare Funktion (3,6h + 120) beschreibt die Querschnittsfläche in der Höhe h des Gefäßes. 3,6 ist also die Zunahme der Fläche pro cm Höhe. Wenn man 1 cm weiter oben im Gefäß die Querschnittsfläche erneut berechnet, hat sich ihr Flächeninhalt um 3,6 $cm^2$ vergrößert.

# Zentral-Matura Mathematik
## Matura 2016 – Teil 1

**Aufgabe 1**
Menge von Zahlen

Die Menge $M = \{x \in \mathbb{Q} \mid 2 < x < 5\}$ ist eine Teilmenge der rationalen Zahlen.

**Aufgabenstellung:** Kreuzen Sie die beiden zutreffenden Aussagen an!

- [ ] 4,99 ist die größte Zahl, die zur Menge M gehört.
- [ ] Es gibt unendlich viele Zahlen in der Menge M, die kleiner als 2,1 sind.
- [ ] Jede reelle Zahl, die größer als 2 und kleiner als 5 ist, ist in der Menge M enthalten.
- [ ] Alle Elemente der Menge M können in der Form $\frac{a}{b}$ geschrieben werden, wobei a und b ganze Zahlen sind und $b \neq 0$ ist.
- [ ] Die Menge M enthält keine Zahlen aus der Menge der komplexen Zahlen.

**Aufgabe 2**
Äquivalenzumformung

Nicht jede Umformung einer Gleichung ist eine Äquivalenzumformung.

**Aufgabenstellung:** Erklären Sie konkret auf das unten angegebene Beispiel bezogen, warum es sich bei der durchgeführten Umformung um keine Äquivalenzumformung handelt! Die Grundmenge ist die Menge der reellen Zahlen.

$x^2 - 5x = 0 \quad |:x$
$x - 5 = 0$

**Aufgabe 3**
Treibstoffkosten

Der durchschnittliche Treibstoffverbrauch eines PKW beträgt y Liter pro 100 km Fahrtstrecke. Die Kosten für den Treibstoff betragen a Euro pro Liter.

**Aufgabenstellung:** Geben Sie einen Term an, der die durchschnittlichen Treibstoffkosten K (in Euro) für eine Fahrtstrecke von x km beschreibt!

K = _____

## Aufgabe 4
**Quadratische Gleichung**

Gegeben ist die quadratische Gleichung $x^2 + p \cdot x - 12 = 0$.

**Aufgabenstellung:** Bestimmen Sie denjenigen Wert für p, für den die Gleichung die Lösungsmenge $L = \{-2; 6\}$ hat!

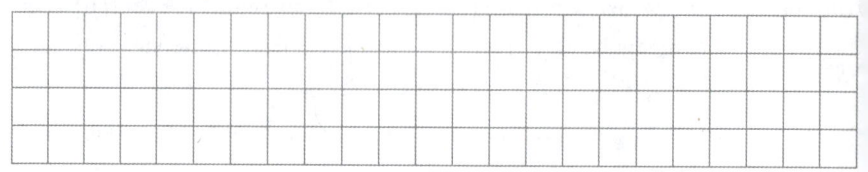

## Aufgabe 5
**Vektoraddition**

Die unten stehende Abbildung zeigt zwei Vektoren $\vec{v}_1$ und $\vec{v}$.

**Aufgabenstellung:** Ergänzen Sie in der Abbildung einen Vektor $\vec{v}_2$ so, dass $\vec{v}_1 + \vec{v}_2 = \vec{v}$ ist!

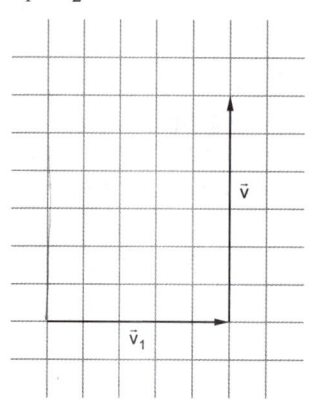

## Aufgabe 6
**Vermessung einer unzugänglichen Steilwand**

Ein Steilwandstück CD mit der Höhe $h = \overline{CD}$ ist unzugänglich. Um h bestimmen zu können, werden die Entfernung $e = 6$ Meter und zwei Winkel $\alpha = 24°$ und $\beta = 38°$ gemessen. Der Sachverhalt wird durch die nebenstehende (nicht maßstabgetreue) Abbildung veranschaulicht.

**Aufgabenstellung:** Berechnen Sie die Höhe h des unzugänglichen Steilwandstücks in Metern!

## Aufgabe 7
**Funktionseigenschaften erkennen**

Gegeben ist der Graph einer Polynomfunktion f dritten Grades.

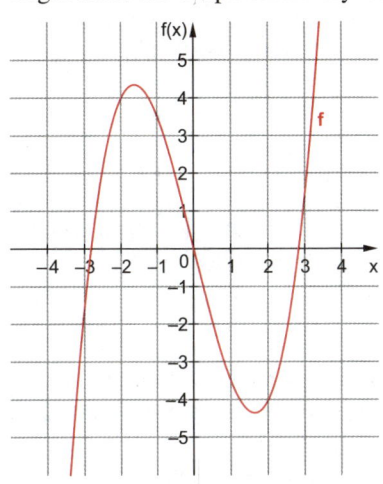

**Aufgabenstellung:** Kreuzen Sie die für den dargestellten Funktionsgraphen von f zutreffende(n) Aussage(n) an!

☐ Die Funktion f ist im Intervall (2; 3) monoton steigend.

☐ Die Funktion f hat im Intervall (1; 2) eine lokale Maximumstelle.

☐ Die Funktion f ändert im Intervall (−1; 1) das Krümmungsverhalten.

☐ Der Funktionsgraph von f ist symmetrisch bezüglich der senkrechten Achse.

☐ Die Funktion f ändert im Intervall (−3; 0) das Monotonieverhalten.

## Aufgabe 8
**Kosten, Erlös und Gewinn**

Die Funktion E beschreibt den Erlös (in €) beim Absatz von x Mengeneinheiten eines Produkts. Die Funktion G beschreibt den dabei erzielten Gewinn in €. Dieser ist definiert als Differenz „Erlös − Kosten".

**Aufgabenstellung:** Ergänzen Sie die nebenstehende Abbildung durch den Graphen der zugehörigen Kostenfunktion K! Nehmen Sie dabei K als linear an! (Die Lösung der Aufgabe beruht auf der Annahme, dass alle produzierten Mengeneinheiten des Produkts verkauft werden.)

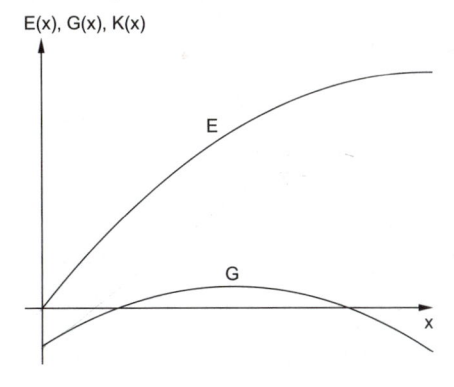

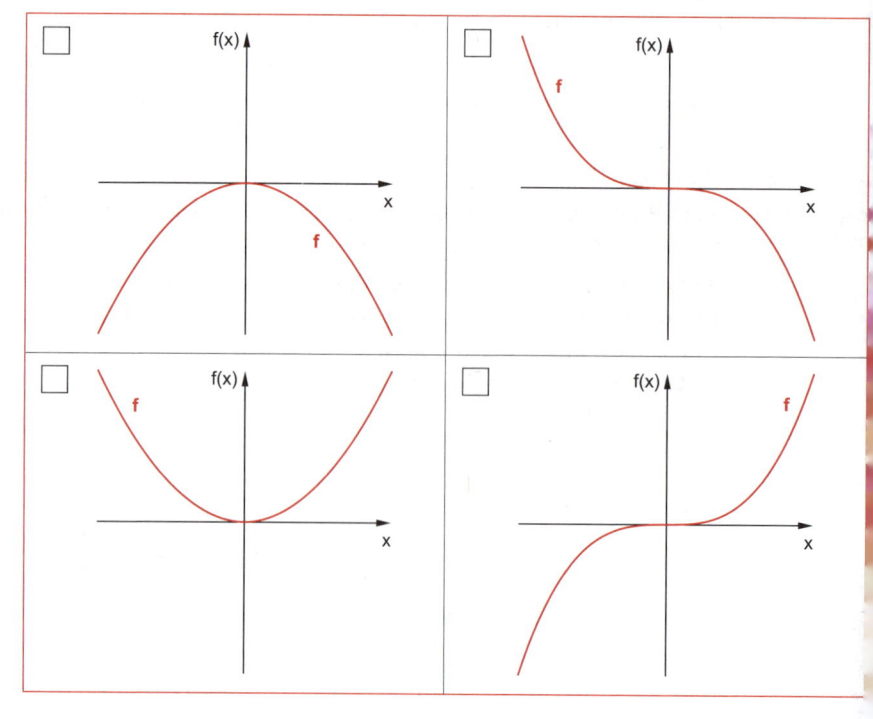

## Aufgabe 9 — Erwärmung von Wasser

Bei einem Versuch ist eine bestimmte Wassermenge für eine Zeit t auf konstanter Energiestufe in einem Mikrowellengerät zu erwärmen. Die Ausgangstemperatur des Wassers und die Temperatur des Wassers nach 30 Sekunden werden gemessen.

| Zeit (in Sekunden) | t = 0 | t = 30 |
|---|---|---|
| Temperatur (in °C) | 35,6 | 41,3 |

**Aufgabenstellung:** Ergänzen Sie die Gleichung der zugehörigen linearen Funktion, die die Temperatur T(t) zum Zeitpunkt t beschreibt!

T(t) = _____ · t + 35,6

## Aufgabe 10 — Potenzfunktionen

Gegeben sind die Graphen von vier verschiedenen Potenzfunktionen f mit $f(x) = a \cdot x^z$ sowie sechs Bedingungen für den Parameter a und den Exponenten z. Dabei ist a eine reelle, z eine natürliche Zahl.

**Aufgabenstellung:** Ordnen Sie den vier Graphen jeweils die entsprechende Bedingung für den Parameter a und den Exponenten z der Funktionsgleichung (aus A bis F) zu!

**A** $a > 0,\ z = 1$     **B** $a > 0,\ z = 2$     **C** $a > 0,\ z = 3$

**D** $a < 0,\ z = 1$     **E** $a < 0,\ z = 2$     **F** $a < 0,\ z = 3$

## Aufgabe 11
**Ausbreitung eines Ölteppichs**

Der Flächeninhalt eines Ölteppichs beträgt momentan 1,5 km² und wächst täglich um 5 %.

**Aufgabenstellung:** Geben Sie an, nach wie vielen Tagen der Ölteppich erstmals größer als 2 km² ist!

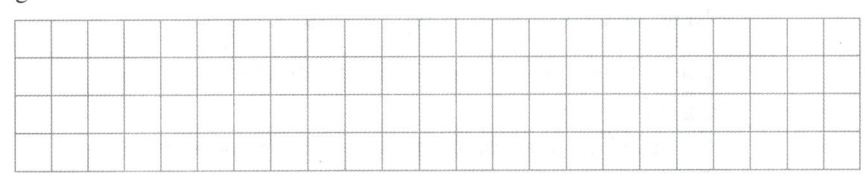

## Aufgabe 12
**Parameter von Exponentialfunktionen**

Die nachstehende Abbildung zeigt die Graphen zweier Exponentialfunktionen f und g mit den Funktionsgleichungen $f(x) = c \cdot a^x$ und $g(x) = d \cdot b^x$ mit a, b, c, d $\in \mathbb{R}^+$.

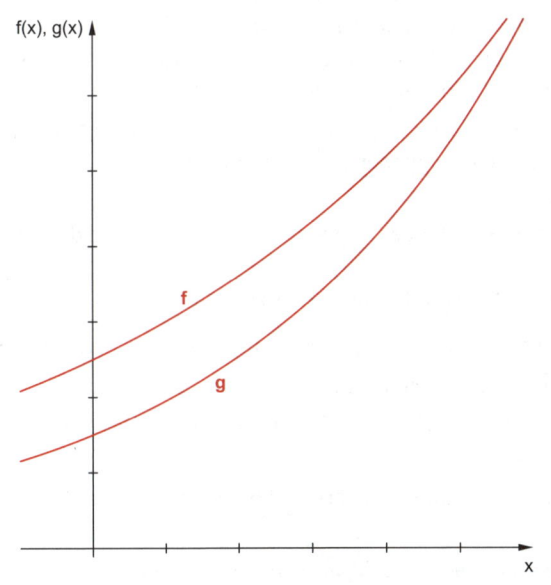

**Aufgabenstellung:** Ergänzen Sie die Textlücken im folgenden Satz durch Ankreuzen der jeweils richtigen Satzteile so, dass eine korrekte Aussage entsteht!

Für die Parameter a, b, c, d der beiden gegebenen Exponentialfunktionen gelten die Beziehungen ① und ②.

① ☐ c < d
　 ☐ c = d
　 ☐ c > d

② ☐ a < b
　 ☐ a = b
　 ☐ a > b

## Aufgabe 13
**Mittlere Änderungsrate interpretieren**

Gegeben ist eine Polynomfunktion f dritten Grades. Die mittlere Änderungsrate von f hat im Intervall $[x_1; x_2]$ den Wert 5.

**Aufgabenstellung:** Welche der nachstehenden Aussagen können über die Funktion f sicher getroffen werden?
Kreuzen Sie die beiden zutreffenden Aussagen an!

☐ Im Intervall $[x_1; x_2]$ gibt es mindestens eine Stelle x mit $f(x) = 5$.
☐ $f(x_2) > f(x_1)$
☐ Die Funktion f ist im Intervall $[x_1; x_2]$ monoton steigend.
☐ $f'(x) = 5$ für alle $x \in [x_1; x_2]$
☐ $f(x_2) - f(x_1) = 5 \cdot (x_2 - x_1)$

## Aufgabe 14
**Kapitalsparbuch**

Frau Fröhlich hat ein Kapitalsparbuch, auf welches sie jährlich am ersten Banköffnungstag des Jahres den gleichen Geldbetrag in Euro einzahlt. An diesem Tag werden in dieser Bank auch die Zinserträge des Vorjahres gutgeschrieben. Danach wird der neue Gesamtkontostand ausgedruckt.

Zwischen dem Kontostand $K_{i-1}$ des Vorjahres und dem Kontostand $K_i$ des aktuellen Jahres besteht folgender Zusammenhang:
$K_i = 1{,}03 \cdot K_{i-1} + 5\,000$

**Aufgabenstellung:** Welche der folgenden Aussagen sind in diesem Zusammenhang korrekt?
Kreuzen Sie die beiden zutreffenden Aussagen an!

☐ Frau Fröhlich zahlt jährlich € 5.000 auf ihr Kapitalsparbuch ein.
☐ Das Kapital auf dem Kapitalsparbuch wächst jährlich um € 5.000.
☐ Der relative jährliche Zuwachs des am Ausdruck ausgewiesenen Kapitals ist größer als 3 %.
☐ Die Differenz des Kapitals zweier aufeinanderfolgender Jahre ist immer dieselbe.
☐ Das Kapital auf dem Kapitalsparbuch wächst linear an.

# Aufgabe 15

**Funktionen und Ableitungsfunktionen**

Oben sind die Graphen von vier Polynomfunktionen ($f_1$, $f_2$, $f_3$, $f_4$) abgebildet, unten die Graphen sechs weiterer Funktionen ($g_1$, $g_2$, $g_3$, $g_4$, $g_5$, $g_6$).

**Aufgabenstellung:** Ordnen Sie den Polynomfunktionen $f_1$ bis $f_4$ ihre jeweilige Ableitungsfunktion aus den Funktionen $g_1$ bis $g_6$ (aus A bis F) zu!

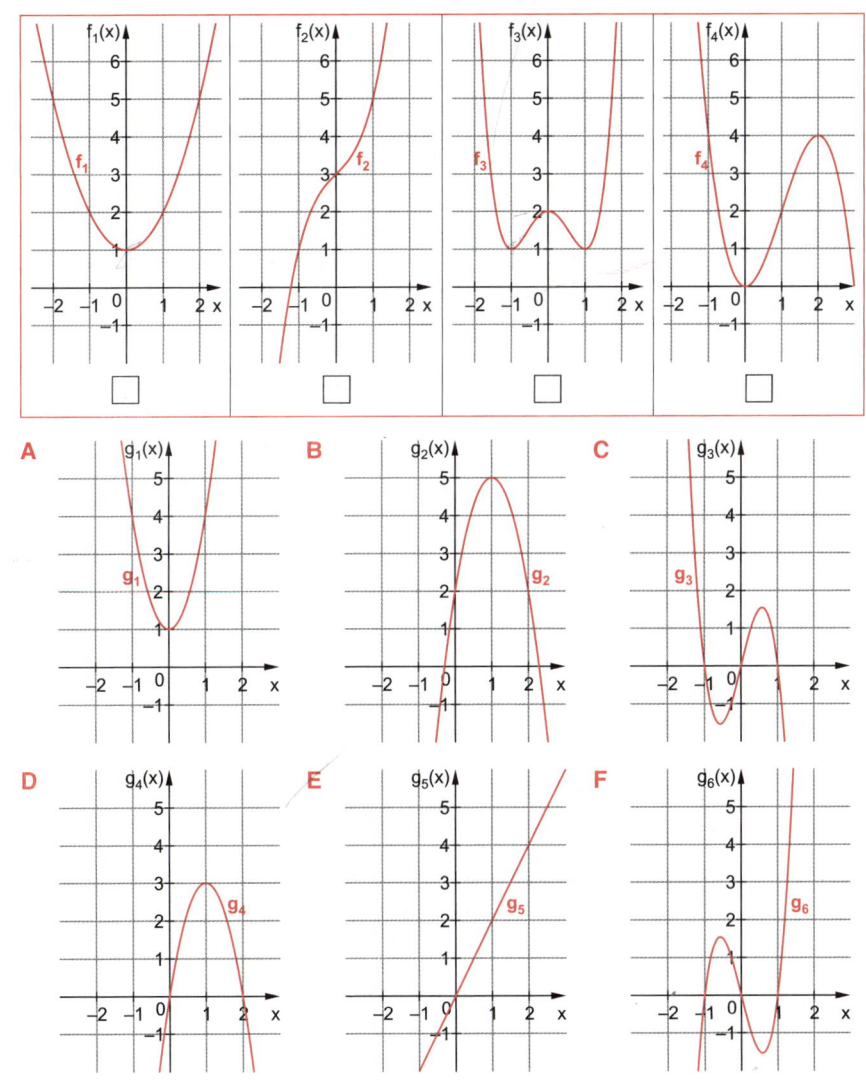

## Aufgabe 16
**Nachweis eines lokalen Minimums**

Gegeben ist eine Polynomfunktion p mit $p(x) = x^3 - 3 \cdot x + 2$. Die erste Ableitung p' mit $p'(x) = 3 \cdot x^2 - 3$ hat an der Stelle $x = 1$ den Wert null.

**Aufgabenstellung:** Zeigen Sie rechnerisch, dass p an dieser Stelle ein lokales Minimum (d. h. ihr Graph dort einen Tiefpunkt) hat!

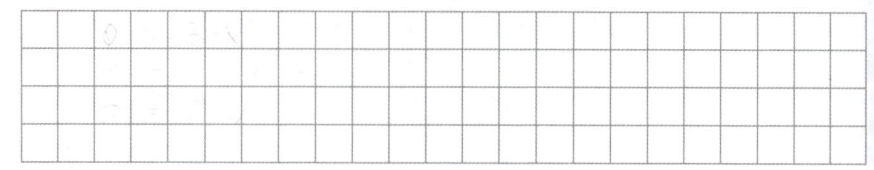

## Aufgabe 17
**Arbeit beim Verschieben eines Massestücks**

Ein Massestück wird durch die Einwirkung einer Kraft geradlinig bewegt. Die dazu erforderliche Kraftkomponente in Wegrichtung ist als Funktion des zurückgelegten Weges in der nachstehenden Abbildung dargestellt. Der Weg s wird in Metern (m), die Kraft F(s) in Newton (N) gemessen.

Im ersten Wegabschnitt wird F(s) durch $f_1$ mit $f_1(s) = \frac{5}{16} \cdot s^2$ beschrieben. Im zweiten Abschnitt ($f_2$) nimmt sie linear auf den Wert null ab.

Die Koordinaten der hervorgehobenen Punkte des Graphen der Funktion sind ganzzahlig.

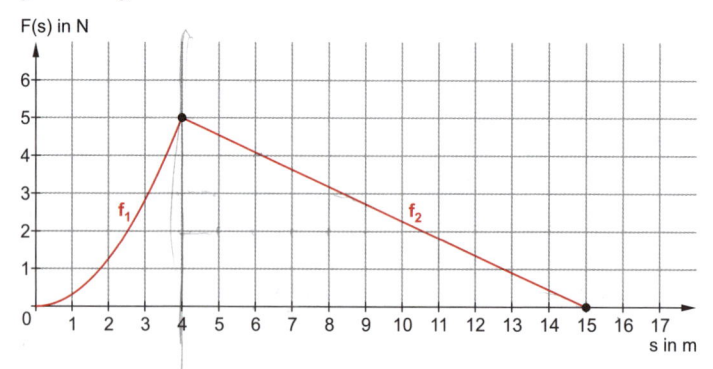

**Aufgabenstellung:** Ermitteln Sie die Arbeit W in Joule (J), die diese Kraft an dem Massestück verrichtet, wenn es von $s = 0$ m bis zu $s = 15$ m bewegt wird!

W = _____ J

## Aufgabe 18
Integral

Gegeben ist die Potenzfunktion f mit $f(x) = x^3$.

**Aufgabenstellung:** Geben Sie eine Bedingung für die Integrationsgrenzen b und c ($b \neq c$) so an, dass $\int_b^c f(x)\,dx = 0$ gilt!

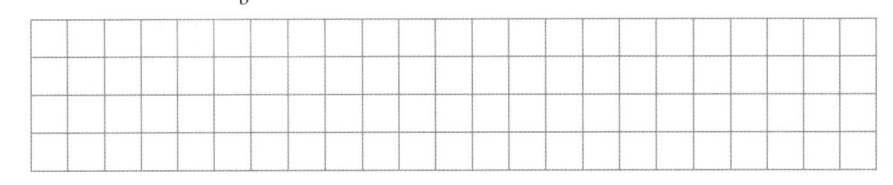

## Aufgabe 19
Beladung von LKW

Bei einer Verkehrskontrolle wurde die Beladung von LKW überprüft. 140 der überprüften LKW waren überladen. Details der Kontrolle sind in der nachstehenden Tabelle zusammengefasst.

| Überladung Ü in Tonnen | Ü < 1 t | 1 t ≤ Ü < 3 t | 3 t ≤ Ü < 6 t |
|---|---|---|---|
| Anzahl der LKW | 30 | 50 | 60 |

**Aufgabenstellung:** Stellen Sie die Daten der obigen Tabelle durch ein Histogramm dar! Dabei sollen die absoluten Häufigkeiten als Flächeninhalte von Rechtecken abgebildet werden.

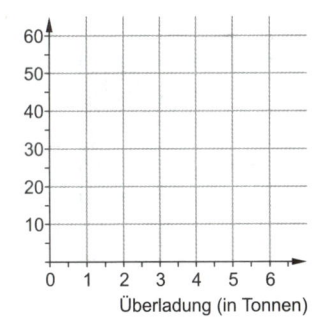

## Aufgabe 20
Eishockey-Tore

In der österreichischen Eishockeyliga werden die Ergebnisse aller Spiele statistisch ausgewertet. In der Saison 2012/13 wurde über einen bestimmten Zeitraum erfasst, in wie vielen Spielen jeweils eine bestimmte Anzahl an Toren erzielt wurde. Das nachstehende Säulendiagramm stellt das Ergebnis dieser Auswertung dar.

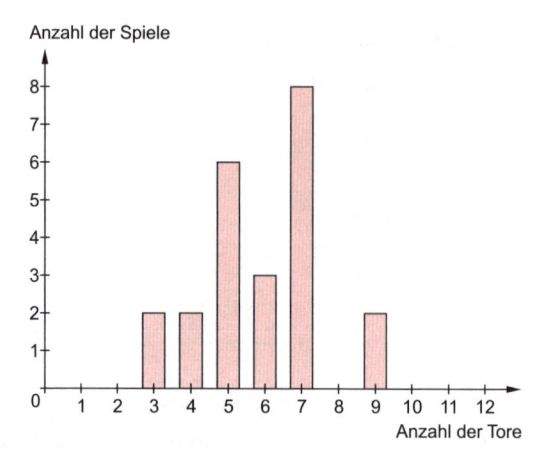

**Aufgabenstellung:** Bestimmen Sie den Median der Datenliste, die dem Säulendiagramm zugrunde liegt!

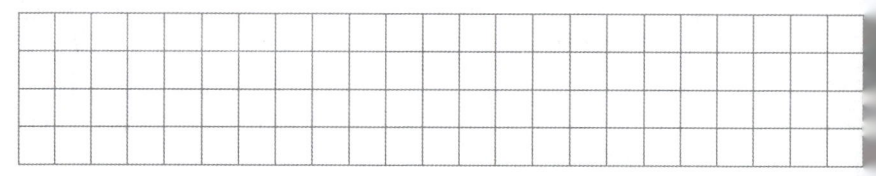

**Aufgabe 21**
Zollkontrolle

Eine Gruppe von zehn Personen überquert eine Grenze zwischen zwei Staaten. Zwei Personen führen Schmuggelware mit sich. Beim Grenzübertritt werden drei Personen vom Zoll zufällig ausgewählt und kontrolliert.

**Aufgabenstellung:** Berechnen Sie die Wahrscheinlichkeit, dass unter den drei kontrollierten Personen die beiden Schmuggler der Gruppe sind!

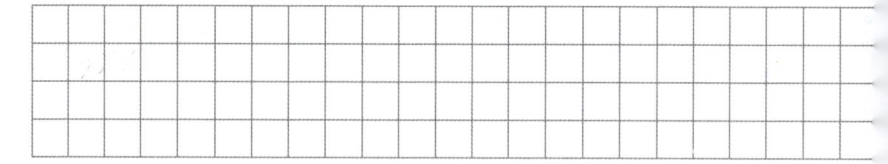

**Aufgabe 22**
Wahrscheinlichkeitsverteilung

Der Wertebereich einer Zufallsvariablen X besteht aus den Werten $x_1$, $x_2$, $x_3$. Man kennt die Wahrscheinlichkeit $P(X=x_1)=0{,}4$. Außerdem weiß man, dass $x_3$ doppelt so wahrscheinlich wie $x_2$ ist.

**Aufgabenstellung:** Berechnen Sie $P(X=x_2)$ und $P(X=x_3)$!

$P(X=x_2)=$ _____

$P(X=x_3)=$ _____

## Aufgabe 23 — Verschiedenfärbige Kugeln

Auf einem Tisch steht eine Schachtel mit drei roten und zwölf schwarzen Kugeln. Nach dem Zufallsprinzip werden nacheinander drei Kugeln aus der Schachtel gezogen, wobei die gezogene Kugel jeweils wieder zurückgelegt wird.

**Aufgabenstellung:** Gegeben ist der folgende Ausdruck:
$3 \cdot 0{,}8^2 \cdot 0{,}2$

Kreuzen Sie dasjenige Ereignis an, dessen Wahrscheinlichkeit durch diesen Ausdruck berechnet wird!

- ☐ Es wird höchstens eine schwarze Kugel gezogen.
- ☐ Es werden genau zwei schwarze Kugeln gezogen.
- ☐ Es werden zwei rote Kugeln und eine schwarze Kugel gezogen.
- ☐ Es werden nur rote Kugeln gezogen.
- ☐ Es wird mindestens eine rote Kugel gezogen.
- ☐ Es wird keine rote Kugel gezogen.

## Aufgabe 24 — Vergleich zweier Konfidenzintervalle

Auf der Grundlage einer Zufallsstichprobe der Größe $n_1$ gibt ein Meinungsforschungsinstitut für den aktuellen Stimmenanteil einer politischen Partei das Konfidenzintervall [0,23; 0,29] an. Das zugehörige Konfidenzniveau (die zugehörige Sicherheit) beträgt $\gamma_1$.
Ein anderes Institut befragt $n_2$ zufällig ausgewählte Wahlberechtigte und gibt als entsprechendes Konfidenzintervall mit dem Konfidenzniveau (der zugehörigen Sicherheit) $\gamma_2$ das Intervall [0,24; 0,28] an. Dabei verwenden beide Institute dieselbe Berechnungsmethode.

**Aufgabenstellung:** Ergänzen Sie die Textlücken im folgenden Satz durch Ankreuzen der jeweils richtigen Satzteile so, dass eine korrekte Aussage entsteht!

Unter der Annahme von $n_1 = n_2$ kann man aus den Angaben ① folgern;
unter der Annahme von $\gamma_1 = \gamma_2$ kann man aus den Angaben ② folgern.

① 
- ☐ $\gamma_1 < \gamma_2$
- ☐ $\gamma_1 = \gamma_2$
- ☐ $\gamma_1 > \gamma_2$

② 
- ☐ $n_1 < n_2$
- ☐ $n_1 = n_2$
- ☐ $n_1 > n_2$

# Hinweise und Tipps

**Aufgabe 1**
- Beachten Sie, dass „größere" Zahlenmengen die „kleineren" stets enthalten.
- Die Menge $\mathbb{Q}$ enthält die Zahlen, die als Bruch geschrieben werden können.

**Aufgabe 2**
- Welche Zahlen kann die Variable x annehmen? Darf durch jeden dieser möglichen Werte für x dividiert werden?
- Wie viele Lösungen hat eine Gleichung 2. Grades? Wie viele Lösungen können Sie aus der zweiten Zeile noch berechnen?

**Aufgabe 3**
- Nehmen Sie für die Überlegung zunächst konkrete Zahlen an und setzen Sie später die Variablen in den Term ein.
- Beachten Sie, dass das Fahrzeug die Treibstoffmenge y auf 100 km verbraucht.

**Aufgabe 4**
- Eine Zahl ist Lösung einer Gleichung, wenn sie die Gleichung erfüllt, das heißt, wenn sie in die Gleichung eingesetzt werden kann und eine wahre Aussage liefert.

**Aufgabe 5**
- Für die Vektoraddition wird der Schaft des zweiten Vektors in die Spitze des ersten verschoben. Der Summenvektor verläuft dann vom Schaft des ersten Vektors zur Spitze des zweiten.
- Bedenken Sie, dass Sie Vektoren beliebig verschieben dürfen, solange Sie ihre Richtung und die Länge nicht verändern.

**Aufgabe 6**
- Verwenden Sie die Winkelfunktionen zur Berechnung der gesuchten Distanz.
- Achten Sie für die Auswahl der Winkelfunktion darauf, welche Bestimmungsstücke jeweils bekannt sind (Ankathete, Gegenkathete oder Hypotenuse).

**Aufgabe 7**
- Achten Sie bei jeder Aussage genau auf das angegebene Intervall.
- Monoton steigend heißt, dass die Funktion in diesem Intervall gleichbleibt oder steigt.
- Eine lokale Maximumstelle gehört zu einem Hochpunkt.
- Das Krümmungsverhalten ändert sich bei den Wendestellen.
- Das Monotonieverhalten ändert sich bei den Extremstellen.

# Matura 2016 – Teil 1 – Hinweise und Tipps

**Aufgabe 8**
- Die Kostenfunktion K(x) soll als lineare Funktion angenommen werden. Es ist daher ausreichend, wenn Sie zwei Wertepaare der Funktion K(x) ermitteln, um die Gerade zu zeichnen.
- Die Kostenfunktion hängt mit der Erlös- und der Gewinnfunktion wie folgt zusammen: G(x) = E(x) − K(x). Beachten Sie die Nullstellen von G(x).

**Aufgabe 9**
- Die Gleichung einer linearen Funktion lautet y = k · x + d. Berechnen Sie k mit den Wertepaaren (0 | 35,6) und (30 | 41,3).

**Aufgabe 10**
- Potenzfunktionen mit z = 1 sind lineare Funktionen, ihre Graphen sind Geraden.
  Potenzfunktionen mit z = 2 sind quadratische Funktionen, ihre Graphen sind (quadratische) Parabeln.
  Potenzfunktionen mit z = 3 sind kubische Funktionen, ihre Graphen sind kubische Parabeln und haben die Form einer Welle.
- Ist a positiv, dann ist die Gerade steigend, die (quadratische) Parabel nach oben offen und die kubische Parabel (die Welle) streng monoton steigend.
  Ist a negativ, dann ist die Gerade fallend, die (quadratische) Parabel nach unten offen und die kubische Parabel (die Welle) streng monoton fallend.

**Aufgabe 11**
- Gehen Sie von einem exponentiellen Wachstum mit der Formel $A(t) = A(0) \cdot a^t$ aus, wobei Sie A(0) und A(t) aus der Angabe herauslesen können.
- Bei exponentiellem Wachstum gilt a > 1.
  Das Wachstum von 5 % bedeutet, dass der Flächeninhalt des Ölteppichs 105 % des Flächeninhalts vom Vortag beträgt.

**Aufgabe 12**
- Die Faktoren c und d der gegebenen Potenzfunktionen können Sie auf der y-Achse ablesen.
- Die Werte a und b stehen für den Zuwachs in Prozent ausgedrückt.

**Aufgabe 13**
- Es sind genau zwei Antwortmöglichkeiten auszuwählen.
- Die mittlere Änderungsrate (der Differenzenquotient) gibt Auskunft über den Anstieg der Funktion im gegebenen Intervall. Ist sie positiv, dann ist die Funktion f zwischen den Grenzen des gegebenen Intervalls steigend.
- Für das Intervall $[x_1; x_2]$ gilt $x_1 < x_2$. Überlegen Sie, welches Vorzeichen die Differenz $f(x_2) - f(x_1)$ haben muss, wenn der Differenzenquotient positiv ist.

**Aufgabe 14**
- Es sind genau zwei Antwortmöglichkeiten auszuwählen.

- Die Formel $K_i = 1{,}03 \cdot K_{i-1} + 5\,000$ zeigt den Zusammenhang zwischen dem aktuellen Kontostand $K_i$ und dem Kontostand $K_{i-1}$ des Vorjahres.
- $K_{i-1}$ wird mit 1,03 multipliziert. Welche Bedeutung hat der Faktor 1,03 im gegebenen Kontext?
- Es wird 5 000 zu $1{,}03 \cdot K_{i-1}$ addiert. Welche Bedeutung hat der Summand 5 000 im gegebenen Kontext?

**Aufgabe 15**
- Für Polynomfunktionen gilt, dass der Grad der Ableitungsfunktion stets um eins kleiner als der Grad der gegebenen Funktion ist.
- Die Extremstellen der gegebenen Funktion entsprechen den Nullstellen der Ableitungsfunktion.
- Ist die gegebene Funktion in einem bestimmten Intervall streng monoton fallend bzw. streng monoton steigend, so hat die Ableitungsfunktion in diesem Intervall nur negative y-Werte bzw. positive y-Werte.

**Aufgabe 16**
- Die Krümmung rund um den Tiefpunkt einer Funktion ist positiv.
- Die Krümmung einer Funktion kann mit ihrer 2. Ableitungsfunktion berechnet werden.

**Aufgabe 17**
- Die Arbeit W wird bei einem konstanten Betrag der Kraft F als Produkt „Arbeit = Kraft · Weg" berechnet.
- Ändert sich die Kraftkomponente in Wegrichtung mit dem zurückgelegten Weg entsprechend einer Funktion F, dann gilt für jedes Teilintervall $\Delta x$: $\Delta W \approx F(x) \cdot \Delta x$. Weiters gilt für die Arbeit entlang der Wegstrecke des Intervalls [a; b]:
$$W(a, b) = \int_a^b F(x)\, dx$$
- Beachten Sie, dass die Berechnung der Arbeit W vergleichbar ist mit der Berechnung des Flächeninhalts, der von der Funktion F und der x-Achse eingeschlossen wird.

**Aufgabe 18**
- Skizzieren Sie den Verlauf des Funktionsgraphen von $f(x) = x^3$. Wo liegt die Nullstelle? Welches Symmetrieverhalten weist der Funktionsgraph auf?
- Beachten Sie, dass $\int_a^b f(x)\, dx$ Werte größer null annimmt, wenn das Flächenstück oberhalb der x-Achse liegt, bzw. Werte kleiner null annimmt, wenn das Flächenstück unterhalb der x-Achse liegt.

## Aufgabe 19
- Ein Histogramm besteht aus Rechtecken mit gleicher oder unterschiedlicher Breite, wobei die absoluten Häufigkeiten durch die Flächeninhalte (und nicht durch die Höhen) der Rechtecke dargestellt werden.
- Die Überladung der LKW ist in drei Klassen eingeteilt, die unterschiedlich breit sind. Berechnen Sie anhand der absoluten Häufigkeit je Klasse die jeweilige Höhe des Rechtecks im Histogramm.

## Aufgabe 20
- Ermitteln Sie, welche Anzahl an Spielen im Säulendiagramm dargestellt ist. Bei wie vielen Spielen wurden 1, 2, 3 oder 4 Tore usw. erzielt?
- Erstellen Sie anhand des Säulendiagramms eine geordnete Liste mit der Anzahl der Tore pro Spiel, beginnend mit 3.

## Aufgabe 21
- Ermitteln Sie die Wahrscheinlichkeit, dass eine zufällig ausgewählte Person aus der Gruppe der zehn Personen ein Schmuggler bzw. kein Schmuggler ist.
- Überlegen Sie, ob eine Person dieser Gruppe einmal oder mehrmals kontrolliert wird.
- Beachten Sie weiters die verschiedenen Möglichkeiten bezüglich der Reihenfolge, die zwei Schmuggler sowie eine weitere Person zu kontrollieren.

## Aufgabe 22
- Beachten Sie, dass die Summe der Wahrscheinlichkeiten für den Wertebereich einer Zufallsvariable stets 1 ist.
- Aus $P(X=x_1)=0{,}4$ und $P(X=x_3)=2 \cdot P(X=x_2)$ können Sie die weiteren Wahrscheinlichkeiten ermitteln.

## Aufgabe 23
- Mit welcher Wahrscheinlichkeit wird eine rote bzw. eine schwarze Kugel gezogen?
- Beachten Sie, dass dreimal mit Zurücklegen gezogen wird, wobei die Reihenfolge der schwarzen und roten Kugeln nicht vorgegeben ist.

## Aufgabe 24
- Beachten Sie, dass das Konfidenzniveau $\gamma$ umso höher ist, je „breiter" das Konfidenzintervall bzw. je größer die Anzahl n der Befragten ist.
- Beachten Sie, dass das Konfidenzintervall umso „breiter" ist, je kleiner die Anzahl n der Befragten bzw. je höher das Konfidenzniveau der Befragung ist.

## Lösungsvorschlag

**Aufgabe 1**
Menge von Zahlen

- ☐ 4,99 ist die größte Zahl, die zur Menge M gehört.
- ☒ Es gibt unendlich viele Zahlen in der Menge M, die kleiner als 2,1 sind.
- ☐ Jede reelle Zahl, die größer als 2 und kleiner als 5 ist, ist in der Menge M enthalten.
- ☒ Alle Elemente der Menge M können in der Form $\frac{a}{b}$ geschrieben werden, wobei a und b ganze Zahlen sind und $b \neq 0$ ist.
- ☐ Die Menge M enthält keine Zahlen aus der Menge der komplexen Zahlen.

- *Antwortmöglichkeit 1* ist **falsch**. Zwischen zwei verschiedenen Brüchen liegt stets ein weiterer Bruch. Daher liegt auch zwischen 4,99 und 5 mindestens eine weitere rationale Zahl (z. B. 4,999 oder 4,9999).
- *Antwortmöglichkeit 2* ist **richtig**. Zwischen zwei verschiedenen Brüchen liegt stets ein dritter Bruch, daher kann man auch unendlich viele rationale Zahlen finden, die zwischen 2 und 2,1 liegen.
- *Antwortmöglichkeit 3* ist **falsch**. Hier ist von reellen Zahlen die Rede. Nicht jede reelle Zahl ist auch eine rationale Zahl (z. B. $\sqrt{5} \notin \mathbb{Q}$).
- *Antwortmöglichkeit 4* ist **richtig**. Jede rationale Zahl kann als Bruch dargestellt werden; dabei darf der Nenner nicht 0 sein.
- *Antwortmöglichkeit 5* ist **falsch**. Jede rationale Zahl ist auch eine komplexe Zahl, deren Imaginärteil gleich 0 ist. Daher sind alle Zahlen der Menge M gleichermaßen rationale Zahlen wie komplexe Zahlen (z. B. $2\frac{3}{4} + 0i$ oder $\frac{1}{2} + 0i$).

**Aufgabe 2**
Äquivalenzumformung

$x^2 - 5x = 0 \quad |:x$ — Hier steht eine Gleichung zweiten Grades. Diese hat zwei Lösungen. Hier sind das $x_1 = 0$ und $x_2 = 5$.

$x - 5 = 0$ — Diese Gleichung hat nur den Grad 1. Sie hat nur mehr eine Lösung ($x = 5$). Durch die Division ist eine Lösung ($x = 0$) verloren gegangen, daher ist die Umformung keine Äquivalenzumformung.

- Sie können auch so argumentieren, dass alle Zahlen der Grundmenge $\mathbb{R}$ für die Variable x infrage kommen, damit auch die Zahl 0. Es könnte also sein, dass durch null dividiert würde, was keine zulässige Rechenoperation darstellt.

# Matura 2016 – Teil 1 – Lösungsvorschlag

**Aufgabe 3**
Treibstoffkosten

- Setzen Sie z. B. gefahrene Kilometer (x) 250 (km), die Treibstoffkosten (a) 0,9 (Euro pro Liter) und den Treibstoffverbrauch (y) 6,5 (Liter pro 100 km).
- Die Kosten (K) wären dann $K = 0{,}9 \cdot 250 \cdot \frac{6{,}5}{100}$ €. Umgelegt auf die Variablen entsteht so ein Term der Form:

$$K = a \cdot x \cdot \frac{y}{100}$$

**Aufgabe 4**
Quadratische Gleichung

- Die Lösungsmenge enthält alle möglichen Lösungen einer Gleichung. Diese Gleichung soll die beiden Lösungen –2 und 6 haben. Setzen Sie eine der beiden Lösungen für x in die gegebene Gleichung ein und formen Sie die Gleichung nach p um:

Entweder x = –2:
$$x^2 + p \cdot x - 12 = 0$$
$$(-2)^2 + p \cdot (-2) - 12 = 0$$
$$4 - 2p - 12 = 0 \quad |+8$$
$$-2p = 8 \quad |:(-2)$$
$$\mathbf{p = -4}$$

Oder x = 6:
$$x^2 + p \cdot x - 12 = 0$$
$$6^2 + p \cdot 6 - 12 = 0$$
$$36 + 6p - 12 = 0 \quad |-24$$
$$6p = -24 \quad |:6$$
$$\mathbf{p = -4}$$

**Aufgabe 5**
Vektoraddition

- Verschieben Sie den Lösungsvektor $\vec{v}$ in den Schaft des ersten Vektors $\vec{v}_1$.
- Der fehlende zweite Vektor $\vec{v}_2$ muss dann von der Spitze von $\vec{v}_1$ bis zur Spitze von $\vec{v}$ verlaufen:

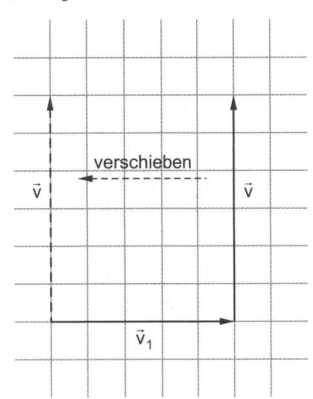

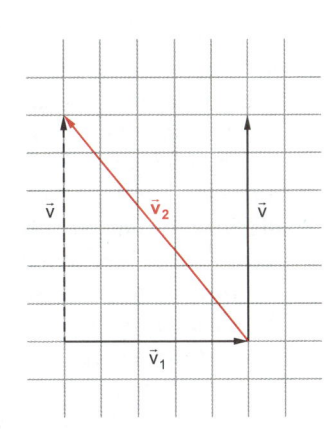

**Aufgabe 6**
Vermessung einer unzugänglichen Steilwand

Zunächst berechnet man mit dem Tangens den Abstand $u = \overline{BC}$:

$\tan \alpha = \frac{u}{e} \Rightarrow u = \tan(24°) \cdot 6 \text{ m} \approx 2{,}671 \text{ m}$

Nun berechnet man die gesamte Höhe $\overline{BD} = u + h$, um danach den eben berechneten Wert u wieder abzuziehen:

$\tan \beta = \frac{u + h}{e} \Rightarrow u + h = \tan(38°) \cdot 6 \text{ m} \approx 4{,}688 \text{ m}$

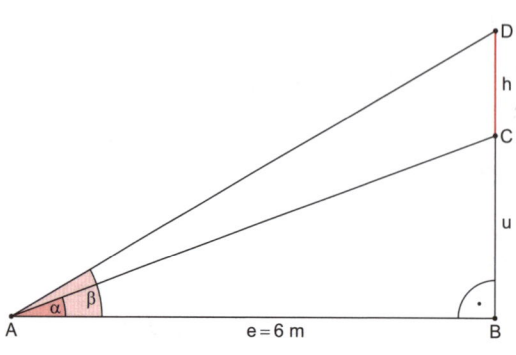

$h = (u + h) - h \approx 4{,}688 \text{ m} - 2{,}671 \text{ m} \approx \mathbf{2{,}02 \text{ m}}$

✏ Verwenden Sie zum Rechnen stets die genauen Werte und runden Sie erst
✏ das Endergebnis. Ihr Ergebnis für diese Aufgabe muss im Intervall [2; 2,1]
✏ liegen.

**Aufgabe 7**
Funktionseigenschaften erkennen

- [X] Die Funktion f ist im Intervall (2; 3) monoton steigend.
- [ ] Die Funktion f hat im Intervall (1; 2) eine lokale Maximumstelle.
- [X] Die Funktion f ändert im Intervall (−1; 1) das Krümmungsverhalten.
- [ ] Der Funktionsgraph von f ist symmetrisch bezüglich der senkrechten Achse.
- [X] Die Funktion f ändert im Intervall (−3; 0) das Monotonieverhalten.

✏ *Antwortmöglichkeit 1* ist **richtig**. Im Intervall (2; 3) ist die Funktion sogar
✏ streng monoton steigend.
✏ *Antwortmöglichkeit 2* ist **falsch**. Die Funktion hat in diesem Intervall eine
✏ lokale Minimumstelle.
✏ *Antwortmöglichkeit 3* ist **richtig**. An der Stelle x = 0, also im Punkt (0|0), hat
✏ die Funktion eine Wendestelle, dort ändert sie ihr Krümmungsverhalten von
✏ rechts- auf linksgekrümmt.
✏ *Antwortmöglichkeit 4* ist **falsch**. Die Funktion ist punktsymmetrisch bezüglich
✏ des Ursprunges, aber nicht symmetrisch bezüglich der senkrechten Achse.
✏ *Antwortmöglichkeit 5* ist **richtig**. In diesem Intervall hat die Funktion eine
✏ lokale Maximumstelle bei ca. −1,7. Dort ändert sie ihr Monotonieverhalten.
✏ Im Intervall (−∞; −1,7) ist die Funktion streng monoton steigend. Im Intervall
✏ (−1,7; 1,7) ist die Funktion streng monoton fallend.

**Aufgabe 8**
Kosten, Erlös und Gewinn

- Laut Angabe gilt $G(x) = E(x) - K(x)$. Formen Sie diese Gleichung zu $E(x) - G(x) = K(x)$ um. Wählen Sie zwei Werte $x_1$ und $x_2$ und kennzeichnen Sie jeweils die Funktionswerte $E(x_1)$, $E(x_2)$, $G(x_1)$ und $G(x_2)$ in der Abbildung. Bilden Sie dann die Differenzen $E(x_1) - G(x_1) = K(x_1)$ und $E(x_2) - G(x_2) = K(x_2)$.

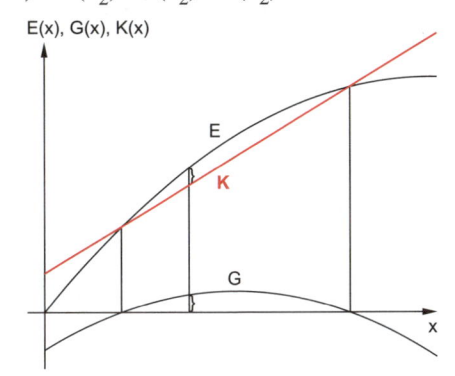

- Sie können die Differenz der Strecken grafisch recht günstig ermitteln, wenn Sie die Nullstellen $x_1$ und $x_2$ der Gewinnfunktion $G(x)$ wählen. Wenn der Gewinn null ist, dann ist der Erlös gleich den Kosten: Ist $G(x) = 0$, dann gilt $E(x) - 0 = K(x)$. Für $G(x_1) = G(x_2) = 0$ entsprechen die Punkte $(x_1 | E(x_1))$ und $(x_2 | E(x_2))$ der Erlösfunktion den Punkten der Kostenfunktion. Der Graph der Kostenfunktion ist die Gerade durch diese zwei Punkte.

**Aufgabe 9**
Erwärmung von Wasser

- Die Funktionsgleichung lautet $T(t) = k \cdot t + 35{,}6$. Berechnen Sie k mithilfe des Differenzenquotienten $k = \dfrac{T(t_2) - T(t_1)}{t_2 - t_1}$:
- $k = \dfrac{41{,}3 - 35{,}6}{30 - 0} = 0{,}19$
- Sie können alternativ k auch ermitteln, indem Sie das zweite Wertepaar in die gegebene Funktionsgleichung $T(t) = k \cdot t + 35{,}6$ einsetzen und nach k auflösen:

$41{,}3 = k \cdot 30 + 35{,}6 \quad | -35{,}6$
$\phantom{0}5{,}7 = k \cdot 30 \quad\quad\quad | :30$
$0{,}19 = k$

$T(t) = \mathbf{0{,}19} \cdot t + 35{,}6$

**Aufgabe 10**
Potenzfunktionen

- In keiner Abbildung kommt eine Gerade $(z = 1)$ vor. Daher scheiden die Möglichkeiten A und D aus. Zu B gehört eine nach oben offene Parabel $(a > 0, z = 2)$, zu E eine nach unten offene Parabel $(a < 0, z = 2)$. C ist eine Potenzfunktion 3. Grades $(z = 3)$; ihr Graph ist wegen $a > 0$ streng monoton steigend.
- F ist eine Potenzfunktion 3. Grades $(z = 3)$; ihr Graph ist wegen $a < 0$ streng monoton fallend.

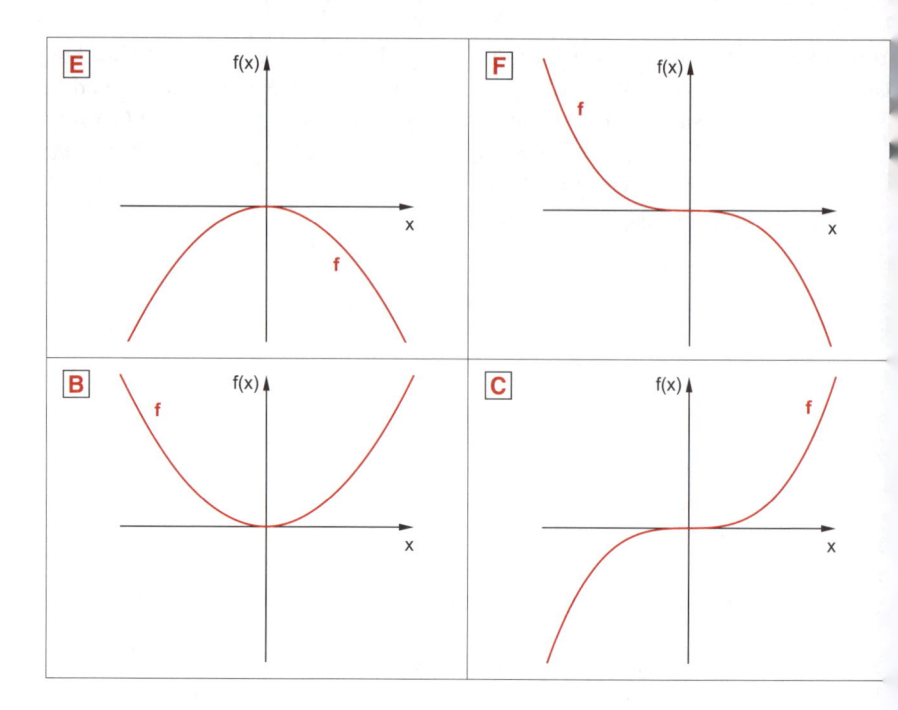

| E | f(x) graph: downward parabola |
| F | f(x) graph: decreasing cubic-like curve |
| B | f(x) graph: upward parabola |
| C | f(x) graph: increasing cubic-like curve |

**Aufgabe 11**
Ausbreitung eines Ölteppichs

- Schreiben Sie das exponentielle Wachstum mit der Formel $A(t) = A(0) \cdot a^t$ an.
- Das Wachstum von 5 % drücken Sie mit $a = 1{,}05$ aus. Setzen Sie gegebene Werte ein: $2 = 1{,}5 \cdot 1{,}05^t$. Lösen Sie die Gleichung nach t auf:

$$2 = 1{,}5 \cdot 1{,}05^t \quad |:1{,}5$$

$$\tfrac{4}{3} = 1{,}05^t \quad |\ln \quad (\text{Rechenregel für Logarithmen: } \ln(a^t) = t \cdot \ln(a))$$

$$\ln\!\left(\tfrac{4}{3}\right) = t \cdot \ln(1{,}05) \quad |:\ln(1{,}05)$$

$$t \approx 5{,}8963$$

Nach **6 Tagen** ist der Ölteppich erstmals größer als 2 km².

**Aufgabe 12**
Parameter von Exponentialfunktionen

Für die Parameter a, b, c, d der beiden gegebenen Exponentialfunktionen gelten die Beziehungen **c > d** und **a < b**.

- Für $x = 0$ gilt $f(0) = c \cdot a^0 = c$ und $g(0) = d \cdot a^0 = d$. Da der Schnittpunkt der Funktion $f(x) = c \cdot a^x$ mit der y-Achse über dem Schnittpunkt der Funktion $g(x) = d \cdot b^x$ liegt, gilt $c > d$.
- Die Funktion g hat eine größere Steigung als die Funktion f. Daher ist $a < b$.
- Um das zu erkennen, können Sie an einer x-Stelle Steigungsdreiecke für beide Funktionen einzeichnen; oder Sie sehen, dass die Abstände der Funktionswerte bei größer werdenden x-Werten kleiner werden.

**Aufgabe 13**
Mittlere Änderungsrate interpretieren

- ☐ Im Intervall $[x_1; x_2]$ gibt es mindestens eine Stelle x mit $f(x) = 5$.
- ☒ $f(x_2) > f(x_1)$
- ☐ Die Funktion f ist im Intervall $[x_1; x_2]$ monoton steigend.
- ☐ $f'(x) = 5$ für alle $x \in [x_1; x_2]$
- ☒ $f(x_2) - f(x_1) = 5 \cdot (x_2 - x_1)$

*Antwortmöglichkeit 1* ist **falsch**. Richtig wäre, dass es im Intervall $[x_1; x_2]$ mindestens eine Stelle x mit $f'(x) = 5$ gibt.

*Antwortmöglichkeit 2* ist **richtig**. Der Differenzenquotient $\frac{f(x_2) - f(x_1)}{x_2 - x_1} = 5$ ist im Intervall $[x_1; x_2]$ positiv. Da $x_2 - x_1$ positiv ist, weil $x_1 < x_2$ gilt, muss auch $f(x_2) - f(x_1)$ positiv sein und somit $f(x_2) > f(x_1)$ gelten.

*Antwortmöglichkeit 3* ist **falsch**. Der Differenzenquotient sagt nichts über die Steigung der Funktion in einem Intervall aus. Der Graph von f kann im gegebenen Intervall (streng) monoton steigend sein oder ein wechselndes Monotonieverhalten haben.

Vorzeichen des Differenzquotienten:

$\frac{f(b) - f(a)}{b - a} > 0 \iff f(a) < f(b)$  (f steigt insgesamt bzw. im Mittel in [a; b], siehe linke Abbildung)

$\frac{f(b) - f(a)}{b - a} < 0 \iff f(a) > f(b)$  (f fällt insgesamt bzw. im Mittel in [a; b], siehe mittlere Abbildung)

$\frac{f(b) - f(a)}{b - a} = 0 \iff f(a) = f(b)$  (siehe rechte Abbildung)

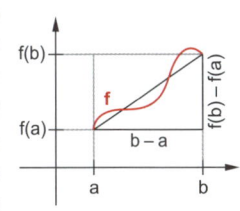

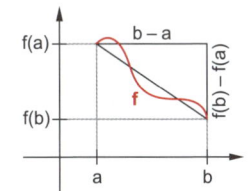

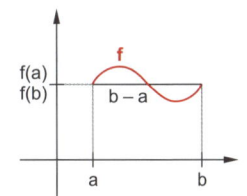

*Antwortmöglichkeit 4* ist **falsch**. Die Steigung wäre im ganzen Intervall gleich groß, nämlich 5. Das gilt nur für lineare Funktionen. Es liegt jedoch eine Polynomfunktion dritten Grades vor.

*Antwortmöglichkeit 5* ist **richtig**. Es wurde die Gleichung $\frac{f(x_2) - f(x_1)}{x_2 - x_1} = 5$ zu $f(x_2) - f(x_1) = 5 \cdot (x_2 - x_1)$ umgeformt.

**Aufgabe 14**
Kapitalsparbuch

[X] Frau Fröhlich zahlt jährlich € 5.000 auf ihr Kapitalsparbuch ein.

[ ] Das Kapital auf dem Kapitalsparbuch wächst jährlich um € 5.000.

[X] Der relative jährliche Zuwachs des am Ausdruck ausgewiesenen Kapitals ist größer als 3 %.

[ ] Die Differenz des Kapitals zweier aufeinanderfolgender Jahre ist immer dieselbe.

[ ] Das Kapital auf dem Kapitalsparbuch wächst linear an.

*Antwortmöglichkeit 1* ist **richtig**. Aus der Angabe können Sie entnehmen, dass Frau Fröhlich jährlich am ersten Banköffnungstag des Jahres den gleichen Geldbetrag einzahlt. In der Formel sehen Sie den Betrag von € 5.000, der zum Kontostand des Vorjahres samt Zinserträge addiert wird.
*Antwortmöglichkeit 2* ist **falsch**, da das jährliche Wachstum mehr als die € 5.000 ausmacht. Die Zinserträge aus dem vorangegangenen Jahr werden ebenfalls gutgeschrieben.
*Antwortmöglichkeit 3* ist **richtig**. Zu den Zinserträgen des Vorjahres kommen noch die einbezahlten € 5.000 hinzu.
*Antwortmöglichkeit 4* ist **falsch**. Die Differenz des Kapitals zweier aufeinanderfolgender Jahre $K_i - K_{i-1}$ ist nicht immer dieselbe, da der Zinsertrag in jedem Jahr höher wird. ($K_i - K_{i-1} = 0{,}03 \cdot K_i + 5\,000$)
*Antwortmöglichkeit 5* ist **falsch**. Das Kapital wächst exponentiell.

**Aufgabe 15**
Funktionen und Ableitungsfunktionen

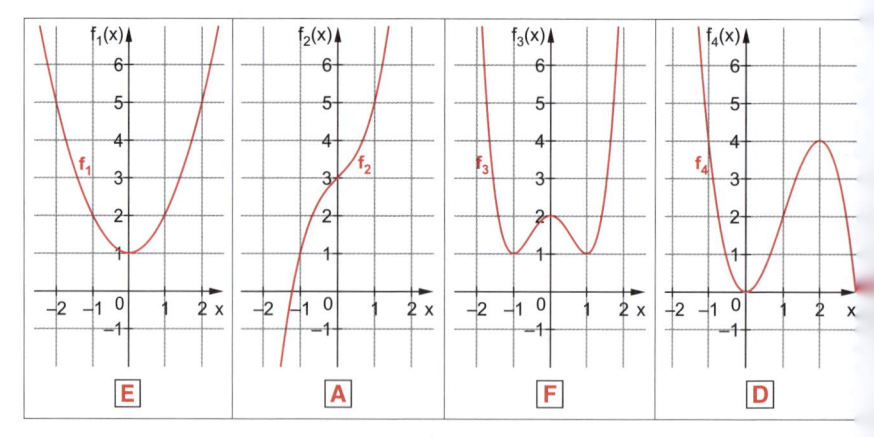

$f_1(x)$: **E**  $f_2(x)$: **A**  $f_3(x)$: **F**  $f_4(x)$: **D**

Die erste Funktion ist eine Polynomfunktion 2. Grades. Ihre Ableitungsfunktion ist die einzige lineare Funktion (E).
Die zweite Abbildung zeigt eine Polynomfunktion 3. Grades. Ihre Ableitungsfunktion hat den Grad 2, ihr Graph ist eine Parabel. Es kommen die Auswahlmöglichkeiten A, B und D infrage. Da die gegebene Funktion durchgängig streng monoton steigend ist, muss die Parabel im positiven y-Bereich liegen.
Daher ist A die Lösung.

- Die dritte Funktion ist eine Polynomfunktion 4. Grades. Ihre Ableitungsfunktion hat den Grad 3. Es kommen die Abbildungen C und F infrage. Die gegebene Funktion ist im Intervall $(-\infty; -1)$ streng monoton fallend. In diesem Intervall müssen die y-Werte der Ableitungsfunktion negativ sein. Das ist nur bei F der Fall.
- Die vierte Abbildung ist eine Polynomfunktion 3. Grades, ihre Ableitungsfunktion ist vom Grad 2. Es kommen die Graphen B und D infrage. Die Extremstellen der gegebenen Funktion liegen bei $x=0$ und $x=2$. An diesen Stellen müssen die Nullstellen der Ableitungsfunktion sein. Dies gilt nur für die Abbildung D.

## Aufgabe 16
Nachweis eines lokalen Minimums

- Für einen Tiefpunkt gilt, dass $p''(x_T) > 0$.
- Bilden Sie die 2. Ableitungsfunktion $p''(x)$ der Funktion $p(x)$ und setzen Sie die Stelle des Tiefpunktes $x_T = 1$ ein.

Funktion: $p(x) = x^3 - 3x + 2$
Erste Ableitungsfunktion: $\quad p'(x) = 3x^2 - 3$
Zweite Ableitungsfunktion: $p''(x) = 6x$

Zweite Ableitungsfunktion an der Stelle $x_T = 1$: $p''(1) = 6 \cdot 1 = 6 > 0$
Da $p''(x_T) > 0$ ist, ist gezeigt, dass an dieser Stelle ein lokales Minimum der Funktion p (bzw. ein Tiefpunkt ihres Graphen) vorliegt.

## Aufgabe 17
Arbeit beim Verschieben eines Massestücks

- Die Arbeit W ist die Summe der Flächeninhalte, die (1) von $f_1$ und der x-Achse sowie (2) von $f_2$ und der x-Achse eingeschlossen werden, wobei (1) mittels Integral und (2) als Flächeninhalt eines Dreiecks berechnet wird:

$$W = \int_0^4 f_1(s)\,ds + \frac{a \cdot b}{2} = \int_0^4 \frac{5}{16}s^2\,ds + \frac{11 \cdot 5}{2} = \frac{5}{16} \cdot \frac{s^3}{3}\Big|_0^4 + \frac{55}{2} = 6\frac{2}{3} + 27\frac{1}{2} \approx \mathbf{34{,}17}\ \text{J}$$

## Aufgabe 18
Integral

Es ist $\int_b^c x^3\,dx = 0$, wenn für die Integrationsgrenzen b und c gilt: **b = –c**

- Wenn die Teilflächen zwischen dem Funktionsgraphen und der x-Achse, die ober- bzw. unterhalb der x-Achse liegen, gleich groß sind, dann ist das bestimmte Integral null.

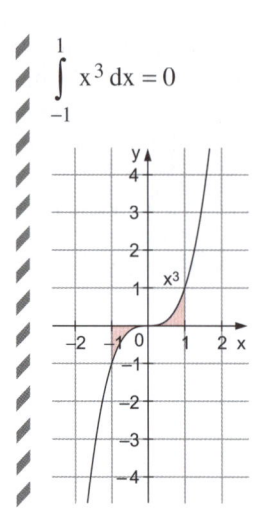

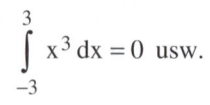

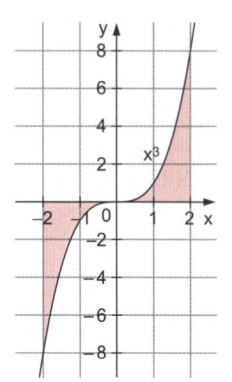

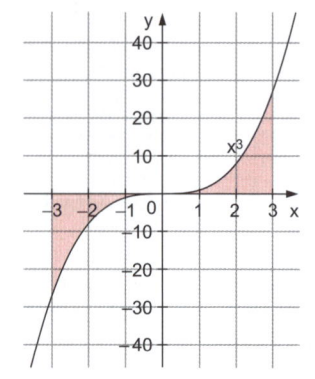

$$\int_{-1}^{1} x^3\,dx = 0 \qquad \int_{-2}^{2} x^3\,dx = 0 \qquad \int_{-3}^{3} x^3\,dx = 0 \quad \text{usw.}$$

**Aufgabe 19**
Beladung von LKW

Für die Darstellung der absoluten Häufigkeit als Flächeninhalt eines Rechtecks gilt:

Klassenbreite · Rechteckshöhe = absolute Häufigkeit bzw.

$$\text{Rechteckshöhe} = \frac{\text{absolute Häufigkeit}}{\text{Klassenbreite}}$$

Das erste Rechteck hat die Breite 1 und die Höhe 30, da gilt: $1 \cdot 30 = 30$
Das zweite Rechteck hat die Breite 2 und die Höhe 25, da gilt: $2 \cdot 25 = 50$
Das dritte Rechteck hat die Breite 3 und die Höhe 20, da gilt: $3 \cdot 20 = 60$

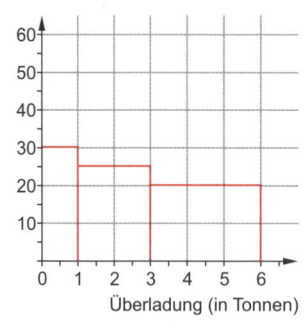

**Aufgabe 20**
Eishockeytore

Aufsteigend geordnete Liste mit der Anzahl der Tore bei 23 Spielen:
3, 3, 4, 4, 5, 5, 5, 5, 5, 5, 6, **6**, 6, 7, 7, 7, 7, 7, 7, 7, 7, 9, 9

Der Median ist der zwölfte Wert der geordneten Liste und lautet **6**.

## Aufgabe 21
**Zollkontrolle**

In der Gruppe mit 10 Personen sind 2 Schmuggler mit $P(S) = \frac{2}{10}$ und 8 weitere Personen mit $P(\neg S) = \frac{8}{10}$.

Drei verschiedene Personen werden kontrolliert, was dem Modell „Ziehen ohne Zurücklegen" entspricht, wobei die unbedarfte weitere Person als erste, zweite oder dritte kontrolliert werden kann – das ergibt somit drei Möglichkeiten.

Die Wahrscheinlichkeit, dass bei der Kontrolle von drei Personen die beiden Schmuggler und eine weitere Person kontrolliert werden, wird folgendermaßen berechnet:

$P(\neg S, S, S) + P(S, \neg S, S) + P(S, S, \neg S) = \frac{8}{10} \cdot \frac{2}{9} \cdot \frac{1}{8} + \frac{2}{10} \cdot \frac{8}{9} \cdot \frac{1}{8} + \frac{2}{10} \cdot \frac{1}{9} \cdot \frac{8}{8} = \frac{1}{15} = 0,0\overline{6}$

- Da die Wahrscheinlichkeit für jede der drei Möglichkeiten (Reihenfolge)
- gleich groß ist, kann ebenso gerechnet werden:
- $P(S, S, \neg S \text{ in beliebiger Reihenfolge}) = \frac{2}{10} \cdot \frac{1}{9} \cdot \frac{8}{8} \cdot 3 = \frac{1}{15} = 0,0\overline{6}$

## Aufgabe 22
**Wahrscheinlichkeitsverteilung**

Für die Werte $x_1$, $x_2$, $x_3$ der Zufallsvariablen X gilt:
$P(X = x_1) + P(X = x_2) + P(X = x_3) = 1$

Laut Angabe ist $P(X = x_1) = 0,4$. Daraus folgt:

$0,4 + P(X = x_2) + P(X = x_3) = 1 \quad | -0,4$

$\qquad P(X = x_2) + P(X = x_3) = 0,6$

Laut Angabe gilt $P(X = x_3) = 2 \cdot P(X = x_2)$. Daraus folgt:

$P(X = x_2) + 2 \cdot P(X = x_2) = 0,6$

$\qquad\qquad 3 \cdot P(X = x_2) = 0,6 \quad | : 3$

$P(X = x_2) = \mathbf{0,2}$ und $P(X = x_3) = \mathbf{0,4}$

## Aufgabe 23
**Verschiedenfarbige Kugeln**

☐ Es wird höchstens eine schwarze Kugel gezogen.
☒ Es werden genau zwei schwarze Kugeln gezogen.
☐ Es werden zwei rote Kugeln und eine schwarze Kugel gezogen.
☐ Es werden nur rote Kugeln gezogen.
☐ Es wird mindestens eine rote Kugel gezogen.
☐ Es wird keine rote Kugel gezogen.

- Drei rote und zwölf schwarze Kugeln können gezogen werden mit
- $P(\text{rote Kugel}) = \frac{3}{15} = 0,2$ und $P(\text{schwarze Kugel}) = \frac{12}{15} = 0,8$.
- Die drei Kugeln werden mit Zurücklegen gezogen, daher bleiben obige Wahr-
- scheinlichkeiten bei jedem Zug gleich. Da die Reihenfolge der Kugeln belie-
- big ist, gibt es je drei Möglichkeiten für verschiedenfärbig gezogene Kugeln,
- d. h., die Wahrscheinlichkeit für die Ziehung von drei verschiedenfärbigen
- Kugeln wird mit 3 multipliziert.

- *Antwortmöglichkeit 1* ist **falsch**. „Es wird höchstens eine schwarze Kugel gezogen" ist gleichbedeutend mit „Es wird genau eine oder keine schwarze Kugel gezogen": $3 \cdot 0,8 \cdot 0,2^2 + 0,2^3$
- *Antwortmöglichkeit 2* ist **richtig**. „Genau zwei schwarze Kugeln zu ziehen" bedeutet „Zwei schwarze und eine rote Kugel in beliebiger Reihenfolge zu ziehen": $3 \cdot 0,8^2 \cdot 0,2$
- *Antwortmöglichkeit 3* ist **falsch**. „Zwei rote und eine schwarze Kugel zu ziehen" wird berechnet mit: $3 \cdot 0,2^2 \cdot 0,8$
- *Antwortmöglichkeit 4* ist **falsch**. „Nur rote Kugeln zu ziehen" wird berechnet mit: $0,2^3$
- *Antwortmöglichkeit 5* ist **falsch**. „Mindestens eine rote Kugel zu ziehen" kann auf zwei Weisen berechnet werden:
  - Als Wahrscheinlichkeit, eine, zwei oder drei rote Kugeln zu ziehen: $3 \cdot 0,2 \cdot 0,8^2 + 3 \cdot 0,2^2 \cdot 0,8 + 0,2^3$
  - Mit der Gegenwahrscheinlichkeit zum Ereignis „Es werden nur schwarze Kugeln gezogen": $1 - 0,8^3$
- *Antwortmöglichkeit 6* ist **falsch**. „Es wird keine rote Kugel gezogen" kann auf zwei Weisen berechnet werden:
  - „Es werden drei schwarze Kugeln gezogen": $0,8^3$
  - Mit der Gegenwahrscheinlichkeit zum Ereignis „Es werden eine, zwei oder drei rote Kugeln gezogen": $1 - (3 \cdot 0,2 \cdot 0,8^2 + 3 \cdot 0,2^2 \cdot 0,8 + 0,2^3)$

**Aufgabe 24**
Vergleich zweier Konfidenzintervalle

Unter der Annahme von $n_1 = n_2$ kann man aus den Angaben $\boldsymbol{\gamma_1 > \gamma_2}$ folgern; unter der Annahme von $\gamma_1 = \gamma_2$ kann man aus den Angaben $\boldsymbol{n_1 < n_2}$ folgern.

- Die Begriffe „Konfidenzniveau $\gamma$", „Breite des Konfidenzintervalls" und „Anzahl der Befragten n" stehen in folgendem wechselseitigem Zusammenhang:
  - Das Konfidenzintervall wird schmäler, wenn (a) die Anzahl der Befragten n erhöht bzw. (b) das Konfidenzniveau $\gamma$ gesenkt wird.
  - Das Konfidenzniveau $\gamma$ wird erhöht, wenn (a) das Konfidenzintervall breiter bzw. (b) die Anzahl der Befragten n erhöht wird.
  - Durch eine Erhöhung der Anzahl der Befragten n kann (a) das Konfidenzintervall geschmälert bzw. (b) das Konfidenzniveau $\gamma$ gesteigert werden.

Das Konfidenzintervall [0,23; 0,29] des ersten Instituts ist breiter als das Konfidenzintervall [0,24; 0,28] des zweiten Instituts. Ist die Anzahl der Befragten $n_1 = n_2$ gleich groß, dann gilt für das Konfidenzniveau: $\gamma_1 > \gamma_2$

Das Konfidenzintervall [0,23; 0,29] des ersten Instituts ist breiter als das Konfidenzintervall [0,24; 0,28] des zweiten Instituts. Ist das Konfidenzniveau $\gamma_1 = \gamma_2$ der Befragungen gleich groß, dann gilt für die Anzahl der Befragten: $n_1 < n_2$

# Zentral-Matura Mathematik
## Matura 2016 – Teil 2

2016-27

### Aufgabe 1: Intercity-Express (ICE)

Als ICE werden verschiedene Baureihen von Hochgeschwindigkeitszügen der Deutschen Bahn bezeichnet. Mit einer Höchstgeschwindigkeit von bis zu 330 km/h (rund 91,7 m/s) handelt es sich dabei um die schnellsten Züge Deutschlands. Sie sind ca. 200 Meter lang und ca. 400 Tonnen schwer und bestehen aus jeweils acht Wagen. Im Rahmen von Zulassungsfahrten müssen Beschleunigungs- und Bremstests absolviert werden. Ergebnisse dieser Tests können grafisch dargestellt werden.

a) Die Daten eines Beschleunigungstests vom Stillstand bis zur Höchstgeschwindigkeit (die Geschwindigkeit $v_1(t)$ ist in Metern pro Sekunde und die Zeit t in Sekunden angegeben) sind im nachstehenden Zeit-Geschwindigkeit-Diagramm näherungsweise dargestellt.

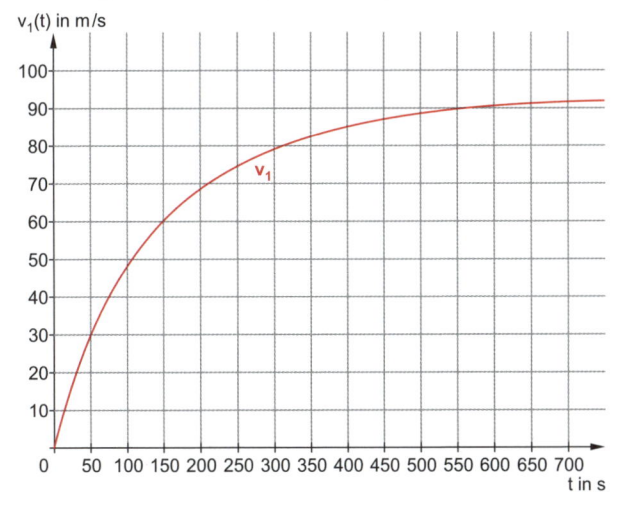

Bestimmen Sie die mittlere Änderungsrate der Geschwindigkeit im Zeitintervall [0 s; 700 s] und geben Sie einen Zeitpunkt an, zu dem die momentane Änderungsrate der Geschwindigkeit größer ist als die ermittelte mittlere Änderungsrate!

**A** Interpretieren Sie das bestimmte Integral $\int_0^{700} v_1(t)\,dt$ im gegebenen Kontext!

b) Bei einem Bremstest werden Daten aufgezeichnet. Diesen Daten kann man für den zurückgelegten Weg s(t) entnehmen: $s(t) = 70 \cdot t - 0{,}25 \cdot t^2$ mit t in Sekunden und s(t) in Metern ab Bremsbeginn.

Geben Sie die Zeit-Geschwindigkeit-Funktion $v_2$ für den Bremstest in Form von $v_2(t) = k \cdot t + d$ an und deuten Sie die auftretenden Parameter k und d im gegebenen Kontext!

Bestimmen Sie die Länge derjenigen Strecke, die der ICE vom Bremsbeginn bis zum Stillstand zurücklegt!

# Hinweise und Tipps

**Teil a**   **A** Der zweite Teil dieser Aufgabe (Interpretation des bestimmten Integrals im Kontext) ist eine Ausgleichsaufgabe. Falls Sie diese Aufgabe richtig lösen, wird der Punkt im Teil 1 Ihrer Matura eingerechnet. Diese Aufgabe sollten Sie auf jeden Fall lösen!

- Die mittlere Änderungsrate der Geschwindigkeit entspricht der durchschnittlichen Beschleunigung bzw. der Steigung der Sekante von $v_1$ im Intervall [0 s; 700 s]. Die momentane Änderungsrate entspricht der momentanen Beschleunigung bzw. der Steigung der Tangente von $v_1$ zu einem Zeitpunkt. Zu welchen Zeitpunkten ist die Steigung der Tangente größer als die Steigung der Sekante?

- Der Weg s wird bei gleichbleibender Geschwindigkeit als Produkt „Weg = Geschwindigkeit · Zeit" berechnet. Ändert sich die Geschwindigkeit mit dem zurückgelegten Weg entsprechend der Funktion $v_1$, dann gilt $\Delta s \approx v_1(t) \cdot \Delta t$ für jedes Teilintervall $\Delta t$ und für die Wegstrecke [a; b]:

$$s(a, b) = \int_a^b v_1(t)\, dt$$

**Teil b** 
- Welcher Zusammenhang besteht zwischen der Wegfunktion s(t), deren Ableitungsfunktion s'(t) und der Geschwindigkeitsfunktion $v_2(t)$? Beachten Sie, dass der Zug vor dem Bremsvorgang mit einer bestimmten Geschwindigkeit fährt und die Geschwindigkeit um einen gleichbleibenden Betrag bis zum Stillstand reduziert.

- Berechnen Sie zunächst die Dauer des Bremswegs bis zum Stillstand. Welcher Weg wird in dieser Zeit zurückgelegt?

## Lösungsvorschlag

**Teil a** Berechnung der mittleren Änderungsrate (Beschleunigung) zwischen den Zeitpunkten $t_0 = 0$ s und $t_1 = 700$ s:

$$a = \frac{v_1(t_1) - v_1(t_0)}{t_1 - t_0} = \frac{v_1(700) - v_1(0)}{700 - 0} = \frac{91{,}7}{700} = \mathbf{0{,}131 \ \frac{m}{s^2}}$$

Vor dem Zeitpunkt $t \approx 230$ s ist die momentane Änderungsrate größer als die berechnete mittlere Änderungsrate (siehe unten stehende Abbildung), d. h., die Tangentensteigung ist größer als die Sekantensteigung, z. B. bei **t = 100 s**.

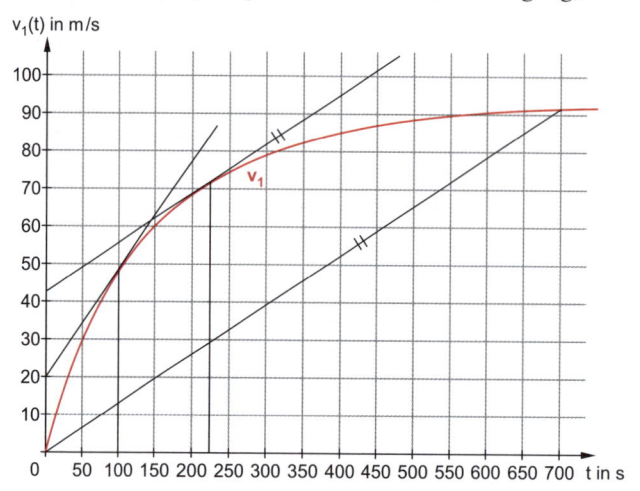

**Interpretation:**
Die zurückgelegte Wegstrecke kann als Flächeninhalt unterhalb des Graphen der Funktion $v_1$ interpretiert werden: Der Wert des bestimmten Integrals $\int_0^{700} v_1(t) \, dt$ entspricht der im Zeitintervall [0 s; 700 s] zurückgelegten Wegstrecke (in Metern).

**Teil b** $s(t) = 70 \cdot t - 0{,}25 \cdot t^2$
$v_2(t) = s'(t) = \mathbf{70 - 0{,}5 \cdot t}$

**Deutung** der Parameter k und d in $v_2(t) = k \cdot t + d$:
d ... Die Anfangsgeschwindigkeit zu Beginn des Bremsvorgangs ist 70 m/s.
k ... Die Geschwindigkeit nimmt während des Bremsvorgangs in jeder Sekunde um 0,5 m/s ab.

*Alternative* Formulierung für k:
Die Beschleunigung (ist konstant und) beträgt $-0{,}5$ m/s². Die Verzögerung durch das Bremsen beträgt 0,5 m/s².

Geschwindigkeit

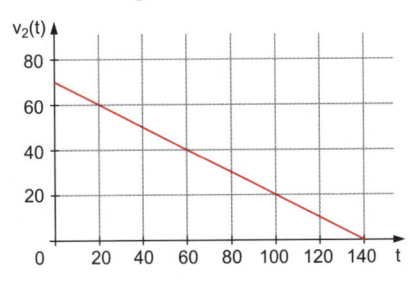

Bremsweg

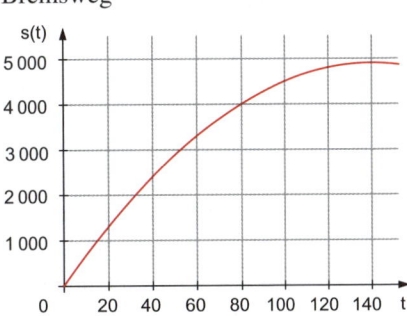

Der Zug steht, wenn die Funktion $v_2(t)$ die x-Achse schneidet (siehe linkes Diagramm):

$$70 - 0,5 \cdot t = 0 \quad |-70$$
$$-0,5 \cdot t = -70 \quad |:(-0,5)$$
$$t = 140$$

Berechnung des zurückgelegten Bremswegs (siehe rechtes Diagramm):

$$s(140) = 70 \cdot 140 - 0,25 \cdot 140^2 = 4\,900$$

Der Bremsweg hat eine Länge von **4 900 m**.

*Alternativer Rechenweg:*
Berechnung des Flächeninhalts der Fläche, die von $v_2(t)$ und den beiden Achsen eingeschlossen wird:

$$s = \frac{140 \cdot 70}{2} = 4\,900$$

## Aufgabe 2: ZAMG-Wetterballon

Ein Wetterballon ist ein mit Helium oder Wasserstoff befüllter Ballon, der in der Meteorologie zum Transport von Radiosonden (Messgeräten) verwendet wird. Die Zentralanstalt für Meteorologie und Geodynamik (ZAMG) lässt an 365 Tagen im Jahr zwei Mal am Tag einen Wetterballon von der Wetterstation *Hohe Warte* aufsteigen. Während des Aufstiegs werden kontinuierlich Messungen von Temperatur, Luftfeuchtigkeit, Luftdruck, Windrichtung und Windgeschwindigkeit durchgeführt.

Die bei einem konkreten Aufstieg eines Wetterballons gemessenen Werte für den Luftdruck und die Temperatur in der Höhe h über dem Meeresspiegel liegen in der nachstehenden Tabelle vor.

| Höhe h des Ballons über dem Meeresspiegel (in m) | Luftdruck p (in hPa) | Temperatur (in °C) |
|---|---|---|
| 1 000 | 906 | 1,9 |
| 2 000 | 800 | −3,3 |
| 3 000 | 704 | −8,3 |
| 4 000 | 618 | −14,5 |
| 5 000 | 544 | −21,9 |
| 6 000 | 479 | −30,7 |
| 7 000 | 421 | −39,5 |
| 8 000 | 370 | −48,3 |

**Aufgabenstellung**

a) **A** Bestimmen Sie die relative (prozentuelle) Änderung des Luftdrucks bei einem Anstieg des Wetterballons von 1 000 m auf 2 000 m!

Die Abhängigkeit des Luftdrucks von der Höhe kann näherungsweise durch eine Exponentialfunktion beschrieben werden. Beschreiben Sie, wie dies anhand obiger Tabelle begründet werden kann!

b) Die Temperatur in Abhängigkeit von der Höhe lässt sich im Höhenintervall [5 000 m; 8 000 m] durch eine lineare Funktion T beschreiben.

Begründen Sie dies anhand der in der obigen Tabelle angegebenen Werte!

Berechnen Sie für diese Funktion T mit $T(h) = k \cdot h + d$ die Werte der Parameter k und d!

c) Das Volumen des Wetterballons ist näherungsweise indirekt proportional zum Luftdruck p. In 1 000 Metern Höhe hat der Wetterballon ein Volumen von 3 m³.

Beschreiben Sie die funktionale Abhängigkeit des Volumens (in m³) vom Luftdruck (in hPa) durch eine Gleichung!

V(p) = _____

Berechnen Sie die absolute Änderung des Ballonvolumens im Höhenintervall [1 000 m; 2 000 m]!

## Hinweise und Tipps

**Teil a**   **A** Der erste Teil dieser Aufgabe (Änderung des Luftdrucks) ist eine Ausgleichsaufgabe. Falls Sie diese Aufgabe richtig lösen, wird der Punkt im Teil 1 Ihrer Matura eingerechnet. Diese Aufgabe sollten Sie auf jeden Fall lösen!

- Nimmt der Luftdruck zu oder ab? Beachten Sie, dass die relative Änderung des Luftdrucks als Quotient der absoluten Änderung des Luftdrucks durch den Anfangswert berechnet wird.
- Vergleichen Sie die relative Änderung des Luftdrucks bei gleicher absoluter Zunahme der Höhe.

**Teil b**
- Vergleichen Sie die absolute Abnahme der Temperatur bei gleicher absoluter Zunahme der Höhe im Intervall [5 000 m; 8 000 m].
- Berechnen Sie, um wie viel Grad Celsius die Temperatur zwischen 5 000 m und 8 000 m pro Höhenmeter abnimmt. Wie hoch wäre die Temperatur auf Meeresniveau, wenn das Modell der linearen Temperaturabnahme von 0 m bis 8 000 m gültig wäre?

**Teil c**
- Welcher Luftdruck herrscht auf einer Höhe von 1 000 m? Welches Volumen hat der Wetterballon auf 1 000 m Höhe? Geben Sie das Volumen des Wetterballons als Funktion des Luftdrucks allgemein an. Ermitteln Sie den Proportionalitätsfaktor k durch Einsetzen eines Zahlenpaares.
- Beachten Sie, dass das Volumen des Wetterballons eine Funktion des Luftdrucks p ist, wobei der Luftdruck wiederum von der Höhe h abhängig ist.

## Lösungsvorschlag

**Teil a** Relative Änderung des Luftdrucks von 1 000 m und 2 000 m:

$$\frac{p(2\,000) - p(1\,000)}{p(1\,000)} = \frac{800 - 906}{906} \approx -0{,}117 = \mathbf{-11{,}7\,\%}$$

Der Luftdruck nimmt bei diesem Anstieg der Höhe um ca. 11,7 % ab.

**Beschreibung durch eine Exponentialfunktion**

$$\frac{p(3\,000) - p(2\,000)}{p(2\,000)} = \frac{704 - 800}{800} = -0{,}12 = -12\,\%$$

$$\frac{p(4\,000) - p(3\,000)}{p(3\,000)} = \frac{618 - 704}{704} \approx -0{,}1222 = -12{,}22\,\%$$

$$\frac{p(5\,000) - p(4\,000)}{p(4\,000)} = \frac{544 - 618}{618} \approx -0{,}1197 = -11{,}97\,\% \quad \text{usw.}$$

Obige Berechnungen mit den Werten aus der Tabelle zeigen, dass bei einer Höhenzunahme um 1 000 m der Luftdruck um ca. 12 % fällt. Da die gleiche (absolute) Zunahme der Höhe h stets eine Verminderung des Luftdrucks um den annähernd gleichen Prozentsatz vom jeweiligen Anfangswert bewirkt, ist eine Exponentialfunktion geeignet, um die Abhängigkeit des Luftdrucks p von der Höhe h zu beschreiben (siehe Diagramm).

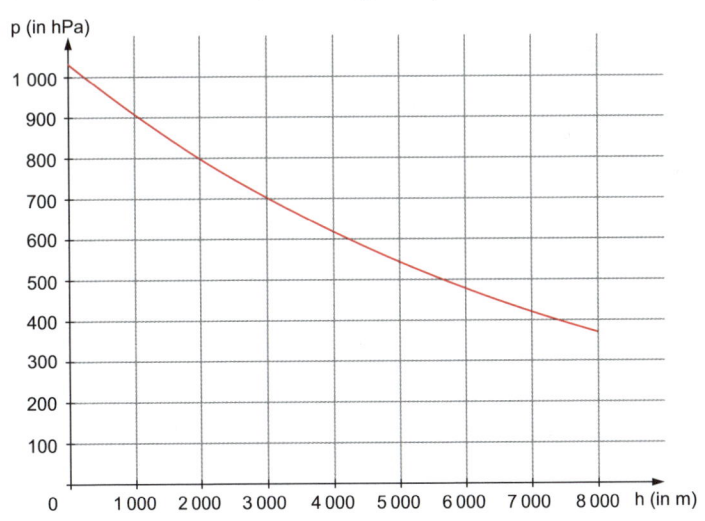

**Teil b** **Beschreibung durch eine lineare Funktion**

$T(6\,000) - T(5\,000) = -8{,}8$

$T(7\,000) - T(6\,000) = -8{,}8$

$T(8\,000) - T(7\,000) = -8{,}8$

Obige Berechnungen mit den Werten aus der Tabelle zeigen, dass bei einer Höhenzunahme um 1 000 m die Temperatur um 8,8 °C fällt. Da die gleiche (absolute) Zunahme der Höhe h stets eine gleiche (absolute) Abnahme der Temperatur T bewirkt, ist eine lineare Funktion geeignet, um die Abhängigkeit der Temperatur T von der Höhe h im Intervall [5 000 m; 8 000 m] zu beschreiben (siehe Diagramm).

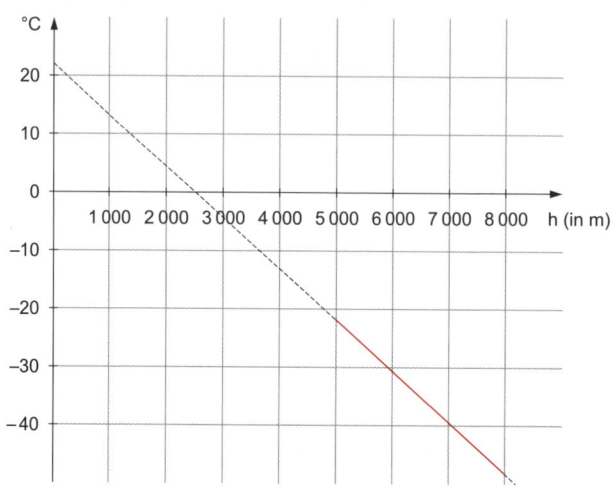

Berechnung der Steigung k in $T(h) = k \cdot h + d$:
$$k = \frac{T(6\,000) - T(5\,000)}{6\,000 - 5\,000} = \frac{-30,7 - (-21,9)}{1\,000} = \mathbf{-0{,}0088}$$

Berechnung von d:
$$-21,9 = -0{,}0088 \cdot 5\,000 + d \quad \Rightarrow \quad d = \mathbf{22{,}1}$$

**Teil c** Auf 1 000 m Höhe gilt: Der Luftdruck beträgt $p = 906$ hPa und das Volumen des Wetterballons $V = 3$ m³.

Das Volumen V des Wetterballons ist indirekt proportional zum Luftdruck p:
$$V(p) = \frac{k}{p}$$

Berechnung des Proportionalitätsfaktors k durch Einsetzen des Wertepaares $(p \mid V(p)) = (906 \mid 3)$:
$$3 = \frac{k}{906} \qquad |\cdot 906$$
$$k = 3 \cdot 906 = 2\,718$$

Die gesuchte Gleichung lautet:
$$V(p) = \frac{\mathbf{2\,718}}{p}$$

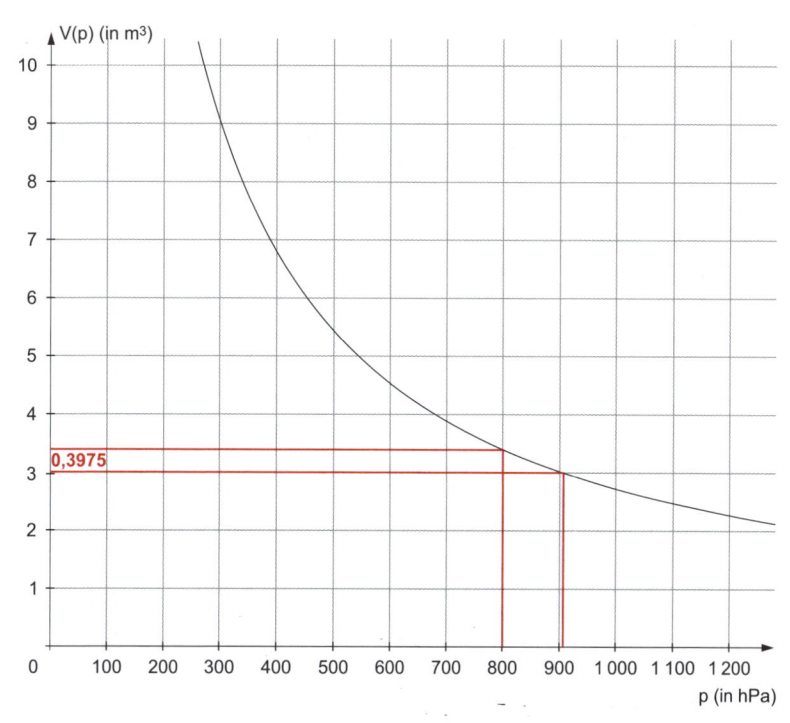

Laut Tabelle beträgt der Luftdruck auf 1 000 m Höhe 906 hPa und auf 2 000 m Höhe 800 hPa. Die absolute Änderung des Ballonvolumens im Höhenintervall [1 000 m; 2 000 m] wird als Differenz V(800) – V(906) berechnet (siehe Diagramm):

V(800) – V(906) = 3,3975 – 3 = 0,3975

Die absolute Änderung des Ballonvolumens beträgt in diesem Höhenintervall **0,3975 m³**.

## Aufgabe 3: Einkommensteuer

Erwerbstätige Personen müssen einen Teil ihrer Einkünfte in Form von Einkommensteuer an den Staat abführen. Im Steuermodell für das Kalenderjahr 2015 unterscheidet man vier Steuerklassen mit den sogenannten Steuersätzen: 0 %, 36,5 %, 43,2 % und 50 %.

Modellhaft wird angenommen:
Jahresnettoeinkommen = steuerpflichtiges Jahreseinkommen – Einkommensteuer

Die Berechnung der Einkommensteuer bezieht sich auf das steuerpflichtige Jahreseinkommen und unterliegt für das Kalenderjahr 2015 den folgenden Regeln:
- Einkommen bzw. Einkommensteile bis € 11.000 sind steuerfrei.
- Einkommensteile über € 11.000 bis € 25.000 werden mit 36,5 % besteuert. Das heißt: Liegt das Einkommen über € 11.000, sind die ersten verdienten € 11.000 steuerfrei, die darüber hinausgehenden Einkommensteile bis € 25.000 werden mit 36,5 % besteuert.
- Einkommensteile über € 25.000 bis € 60.000 werden mit 43,2 % (genau: $43\frac{3}{14}$ %) besteuert.
- Einkommensteile über € 60.000 werden mit 50 % besteuert.

Am 7. Juli 2015 wurde vom Nationalrat das Steuerreformgesetz 2015/2016 beschlossen. Das ab dem 1. Jänner 2016 gültige Steuermodell ist ein Modell mit sieben Steuersätzen.

Das 2015 gültige Modell (mit vier Steuerklassen) und das ab 2016 gültige Modell (mit sieben Steuerklassen) sind in der nachstehenden Grafik dargestellt.

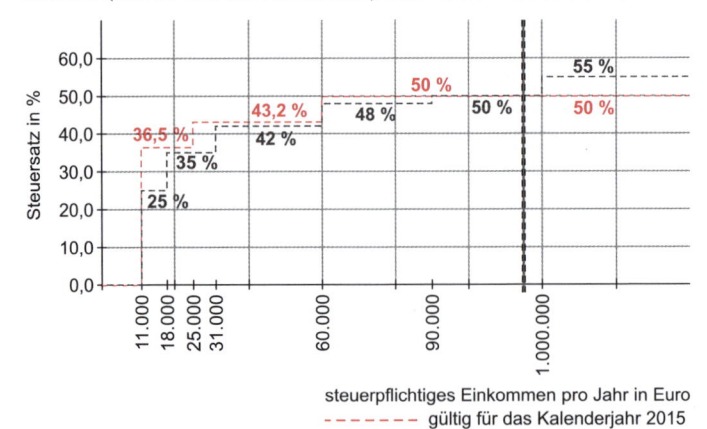

steuerpflichtiges Einkommen pro Jahr in Euro
------ gültig für das Kalenderjahr 2015
------ gültig ab dem Kalenderjahr 2016

Datenquelle: Regierungsvorlage zur Steuerreform 2015/2016. Einkommensteuergesetz. In: Republik Österreich, Parlament: Analyse Steuerreform 2015/2016. Budgetdienst, Juni 2015, S. 15.

# Matura 2016 – Teil 2 – Aufgabe 3

**Aufgabenstellung**

a) **A** Berechnen Sie mithilfe der 2015 geltenden Steuersätze das Jahresnettoeinkommen einer Person, deren steuerpflichtiges Jahreseinkommen € 20.000 beträgt!

Geben Sie (für das Jahr 2015) eine Formel für das Jahresnettoeinkommen N einer Person an, deren steuerpflichtiges Jahreseinkommen E zwischen € 11.000 und € 25.000 liegt!

b) Der sogenannte *Durchschnittssteuersatz* ist wie folgt definiert:

$$\text{Durchschnittssteuersatz} = \frac{\text{gezahlte Einkommensteuer}}{\text{steuerpflichtiges Jahreseinkommen}}$$

Jemand bezog im Jahr 2015 ein steuerpflichtiges Jahreseinkommen von € 40.000. Berechnen Sie für diese Person für das Jahr 2015 den Durchschnittssteuersatz!

Interpretieren Sie unter Verwendung der gegebenen Grafik, was für diese Person mit dem Term
$7\,000 \cdot 0{,}115 + 7\,000 \cdot 0{,}015 + 6\,000 \cdot 0{,}082 + 9\,000 \cdot 0{,}012$
berechnet wird!

c) Jemand behauptet:
  (1) „Bei einem steuerpflichtigen Jahreseinkommen von € 100.000 tritt trotz der Gesetzesänderung keine Veränderung hinsichtlich der abzuführenden Einkommensteuer ein."
  (2) „Der Steuersatz für steuerpflichtige Jahreseinkommen von über € 11.000 bis € 18.000 ändert sich um 11,5 Prozent."

Sind diese Behauptungen richtig? Formulieren Sie jeweils eine mathematisch begründete Antwort!

d) Das Bundesministerium für Finanzen gibt auf seiner Website die Berechnung der Einkommensteuer 2015 (ESt) für die Einkommensklasse über € 25.000 bis € 60.000 steuerpflichtiger Jahreseinkommen mit folgender Formel an:

$$\text{ESt} = \frac{(\text{steuerpflichtiges Jahreseinkommen} - 25\,000) \cdot 15\,125}{35\,000} + 5\,110$$

Deuten Sie den Faktor $\frac{15\,125}{35\,000}$ und den Summanden $5\,110$ im Hinblick auf die Berechnung der Einkommensteuer!

Stellen Sie eine Formel zur Berechnung der Einkommensteuer ($\text{ESt}_{neu}$) für ein steuerpflichtiges Jahreseinkommen von über € 31.000 bis € 60.000 für das ab 2016 gültige Steuermodell auf!

$\text{ESt}_{neu} = $ _____

## Hinweise und Tipps

**Teil a**   **A**   Der erste Teil dieser Aufgabe (Jahresnettoeinkommen) ist eine Ausgleichsaufgabe. Falls Sie diese Aufgabe richtig lösen, wird der Punkt im Teil 1 Ihrer Matura eingerechnet. Diese Aufgabe sollten Sie auf jeden Fall lösen!

- Ziehen Sie vom steuerpflichtigen Jahreseinkommen den steuerfreien Betrag ab.
- Berechnen Sie das Jahresnettoeinkommen, indem Sie vom steuerpflichtigen Jahreseinkommen die Einkommensteuer abziehen.

**Teil b**
- Für den Durchschnittssteuersatz benötigen Sie den Betrag der gezahlten Einkommensteuer.
- Die Einkommensteuer für ein Jahreseinkommen von € 40.000 wird gestaffelt berechnet. Entnehmen Sie die Einkommensteile samt den entsprechenden Steuersätzen den „Regeln" für die Berechnung der Einkommensteuer oder der Abbildung (punktierte Linie für das Kalenderjahr 2015).
- Betrachten Sie z. B. den Einkommensanteil von € 11.000 bis € 18.000. Wie hoch ist der Steuersatz für diese € 7.000 laut dem Steuermodell im Kalenderjahr 2015 bzw. 2016?
- Um den gegebenen Term zu interpretieren, versuchen Sie, die angegebenen Werte auf den beiden Achsen zu erkennen bzw. abzulesen.

**Teil c**
- Vergleichen Sie die zu zahlende Einkommensteuer des steuerpflichtigen Jahreseinkommens von € 100.000 in beiden Steuermodellen.
- Entnehmen Sie die Steuersätze aus der gegebenen Grafik. Achten Sie auf den genauen Wortlaut der Aussage.

**Teil d**
- Denken Sie an die unterschiedlichen Steuerklassen mit den zugehörigen Steuersätzen.
- Die gewünschte Formel für Jahreseinkommen von über € 31.000 bis € 60.000 für 2016 können Sie in Anlehnung an die gegebene Formel für 2015 aufstellen.

## Lösungsvorschlag

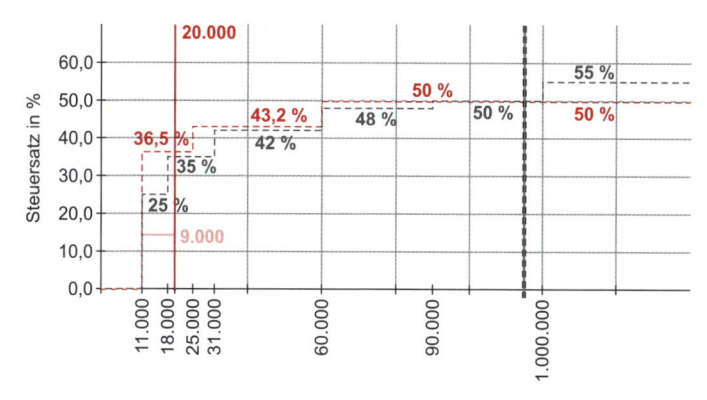

**Teil a**

[Diagramm: Steuersatz in % gegen steuerpflichtiges Jahreseinkommen mit Stufen bei 25 %, 35 %, 36,5 %, 42 %, 43,2 %, 48 %, 50 %, 50 %, 55 %; markiert: 20.000 und 9.000; Achsenwerte: 11.000, 18.000, 25.000, 31.000, 60.000, 90.000, 1.000.000]

Steuerpflichtiges Jahreseinkommen:
€ 20.000

Steuerfreien Betrag abziehen:
20 000 − 11 000 = 9 000

Diese € 9.000 müssen nun mit 36,5 % versteuert werden:
9 000 · 0,365 = 3 285 (Einkommensteuer)

Jahresnettoeinkommen:
20 000 − 3 285 = 16 715, also **€ 16.715**

Formel für das Jahresnettoeinkommen:
**N = E − (E − 11 000) · 0,365**

- Um das Jahresnettoeinkommen zu erhalten, ziehen Sie vom steuerpflichtigen
- Einkommen die Einkommensteuer ab. Der Ausdruck (E − 11 000) ist der
- Einkommensteil der Steuerklasse mit dem Steuersatz 36,5 %. Der Term
- (E − 11 000) · 0,365 entspricht der Einkommensteuer in dieser Steuerklasse.

- Akzeptiert wird als Lösung auch eine zweite Variante der Formel für das
- Jahresnettoeinkommen: N = 11 000 + (E − 11 000) · 0,635. Hier werden zu den
- steuerfreien € 11.000 noch 63,5 % (= 100 % − 36,5 %) des steuerpflichtigen
- Einkommensteils (= steuerpflichtiges Jahreseinkommen − 11 000) addiert.

**Teil b** Der Durchschnittssteuersatz wird laut Angabe mit folgender Formel berechnet:

$$\text{Durchschnittssteuersatz} = \frac{\text{gezahlte Einkommensteuer}}{\text{steuerpflichtiges Jahreseinkommen}}$$

Berechnung der Höhe der Einkommensteuer:
Für den Einkommensteil bis € 11.000 ist keine Lohnsteuer abzuführen, der Einkommensteil von € 11.000 bis € 25.000 wird mit 36,5 % versteuert, ab € 25.000 mit 43,2 %.

Das Einkommen wird den Steuerklassen entsprechend in die Teilbeträge geteilt:
$40\,000 = 11\,000 + 14\,000 + 15\,000$

€ 11.000 sind steuerfrei, weitere € 14.000 (wegen $11\,000 + 14\,000 = 25\,000$) werden mit 36,5 % und die restlichen € 15.000 (wegen $40\,000 - 25\,000 = 15\,000$) mit 43,2 % versteuert. Die Einkommensteuer beträgt also:
$14\,000 \cdot 0{,}365 + 15\,000 \cdot 0{,}432 = 11\,590$

Daraus ergibt sich als Durchschnittssteuersatz:
$$\frac{11\,590}{40\,000} = 0{,}28975$$

Der Durchschnittssteuersatz beträgt ca. **29 %**.

**Interpretation des Terms:**
$7\,000 \cdot 0{,}115 + 7\,000 \cdot 0{,}015 + 6\,000 \cdot 0{,}082 + 9\,000 \cdot 0{,}012$

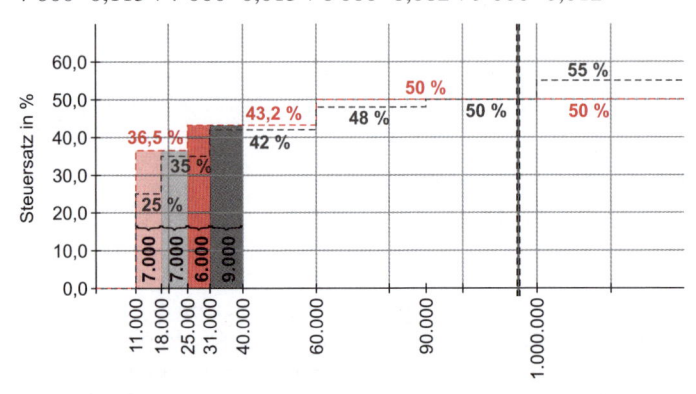

Die Summe $7\,000 + 7\,000 + 6\,000 + 9\,000$ der Geldbeträge ist € 29.000. Das entspricht jenem Einkommensteil der Person, für das Steuern abgeliefert werden müssen. Das steuerpflichtige Einkommen dieser Person beträgt daher € 40.000 (€ 29.000 plus € 11.000, die nicht versteuert werden müssen).

Die ersten drei Geldbeträge können an der x-Achse als Differenzen der markierten x-Werte abgelesen werden.
$18\,000 - 11\,000 = 7\,000$ (hellrot)
$25\,000 - 18\,000 = 7\,000$ (hellgrau)
$31\,000 - 25\,000 = 6\,000$ (rot)

Damit bleiben € 9.000 (dunkelgrau) für jenen Einkommensteil von € 29.000 dieser Person, für den Steuern abgeliefert werden müssen.

Die Faktoren entsprechen den Differenzen der Steuersätze von 2015 und 2016 (abzulesen auf der y-Achse):
36,5 % − 25 % = 11,5 % (hellrot)
36,5 % − 35 % = 1,5 % (hellgrau)
43,2 % − 35 % = 8,2 % (rot)
43,2 % − 42 % = 1,2 % (dunkelgrau)

Der Term 7 000 · 0,115 + 7 000 · 0,015 + 6 000 · 0,082 + 9 000 · 0,012 gibt also die Differenz der zu zahlenden Einkommensteuer dieser Person der Jahre 2015 und 2016 an. Das Ergebnis entspricht der **Steuerersparnis der Person im gültigen Steuermodell 2016**.

✒ Der Steuerfreibetrag von € 11.000 ist beim alten und beim neuen Modell
✒ gleich groß.

**Teil c**  Lösung zu (1):

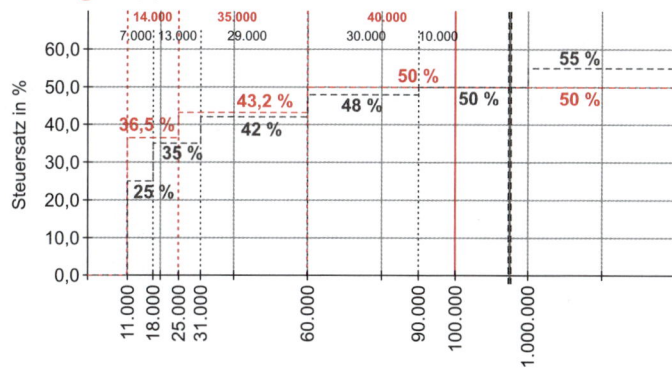

Berechnung der Einkommensteuer 2015: Aufspalten des Jahreseinkommens in die Einkommensteile der *vier* Einkommensklassen:
100 000 = 11 000 + 14 000 + 35 000 + 40 000
Die Einkommensteuer für 2015 beträgt:
14 000 · 0,365 + 35 000 · 0,432 + 40 000 · 0,5 = 40 230

Berechnung der Einkommensteuer 2016: Aufspalten des Jahreseinkommens in die Einkommensteile der *sieben* Einkommensklassen:
100 000 = 11 000 + 7 000 + 13 000 + 29 000 + 30 000 + 10 000
Die Einkommensteuer für 2016 beträgt:
7 000 · 0,25 + 13 000 · 0,35 + 29 000 · 0,42 + 30 000 · 0,48 + 10 000 · 0,5 = 37 880

Im Steuersystem 2016 zahlt die Person weniger Steuern als im Steuersystem 2015. Die Aussage (1) ist daher **falsch**.

✒ Auch ohne Rechnung sieht man, dass bei einem Jahreseinkommen von
✒ € 100.000 im Steuermodell von 2016 die Steuersätze für sämtliche Einkom-
✒ mensanteile unter € 90.000 geringer sind als im Steuermodell von 2015.

**Lösung zu (2):**
Der Steuersatz ändert sich um 11,5 Prozentpunkte. Das entspricht jedoch:
$\frac{11,5}{36,5} \approx 31,5\ \%$

Wird eine Änderung in Prozent angegeben, handelt es sich um eine relative Änderung. Bei der Aussage (2) handelt es sich um die absolute Änderung von Prozentsätzen. Die Differenz von Prozentsätzen wird als 11,5 Prozentpunkte angegeben. Daher ist die Aussage (2) **falsch**.

**Teil d** **Der Summand 5 110 ist das Ergebnis von 14 000 · 0,365.** Die ersten € 11.000 eines Einkommens sind steuerfrei und die nächsten € 14.000 werden mit 36,5 % versteuert (= 14 000 · 0,365).

Der restliche Einkommensteil (steuerpflichtiges Jahreseinkommen – 25 000) wird mit dem Steuersatz 43,2 % versteuert. **Der Faktor $\frac{15\,125}{35\,000} \approx 0{,}432$ entspricht diesem Steuersatz in jener Steuerklasse für Einkommensteile über € 25.000 bis € 60.000.**

Für die Einkommensteuer $ESt_{neu}$ für ein steuerpflichtiges Jahreseinkommen von über € 31.000 bis € 60.000 für 2016 ist es ratsam, den Betrag den Steuerklassen entsprechend aufzuspalten.

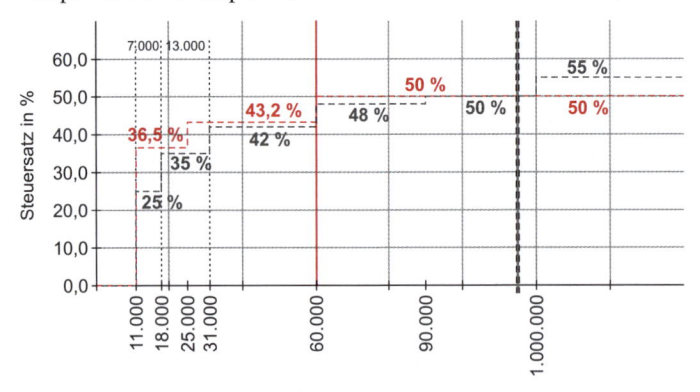

Das steuerpflichtige Jahreseinkommen ist dann die Summe:
11 000 + 7 000 + 13 000 + (steuerpflichtiges Jahreseinkommen – 31 000)
Dabei sind die ersten 11 000 steuerfrei.

Mit den Steuersätzen ergibt sich:
$ESt_{neu}$ = 7 000 · 0,25 + 13 000 · 0,35 +
    + (steuerpflichtiges Jahreseinkommen – 31 000) · 0,42

**$ESt_{neu}$ = 6 300 + (steuerpflichtiges Jahreseinkommen – 31 000) · 0,42**

# Aufgabe 4: Würfel mit unterschiedlichen Zahlen

Gegeben sind die Netze von drei fairen Würfeln, deren Seitenflächen auf unterschiedliche Weise mit verschiedenen Zahlen beschriftet sind. (Ein Würfel ist „fair", wenn die Wahrscheinlichkeit, nach einem Wurf nach oben zu zeigen, für alle Seitenflächen gleich groß ist.)

Würfel A: Seiten 3, 1, 2, 1, 2, 3

Würfel B: Seiten 5, -1, 2, -1, 2, 5

Würfel C: Seiten 0, 0, 0, 6, 6, 6

a) Herr Fischer wirft Würfel A zweimal. Die Zufallsvariable X gibt die Summe der beiden geworfenen Zahlen an. Die Zufallsvariable X kann die Werte 2, 3, 4, 5 und 6 annehmen.
Frau Fischer wirft die Würfel A und B. Die Zufallsvariable Y gibt die Summe der beiden geworfenen Zahlen an.

**A** Geben Sie für die Zufallsvariable Y alle möglichen Werte an!

mögliche Werte für Y: _____

Es gibt Werte der Zufallsvariablen, die bei Herrn Fischer wahrscheinlicher auftreten als bei Frau Fischer. Geben Sie denjenigen Wert an, bei dem der Unterschied der beiden Wahrscheinlichkeiten am größten ist, und berechnen Sie diesen Unterschied!

b) Bei einem Spiel wird Würfel B dreimal geworfen. Der Einsatz des Spiels für eine Spielerin/einen Spieler beträgt € 2. Die jeweilige Auszahlung ist von der Summe der drei geworfenen Zahlen abhängig und wird in der nachstehenden Tabelle teilweise angegeben.

| Summe der drei geworfenen Zahlen | Auszahlung an die Spielerin/den Spieler |
| --- | --- |
| positiv | 0 |
| null | 2 |
| negativ | ? |

Eine Person spielt dieses Spiel fünfmal. Berechnen Sie die Wahrscheinlichkeit, dass dabei genau zweimal die Summe der drei geworfenen Zahlen genau null ist!

Berechnen Sie, welchen Betrag der Anbieter des Spiels für das Würfeln einer negativen Summe höchstens auszahlen darf, um langfristig mit keinem Verlust rechnen zu müssen!

c) Peter wirft den Würfel C 100-mal. Die Zufallsvariable Z beschreibt die Anzahl der gewürfelten Sechser.

Berechnen Sie den Erwartungswert und die Standardabweichung von Z!

Ermitteln Sie die Wahrscheinlichkeit, dass die Summe der geworfenen Zahlen größer als 350 ist!

# Hinweise und Tipps

**Teil a**    [A] Der erste Teil dieser Aufgabe (alle möglichen Werte für Y) ist eine Ausgleichsaufgabe. Falls Sie diese Aufgabe richtig lösen, wird der Punkt im Teil 1 Ihrer Matura eingerechnet. Diese Aufgabe sollten Sie auf jeden Fall lösen!

- Finden Sie die möglichen Kombinationen der Zahlen des ersten Würfels mit denen des zweiten Würfels. Alle möglichen Summen sind die Werte, die die Zufallsvariable Y annehmen kann.

**Teil b**
- Finden Sie zuerst die Wahrscheinlichkeit dafür, dass die Summe 0 erzielt wird.
- Verwenden Sie diese Wahrscheinlichkeit, um die Wahrscheinlichkeit für das Ereignis „in fünf Würfen kommt genau zweimal die Summe 0" zu berechnen.
- Für die Auszahlung benötigen Sie neben der Wahrscheinlichkeit, dass die Summe 0 ist, auch die Wahrscheinlichkeit dafür, dass die Summe negativ ist. Bei welcher Zahlenkombination ist das der Fall?
- Bestimmen Sie danach den Erwartungswert des ausgezahlten Gewinns.

**Teil c**
- Beachten Sie, dass nun Würfel C verwendet wird.
- Berechnen Sie den Erwartungswert und die Standardabweichung mit den Formeln der Binomialverteilung.
- Auf Würfel C kommen nur zwei Zahlen vor. Wie viele „Sechser" müssen geworfen werden, dass die Summe größer wird als 350?
- Verwenden Sie zur Berechnung der Wahrscheinlichkeit die Approximation der Binomialverteilung durch die Normalverteilung.

## Lösungsvorschlag

**Teil a** Der Würfel A kann die Zahlen 1, 2 und 3 zeigen. Der Würfel B kann die Zahlen −1, 2 und 5 zeigen. Die möglichen Kombinationen und die Summen, wenn beide Würfel geworfen werden, sind:

| Frau Fischer | Kombination | Summe der Augenzahlen (Y = k) |
| --- | --- | --- |
| | −1, 1 | 0 |
| | −1, 2 | 1 |
| | −1, 3 | 2 |
| | 2, 1 | 3 |
| $P(Y = 4) = P(2; 2) = \frac{1}{3} \cdot \frac{1}{3} = \frac{1}{9}$ | 2, 2 | 4 |
| | 2, 3 | 5 |
| | 5, 1 | 6 |
| | 5, 2 | 7 |
| | 5, 3 | 8 |

Diese Summen, also die Zahlen **0, 1, 2, 3, 4, 5, 6, 7** und **8**, sind genau die Werte, die die Zufallsvariable Y annehmen kann.

Da Herr Fischer zweimal den gleichen Würfel verwendet, sind bei ihm (Zufallsvariable X) andere Kombinationen möglich.

| Herr Fischer | Kombination | Summe der Augenzahlen (X = k) |
| --- | --- | --- |
| | 1, 1 | 2 |
| | 1, 2 | 3 |
| | 1, 3 | 4 |
| | 2, 1 | 3 |
| $P(X = 4) = P(1; 3) + P(2; 2) + P(3; 1)$ $= \frac{1}{3} \cdot \frac{1}{3} \cdot 3 = \frac{1}{3}$ | 2, 2 | 4 |
| | 2, 3 | 5 |
| | 3, 1 | 4 |
| | 3, 2 | 5 |
| | 3, 3 | 6 |

✏ Weil alle drei Möglichkeiten die gleiche Wahrscheinlichkeit haben, wird mit
✏ 3 multipliziert.

Man sieht, dass beide Personen neun mögliche Kombinationen haben, aber bei Frau Fischer neun unterschiedliche Summen auftreten, während bei Herrn Fischer nur fünf unterschiedliche Summen möglich sind. Die Summe 4 ist sogar bei drei Würfelkombinationen möglich, nämlich bei (1; 3), (2; 2) und (3; 1).

Da bei Frau Fischer jeder Wert nur einmal vorkommt, sind alle Werte gleich wahrscheinlich, nämlich mit der Wahrscheinlichkeit $\frac{1}{9}$.

Bei Herrn Fischer kommt 4 als Summe dreimal vor. Die Wahrscheinlichkeit dafür beträgt $3 \cdot \frac{1}{3} \cdot \frac{1}{3} = \frac{1}{3}$, weil es drei Möglichkeiten gibt, um 4 als Summe zu erhalten und jede Zahl mit der Wahrscheinlichkeit $\frac{1}{3}$ auftritt.

| Herr Fischer | Frau Fischer |
|---|---|
| $P(X = 4) = \frac{1}{3}$ | $P(Y = 4) = \frac{1}{9}$ |
| Differenz der beiden Wahrscheinlichkeiten: $\frac{1}{3} - \frac{1}{9} = \mathbf{\frac{2}{9}}$ ||

Man kann auch sagen, dass die Wahrscheinlichkeit, die Summe 4 zu erhalten, bei Herrn Fischer 3-mal so groß ist wie bei Frau Fischer.

**Teil b**  Berechnen Sie zuerst die Wahrscheinlichkeit, dass bei drei Würfen die Summe 0 ist.

$P(X = 0) = P(-1; -1; 2) + P(2; -1; -1) + P(-1; 2; -1) = \frac{1}{3} \cdot \frac{1}{3} \cdot \frac{1}{3} \cdot 3 = \frac{1}{9}$

Es gilt also: $P(X = 0) = \frac{1}{9}$

Verwenden Sie diese Wahrscheinlichkeit, um mit der Binomialverteilung zu arbeiten. Es gibt nun nur mehr zwei mögliche Versuchsausgänge (die Summe der drei Würfe ist 0 oder sie ist nicht 0). Es wird fünfmal gespielt.

Binomialverteilung: $n = 5$, $p = \frac{1}{9}$

Zu berechnen ist $P(X = 2)$. Die Zufallsvariable X zählt dabei, wie oft die Summe 0 nach drei Würfen entsteht. Die Wahrscheinlichkeit, dass bei fünf Spielen genau zweimal 0 als Summe erzielt wird, kann berechnet werden mit:

$P(X = 2) = \binom{5}{2} \cdot \left(\frac{1}{9}\right)^2 \cdot \left(\frac{8}{9}\right)^3 \approx 0{,}0867 = \mathbf{8{,}67\ \%}$

Für die Auszahlung der Gewinne sind die Wahrscheinlichkeiten dafür wichtig, dass nach drei Würfen 0 als Summe entsteht (siehe oben) und dass eine negative Summe entsteht. Eine positive Summe wird hier nicht berücksichtigt, weil es dafür keinen Gewinn gibt.

$p_{null} = \frac{1}{9}$  siehe Erklärungen oben zu Beginn dieser Teilaufgabe

$p_{negativ} = \frac{1}{3} \cdot \frac{1}{3} \cdot \frac{1}{3} = \frac{1}{27}$  Nur die Würfelfolge (–1; –1; –1) ergibt eine negative Summe.

Der Erwartungswert des Gewinns muss kleiner sein als die Einnahme bei einem Spiel, wenn sich das Spiel für den Veranstalter lohnen soll. Ein möglicher Ansatz lautet daher:

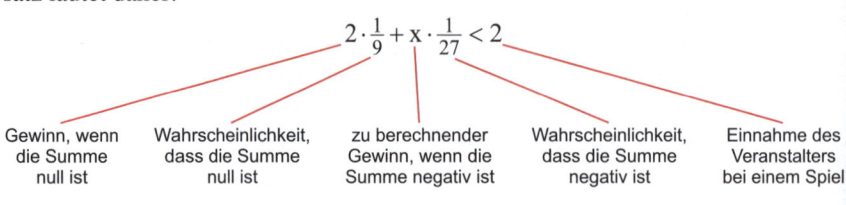

$$2 \cdot \frac{1}{9} + x \cdot \frac{1}{27} < 2$$

| Gewinn, wenn die Summe null ist | Wahrscheinlichkeit, dass die Summe null ist | zu berechnender Gewinn, wenn die Summe negativ ist | Wahrscheinlichkeit, dass die Summe negativ ist | Einnahme des Veranstalters bei einem Spiel |

▸ Anmerkung zum Ungleichheitszeichen: Auf lange Sicht muss der Erwartungswert des ausgeschütteten Gewinns (linke Seite) kleiner sein als die Einnahme bei einem Spiel (€ 2 auf der rechten Seite), sonst lohnt sich das Spiel für den Veranstalter nicht.

Auflösen der Ungleichung nach x:

$2 \cdot \frac{1}{9} + x \cdot \frac{1}{27} < 2$

$\frac{2}{9} + \frac{x}{27} < 2 \quad \big| -\frac{2}{9}$

$\frac{x}{27} < 2 - \frac{2}{9}$

$\frac{x}{27} < 1\frac{7}{9} \quad \big| \cdot 27$

$x < 48$

Der ausbezahlte Gewinn für eine negative Summe muss also kleiner als **€ 48** sein.

**Teil c** Die Kennzahlen der Binomialverteilung für diesen Würfel lauten:

n = 100: Es wird 100-mal gewürfelt.

$p = \frac{1}{2}$: Der Würfel enthält je dreimal die Zahlen 0 und 6. Beide Zahlen treten daher mit der gleichen Wahrscheinlichkeit auf.

Erwartungswert:

$\mu = n \cdot p = 100 \cdot \frac{1}{2} = \mathbf{50}$

Standardabweichung:

$\sigma = \sqrt{n \cdot p \cdot q} = \sqrt{n \cdot p \cdot (1-p)} = \sqrt{100 \cdot \frac{1}{2} \cdot \frac{1}{2}} = \mathbf{5}$

Wie viele „Sechser" werden benötigt, um eine Summe zu erzielen, die größer ist als 350?

n · 6 > 350

$n > \frac{350}{6} \approx 58{,}3$

n ≥ 59

Es muss jedenfalls 59-mal die Zahl „6" geworfen werden.

Die Wahrscheinlichkeit für P(X ≥ 59) wird mithilfe der Normalverteilung berechnet, indem mithilfe der Standardisierungsformeln approximiert und der entsprechende Wert in der Φ(z)-Tabelle nachgeschlagen wird:

$z = \frac{x - \mu}{\sigma} = \frac{59 - 50}{5} = 1{,}8$

P(X ≥ 59) ≈ P(Z ≥ 1,8) = 1 − P(Z ≤ 1,8) = 1 − Φ(1,8) ≈ 1 − 0,9641 = 0,0359 = 3,59 %

Die Wahrscheinlichkeit, dass in 100 Würfen mehr als 59 „Sechser" gewürfelt werden (und damit mehr als 350 Punkte erzielt werden), beträgt etwa **3,6 %**.

# Zentral-Matura Mathematik
## Matura 2017 – Teil 1

**Aufgabe 1**
Ganze Zahlen

Es sei a eine positive ganze Zahl.

**Aufgabenstellung:** Welche der nachstehenden Ausdrücke ergeben für $a \in \mathbb{Z}^+$ stets eine ganze Zahl? Kreuzen Sie die beiden zutreffenden Ausdrücke an!

- [ ] $a^{-1}$
- [ ] $a^2$
- [ ] $a^{\frac{1}{2}}$
- [ ] $3 \cdot a$
- [ ] $\frac{a}{2}$

**Aufgabe 2**
Kapital

Ein Kapital K wird 5 Jahre lang mit einem jährlichen Zinssatz von 1,2 % verzinst.

**Aufgabenstellung:** Gegeben ist folgender Term:
$K \cdot 1{,}012^5 - K$
Geben Sie die Bedeutung dieses Terms im gegebenen Kontext an!

**Aufgabe 3**
Futtermittel

Ein Bauer hat zwei Sorten von Fertigfutter für die Rindermast gekauft. Fertigfutter A hat einen Proteinanteil von 14 %, während Fertigfutter B einen Proteinanteil von 35 % hat.
Der Bauer möchte für seine Jungstiere 100 kg einer Mischung dieser beiden Fertigfutter-Sorten mit einem Proteinanteil von 18 % herstellen. Es sollen a kg der Sorte A mit b kg der Sorte B gemischt werden.

**Aufgabenstellung:** Geben Sie zwei Gleichungen in den Variablen a und b an, mithilfe derer die für diese Mischung benötigten Mengen berechnet werden können!

1. Gleichung: _____

2. Gleichung: _____

## Aufgabe 4
**Quader mit quadratischer Grundfläche**

Die nebenstehende Abbildung zeigt einen Quader, dessen quadratische Grundfläche in der xy-Ebene liegt. Die Länge einer Grundkante beträgt 5 Längeneinheiten, die Körperhöhe beträgt 10 Längeneinheiten. Der Eckpunkt D liegt im Koordinatenursprung, der Eckpunkt C liegt auf der positiven y-Achse.

Der Eckpunkt E hat somit die Koordinaten E = (5|0|10).

**Aufgabenstellung:** Geben Sie die Koordinaten (Komponenten) des Vektors $\overrightarrow{HB}$ an!

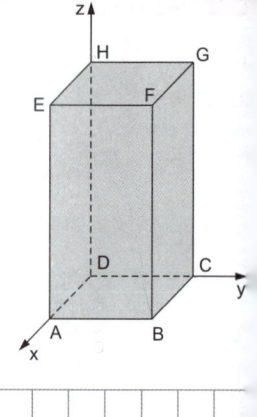

## Aufgabe 5
**Parallelität von Geraden**

Gegeben sind folgende Parameterdarstellungen der Geraden g und h:

g: $X = \begin{pmatrix} 1 \\ 1 \\ 1 \end{pmatrix} + t \cdot \begin{pmatrix} -3 \\ 1 \\ 2 \end{pmatrix}$ mit $t \in \mathbb{R}$ \qquad h: $X = \begin{pmatrix} 3 \\ 1 \\ 1 \end{pmatrix} + s \cdot \begin{pmatrix} 6 \\ h_y \\ h_z \end{pmatrix}$ mit $s \in \mathbb{R}$

**Aufgabenstellung:** Bestimmen Sie die Koordinaten $h_y$ und $h_z$ des Richtungsvektors der Geraden h so, dass die Gerade h zur Geraden g parallel ist!

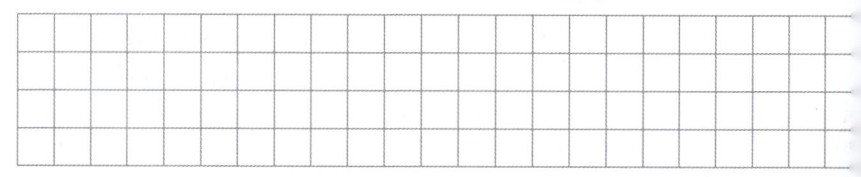

## Aufgabe 6
**Koordinaten eines Punktes**

In der nebenstehenden Abbildung ist der Punkt P = (−3|−2) dargestellt.

Die Lage des Punktes P kann auch durch die Angabe des Abstands $r = \overline{OP}$ und die Größe des Winkels φ eindeutig festgelegt werden.

**Aufgabenstellung:** Berechnen Sie die Größe des Winkels φ!

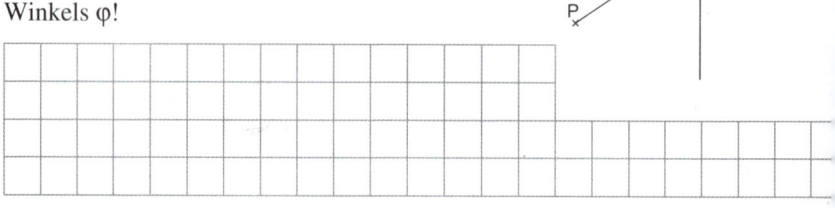

# Matura 2017 – Teil 1

**Aufgabe 7**
Zylinder-volumen

Bei einem Drehzylinder wird der Radius des Grundkreises mit r und die Höhe des Zylinders mit h bezeichnet. Ist die Höhe des Zylinders konstant, dann beschreibt die Funktion V mit $V(r) = r^2 \cdot \pi \cdot h$ die Abhängigkeit des Zylindervolumens vom Radius.

**Aufgabenstellung:** Im nachstehenden Koordinatensystem ist der Punkt $P = (r_1 | V(r_1))$ eingezeichnet. Ergänzen Sie in diesem Koordinatensystem den Punkt $Q = (3 \cdot r_1 | V(3 \cdot r_1))$!

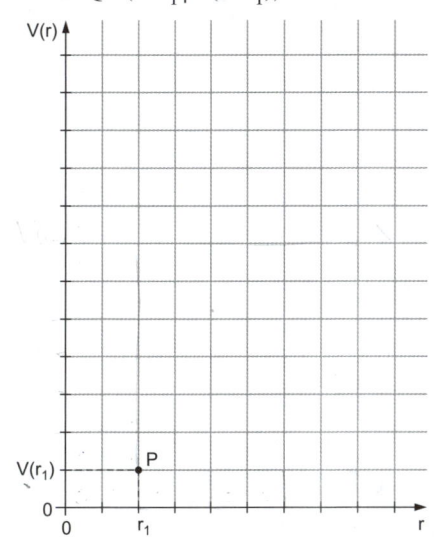

**Aufgabe 8**
Krümmungs-verhalten einer Polynom-funktion

Der Graph einer Polynomfunktion dritten Grades hat im Punkt $T = (-3 | 1)$ ein lokales Minimum, in $H = (-1 | 3)$ ein lokales Maximum und in $W = (-2 | 2)$ einen Wendepunkt.

**Aufgabenstellung:** In welchem Intervall ist diese Funktion linksgekrümmt (positiv gekrümmt)? Kreuzen Sie das zutreffende Intervall an!

- [ ] $(-\infty; 2)$
- [ ] $(-\infty; -2)$
- [ ] $(-3; -1)$
- [ ] $(-2; 2)$
- [ ] $(-2; \infty)$
- [ ] $(3; \infty)$

## Aufgabe 9
Räuber-Beute-Modell

Das Räuber-Beute-Modell zeigt vereinfacht Populationsschwankungen einer Räuberpopulation (z. B. der Anzahl von Kanadischen Luchsen) und einer Beutepopulation (z. B. der Anzahl von Schneeschuhhasen). Die in der unten stehenden Grafik abgebildeten Funktionen R und B beschreiben modellhaft die Anzahl der Räuber R(t) bzw. die Anzahl der Beutetiere B(t) für einen beobachteten Zeitraum von 24 Jahren (B(t), R(t) in 10 000 Individuen, t in Jahren).

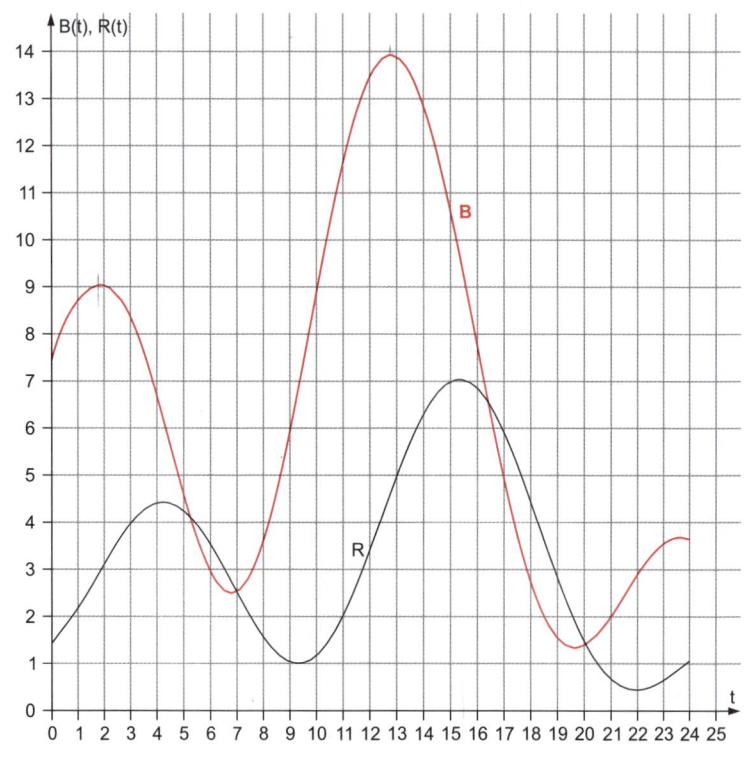

**Aufgabenstellung:** Geben Sie alle Zeitintervalle im dargestellten Beobachtungszeitraum an, in denen sowohl die Räuberpopulation als auch die Beutepopulation abnimmt!

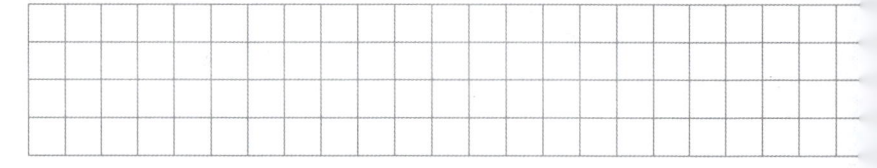

## Aufgabe 10

Gegeben sind die Graphen von vier verschiedenen linearen Funktionen f mit $f(x) = k \cdot x + d$, wobei $k, d \in \mathbb{R}$.

**Aufgabenstellung:** Ordnen Sie den vier Graphen jeweils die entsprechende Aussage über die Parameter k und d (aus A bis F) zu!

A  $k=0, d<0$  
B  $k>0, d>0$  
C  $k=0, d>0$  
D  $k<0, d<0$  
E  $k>0, d<0$  
F  $k<0, d>0$  

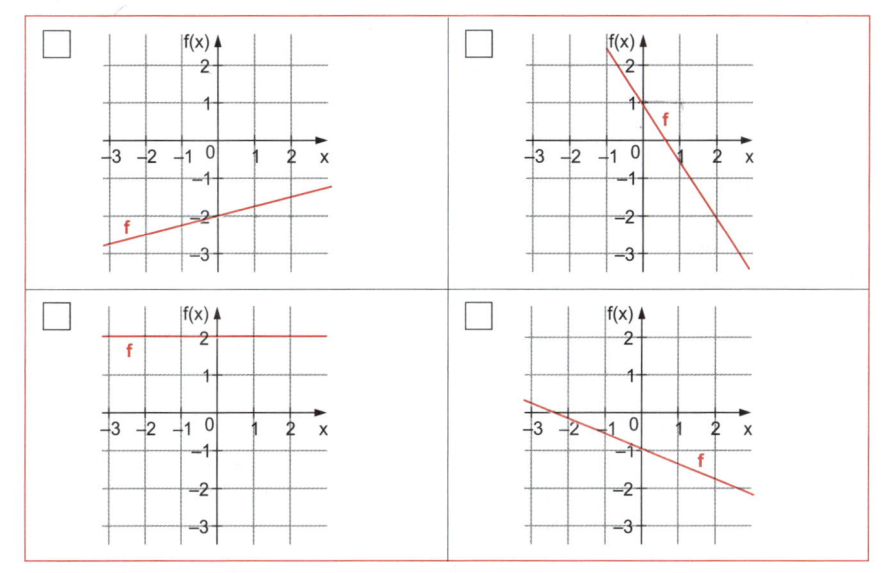

## Aufgabe 11

Gegeben ist die Gleichung einer reellen Funktion f mit $f(x) = x^2 - x - 6$. Einen Funktionswert $f(x)$ nennt man negativ, wenn $f(x) < 0$ gilt.

**Aufgabenstellung:** Bestimmen Sie alle $x \in \mathbb{R}$, deren zugehöriger Funktionswert $f(x)$ negativ ist!

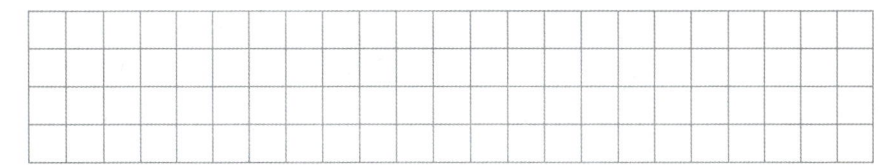

## Aufgabe 12
**Halbwertszeit von Cobalt-60**

Das radioaktive Isotop Cobalt-60 wird unter anderem zur Konservierung von Lebensmitteln und in der Medizin verwendet.

Das Zerfallsgesetz für Cobalt-60 lautet $N(t) = N_0 \cdot e^{-0{,}13149 \cdot t}$ mit t in Jahren; dabei bezeichnet $N_0$ die vorhandene Menge des Isotops zum Zeitpunkt $t = 0$ und $N(t)$ die vorhandene Menge zum Zeitpunkt $t \geq 0$.

**Aufgabenstellung:** Berechnen Sie die Halbwertszeit von Cobalt-60!

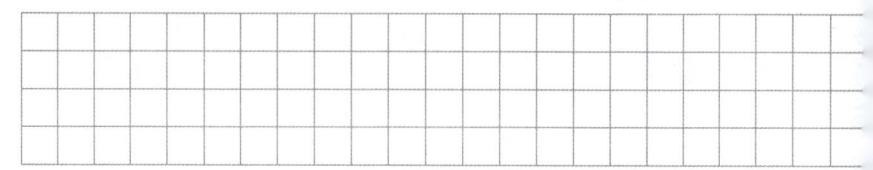

## Aufgabe 13
**Leistungsverbesserung**

Drei Personen A, B und C absolvieren jeweils vor und nach einem Spezialtraining denselben Koordinationstest. In der nachstehenden Tabelle sind die dabei erreichten Punkte angeführt.

|  | Person A | Person B | Person C |
|---|---|---|---|
| erreichte Punkte vor dem Spezialtraining | 5 | 15 | 20 |
| erreichte Punkte nach dem Spezialtraining | 8 | 19 | 35 |

Gute Leistungen sind durch hohe Punktzahlen gekennzeichnet. Wie aus der Tabelle ersichtlich ist, erreichen alle drei Personen nach dem Spezialtraining mehr Punkte als vorher.

**Aufgabenstellung:** Wählen Sie aus den Personen A, B und C die beiden aus, die die nachstehenden Bedingungen erfüllen!
- Bei der ersten Person ist die absolute Änderung der Punktezahl größer als bei der zweiten.
- Bei der zweiten Person ist die relative Änderung der Punktezahl größer als bei der ersten Person.

erste Person: _____

zweite Person: _____

## Aufgabe 14
**Finanzschulden**

Die Finanzschulden Österreichs haben im Zeitraum 2000 bis 2010 zugenommen. Im Jahr 2000 betrugen die Finanzschulden Österreichs $F_0$, zehn Jahre später betrugen sie $F_1$ (jeweils in Milliarden Euro).

**Aufgabenstellung:** Interpretieren Sie den Ausdruck $\frac{F_1 - F_0}{10}$ im Hinblick auf die Entwicklung der Finanzschulden Österreichs!

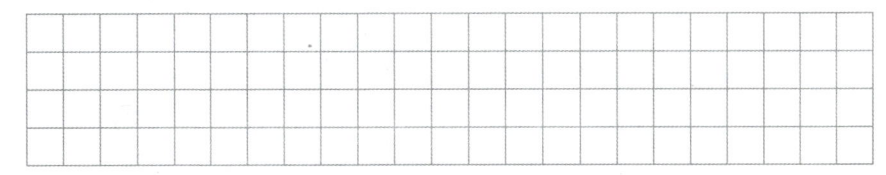

## Aufgabe 15
**Differenzengleichung**

Die nachstehende Tabelle enthält Werte einer Größe zum Zeitpunkt n ($n \in \mathbb{N}$).

| n | $x_n$ |
|---|-------|
| 0 | 10    |
| 1 | 21    |
| 2 | 43    |
| 3 | 87    |

Die zeitliche Entwicklung dieser Größe kann durch eine Differenzengleichung der Form $x_{n+1} = a \cdot x_n + b$ beschrieben werden.

**Aufgabenstellung:** Geben Sie die Werte der (reellen) Parameter a und b so an, dass damit das in der Tabelle angegebene zeitliche Verhalten beschrieben wird!

a = _____

b = _____

## Aufgabe 16
**Tiefe eines Gerinnes**

Zur Vorbeugung vor Hochwässern wurde in einer Stadt ein Gerinne (Wasserlauf) angelegt.

Die Funktion f beschreibt die Wassertiefe dieses Gerinnes bei einer Hochwasserentwicklung in Abhängigkeit von der Zeit t an einer bestimmten Messstelle für das Zeitintervall [0; 2].

Die Gleichung der Funktion f lautet $f(t) = t^3 + 6 \cdot t^2 + 12 \cdot t + 8$ mit $t \in [0; 2]$.

Dabei wird f(t) in dm und t in Tagen gemessen.

**Aufgabenstellung:** Geben Sie eine Gleichung der Funktion g an, die die momentane Änderungsrate der Wassertiefe des Gerinnes (in dm pro Tag) in Abhängigkeit von der Zeit t beschreibt!

g(t) = _____

**Aufgabe 17**
Grafisch differenzieren

Gegeben ist der Graph einer Polynomfunktion dritten Grades f.

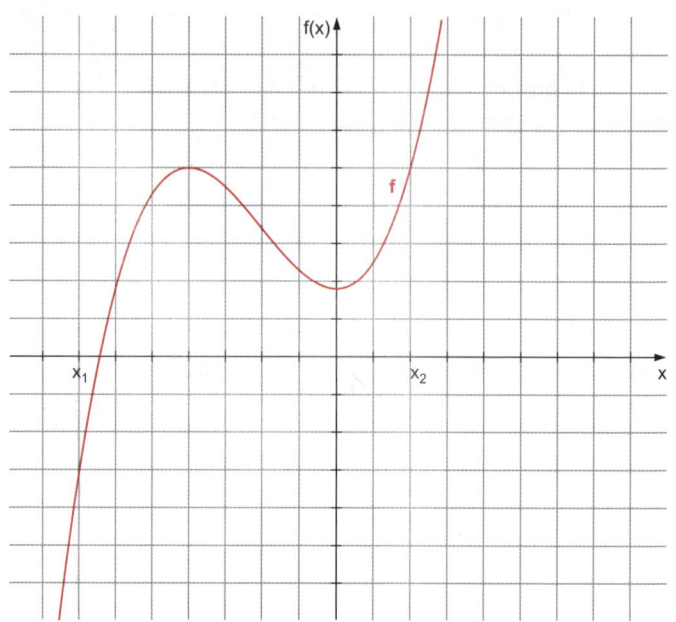

**Aufgabenstellung:** Skizzieren Sie in der gegebenen Grafik den Graphen der Ableitungsfunktion f' im Intervall $[x_1; x_2]$ und markieren Sie gegebenenfalls die Nullstellen!

**Aufgabe 18**
Wassermenge in einem Behälter

In der nebenstehenden Abbildung ist die momentane Änderungsrate R der Wassermenge in einem Behälter (in $m^3/h$) in Abhängigkeit von der Zeit t dargestellt.

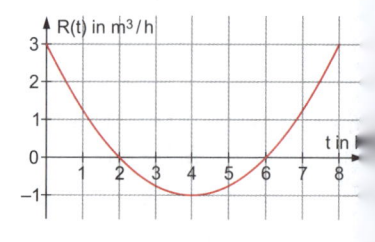

**Aufgabenstellung:** Kreuzen Sie die beiden zutreffenden Aussagen über die Wassermenge im Behälter an!

☐ Zum Zeitpunkt t = 6 befindet sich weniger Wasser im Behälter als zum Zeitpunkt t = 2.

☐ Im Zeitintervall (6; 8) nimmt die Wassermenge im Behälter zu.

☐ Zum Zeitpunkt t = 2 befindet sich kein Wasser im Behälter.

☐ Im Zeitintervall (0; 2) nimmt die Wassermenge im Behälter ab.

☐ Zum Zeitpunkt t = 4 befindet sich am wenigsten Wasser im Behälter.

## Aufgabe 19
**Wanderungsbilanz für Österreich**

Die Differenz aus der Anzahl der in einem bestimmten Zeitraum in ein Land zugewanderten Personen und der Anzahl der in diesem Zeitraum aus diesem Land abgewanderten Personen bezeichnet man als *Wanderungsbilanz*.

In der nachstehenden Grafik ist die jährliche Wanderungsbilanz für Österreich in den Jahren von 1961 bis 2012 dargestellt.

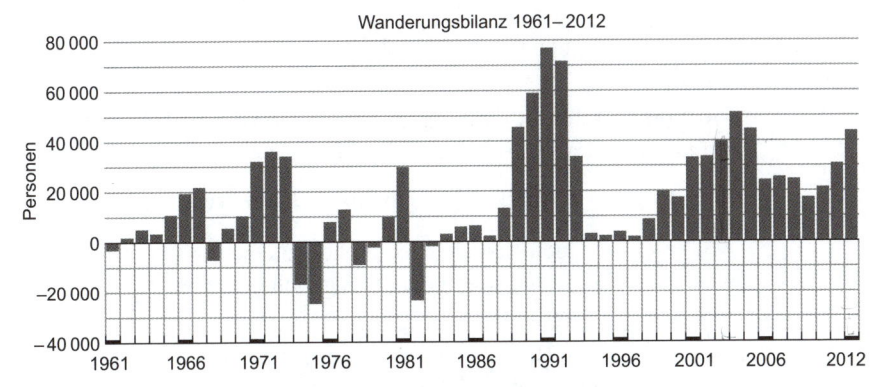

Quelle: STATISTIK AUSTRIA, Errechnete Wanderungsbilanz 1961–1995; Wanderungsstatistik 1996–2012; 2007–2011: revidierte Daten. Wanderungsbilanz: Zuzüge aus dem Ausland minus Wegzüge in das Ausland (adaptiert).

**Aufgabenstellung:** Kreuzen Sie die beiden Aussagen an, die eine korrekte Interpretation der Grafik darstellen!

☐ Aus dem angegebenen Wert für das Jahr 2003 kann man ablesen, dass in diesem Jahr um ca. 40 000 Personen mehr zugewandert als abgewandert sind.

☐ Der Zuwachs der Wanderungsbilanz vom Jahr 2003 auf das Jahr 2004 beträgt ca. 50 %.

☐ Im Zeitraum 1961 bis 2012 gibt es acht Jahre, in denen die Anzahl der Zuwanderungen geringer als die Anzahl der Abwanderungen war.

☐ Im Zeitraum 1961 bis 2012 gibt es drei Jahre, in denen die Anzahl der Zuwanderungen gleich der Anzahl der Abwanderungen war.

☐ Die Wanderungsbilanz des Jahres 1981 ist annähernd doppelt so groß wie die des Jahres 1970.

## Aufgabe 20
**Alarmanlagen**

Eine bestimmte Alarmanlage löst jeweils mit der Wahrscheinlichkeit 0,9 im Einbruchsfall Alarm aus. Eine Familie lässt zwei dieser Anlagen in ihr Haus so einbauen, dass sie unabhängig voneinander Alarm auslösen.

**Aufgabenstellung:** Berechnen Sie die Wahrscheinlichkeit, dass im Einbruchsfall mindestens eine der beiden Anlagen Alarm auslöst!

**Aufgabe 21**
Jugendgruppe

Eine Jugendgruppe besteht aus 21 Jugendlichen. Für ein Spiel sollen Teams gebildet werden.

**Aufgabenstellung:** Ergänzen Sie die Textlücken im folgenden Satz durch Ankreuzen der jeweils richtigen Satzteile so, dass eine korrekte Aussage entsteht!

Der Binomialkoeffizient $\binom{21}{3}$ gibt an, ①; sein Wert beträgt ②.

① 
- [ ] wie viele der 21 Jugendlichen in einem Team sind, wenn man drei gleich große Teams bildet
- [ ] wie viele verschiedene Möglichkeiten es gibt, aus den 21 Jugendlichen ein Dreierteam auszuwählen
- [ ] auf wie viele Arten drei unterschiedliche Aufgaben auf drei Mitglieder der Jugendgruppe aufgeteilt werden können

② 
- [ ] 7
- [ ] 1 330
- [ ] 7 980

**Aufgabe 22**
Aussagen zu einer Zufallsvariablen

Die Zufallsvariable X kann nur die Werte 10, 20 und 30 annehmen. Die nachstehende Tabelle gibt die Wahrscheinlichkeitsverteilung von X an, wobei a und b positive reelle Zahlen sind.

| k | 10 | 20 | 30 |
|---|---|---|---|
| P(X=k) | a | b | a |

**Aufgabenstellung:** Kreuzen Sie die beiden zutreffenden Aussagen an!

- [ ] Der Erwartungswert von X ist 20.
- [ ] Die Standardabweichung von X ist 20.
- [ ] $a + b = 1$
- [ ] $P(10 \leq X \leq 30) = 1$
- [ ] $P(X \leq 10) = P(X \geq 10)$

## Aufgabe 23
**Grafische Deutung**

In nachstehender Abbildung ist die Dichtefunktion f der approximierenden Normalverteilung einer binomialverteilten Zufallsvariablen X dargestellt.

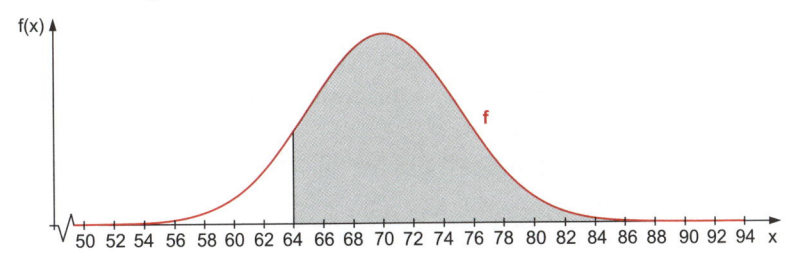

**Aufgabenstellung:** Deuten Sie den Flächeninhalt der grau markierten Fläche im Hinblick auf die Berechnung einer Wahrscheinlichkeit!

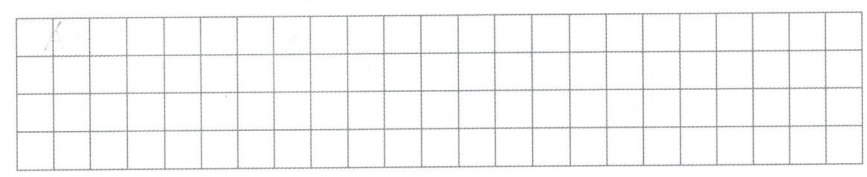

## Aufgabe 24
**Wahlprognose**

Um den Stimmenanteil einer bestimmten Partei A in der Grundgesamtheit zu schätzen, wird eine zufällig aus allen Wahlberechtigten ausgewählte Personengruppe befragt.
Die Umfrage ergibt für den Stimmenanteil ein 95-%-Konfidenzintervall von [9,8 %; 12,2 %].

**Aufgabenstellung:** Welche der folgenden Aussagen sind in diesem Zusammenhang auf jeden Fall korrekt? Kreuzen Sie die beiden zutreffenden Aussagen an!

- [ ] Die Wahrscheinlichkeit, dass eine zufällig ausgewählte wahlberechtigte Person die Partei A wählt, liegt sicher zwischen 9,8 % und 12,2 %.
- [ ] Ein anhand der erhobenen Daten ermitteltes 90-%-Konfidenzintervall hätte eine geringere Intervallbreite.
- [ ] Unter der Voraussetzung, dass der Anteil der Partei-A-Wähler/innen in der Stichprobe gleich bleibt, würde eine Vergrößerung der Stichprobe zu einer Verkleinerung des 95-%-Konfidenzintervalls führen.
- [ ] 95 von 100 Personen geben an, die Partei A mit einer Wahrscheinlichkeit von 11 % zu wählen.
- [ ] Die Wahrscheinlichkeit, dass die Partei A einen Stimmenanteil von mehr als 12,2 % erhält, beträgt 5 %.

# Hinweise und Tipps

**Aufgabe 1**
- Allgemeingültige Aussagen, wie „... ergeben für a ∈ $\mathbb{Z}^+$ **stets** eine ..." sind dann falsch, wenn **ein Gegenbeispiel** angeführt werden kann.
- Bei welchen Rechenarten mit positiven ganzen Zahlen ist das Ergebnis **stets** eine ganze Zahl?
- Bedenken Sie, dass $a^{-1}$ bzw. $a^{\frac{1}{2}}$ auch folgendermaßen angeschrieben werden können: $a^{-1} = \frac{1}{a}$ bzw. $a^{\frac{1}{2}} = \sqrt[2]{a}$

**Aufgabe 2**
- Stellen Sie eine Formel zur Berechnung von $K_1$, dem Kapital inklusive Zinsen nach Ablauf eines Jahres auf.
- Stellen Sie eine Formel zur Berechnung von $K_2$, $K_3$, $K_4$ bzw. $K_5$, dem Kapital inklusive Zinsen und Zinseszinsen nach einem Verzinsungszeitraum von 2, 3, 4 bzw. 5 Jahren auf.
- Am Ende der Laufzeit von 5 Jahren kann das Kapital oder der Kapitalzuwachs berechnet werden.

**Aufgabe 3**
- Der Anteil von 14 % an einer Menge m kann als $\frac{14}{100} \cdot m = 0{,}14 \cdot m$ berechnet werden.
- Die zwei Bedingungen für die Futtermischung können in folgender Tabelle zusammengefasst werden:

|  | Fertigfutter A | Fertigfutter B | Futtermischung |
|---|---|---|---|
| Masse in kg |  |  |  |
| Reines Protein in kg |  |  |  |

- Geben Sie mithilfe der Tabelle Gleichungen mit den Variablen a und b für die Berechnung der Masse der Futtermischung bzw. der Masse des reinen Proteins in der Futtermischung an.

**Aufgabe 4**
- Geben Sie die Koordinaten der Eckpunkte B und H des Quaders an.
- Zeichnen Sie den Vektor $\overrightarrow{HB}$ in den Quader ein.
- Wie werden die Koordinaten eines Vektors zwischen zwei Punkten berechnet?

**Aufgabe 5**
- Geraden sind parallel, wenn deren Richtungsvektoren parallel sind.
- Wie können zu einem gegebenen Vektor parallele Vektoren ermittelt werden?
- Ermitteln Sie den Faktor, mit dem die x-Koordinate des Richtungsvektors $\vec{g}$ multipliziert wurde, um die x-Koordinate des Richtungsvektors $\vec{h}$ zu erhalten.

# Matura 2017 – Teil 1 – Hinweise und Tipps

**Aufgabe 6**
- Zeichnen Sie die (kartesischen) Koordinaten von P in die Grafik ein und ergänzen Sie die Punkte (0|0), (–3|0) und P zu einem rechtwinkeligen Dreieck.
- Beschriften Sie den Winkel zwischen der negativen x-Achse und r mit φ' und berechnen Sie diesen mit einer Winkelfunktion. Wie viel Grad sind zu φ' zu addieren, um φ zu erhalten?
- Der Punkt P liegt im 3. Quadranten des Koordinatensystems. Wie können mithilfe der Umkehrfunktionen der Tangensfunktion Winkel im 3. Quadranten ermittelt werden?

**Aufgabe 7**
- Setzen Sie $(3 \cdot r_1)$ in die Volumsformel für den Zylinder ein. Um welchen Faktor erhöht sich das Zylindervolumen mit dem dreifachen Radius im Vergleich zum Zylinder mit $r_1$?
- Wird bei einer Formel mit zwei Variablen eine Variable als konstant angenommen, dann hängt die zu berechnende Größe nur von der anderen Variablen ab. Bedenken Sie, dass die Formel als Funktion dieser Variablen aufgefasst werden kann.
- Welcher Funktionstyp ist gegeben, wenn das Zylindervolumen nur von der Größe des Radius abhängt?

**Aufgabe 8**
- Zeichnen Sie die Punkte T, H und W in ein Koordinatensystem. Skizzieren Sie eine Polynomfunktion 3. Grades – eine S-förmige Kurve – durch die drei gegebenen Punkte.
- Wie kann die „Linkskrümmung" bzw. „positive Krümmung" einer Funktion anschaulich beschrieben werden? An welcher Stelle ändert sich das Krümmungsverhalten einer Polynomfunktion?
- Bedenken Sie, dass das Krümmungsverhalten einer Funktion jeweils für ein Intervall der Definitionsmenge der Funktion bzw. für einen Abschnitt der x-Achse angegeben wird.

**Aufgabe 9**
- Betrachten Sie jede Funktion einzeln und kennzeichnen Sie Intervalle, in denen die jeweilige Funktion fallend ist.
- In einem zweiten Schritt finden Sie diejenigen Intervalle, in denen beide Funktionen fallend sind.

**Aufgabe 10**
- Der Parameter k bestimmt die Steigung der Geraden, der Wert d sagt etwas über die Verschiebung der Funktion entlang der y-Achse aus.
- Überlegen Sie, was es bedeutet, wenn für eine Funktion z. B. $k > 0$ oder auch $d < 0$ gilt.
- Es reicht hier zu erkennen, ob eine Funktion fällt oder steigt.

## Matura 2017 – Teil 1 – Hinweise und Tipps

**Aufgabe 11**
- Skizzieren Sie den Graphen der Funktion.
- $f(x) < 0$ heißt, dass die Funktionswerte negativ sind.
- An welchen besonderen Stellen wechseln die Funktionswerte von positiv auf negativ und umgekehrt?
- Eine Funktion zweiten Grades, wie hier, hat jedenfalls eine Parabel als Funktionsgraphen.
- Was können Sie über eine Parabel sagen, deren Koeffizient von $x^2$ positiv ist?

**Aufgabe 12**
- Die Halbwertszeit (HWZ) ist die Zeit, nach der nur mehr die Hälfte eines Stoffes vorhanden ist.
- Setzen Sie für N(t) die verbliebene Menge ein und berechnen Sie den Wert für t.

**Aufgabe 13**
- Die absolute Änderung ist die Änderung in Punkten als Differenz zum Ausgangswert.
- Die relative Änderung ist die Änderung im Bezug auf den Ausgangswert.
- Berechnen Sie für alle drei Personen sowohl die absolute Änderung als auch die relative Änderung und vergleichen Sie dann.

**Aufgabe 14**
- Welche Aussage macht der Ausdruck $\frac{f(b)-f(a)}{b-a}$ für eine Funktion? Dieser Ausdruck hat einen eigenen Namen, der Ihnen auch bei der Interpretation hilfreich ist.

**Aufgabe 15**
- Bei einer Differenzengleichung wird immer der nächste Wert mithilfe des vorangegangenen Wertes angegeben.
- Der Ausdruck $x_{n+1} = a \cdot x_n + b$ gibt an, dass der nächste Wert ($x_{n+1}$) derart zu berechnen ist, dass der vorige Wert ($x_n$) mit a zu multiplizieren ist und danach b addiert wird.
- Anders ausgedrückt: Es gab einmal einen Startwert $x_0$. Den nächsten Wert $x_1$ erhielt man durch die Gleichung $x_1 = a \cdot x_0 + b$.
- $x_2 = a \cdot x_1 + b$ usw.
- Welcher der angegebenen Werte ist der Startwert? Bestimmen Sie von dort aus die Parameter a und b.

**Aufgabe 16**
- Die momentane Änderungsrate ist ein anderer Begriff für den Differentialquotienten einer Funktion.

# Matura 2017 – Teil 1 – Hinweise und Tipps

◢ Wenn Sie den Differentialquotienten einer Funktion für alle Werte eines Intervalles bilden, erhalten Sie die Ableitungsfunktion.

**Aufgabe 17**

◢ Die Funktionswerte der Ableitungsfunktion f'(x) entsprechen den Steigungen der Funktion f(x) an jeder einzelnen Stelle.

◢ Einen allgemeinen Punkt des Graphen der Ableitungsfunktion erhalten Sie, wenn Sie in einem Punkt des Funktionsgraphen f(x) die Tangenten samt Steigungsdreiecke zeichnen und den Anstieg k übertragen.

◢ Markieren Sie beim gegebenen Funktionsgraphen die Extrempunkte und den Wendepunkt.

◢ Markieren Sie die Punkte an den Randstellen z. B. mit X und Y.

◢ Zeichnen Sie mit zwei Farbstiften jene Teile des Graphen mit Pfeilen (rauf und runter) nach, die streng monoton steigend bzw. fallend sind.

◢ Es wird eine Skizze, keine exakte Zeichnung der Ableitungsfunktion gefordert. Versuchen Sie, einige wenige Stellen möglichst genau einzuzeichnen und diese dann zu einer glatten Kurve zu verbinden.

**Aufgabe 18**

◢ Es sind genau zwei richtige Lösungen anzukreuzen.

◢ In der Abbildung ist der Zusammenhang zwischen momentaner Änderungsrate der Wassermenge und der Zeit abzulesen. Es geht nicht um den Wasserstand. Die momentane Änderungsrate kann auch als 1. Ableitung verstanden werden, die Funktionswerte entsprechen jeweils dem „Anstieg" der Wassermenge.

◢ Liegt der Funktionsgraph im positiven y-Bereich, dann fließt Wasser in den Behälter. Liegt der Graph im negativen y-Bereich, dann fließt Wasser ab.

**Aufgabe 19**

◢ Es sind genau zwei Aussagen anzukreuzen.

◢ Färben Sie jene Bereiche, die in den Aussagen genannt sind. Das sind die Jahre 2003, 2004 1981, 1970. Lesen Sie zu diesen Werten jeweils die Personenanzahl ab.

◢ Zeigen die Balken nach oben, gibt es mehr Zuwanderer als Abwanderer, zeigen sie nach unten, ist es umgekehrt.

**Aufgabe 20**

◢ Wenn mindestens eine Alarmanlage Alarm auslösen soll, bedeutet es, dass entweder die eine oder die andere oder auch beide im Einbruchsfall den Alarm auslösen können.

◢ Mit der Gegenwahrscheinlichkeit berechnen Sie die Lösung schneller.

◢ Ein zweistufiges Baumdiagramm kann Ihnen helfen.

- Denken Sie an die Additions- und Multiplikationsregel von Wahrscheinlichkeiten.

**Aufgabe 21**
- Der Binomialkoeffizient $\binom{n}{k}$ gibt die Anzahl an Möglichkeiten an, aus n Elementen k auszuwählen. Die Reihenfolge ist dabei egal und dasselbe Element kann nicht mehrmals ausgewählt werden.
- Den Wert des gegebenen Binomialkoeffizienten $\binom{21}{3}$ können Sie berechnen.

**Aufgabe 22**
- Es sind genau zwei Aussagen richtig.
- Es handelt sich um eine symmetrische Verteilung.
- Den Erwartungswert und die Standardabweichung können Sie mithilfe der Formeln $E(X) = \sum_{i=1}^{n} k_i \cdot p_i$ und $\sigma = \sqrt{\sum_{i=1}^{n} (k_i - E(X))^2 \cdot p_i}$ berechnen.

**Aufgabe 23**
- Beim Graphen der Dichtefunktion der Normalverteilung spricht man von der Gauß'schen Glockenkurve. Der Graph ist symmetrisch um den Erwartungswert.
- Die Werte auf der waagrechten Achse stellen die möglichen Werte der Zufallsvariablen dar.
- Der Flächeninhalt, den die Dichtefunktion in einem bestimmten Intervall mit der x-Achse einschließt, entspricht der Wahrscheinlichkeit.
- Lesen Sie die Intervallgrenze auf der x-Achse ab.

**Aufgabe 24**
- Es sind genau zwei Aussagen anzukreuzen.
- Achten Sie bei den Aussagen genau darauf, ob und um welches Intervall es sich handelt.

# Lösungsvorschlag

**Aufgabe 1**
**Ganze Zahlen**

☐ $a^{-1}$
☒ $a^2$
☐ $a^{\frac{1}{2}}$
☒ $3 \cdot a$
☐ $\frac{a}{2}$

Eine Zahlenmenge ist bezüglich einer Rechenart abgeschlossen, wenn das Ergebnis stets wiederum eine Zahl dieser Zahlenmenge ist. Dies ist nicht der Fall, wenn ein Gegenbeispiel angeführt werden kann. In der Zahlenmenge der positiven ganzen Zahlen sind die Addition und die Multiplikation abgeschlossen: Die Summe bzw. das Produkt zweier positiver ganzer Zahlen ist stets eine positive ganze Zahl.

*Antwortmöglichkeit 1* ist **falsch**. Bsp.: $2^{-1} = \frac{1}{2} = 0{,}5$; $3^{-1} = \frac{1}{3} \approx 0{,}33$ usw.

*Antwortmöglichkeit 2* ist **richtig**. Das Quadrat einer positiven ganzen Zahl ist stets eine positive ganze Zahl ($a^2$ ist das Produkt $a \cdot a$).

*Antwortmöglichkeit 3* ist **falsch**. Bsp.: $2^{\frac{1}{2}} = \sqrt[2]{2} \approx 1{,}41$; $3^{\frac{1}{2}} = \sqrt[2]{3} \approx 1{,}73$ usw.

*Antwortmöglichkeit 4* ist **richtig**. Das Dreifache einer positiven ganzen Zahl ist stets eine positive ganze Zahl.

*Antwortmöglichkeit 5* ist **falsch**. Bsp.: $\frac{3}{2} = 1{,}5$ usw.

**Aufgabe 2**
**Kapital**

Wird ein Kapital K ein Jahr lang mit dem jährlichen Zinssatz von 1,2 % verzinst, so werden Zinsen Z berechnet und zum Kapital addiert. Berechnung des Kapitals am Jahresende:
$K_1 = K + Z = K + 0{,}012 \cdot K = (1 + 0{,}012) \cdot K = 1{,}012 \cdot K$
Nach Ablauf des zweiten Jahres beträgt das Kapital $K_2$ inklusive Zinsen und Zinseszinsen $K_2 = K_1 + Z = K_1 + 0{,}012 \cdot K_1 = 1{,}012 \cdot K_1$. Da $K_1 = 1{,}012 \cdot K$, wird für $K_1$ eingesetzt: $K_2 = 1{,}012 \cdot 1{,}012 \cdot K = 1{,}012^2 \cdot K$
Berechnung von $K_3$:
$K_3 = 1{,}012 \cdot K_2 = 1{,}012 \cdot 1{,}012^2 \cdot K = 1{,}012^3 \cdot K$
Berechnung von $K_4$:
$K_4 = 1{,}012 \cdot K_3 = 1{,}012 \cdot 1{,}012^3 \cdot K = 1{,}012^4 \cdot K$
Berechnung des Kapitals nach einem Verzinsungszeitraum von 5 Jahren:
$K_5 = 1{,}012^5 \cdot K$
Berechnung des Kapitalzuwachses in 5 Jahren: $K_5 - K = K \cdot 1{,}012^5 - K$

Mithilfe des Terms $K \cdot 1{,}012^5 - K$ kann der **Kapitalzuwachs** (die Summe der Zinsen) im Zeitraum von 5 Jahren berechnet werden.

**Aufgabe 3**
Futtermittel

Tabelle:

|  | Fertigfutter A | Fertigfutter B | Futtermischung |
|---|---|---|---|
| Masse in kg | a | b | 100 |
| Reines Protein in kg | $0{,}14 \cdot a$ | $0{,}35 \cdot b$ | $0{,}18 \cdot (a+b)$ |

1. Gleichung: **a + b = 100**

2. Gleichung: **$0{,}14 \cdot a + 0{,}35 \cdot b = 0{,}18 \cdot (a + b)$**

**Aufgabe 4**
Quader mit quadratischer Grundfläche

$B = (5\,|\,5\,|\,0)$, $H = (0\,|\,0\,|\,10)$

Ein Vektor zwischen zwei Punkten wird laut der Regel „Spitze minus Schaft" als Differenz $B - H$ berechnet, wobei die Subtraktion koordinatenweise erfolgt:

$$\overrightarrow{HB} = B - H$$
$$= \begin{pmatrix} 5 \\ 5 \\ 0 \end{pmatrix} - \begin{pmatrix} 0 \\ 0 \\ 10 \end{pmatrix} = \begin{pmatrix} 5-0 \\ 5-0 \\ 0-10 \end{pmatrix}$$
$$= \begin{pmatrix} 5 \\ 5 \\ -10 \end{pmatrix}$$

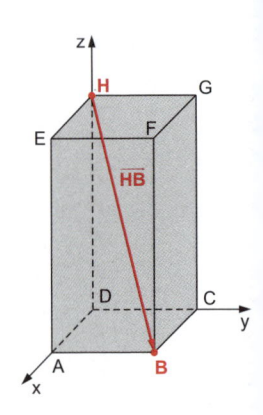

**Aufgabe 5**
Parallelität von Geraden

Für parallele Vektoren $\vec{g} = \begin{pmatrix} g_x \\ g_y \\ g_z \end{pmatrix}$ und $\vec{h} = \begin{pmatrix} h_x \\ h_y \\ h_z \end{pmatrix}$ gilt:
$\vec{h} = r \cdot \vec{g}$ mit $r \in \mathbb{R} \setminus \{0\}$

Durch die Multiplikation eines Vektors mit einem Skalar r (einer Zahl $\neq 0$) kann ein zu einem gegebenen Vektor paralleler Vektor ermittelt werden, wobei die Multiplikation koordinatenweise erfolgt:

$$\vec{h} = r \cdot \vec{g} \;\Rightarrow\; \begin{pmatrix} h_x \\ h_y \\ h_z \end{pmatrix} = r \cdot \begin{pmatrix} g_x \\ g_y \\ g_z \end{pmatrix} \;\Rightarrow\; \begin{array}{l} h_x = r \cdot g_x \\ h_y = r \cdot g_y \\ h_z = r \cdot g_z \end{array}$$

Wird die x-Koordinate des Vektors $\vec{g}$ mit $r = -2$ multipliziert, erhält man die x-Koordinate des Vektors $\vec{h}$:

$(-2) \cdot (-3) = 6 \;\Rightarrow\; (-2) \cdot g_x = h_x \;\Rightarrow\; (-2) \cdot \vec{g} = \vec{h}$

Die Koordinaten $g_y$ bzw. $g_z$ werden nun ebenso mit $r = -2$ multipliziert:

$\mathbf{h_y} = (-2) \cdot g_y = (-2) \cdot 1 = \mathbf{-2}$

$\mathbf{h_z} = (-2) \cdot g_z = (-2) \cdot 2 = \mathbf{-4}$

*Hinweis:* Sind zwei Geraden parallel, so sind deren Richtungsvektoren parallel. Die Umkehrung dieses Satzes gilt allerdings nicht, denn: Geraden, die parallele Richtungsvektoren haben, können parallel *oder* ident sein.

**Aufgabe 6**
Koordinaten eines Punktes

Im rechtwinkeligen Dreieck [(0|0), (−3|0), P] gilt: Die Länge der Katheten im Dreieck sind die Beträge entsprechender Koordinaten. Die **Gegenkathete** von φ' hat die Länge **2** und die **Ankathete** die Länge **3**.

$$\tan(\varphi') = \frac{\text{Gegenkathete}}{\text{Ankathete}} = \frac{2}{3}$$

Die Winkel φ' bzw. φ = φ'+180° werden mit der Umkehrfunktion des Tangens berechnet:

$$\varphi' = \tan^{-1}\left(\frac{2}{3}\right) \approx 33{,}69°$$

$$\varphi = \varphi' + 180° = \tan^{-1}\left(\frac{2}{3}\right) + 180° \approx 33{,}69° + 180° = \mathbf{213{,}69°}$$

*Alternative Überlegungen:*
Bei gegebenen kartesischen Koordinaten gilt für den Winkel φ:

$$\tan(\varphi) = \frac{\text{y-Koordinate}}{\text{x-Koordinate}}$$

Bei der Anwendung der Umkehrfunktion des Tangens ist zu berücksichtigen, dass die Tangensfunktion eine periodische Funktion ist, d. h., dass es zu einem gegebenen Winkelfunktionswert im Intervall [0°; 360°) stets *zwei* zugehörige Winkel gibt. Taschenrechner sind so programmiert, dass sie *einen* zu einem Tangenswert zugehörigen *positiven* bzw. *negativen spitzen* Winkel angeben.

Der Punkt P liegt im 3. Quadranten, d. h., der Winkel φ liegt zwischen 180° und 270°. Daher muss zu dem vom Taschenrechner ermittelten spitzen Winkel 180° addiert werden:

$$\varphi = \tan^{-1}\left(\frac{-2}{-3}\right) + 180° \approx 33{,}69° + 180° = \mathbf{213{,}69°}$$

*Hinweis:* Ob bzw. welcher Wert zu dem vom Taschenrechner ermittelten Winkel zu addieren ist, hängt davon ab, in welchem Quadranten der Punkt P liegt.

| $\tan^{-1}\left(\frac{y}{x}\right)+180°$ | $\tan^{-1}\left(\frac{y}{x}\right)$ |
|---|---|
| $\tan^{-1}\left(\frac{y}{x}\right)+180°$ | $\tan^{-1}\left(\frac{y}{x}\right)+360°$ |

**Aufgabe 7**
Zylindervolumen

*Variante 1:* Einsetzen von $r_1$ bzw. $(3 \cdot r_1)$ in die Volumsformel

$V(r_1) = r_1^2 \cdot \pi \cdot h$

$V(3 \cdot r_1) = (3 \cdot r_1)^2 \cdot \pi \cdot h = 9 \cdot r_1^2 \cdot \pi \cdot h$

$V(3 \cdot r_1) = 9 \cdot V(r_1)$

Wenn der Radius verdreifacht wird, dann wird das Volumen neunmal so groß.

*Variante 2:* Das Volumen des Zylinders $V = r^2 \cdot \pi \cdot h$ ist von r und h abhängig. Da die Höhe h des Zylinders konstant ist, ist das Volumen V nur vom Radius r abhängig: $V(r) = r^2 \cdot \pi \cdot h$

Es handelt sich um eine quadratische Funktion.

$V(3 \cdot r_1) = (3 \cdot r_1)^2 \cdot \pi \cdot h = 9 \cdot r_1^2 \cdot \pi \cdot h$

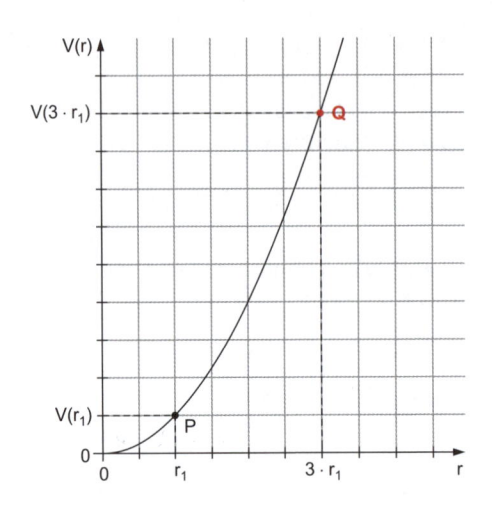

*Hinweis:* Es genügt, den **Punkt Q** an der korrekten Stelle einzuzeichnen (wie in Variante 1 beschrieben).

**Aufgabe 8**
Krümmungsverhalten einer Polynomfunktion

☐ (–∞; 2)
☒ (–∞; –2)
☐ (–3; –1)
☐ (–2; 2)
☐ (–2; ∞)
☐ (3; ∞)

* *Nebenstehende Skizze:* Graph der Polynomfunktion durch die angegebenen Punkte
* *Gedankenexperiment:* Wird der Funktionsgraph einer Polynomfunktion als Straße mit Kurven – aus der Vogelperspektive betrachtet – vorgestellt, dann „fährt" man bei dem nebenstehend abgebildeten Graphen zunächst in eine Linkskurve. Beim Wendepunkt wird das Lenkrad für einen „Moment" gerade gehalten, bevor in die nachfolgende Rechtskurve eingebogen wird.

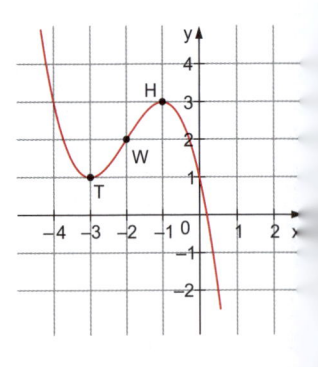

* Die x-Werte „durchlaufen" alle reellen Zahlen von –∞ bis ∞: Der Funktionsgraph ist im Intervall (–∞; –2) linksgekrümmt bzw. positiv gekrümmt. Beim x-Wert $x_W = -2$ des Wendepunkts ändert sich das Krümmungsverhalten der Funktion. Im Intervall (–2; ∞) ist der Graph der Funktion rechtsgekrümmt (negativ gekrümmt).

* *Antwortmöglichkeit 1* ist **falsch**, da bei x = –2 ein Krümmungswechsel stattfindet.

- *Antwortmöglichkeit 2* ist **richtig**. In diesem Intervall ist die Funktion linksgekrümmt (positiv gekrümmt).
- *Antwortmöglichkeit 3* ist **falsch**, da bei x = −2 ein Krümmungswechsel stattfindet. (In diesem Intervall ist die Funktion streng monoton steigend.)
- *Antwortmöglichkeit 4* ist **falsch**, da die Funktion in diesem Intervall rechtsgekrümmt (negativ gekrümmt) ist.
- *Antwortmöglichkeit 5* ist **falsch**, da die Funktion in diesem Intervall rechtsgekrümmt (negativ gekrümmt) ist.
- *Antwortmöglichkeit 6* ist **falsch**, da die Funktion in diesem Intervall rechtsgekrümmt (negativ gekrümmt) ist.

**Aufgabe 9**
**Räuber-Beute-Modell**

- Betrachten Sie nur die Funktion B(t): Diese fällt im Intervall [1,9; 6,8] und im Intervall [12,8; 19,6] (rot dargestellt).
- Betrachten Sie nur die Funktion R(t): Diese fällt im Intervall [4,2; 9,3] und im Intervall [15,4; 22] (schwarz dargestellt).

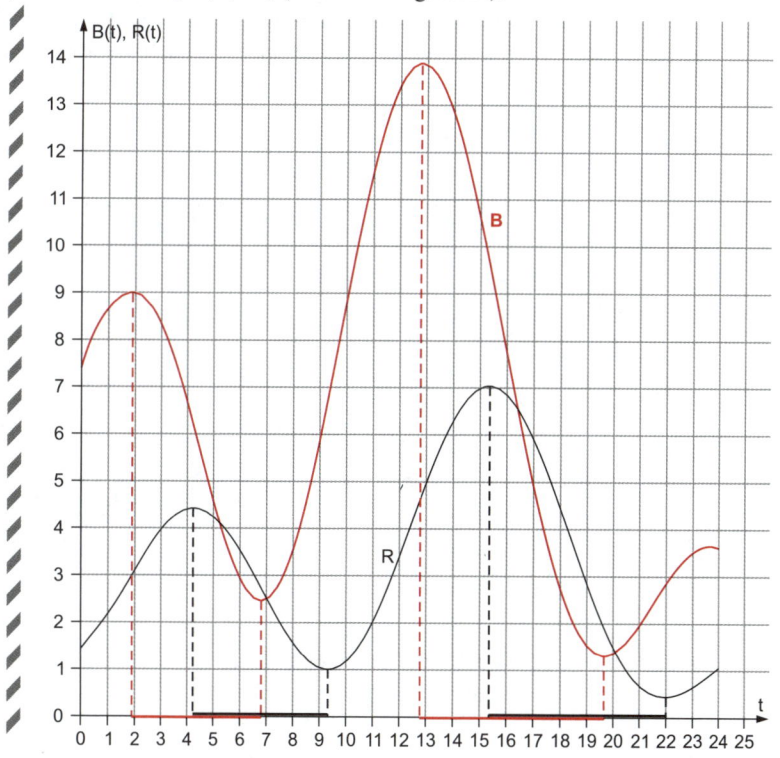

Aufgrund der Überlappungen erkennt man, dass zuerst im Intervall **[4,2 Jahre; 6,8 Jahre]** und dann noch einmal im Intervall **[15,4 Jahre; 19,6 Jahre]** beide Populationen abnehmen.

- Verwenden Sie beim Ablesen der Jahreszahlen die Gitternetzlinien des Koordinatensystems. Ihre Lösungswerte müssen nicht exakt den Lösungsvorgaben entsprechen, sie müssen jedoch in den folgenden Bereichen liegen:
- Erstes Lösungsintervall: Für den unteren Wert würde jeder Wert zwischen 3,9 und 4,5 Jahren als korrekt gewertet. Der obere Wert muss zwischen 6,5 und 7,1 Jahren liegen.
- Für das zweite Intervall gelten die folgenden Toleranzen: unterer Wert zwischen 15 und 15,6 Jahren, oberer Wert zwischen 19,3 und 19,9 Jahren.

**Aufgabe 10**
Lineare Funktionen

- $k<0$ bedeutet, dass die Steigung einen negativen Wert annimmt; das ist nur bei fallenden Geraden möglich. $k>0$ hingegen bedeutet, dass die Funktion steigend ist, weil die Steigung einen positiven Wert hat. Eine Gerade „ohne Steigung", für die also $k=0$ gilt, verläuft parallel zur x-Achse.
- Für die Werte des Parameters d in linearen Funktionen gilt:
- $d<0 \Rightarrow$ Die Funktion ist vom Ursprung aus nach unten verschoben.
- $d=0 \Rightarrow$ Die Funktion ist nicht verschoben, sie verläuft durch den Ursprung.
- $d>0 \Rightarrow$ Die Funktion ist vom Ursprung aus nach oben verschoben.

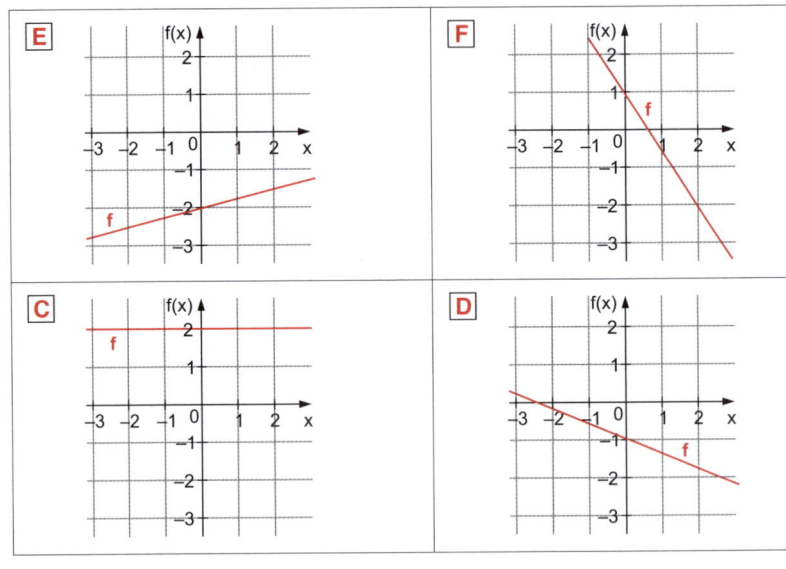

- Die Funktion oben links ist steigend, daher ist $k>0$. Weil sie vom Ursprung aus um 2 Einheiten nach unten verschoben ist, ist $d<0$. Daher ist Antwort **E** korrekt.
- Die Funktion oben rechts ist fallend, daher ist $k<0$. Sie ist vom Ursprung au um 1 Einheit nach oben verschoben, daher ist $d>0$. Antwort **F** ist korrekt.

- Die Funktion unten links ist weder fallend noch steigend, daher ist k = 0. Sie ist vom Ursprung aus um 2 Einheiten nach oben verschoben, daher ist d > 0.
- Antwort **C** ist korrekt.
- Die Funktion unten rechts ist fallend, daher ist k < 0. Sie ist vom Ursprung aus um 1 Einheit nach unten verschoben, daher ist d < 0. Antwort **D** ist korrekt.

**Aufgabe 11**
*Negative Funktionswerte*

Wenn der führende Koeffizient einer quadratischen Funktion positiv ist, ergibt sich jedenfalls eine nach oben offene Parabel.

Es genügt daher, die beiden Nullstellen zu suchen, denn der Bereich dazwischen ist genau das gesuchte Intervall, in dem die Funktionswerte der Funktion negativ sind.

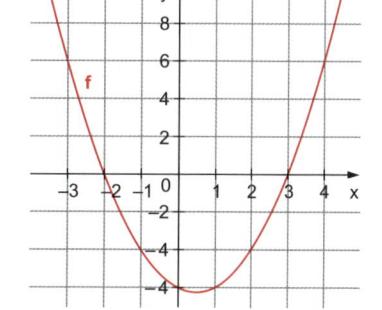

- Beachten Sie, dass die beiden Nullstellen selbst *nicht* zum gesuchten Intervall gehören, weil dort f(x) = 0 gilt.

(1) Man kann die beiden Nullstellen aus dem Graphen ablesen und erhält das gesuchte Intervall **]−2; 3[**.

(2) Mit einem elektronischen Hilfsmittel kann man die beiden Nullstellen der Funktion auch berechnen und erhält danach ebenso das gesuchte Intervall **]−2; 3[**.

- *Anmerkung:* Für das auf beiden Seiten offene Intervall (also ein Intervall, bei dem die beiden Grenzen nicht dazugehören) sind die Schreibweisen mit runden Klammern oder nach außen zeigenden eckigen Klammern gleichwertig:
- $x \in (-2; 3)$ oder $x \in \,]-2; 3[$

**Aufgabe 12**
*Halbwertszeit von Cobalt-60*

Da die HWZ gesucht ist, kann für $N(t) = \frac{1}{2} N_0$ eingesetzt werden, um danach t auszudrücken:

$$\frac{N_0}{2} = N_0 \cdot e^{-0{,}13149 \cdot t} \quad | : N_0$$

$$\frac{1}{2} = e^{-0{,}13149 \cdot t} \quad | \ln$$

$$\ln \frac{1}{2} = -0{,}13149 \cdot t \cdot \ln e \quad | : (-0{,}13149) \quad \text{(Der Logarithmus von e ist 1.)}$$

$$t = \frac{\ln \frac{1}{2}}{-0{,}13149}$$

**t ≈ 5,27 Jahre**

## Aufgabe 13
**Leistungsverbesserung**

|  | Person A | Person B | Person C |
|---|---|---|---|
| erreichte Punkte vor dem Spezialtraining | 5 | 15 | 20 |
| erreichte Punkte nach dem Spezialtraining | 8 | 19 | 35 |
| absolute Änderung | $8-5=3$ | $19-15=4$ | $35-20=15$ |
| relative Änderung | $\frac{8-5}{5}=0{,}6$ | $\frac{19-15}{15}=0{,}2\dot{6}$ | $\frac{35-20}{20}=0{,}75$ |

erste Person: **Person B**

zweite Person: **Person A**

Die erste Person (Person B) hat zwar eine größere absolute Änderung erzielt, war aber schon vor dem Spezialtraining besser als die Person A. Die relative Änderung ist daher bei der zweiten Person (Person A) größer als bei Person B.

## Aufgabe 14
**Finanzschulden**

Der Ausdruck $\frac{f(b)-f(a)}{b-a}$ beschreibt die mittlere Änderung oder auch die durchschnittliche Änderung einer Funktion f im Intervall [a; b].

Der Ausdruck $\frac{F_1-F_0}{10}$ gibt also die **durchschnittliche jährliche Schuldenzunahme Österreichs** an (oder auch die mittlere jährliche Änderung der Schulden).

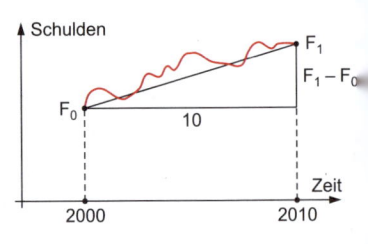

## Aufgabe 15
**Differenzengleichung**

| | | |
|---|---|---|
| $n=0 \Rightarrow$ Startwert | $x_0 = 10$ | 10 |
| $n=1$ | $x_1 = a \cdot x_0 + b = a \cdot 10 + b = 21$ | 21 |
| $n=2$ | $x_2 = a \cdot x_1 + b = a \cdot 21 + b = 43$ | 43 |
| $n=3$ | $x_3 = a \cdot x_2 + b = a \cdot 43 + b = 87$ | 87 |

Man kann mit diesen Gleichungen die richtigen Werte für a und b durch Probieren finden. Die Gleichung für n = 1 ist für **a = 2** und **b = 1** erfüllt. In den anderen beiden Gleichungen braucht man diese Vermutung nur mehr zu bestätigen.

Wenn Ihnen das nicht gelingt, dann können Sie die beiden Gleichungen für n = 1 und n = 2 nehmen und damit ein Gleichungssystem aufstellen, das Sie von Hand oder mit einem elektronischen Hilfsmittel nach a und b auflösen.

$$\begin{aligned} \text{I:} \quad & a \cdot 10 + b = 21 \\ -\text{II:} \quad & a \cdot 21 + b = 43 \\ & 10a - 21a = 21 - 43 \\ & -11a = -22 \quad |:(-11) \\ & \mathbf{a = 2} \xrightarrow{\text{Einsetzen in I}} \mathbf{b = 1} \end{aligned}$$

## Aufgabe 16
**Tiefe eines Gerinnes**

Leiten Sie die Funktion $f(t) = t^3 + 6 \cdot t^2 + 12 \cdot t + 8$ einmal ab. Die abgeleitete Funktion beschreibt die momentane Änderung der Funktion f in jedem beliebigen Zeitpunkt t des Intervalls. Diese Ableitungsfunktion soll g(t) heißen:

$f'(t) = g(t) = \mathbf{3 \cdot t^2 + 12 \cdot t + 12}$

## Aufgabe 17
**Grafisch differenzieren**

Die gesuchte Ableitungsfunktion ist eine quadratische Funktion. Ihr Graph ist eine Parabel.

Monotoniebetrachtung der Funktion f(x):

| Stelle bzw. Intervall | gegebene Funktion f(x) | Ableitungsfunktion f'(x) |
|---|---|---|
| $x_1$ | Skizzieren Sie die **streng monoton steigende Tangente** im Punkt $X(x_1 \mid f(x_1))$ und zeichnen Sie das Steigungsdreieck mit den Katheten 1 und $k_1$ ein. | Der Funktionswert der Ableitungsfunktion an der Stelle $x_1$ ist $k_1$. Der Wert **$k_1$ ist positiv**. |
| $[x_1; -4]$ | In diesem Intervall ist die Funktion streng monoton steigend, der **Anstieg** ist durchwegs **positiv**. | Der Graph von f'(x) liegt in diesem Intervall oberhalb der y-Achse im **positiven Bereich**. |
| $x = -4$ | An der Extremstelle $x = -4$ ist der **Anstieg 0** (Hochpunkt $H(-4 \mid f(-4))$). | Der Graph von f'(x) hat hier eine **Nullstelle**. |
| $x_W$ | Skizzieren Sie die **streng monoton fallende Tangente** im Wendepunkt $W(x_W \mid f(x_W))$ und zeichnen Sie das Steigungsdreieck mit den Katheten 1 und $k_3$ ein. | Der Funktionswert der Ableitungsfunktion an der Stelle $x_W$ ist $k_3$, er ist **negativ**. An dieser Stelle hat die Ableitungsfunktion eine Extremstelle. Der Graph hat hier einen Tiefpunkt. |
| $[-4; 0]$ | In diesem Intervall ist die Funktion streng monoton fallend, der **Anstieg** ist durchwegs **negativ**. | Der Graph von f'(x) liegt in diesem Intervall unterhalb der y-Achse im **negativen y-Bereich**. |
| $x = 0$ | An der Extremstelle $x = 0$ ist der **Anstieg 0** (Tiefpunkt $T(0 \mid f(0))$). | Der Graph von f'(x) hat hier eine **Nullstelle**. |
| $[0; x_2]$ | In diesem Intervall ist die Funktion streng monoton steigend, der **Anstieg** ist durchwegs **positiv**. | Der Graph von f'(x) liegt in diesem Intervall oberhalb der y-Achse im **positiven y-Bereich**. |
| $x_2$ | Skizzieren Sie die **streng monoton steigende Tangente** im Punkt $Y(x_2 \mid f(x_2))$ und zeichnen Sie das Steigungsdreieck mit den Katheten 1 und $k_2$ ein. | Der Funktionswert der Ableitungsfunktion an der Stelle $x_2$ ist $k_2$. Der Wert **$k_2$ ist positiv**. |

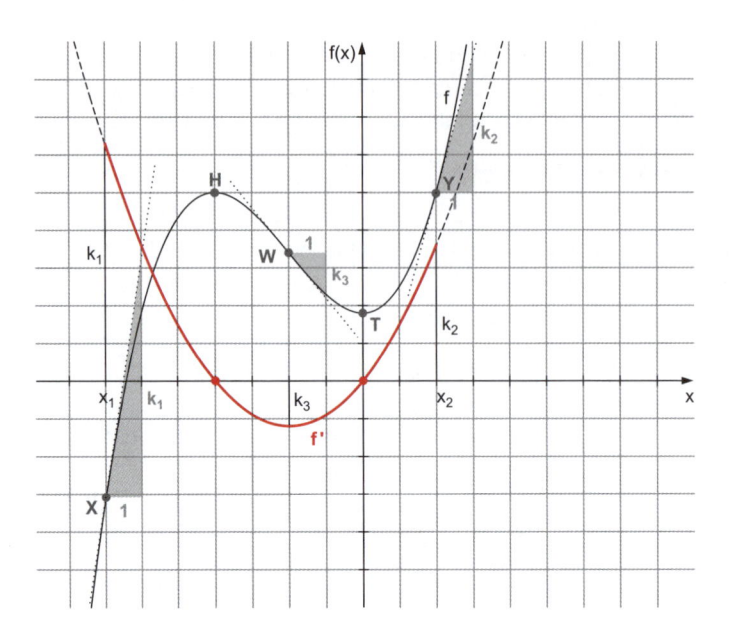

**Aufgabe 18**
Wassermenge in einem Behälter

- [x] Zum Zeitpunkt t = 6 befindet sich weniger Wasser im Behälter als zum Zeitpunkt t = 2.
- [x] Im Zeitintervall (6; 8) nimmt die Wassermenge im Behälter zu.
- [ ] Zum Zeitpunkt t = 2 befindet sich kein Wasser im Behälter.
- [ ] Im Zeitintervall (0; 2) nimmt die Wassermenge im Behälter ab.
- [ ] Zum Zeitpunkt t = 4 befindet sich am wenigsten Wasser im Behälter.

*Antwortmöglichkeit 1* ist **richtig**. Bis zum Zeitpunkt t = 2 fließt Wasser zu, im Intervall (2; 6) fließt Wasser ab, weshalb zum Zeitpunkt t = 6 weniger Wasser im Behälter ist als zum Zeitpunkt t = 2.

*Antwortmöglichkeit 2* ist **richtig**. In diesem Intervall sind die Funktionswerte positiv, das heißt der Wasserpegel steigt.

*Antwortmöglichkeit 3* ist **falsch**. Bis zum Zeitpunkt t = 2 ist Wasser in den Behälter geflossen, weshalb der Behälter nicht leer sein kann. Der Funktionswert f(2) = 0 bedeutet, dass zum Zeitpunkt t = 2 keine Veränderung des Wasserpegels vorliegt, also weder Wasser zu- noch abfließt.

*Antwortmöglichkeit 4* ist **falsch**. Im Zeitintervall (0; 2) fließt immer weniger Wasser zu. In diesem Intervall fließt allerdings zu jedem Zeitpunkt Wasser in den Behälter (positive Funktionswerte).

*Antwortmöglichkeit 5* ist **falsch**. Zum Zeitpunkt t = 4 ist die Veränderung der Wassermenge minimal. Es fließt 1 m³ Wasser pro Stunde ab. Zum Zeitpunkt t = 6 ist weniger Wasser im Behälter, da die Funktionswerte im Intervall (4; 6) negativ sind und somit immer noch (wenig) Wasser abfließt.

# Matura 2017 – Teil 1 – Lösungsvorschlag

**Aufgabe 19**
Wanderungsbilanz für Österreich

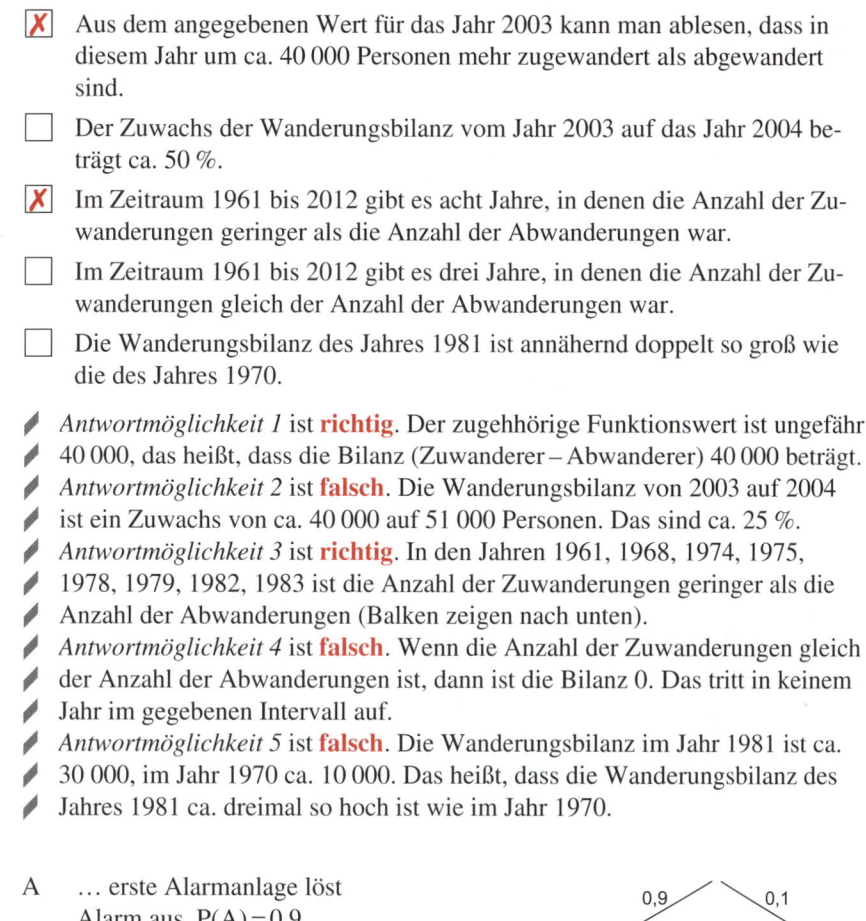

- [X] Aus dem angegebenen Wert für das Jahr 2003 kann man ablesen, dass in diesem Jahr um ca. 40 000 Personen mehr zugewandert als abgewandert sind.
- [ ] Der Zuwachs der Wanderungsbilanz vom Jahr 2003 auf das Jahr 2004 beträgt ca. 50 %.
- [X] Im Zeitraum 1961 bis 2012 gibt es acht Jahre, in denen die Anzahl der Zuwanderungen geringer als die Anzahl der Abwanderungen war.
- [ ] Im Zeitraum 1961 bis 2012 gibt es drei Jahre, in denen die Anzahl der Zuwanderungen gleich der Anzahl der Abwanderungen war.
- [ ] Die Wanderungsbilanz des Jahres 1981 ist annähernd doppelt so groß wie die des Jahres 1970.

*Antwortmöglichkeit 1* ist **richtig**. Der zugehörige Funktionswert ist ungefähr 40 000, das heißt, dass die Bilanz (Zuwanderer – Abwanderer) 40 000 beträgt.

*Antwortmöglichkeit 2* ist **falsch**. Die Wanderungsbilanz von 2003 auf 2004 ist ein Zuwachs von ca. 40 000 auf 51 000 Personen. Das sind ca. 25 %.

*Antwortmöglichkeit 3* ist **richtig**. In den Jahren 1961, 1968, 1974, 1975, 1978, 1979, 1982, 1983 ist die Anzahl der Zuwanderungen geringer als die Anzahl der Abwanderungen (Balken zeigen nach unten).

*Antwortmöglichkeit 4* ist **falsch**. Wenn die Anzahl der Zuwanderungen gleich der Anzahl der Abwanderungen ist, dann ist die Bilanz 0. Das tritt in keinem Jahr im gegebenen Intervall auf.

*Antwortmöglichkeit 5* ist **falsch**. Die Wanderungsbilanz im Jahr 1981 ist ca. 30 000, im Jahr 1970 ca. 10 000. Das heißt, dass die Wanderungsbilanz des Jahres 1981 ca. dreimal so hoch ist wie im Jahr 1970.

**Aufgabe 20**
Alarmanlagen

A ... erste Alarmanlage löst Alarm aus, $P(A) = 0{,}9$
$\neg A$ ... erste Alarmanlage löst keinen Alarm aus, $P(\neg A) = 0{,}1$
B ... zweite Alarmanlage löst Alarm aus, $P(B) = 0{,}9$
$\neg B$ ... zweite Alarmanlage löst keinen Alarm aus, $P(\neg B) = 0{,}1$

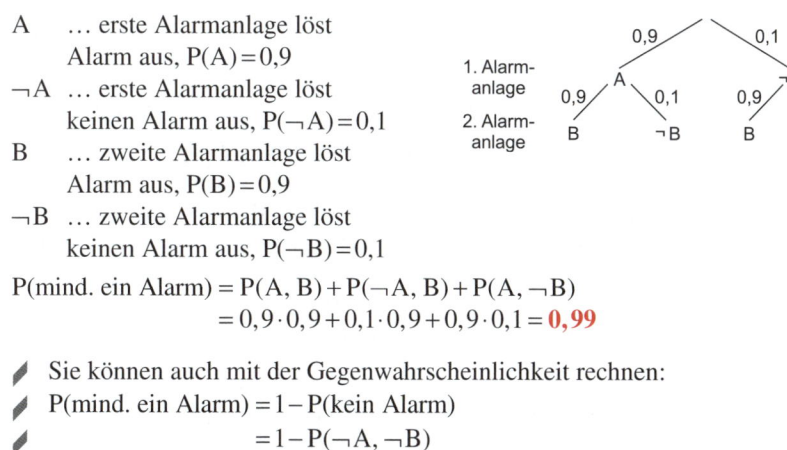

$P(\text{mind. ein Alarm}) = P(A, B) + P(\neg A, B) + P(A, \neg B)$
$= 0{,}9 \cdot 0{,}9 + 0{,}1 \cdot 0{,}9 + 0{,}9 \cdot 0{,}1 = \mathbf{0{,}99}$

Sie können auch mit der Gegenwahrscheinlichkeit rechnen:
$P(\text{mind. ein Alarm}) = 1 - P(\text{kein Alarm})$
$= 1 - P(\neg A, \neg B)$
$= 1 - 0{,}1 \cdot 0{,}1 = \mathbf{0{,}99}$

**Aufgabe 21**
Jugendgruppe

Sie können den Wert des Binomialkoeffizienten mittels CAS oder mit der Formel $\binom{n}{k} = \frac{n!}{k! \cdot (n-k)!}$ berechnen:

$\binom{21}{3} = 1330$

Der richtige Satz lautet daher:

Der Binomialkoeffizient $\binom{21}{3}$ gibt an, **wie viele verschiedene Möglichkeiten es gibt, aus den 21 Jugendlichen ein Dreierteam auszuwählen**; sein Wert beträgt **1 330**.

**Aufgabe 22**
Aussagen zu einer Zufallsvariablen

- [X] Der Erwartungswert von X ist 20.
- [ ] Die Standardabweichung von X ist 20.
- [ ] $a + b = 1$
- [X] $P(10 \leq X \leq 30) = 1$
- [ ] $P(X \leq 0) = P(X \geq 10)$

*Antwortmöglichkeit 1* ist **richtig**. Der Erwartungswert wird mit

$$E(X) = \sum_{i=1}^{n} k_i \cdot P(X = k_i)$$

berechnet. In diesem Fall ist
$E(X) = 10 \cdot a + 20 \cdot b + 30 \cdot a = 40a + 20b = 20 \cdot (2a + b) = 20$,
weil die Summe aller Wahrscheinlichkeiten 1 ist: $2a + b = 1$
*Antwortmöglichkeit 2* ist **falsch**: Die Standardabweichung wird mit

$$\sigma = \sqrt{\sum_{i=1}^{n} (k_i - E(X))^2 \cdot p_i}$$

berechnet. In diesem Fall ist:
$\sigma = \sqrt{(10-20)^2 \cdot a + (20-20)^2 \cdot b + (30-20)^2 \cdot a} = \sqrt{100a + 100a} = \sqrt{200a}$
Weil $2a + b = 1$ und $b > 0$ gilt, ist $a < 1$ und daher $\sigma < \sqrt{200} \approx 14{,}14$.
*Antwortmöglichkeit 3* ist **falsch**. Die Summe aller Wahrscheinlichkeiten ist 1, d. h. $a + b + a = 2a + b = 1$, und es gilt $a \neq 0$.
*Antwortmöglichkeit 4* ist **richtig**: $P(10 \leq X \leq 30) = P(10) + P(20) + P(30) = 1$
*Antwortmöglichkeit 5* ist **falsch**: $P(X \leq 10) = a$, $P(X \geq 10) = b + a$
Wegen $b > 0$ ist also $P(X \leq 10) < P(X \geq 10)$.

**Aufgabe 23**
Grafische Deutung

Die grau markierte Fläche startet bei dem Wert 64. Daher entspricht der dargestellte Flächeninhalt der Wahrscheinlichkeit $P(X \geq 64)$.

**Aufgabe 24**
**Wahl-**
**prognose**

- [ ] Die Wahrscheinlichkeit, dass eine zufällig ausgewählte wahlberechtigte Person die Partei A wählt, liegt sicher zwischen 9,8 % und 12,2 %.
- [X] Ein anhand der erhobenen Daten ermitteltes 90-%-Konfidenzintervall hätte eine geringere Intervallbreite.
- [X] Unter der Voraussetzung, dass der Anteil der Partei-A-Wähler/innen in der Stichprobe gleich bleibt, würde eine Vergrößerung der Stichprobe zu einer Verkleinerung des 95-%-Konfidenzintervalls führen.
- [ ] 95 von 100 Personen geben an, die Partei A mit einer Wahrscheinlichkeit von 11 % zu wählen.
- [ ] Die Wahrscheinlichkeit, dass die Partei A einen Stimmenanteil von mehr als 12,2 % erhält, beträgt 5 %.

*Antwortmöglichkeit 1* ist **falsch**. Das Wort „sicher" ist hier falsch, denn es handelt sich um ein 95-%-Konfidenzintervall. Das Konfidenzintervall bezieht sich auf den Stimmenanteil in der Grundgesamtheit, nicht auf die Wahlentscheidung einer einzelnen Person.

*Antwortmöglichkeit 2* ist **richtig**. Für genau diese Umfrage (gleiche Voraussetzungen und Stichprobengröße) gilt, dass eine ungenauere Aussage (z. B. nur mehr 90 %ige Sicherheit) das Intervall verkleinert. Will man eine genauere Aussage treffen (z. B. 98 % Sicherheit) muss das Intervall größer werden.

*Antwortmöglichkeit 3* ist **richtig**. Bei gleichbleibendem Anteil der Partei-A-Wähler/innen gilt, dass je größer die Stichprobe, desto kleiner die Intervallbreite bei gleichbleibendem Konfidenzniveau 95 % ist.

*Antwortmöglichkeit 4* ist **falsch**. Das Konfidenzintervall bezieht sich auf den Stimmenanteil in der Grundgesamtheit, nicht auf die Wahlentscheidung einzelner Personen.

*Antwortmöglichkeit 5* ist **falsch**. Richtig ist, dass die Wahrscheinlichkeit, dass die Partei A einen Stimmenanteil von weniger als 9,8 oder mehr als 12,2 % erhält, 5 % beträgt.

# Zentral-Matura Mathematik
## Matura 2017 – Teil 2

**Aufgabe 1: Quadratische Funktion**

Betrachtet werden quadratische Funktionen der Form $x \mapsto a \cdot x^2 + b \cdot x + c$ mit $a, b, c \in \mathbb{R}$ und $a \neq 0$. Die Wahl der Koeffizienten a, b und c beeinflusst verschiedene Eigenschaften wie Monotonie, Monotoniewechsel, Achsensymmetrie und Schnittpunkte mit den Achsen.

**Aufgabenstellung**

a) Der Graph einer quadratischen Funktion f ist symmetrisch zur senkrechten Achse und schneidet die x-Achse an den Stellen $x_1$ und $x_2$ mit $x_1 < x_2$. Es gilt $\int_{x_1}^{x_2} f(x)\,dx = d$ mit $d \in \mathbb{R}^+$.

Veranschaulichen Sie den Wert d mithilfe eines passenden Graphen einer solchen Funktion f im nachstehenden Koordinatensystem!

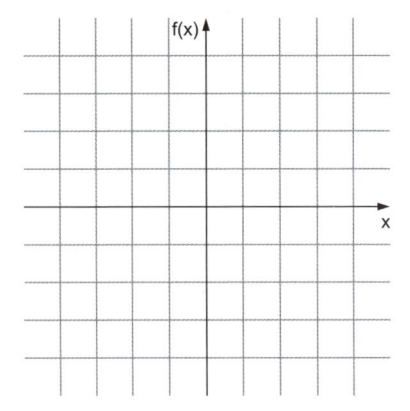

Geben Sie für jeden der Koeffizienten a, b und c dieser Funktion f an, ob er positiv, negativ oder genau null sein muss!

b) Der Graph einer quadratischen Funktion g hat einen Tiefpunkt und an den Stellen $x_1 = 0$ und $x_2 > 0$ Schnittpunkte mit der x-Achse. Die Nullstelle $x_2$ lässt sich mithilfe der Koeffizienten der Funktion g berechnen. Stellen Sie eine entsprechende Formel auf!

Der Graph der Funktion g begrenzt mit der x-Achse eine endliche Fläche. Geben Sie ein bestimmtes Integral an, mit dessen Hilfe der Inhalt dieser endlichen Fläche berechnet werden kann!

c) Für eine Stelle k (k ∈ ℝ) des Graphen einer quadratischen Funktion h gelten die Bedingungen h(k)=0 und h'(k)=0.

A Skizzieren Sie einen möglichen Verlauf des Graphen von h und kennzeichnen Sie die Stelle k im nachstehenden Koordinatensystem!

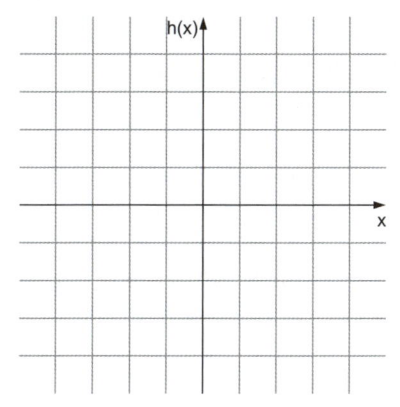

Zeigen Sie rechnerisch, dass eine Funktion h mit der Funktionsgleichung $h(x) = x^2 - 2 \cdot k \cdot x + k^2$ die Bedingungen h(k)=0 und h'(k)=0 erfüllt!

## Hinweise und Tipps

**Teil a**
- Wie muss der Graph einer Funktion f im Koordinatensystem liegen, damit der Flächeninhalt des Flächenstücks, das vom Graphen von f und der x-Achse zwischen zwei Nullstellen eingeschlossen wird, positiv ist und mit dem bestimmten Integral $\int_{x_1}^{x_2} f(x)\,dx$ berechnet werden kann?

- Wie verändert sich der Graph von $f(x) = a \cdot x^2$ mit $a \geq 1$ bzw. $a < 0$?
  Unter welcher Bedingung für den Koeffizienten b liegt der Graph von $f(x) = x^2 + b \cdot x$ symmetrisch zur senkrechten Achse?
  Wie verändert sich der Graph von $f(x) = x^2 + c$ mit $c \geq 1$ bzw. $c < 0$?

- Unter welchen Bedingungen für die Koeffizienten a, b, c schließt der Graph der Funktion $f(x) = a \cdot x^2 + b \cdot x + c$ zwischen zwei Nullstellen ein Flächenstück oberhalb der x-Achse ein?

**Teil b**
- Für das Berechnen der Nullstellen quadratischer Funktionen sind quadratische Gleichungen zu lösen: $a \cdot x^2 + b \cdot x + c = 0$
  Unter welcher Bedingung hat diese Gleichung die Lösung $x_1 = 0$?
  Wie wird in diesem Fall allgemein die zweite Lösung berechnet?

- Das vom Graphen einer Funktion und der x-Achse zwischen zwei Nullstellen eingeschlossene Flächenstück liegt unterhalb der x-Achse. Welche Möglichkeiten gibt es, den negativen Wert eines bestimmten Integrals positiv zu setzen?

**Teil c**
- [A] Der erste Teil dieser Aufgabe (Skizze) ist eine Ausgleichsaufgabe. Falls Sie diese Aufgabe richtig lösen, wird der Punkt im Teil 1 Ihrer Matura eingerechnet. Diese Aufgabe sollten Sie auf jeden Fall lösen!

- Welche besonderen Punkte einer Funktion werden mithilfe der Gleichungen $h(k) = 0$ bzw. $h'(k) = 0$ berechnet? Für welche Punkte gelten beide Bedingungen zugleich? Zeichnen Sie den Graphen einer quadratischen Funktion, die beide Bedingungen erfüllt, möglichst genau in das gegebene Koordinatensystem.

- Ermitteln Sie die Ableitungsfunktion von $h(x) = x^2 - 2 \cdot k \cdot x + k^2$.
  Für welche $k \in \mathbb{R}$ gilt $h(k) = 0$ **und** $h'(k) = 0$?

# Matura 2017 – Teil 2 – Aufgabe 1 – Lösungsvorschlag  2017-33

## Lösungsvorschlag

**Teil a**  **Anwendung des bestimmten Integrals für Flächenberechnungen:**
Liegt der Graph einer Funktion f zwischen zwei Nullstellen $x_1$ und $x_2$ *oberhalb der x-Achse*, dann ist der Flächeninhalt A des Flächenstücks, das vom Graphen von f und der x-Achse zwischen den Nullstellen eingeschlossen wird, eine *positive* reelle Zahl. Beispiele:

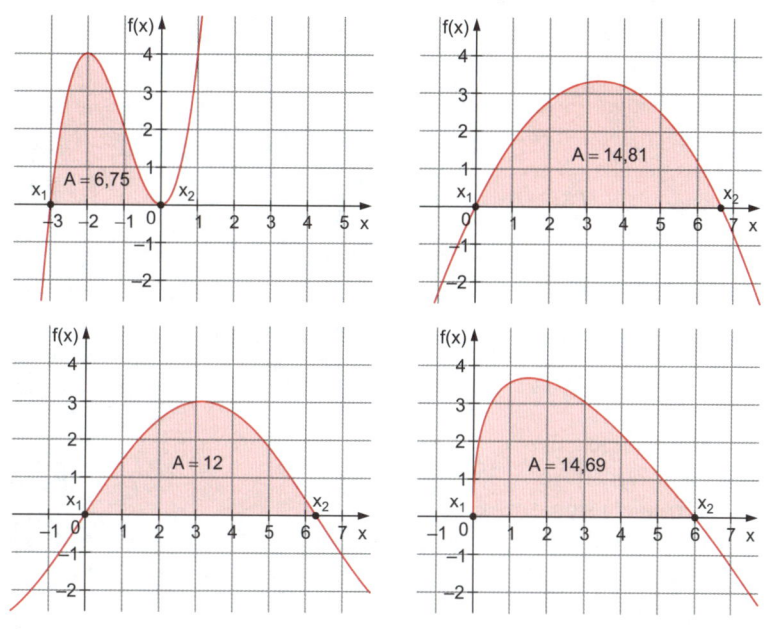

Mithilfe des bestimmten Integrals $\int_{x_1}^{x_2} f(x)\,dx = d$ mit $d \in \mathbb{R}^+$ kann der Flächeninhalt d des Flächenstücks berechnet werden, das die Graphen obiger Funktionen mit der x-Achse zwischen den Nullstellen $x_1$ und $x_2$ einschließen.

**Koeffizienten quadratischer Funktionen:**
Der Graph der quadratischen Funktion $f(x) = x^2$ ist eine nach oben offene Parabel mit dem Scheitelpunkt im Ursprung (Normalparabel). Bei quadratischen Funktionen $f(x) = a \cdot x^2 + b \cdot x + c$ wird die Normalparabel entsprechend den konkreten Werten für a, b bzw. c „verbogen" bzw. im Koordinatensystem parallel zu den Achsen „verschoben".

In den auf den beiden folgenden Seiten dargestellten Tabellen werden die Koeffizienten a, b, c von quadratischen Funktionen $f(x) = a \cdot x^2 + b \cdot x + c$ systematisch verändert und deren Graphen abgebildet.

Ist a > 1, so wird der Graph der Funktion „steiler" (= Verbiegung).

Ist 0 < a < 1, so wird der Graph der Funktion „flacher" (= Verbiegung).

Ist a < 0, so wird die Parabel zusätzlich an der x-Achse gespiegelt (= Verbiegung *und* Spiegelung).

| a > 0, b = 0, c = 0 ||
|---|---|
| $f(x) = x^2$ | $f(x) = 2 \cdot x^2$ |
| a < 0, b = 0, c = 0 ||
| $f(x) = -0{,}5 \cdot x^2$ | $f(x) = -x^2$ |

Wird der Koeffizient b variiert, so verschiebt sich der Graph im Koordinatensystem. Für b < 0 (und c = 0) verschiebt sich die Parabel beispielsweise parallel zur x-Achse nach rechts und parallel zur y-Achse nach unten (für a > 0).

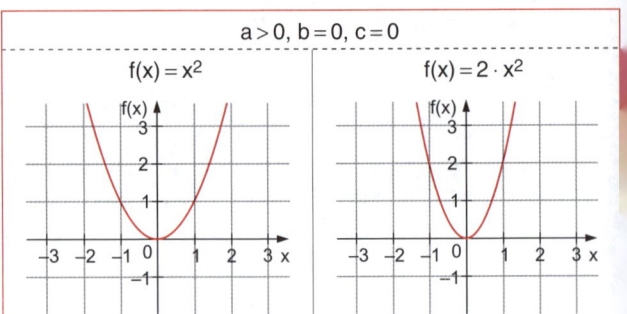

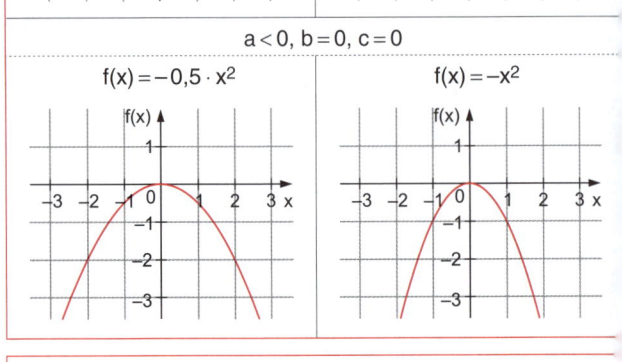

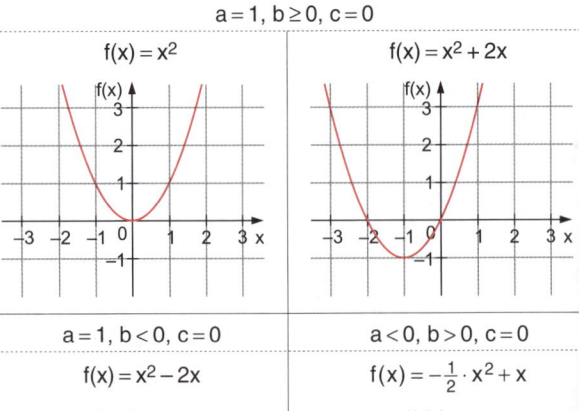

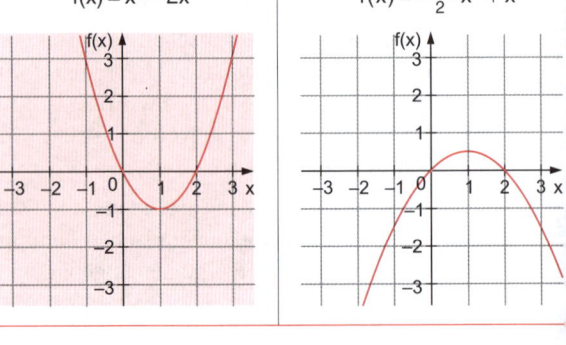

| a = 1, b ≥ 0, c = 0 ||
|---|---|
| $f(x) = x^2$ | $f(x) = x^2 + 2x$ |
| a = 1, b < 0, c = 0 | a < 0, b > 0, c = 0 |
| $f(x) = x^2 - 2x$ | $f(x) = -\frac{1}{2} \cdot x^2 + x$ |

Ist c > 0 (c < 0), so verschiebt sich der Graph im Koordinatensystem parallel zur y-Achse nach oben (unten).

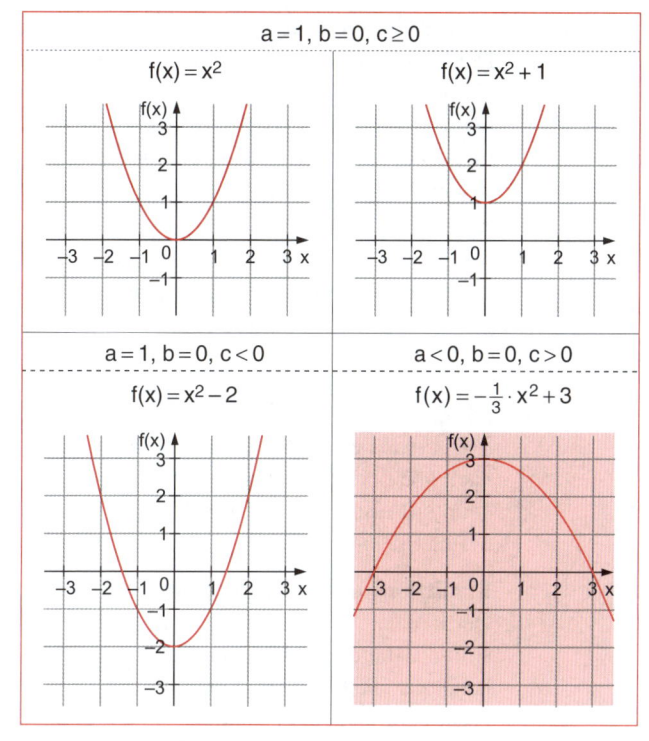

| a = 1, b = 0, c ≥ 0 | |
|---|---|
| $f(x) = x^2$ | $f(x) = x^2 + 1$ |

| a = 1, b = 0, c < 0 | a < 0, b = 0, c > 0 |
|---|---|
| $f(x) = x^2 - 2$ | $f(x) = -\frac{1}{3} \cdot x^2 + 3$ |

**Bestimmtes Integral einer zur y-Achse symmetrischen quadratischen Funktion:**

Beim auf dieser Seite letzten abgebildeten (rot unterlegten) Graphen sind die laut Aufgabenstellung geforderten Bedingungen erfüllt.

Der Graph von f ist symmetrisch zur senkrechten Achse (y-Achse), weil gilt:

**b = 0**

Der Graph von f schließt mit der x-Achse zwischen den Nullstellen $x_1$ und $x_2$ ein Flächenstück oberhalb der x-Achse ein, d. h.

$$\int_{x_1}^{x_2} f(x)\, dx > 0 \quad \text{bzw.} \quad \int_{x_1}^{x_2} f(x)\, dx = d \quad \text{mit } d \in \mathbb{R}^+,$$

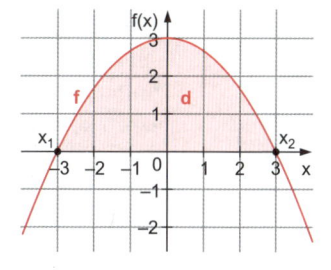

weil gilt:
**a < 0** und **c > 0**

- Die Veranschaulichung des Wertes d wird nur dann als korrekt anerkannt,
- wenn der Graph von f klar erkennbar die Form einer achsensymmetrischen
- und nach unten offenen Parabel hat.

**Teil b** **Berechnung der Nullstellen:**
Die Schnittpunkte eines Funktionsgraphen mit der x-Achse werden durch das Nullsetzen des Funktionsterms und das Lösen der so erhaltenen Gleichung berechnet: g(x) = 0. Sind die Nullstellen einer quadratischen Funktion zu berechnen, ist eine quadratische Gleichung zu lösen.

Für die Lösungsmenge der quadratischen Gleichung $a \cdot x^2 + b \cdot x + c = 0$ gilt laut Angabe: $x_1 = 0$ und $x_2 > 0$. Eine quadratische Gleichung hat $x_1 = 0$ als Lösung, wenn das absolute Glied $c = 0$ ist. Die Gleichung $a \cdot x^2 + b \cdot x = 0$ kann durch Herausheben von x und die Anwendung des Produkt-Null-Satzes gelöst werden:
$a \cdot x^2 + b \cdot x = x(a \cdot x + b) = 0 \;\Rightarrow\; x_1 = 0$ und
$$a \cdot x_2 + b = 0 \;\Rightarrow\; a \cdot x_2 = -b \;\Rightarrow\; x_2 = -\frac{b}{a}$$

Für die zweite Lösung der Gleichung gilt *laut Angabe* $x_2 > 0$. Da die Funktion g *laut Angabe* einen Tiefpunkt besitzt, d. h., dass der Funktionsgraph von g eine nach oben offene Parabel ist, gilt weiters **a > 0**. Die 2. Lösung $\mathbf{x_2 = -\frac{b}{a}}$ der Gleichung ist also dann positiv, wenn **b < 0** gilt (vgl. den rot markierten Graphen auf Seite 2017-34).

**Ermittlung des Flächeninhalts:**
Der Flächeninhalt eines (nicht entarteten) Flächenstücks ist stets positiv. Das bestimmte Integral einer Funktion mit zwei Nullstellen der Funktion als Grenzen kann positiv, null oder negativ sein.

Das Flächenstück, das von der Funktion g und der x-Achse zwischen den Nullstellen $x_1 = 0$ und $x_2 = -\frac{b}{a}$ begrenzt wird, liegt *unterhalb der x-Achse*. Das bestimmte Integral $\int_{x_1}^{x_2} g(x)\,dx = \int_{0}^{-\frac{b}{a}} g(x)\,dx$ ist daher *negativ*. Unterscheidet sich das bestimmte Integral nur im Vorzeichen vom gesuchten Flächeninhalt, dann gibt es verschiedene alternative Vorgehensweisen für das „Positiv-Setzen des bestimmten Integrals", um den Flächeninhalt mittels bestimmtem Integral berechnen zu können:

$$A = \left| \int_{x_1}^{x_2} g(x)\,dx \right| = \left| \int_{0}^{-\frac{b}{a}} g(x)\,dx \right| \qquad \text{Ermitteln des Betrags}$$

$$A = -\int_{x_1}^{x_2} g(x)\,dx = -\int_{0}^{-\frac{b}{a}} g(x)\,dx \qquad \text{Multiplikation des bestimmten Integrals mit } (-1)$$

$$A = \int_{x_2}^{x_1} g(x)\,dx = \int_{-\frac{b}{a}}^{0} g(x)\,dx \qquad \text{Vertauschen der Grenzen des bestimmten Integrals}$$

## Matura 2017 – Teil 2 – Aufgabe 1 – Lösungsvorschlag    2017-37

**Teil c**  **Graph von h(x):**
Gegeben ist die quadratische Funktion h. Für eine Nullstelle bei $x = k$ gilt $h(k) = 0$ und für einen Extremwert an der Stelle $x = k$ gilt: $h'(k) = 0$

Gilt für eine Stelle $k \in \mathbb{R}$ sowohl $h(k) = 0$ als auch $h'(k) = 0$, dann fallen die Nullstelle und der Extremwert zu einem Berührpunkt an der Stelle $x = k$ zusammen.

Drei mögliche Graphen sind im nebenstehenden Koordinatensystem eingezeichnet.

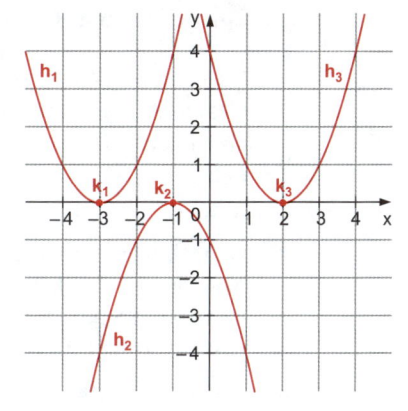

- Der Graph von h wird nur dann als korrekt anerkannt, wenn er die Form einer
- nach oben oder nach unten offenen Parabel hat. Außerdem müssen an der ge-
- kennzeichneten Stelle k die Nullstelle und (somit) die Extremstelle der Funk-
- tion h klar erkennbar sein, ebenso die Symmetrie des Graphen bezüglich der
- Geraden $x = k$.

**Rechnerische Überprüfung der Bedingungen für h(x):**
Gegeben ist die Funktionsgleichung
$h(x) = x^2 - 2 \cdot k \cdot x + k^2$
mit der Ableitungsfunktion:
$h'(x) = 2 \cdot x - 2 \cdot k$

Nachweis der Erfüllung der Bedingungen $h(k) = 0$ bzw. $h'(k) = 0$:

$\mathbf{h(k) = 0} \Leftrightarrow k^2 - 2 \cdot k \cdot k + k^2 = 0$ ⎫ Jede Funktion $h(x) = x^2 - 2 \cdot k \cdot x + k^2$ mit
$\mathbf{h'(k) = 0} \Leftrightarrow 2 \cdot k - 2 \cdot k = 0$     ⎭ $k \in \mathbb{R}$ erfüllt die beiden Bedingungen.

## Aufgabe 2: Muskelkraft

Muskeln werden in ihrer Funktion oft mit (metallischen) Federn verglichen. Im Gegensatz zur Federkraft hängt die Muskelkraft auch von der Geschwindigkeit ab, mit der ein Muskel kontrahiert (d. h. aktiv verkürzt bzw. angespannt) wird.

Diese Beziehung kann modellhaft durch die Formel $F = \frac{c}{v+b} - a$ beschrieben werden.

Dabei beschreibt F den unter idealen Bedingungen möglichen Betrag (in Newton) der Muskelkraft bei vorgegebener Kontraktionsgeschwindigkeit v (in Metern pro Sekunde). Die Parameter a (in N), b (in m/s) und c (in Watt) sind positive reelle Größen, die die Eigenschaften eines Muskels beschreiben.

Die oben angeführte Formel kann als Funktionsgleichung einer Funktion F aufgefasst werden, durch die die Kraft F(v) in Abhängigkeit von der Geschwindigkeit v der Muskelkontraktion beschrieben wird. Die Werte von a, b und c sind dabei für einen bestimmten Muskel konstant.

Der Graph der Funktion F ist nachstehend abgebildet.

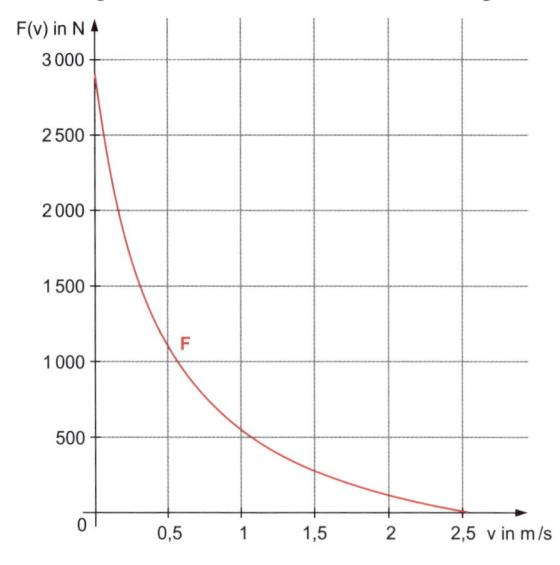

**Aufgabenstellung**

a) Geben Sie mithilfe der Grafik den Wert F(0) und dessen Bedeutung im gegebenen Kontext an!

Geben Sie an, ob durch die Funktion F eine indirekte Proportionalität zwischen F und v beschrieben wird, und begründen Sie Ihre Entscheidung!

b) Für die Leistung, die ein Muskel aufbringen kann, gilt die Formel $P = F \cdot v$. Diese Formel kann bei konstanter Kraft F als Funktion P aufgefasst werden, durch die die Leistung P(v) in Abhängigkeit von der Geschwindigkeit v der Muskelkontraktion beschrieben wird (P(v) in W, v in m/s und F in N).

In der nachstehenden Abbildung sind für einen bestimmten Muskel die Graphen der Funktion P und der Funktion F jeweils in Abhängigkeit von der Geschwindigkeit v der Muskelkontraktion dargestellt.

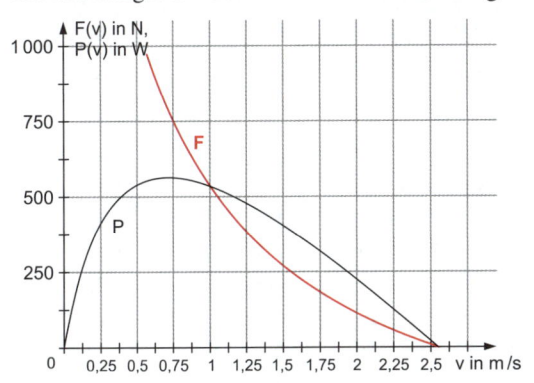

[A] Ermitteln Sie mithilfe der Grafik näherungsweise den Wert derjenigen Kraft (in N), die zu einer maximalen Leistung dieses Muskels führt!

Ermitteln Sie mithilfe der Grafik näherungsweise den Wert der Geschwindigkeit $v_1$ der Muskelkontraktion, für den $P'(v_1) = 0$ gilt!

## Hinweise und Tipps

**Teil a**
- Beachten Sie die Beschriftung der y-Achse und lesen Sie den Wert von F an der Stelle $v=0$ möglichst genau ab.
- Was gilt für zwei Größen, die indirekt proportional zueinander sind? Ist diese Bedingung beim vorliegenden Graphen für F(1) bzw. F(2) erfüllt?
- Für die Formel zur Berechnung von F gilt, dass die Parameter a, b, c konstant sind und F als Funktion der Kontraktionsgeschwindigkeit v des Muskels aufgefasst werden kann. Handelt es sich bei F(v) um den Funktionstyp einer indirekt proportionalen Funktion?

**Teil b**
- **A** Der erste Teil dieser Aufgabe (Kraft) ist eine Ausgleichsaufgabe. Falls Sie diese Aufgabe richtig lösen, wird der Punkt im Teil 1 Ihrer Matura eingerechnet. Diese Aufgabe sollten Sie auf jeden Fall lösen!
- Lesen Sie aus dem Funktionsgraphen von P möglichst genau die Geschwindigkeit v für den maximalen Funktionswert von P(v) ab. Wie lautet der Funktionswert F(v) bei dieser Kontraktionsgeschwindigkeit v des Muskels?
- Welche Information liefert die Ableitungsfunktion f' über die Funktion f? Für welche Argument(e) x einer Funktion f gilt $f'(x)=0$? Für welche Kontraktionsgeschwindigkeit $v_1$ der Funktion P gilt $P'(v_1)=0$?

## Lösungsvorschlag

**Teil a** **Wert und Bedeutung von F(0):**
$F(0) \approx 2\,900$ N

✒ Als korrekt werden alle Werte im Intervall [2 750 N; 3 000 N] anerkannt.

F(0) gibt den Wert derjenigen **Kraft** an, die der **Muskel bei einer Kontraktionsgeschwindigkeit von v = 0** aufbringt.

**Indirekte Proportionalität zwischen F und v?**
Die Muskelkraft F und die Kontraktionsgeschwindigkeit v sind **nicht indirekt proportional zueinander**.

Im Folgenden sind *verschiedene alternative* Begründungen angeführt:
- Für indirekt proportionale Größen gilt, dass bei einer Verdoppelung der x-Werte die y-Werte halbiert werden. Vergleicht man in der Abbildung die Werte $F(1) \approx 550$ N und $F(2) \approx 100$ N, dann zeigt sich, dass eine Verdoppelung der Kontraktionsgeschwindigkeit v des Muskels (von 1 auf 2) nicht zu einer Halbierung der Muskelkraft führt ($\frac{550}{2} \neq 100$).
- Für indirekt proportionale Funktionen $f(x) = \frac{c}{x}$ mit $c \in \mathbb{R}^+$ gilt $f(2x) = \frac{c}{2x}$. Dieser Zusammenhang ist bei der Funktion der Muskelkraft F in Abhängigkeit von der Kontraktionsgeschwindigkeit v nicht gegeben.
- Die Muskelkraft F kann *laut Angabe* mit der Formel $F = \frac{c}{v+b} - a$ berechnet werden. Sind die Werte a, b, c für einen bestimmten Muskel konstant, dann ist F nur von v abhängig, d. h., die Formel für die Muskelkraft F kann als Funktion F(v) aufgefasst werden:

$F(v) = \frac{c}{v+b} - a$ mit $a, b, c \in \mathbb{R}^+$ und konstant

Im Folgenden wird die „Wirkung" der Koeffizienten c, b, a (in dieser Reihenfolge) anhand entsprechender Graphen veranschaulicht:

$F_1(v) = \frac{c}{v}$  $\qquad F_2(v) = \frac{c}{v+b}$  $\qquad F_3(v) = \frac{c}{v+b} - a$

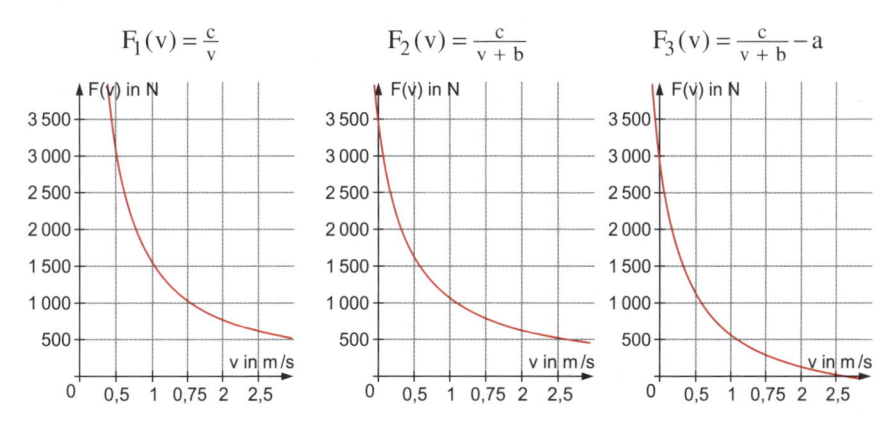

$F_1(v) = \frac{c}{v}$: Wäre $F(v) = \frac{c}{v}$, dann wären die Muskelkraft F und die Kontraktionsgeschwindigkeit v indirekt proportionale Größen. Der Graph einer indirekt proportionalen Funktion ist ein Hyperbel-Ast und der Koeffizient c bestimmt die „Biegung" des Graphen.

$F_2(v) = \frac{c}{v+b}$: Durch den Koeffizienten b > 0 wird der Graph von $F_1$ im Koordinatensystem parallel zur x-Achse um b nach links verschoben. Dies ist *keine* indirekt proportionale Funktion.

$F_3(v) = \frac{c}{v+b} - a$: Durch den Koeffizienten a > 0 wird der Graph von $F_2$ im Koordinatensystem parallel zur y-Achse um a nach unten verschoben. Dies ist *keine* indirekt proportionale Funktion.

**Teil b**

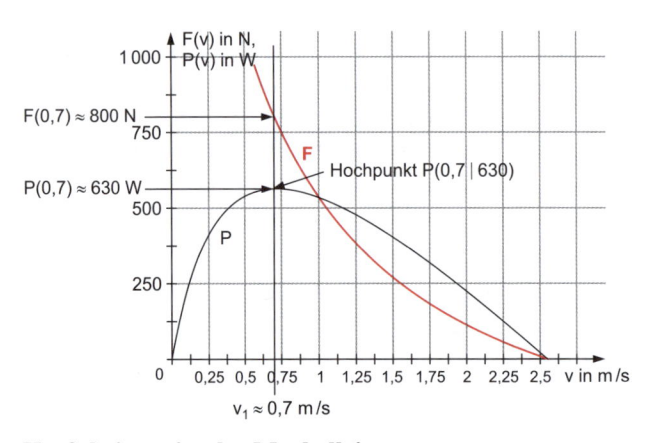

### Kraft bei maximaler Muskelleistung:

Die maximale Leistung P des Muskels kann aus der Grafik bei $v_1 \approx 0{,}7$ m/s abgelesen werden. Die zu dieser Kontraktionsgeschwindigkeit $v_1$ des Muskels zugehörige Kraft beträgt $F(0{,}7) = 800$ N: Bei ungefähr **800 N** erreicht der Muskel seine maximale Leistung.

✎ Als korrekt werden alle Werte im Intervall [650 N; 950 N] anerkannt.

### Ableitungsfunktion P' bzw. $P'(v_1) = 0$

Die Ableitungsfunktion f'(x) gibt die Steigung (der Tangente) der Funktion f an jeder Stelle x an. Bei Hoch- bzw. Tiefpunkten einer Funktion ist die Tangente parallel zur x-Achse und hat die Steigung $k = f'(x) = 0$.

Für die Leistung P des Muskels gilt, dass bei der Muskelkontraktionsgeschwindigkeit $v_1$ ein Hochpunkt vorliegt, da $P'(v_1) = 0$ gilt. Das Maximum der Muskelleistung liegt bei ca. 630 W. Dieser Wert wird bei $v_1 \approx 0{,}7$ m/s erreicht. Es gilt daher $P'(0{,}7) = 0$. Die zu $P'(v_1) = 0$ gehörige Geschwindigkeit der Muskelkontraktion beträgt laut Abbildung $\mathbf{v_1 \approx 0{,}7}$ **m/s**.

✎ Als korrekt werden alle Werte im Intervall [0,6 m/s; 0,9 m/s] anerkannt.

## Aufgabe 3: Zerstörung des Tropenwaldes

Unterschiedliche Studien befassen sich mit der Zerstörung des Tropenwaldes.

1992 wurde von einem Team um den US-amerikanischen Ökonomen Dennis Meadows die Studie *Die neuen Grenzen des Wachstums* veröffentlicht.

In dieser Studie wird der Tropenwaldbestand der Erde Ende 1990 mit 800 Millionen Hektar beziffert. Im Jahr 1990 wurden etwa 17 Millionen Hektar gerodet. Die nachstehenden drei „Katastrophenszenarien" werden in der Studie entworfen:

Szenario 1: Die jährliche relative Abnahme von ca. 2,1 % bleibt konstant.
Szenario 2: Die Abholzung von 17 Millionen Hektar jährlich bleibt konstant.
Szenario 3: Der Betrag der Abholzungsrate (in Millionen Hektar pro Jahr) wächst exponentiell.

In der nachstehenden Abbildung 1 sind die Graphen der Funktionen $f_1$ und $f_3$ dargestellt, die den Waldbestand der Tropen entsprechend den oben angeführten Szenarien 1 und 3 beschreiben.

Die nachstehende Abbildung 2 zeigt den Graphen der Ableitungsfunktion $f_3'$ der in der Abbildung 1 dargestellten Funktion $f_3$.

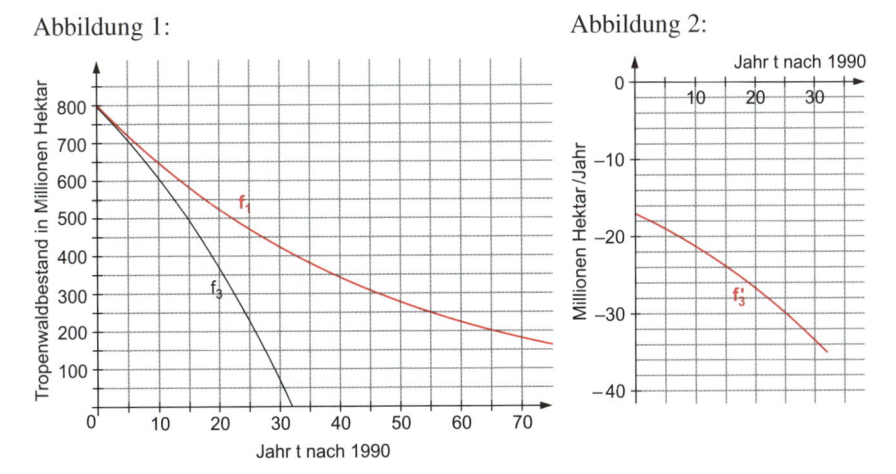

Abbildung 1:

Abbildung 2:

a) **A** Ermitteln Sie die Funktionsgleichung von $f_1$, wobei die Variable t die nach dem Jahr 1990 vergangene Zeit in Jahren angibt!
Berechnen Sie, wann gemäß Szenario 1 der Tropenwaldbestand auf weniger als 100 Millionen Hektar gesunken sein wird!

b) Geben Sie die Gleichung derjenigen Funktion $f_2$ an, die den Bestand t Jahre nach 1990 unter der Annahme einer konstanten Abnahme von 17 Millionen Hektar pro Jahr modelliert!

Geben Sie an, in welchem Jahr entsprechend diesem Modell der Tropenwald von der Erdoberfläche verschwinden würde, und zeichnen Sie den Graphen dieser Funktion in der Abbildung 1 ein!

c) Gehen Sie in den nachstehenden Aufgabenstellungen auf Meadows' Annahme einer exponentiell zunehmenden Abholzungsrate ein und beantworten Sie mithilfe der gegebenen Abbildungen.

Geben Sie näherungsweise denjenigen Zeitpunkt $t_1$ an, zu dem die momentane Abholzungsrate auf ca. 24 Millionen Hektar pro Jahr angewachsen ist!

Bestimmen Sie näherungsweise den Wert des Integrals $\int_0^{t_1} f_3'(t)\, dt$ durch Ablesen aus den Abbildungen und geben Sie seine Bedeutung im Zusammenhang mit der Abholzung der tropischen Wälder an!

d) Ein internationales Forscherteam um den Geografen Matthew Hansen von der University of Maryland hat mithilfe von Satellitenfotos die Veränderung des Baumbestands des Tropenwaldes von 2000 bis 2012 ermittelt. Dabei wurde festgestellt, dass in jedem Jahr durchschnittlich um a Millionen Hektar (a > 0) mehr abgeholzt wurden als im Jahr davor.

Begründen Sie, warum das von Meadows entworfene Szenario 3 am ehesten den Beobachtungen von Matthew Hansen entspricht!

Das Team von Hansen gibt für a den Wert 0,2101 Millionen Hektar pro Jahr an. Geben Sie an, ob die im Modell von Meadows für den Zeitraum 2000 bis 2012 vorhergesagten Änderungsraten der Abholzungsrate größer oder kleiner als die von Hansen beobachteten sind, und begründen Sie Ihre Entscheidung!

## Hinweise und Tipps

**Teil a**   **A** Der erste Teil dieser Aufgabe (Funktionsgleichung) ist eine Ausgleichsaufgabe. Falls Sie diese Aufgabe richtig lösen, wird der Punkt im Teil 1 Ihrer Matura eingerechnet. Diese Aufgabe sollten Sie auf jeden Fall lösen!

- Funktion $f_1$ gehört zu Szenario 1, in dem der Prozentsatz (!) der Abnahme konstant bleibt. Welches Funktionsmodell liegt daher hier zugrunde?
- Den Ausgangswert für $f_1$ können Sie auf der y-Achse ablesen
- Wenn Sie die Gleichung für $f_1$ bereits gefunden haben, können Sie den Bestand 100 Mio. ha in der Funktion einsetzen und den zugehörigen Wert t berechnen.

**Teil b**
- Funktion $f_2$ gehört zu Szenario 2, in dem der Wert der Abnahme jedes Jahr konstant bleibt. Welches Funktionsmodell liegt daher hier zugrunde?
- Lesen Sie den Ausgangswert für dieses Modell auf der y-Achse ab.
- Wenn der Wald ganz verschwunden sein soll, heißt das, dass $f_2(t) = 0$.
- Verwenden Sie $f_2$ um diese Gleichung zu lösen.
- Verwenden Sie die beiden Parameter k und d aus $f_2$ zum Einzeichnen des Graphen in das gegebene Diagramm, aber achten Sie darauf, dass die Einheiten auf der x-Achse passend sind.

**Teil c**
- Beschäftigen Sie sich mit dem Modell, wonach die Abholzungsrate exponentiell wächst, also mit Szenario 3. Dazu gehört der Funktionsgraph $f_3$.
- Die momentane Abholzungsrate = die Ableitung der Funktion. Von $f_3$ kennen Sie die Ableitungsfunktion bereits.
- Das Integral bestimmt die Fläche zwischen einer Funktion und der waagrechten Achse.
- Beachten Sie, dass das Integral von $f_3'$ zu bestimmen ist.
- Arithmetisch ist das Integral eine Summe von Funktionswerten. Überlegen Sie anhand von ganz konkreten Zahlen, was *ein* Funktionswert von $f_3'$ angibt und was dementsprechend eine Summe von Funktionswerten bedeuten könnte.

**Teil d**
- Vergleichen Sie die Beobachtung von Hansen, dass jedes Jahr mehr Wald abgeholzt wird, der Reihe nach mit jedem der drei Szenarien und beachten Sie die Funktionen, die Sie zur Bearbeitung der vorigen Aufgaben verwendet haben. Warum kommen Szenario 1 und 2 nicht infrage?
- Überlegen Sie, wieviel Holz in jedem der drei Modelle pro Jahr geschlägert wird.
- Möglicherweise helfen Ihnen die Funktionsgraphen $f_1$, $f_2$ und $f_3$ in Abbildung 1.

## Lösungsvorschlag

**Teil a** **Funktionsgleichung $f_1$:**

Der Prozentsatz der Abnahme bleibt gleich, daher liegt hier eine exponentielle Abnahme zugrunde. Die Ausgangsfunktion lautet also:

$y = y_0 \cdot a^t$

Dabei ist $y_0$ der Ausgangswert zum Zeitpunkt $t = 0$. Der Beginn des Beobachtungszeitraumes ist hier das Jahr 0 nach 1990. Den dazugehörigen Waldbestand in diesem Jahr kann man auf der y-Achse ablesen:

$y_0 = 800$ Mio. ha

Die Funktion y beschreibt den Waldbestand, also die Fläche an Wald, die noch intakt ist. Der Wert a ist also der Prozentsatz, der von 100 % (entspricht 1) noch übrig ist. In diesem Fall werden jedes Jahr 2,1 % abgeholzt, daher bleiben 97,9 % über:

$a = 0{,}979$

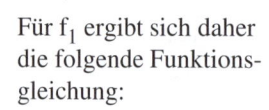

Für $f_1$ ergibt sich daher die folgende Funktionsgleichung:

$f_1(t) = 800 \cdot 0{,}979^t$

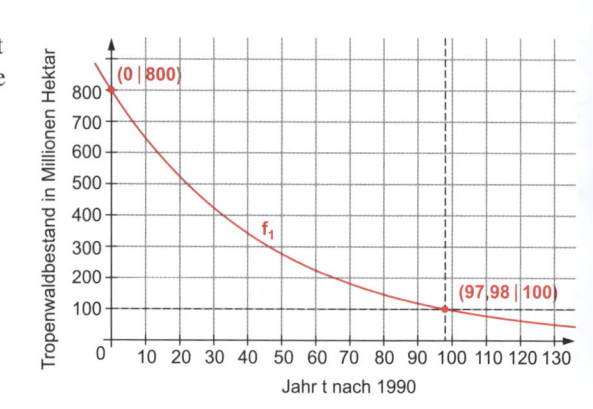

**Waldbestand kleiner als 100 Mio. ha:**

Um zu bestimmen, wann *weniger* als 100 Mio. ha an Wald vorhanden sind, bestimmt man zunächst, wann *genau* 100 Mio. ha Wald vorhanden sind:

$$100 = 800 \cdot 0{,}979^t \quad |:800$$

$$\tfrac{1}{8} = 0{,}979^t \quad |\log$$

$$\log \tfrac{1}{8} = t \cdot \log 0{,}979 \quad |:\log 0{,}979$$

$$t = \frac{\log \tfrac{1}{8}}{\log 0{,}979}$$

$$t \approx 97{,}978 \text{ Jahre}$$

Sobald diese Zeit vorbei ist, ist der Waldbestand kleiner als 100 Mio. ha. Die korrekte Antwort lautet also:

**t > 97,978 Jahre**

**Teil b** **Funktionsgleichung $f_2$:**

Mit der Annahme, dass jedes Jahr der gleiche Waldbestand abgeholzt wird, legt man ein lineares Modell zugrunde: Man geht also von einer Funktion $y = kt + d$ aus.

Der Parameter d ist hier der Ausgangspunkt der fallenden Geraden auf der y-Achse, also der Waldbestand ganz zu Beginn des Beobachtungszeitraumes: d = 800 Mio. ha

Die negative Steigung (Abnahme!) k ist mit dem Wert 17 Mio. ha/Jahr bereits angegeben. So erhält man für $f_2$:
**$f_2(t) = -17t + 800$** bzw. **$f_2(t) = 800 - 17t$**

**Tropenwald von der Erde verschwunden:**
Unter der Annahme, dass der Regenwald gänzlich verschwindet, wäre $f_2(t) = 0$. Daher ist von der eben aufgestellten Funktion eine Nullstelle gesucht:

$f_2(t) = 800 - 17t = 0 \quad | -800$

$\qquad -800 = -17t \quad | :(-17)$

$\qquad t = \frac{-800}{-17} \approx 47{,}06$

Ungefähr 47,06 Jahre nach dem Jahr 1990, d. h. etwa im **Jahr 2037** wäre der Regenwald in diesem Modell von der Erde verschwunden.

Um den Graphen der Funktion $f_2$ in das gegebene Diagramm einzuzeichnen, hat man nun zwei Möglichkeiten.

(1) Man zeichnet die eben errechnete Nullstelle ein und verbindet diese beiden Punkte, weil der Graph einer linearen Funktion jedenfalls eine Gerade ist.

(2) Man zeichnet ein Steigungsdreieck und beginnt bei 800 Mio. ha auf der y-Achse. Dabei ist zu beachten, dass pro Jahr 17 Mio. ha abgeholzt werden.

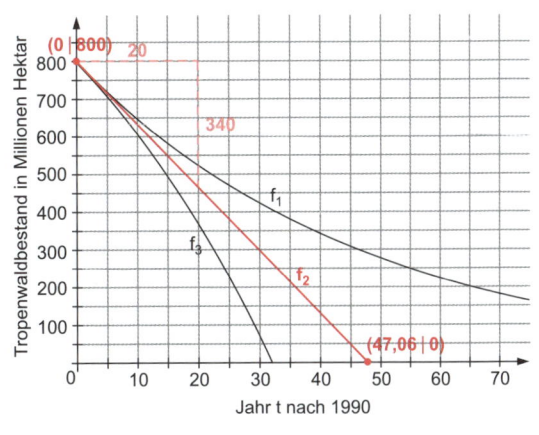

Diesen Wert kann man nicht genau einzeichnen, man muss also hochrechnen, dass nach 10 Jahren 170 Mio. ha, nach 20 Jahren 340 Mio. ha, ... abgeholzt werden. Mithilfe eines solchen Steigungsdreiecks kann man den Graphen einzeichnen.

**Teil c** Für die gesamte Lösung ist Abbildung 2 zu benützen.

**Zeitpunkt $t_1$:**
Es ist zu bestimmen, wann die momentane Abholzungsrate auf 24 Mio. ha angewachsen sein wird. Dazu braucht man nur das Argument in Abbildung 2 der Funktion $f_3'$ abzulesen.

$f_3'(t) = -24 \Rightarrow$ **t = 15 Jahre**

Nach etwa 15 Jahren (d. h. im Jahr 2005) wird die jährliche Abholzung einen Wert von 24 Mio. ha erreicht haben.

✔ Als korrekt werden alle Werte im Intervall
✔ [14; 16] anerkannt.

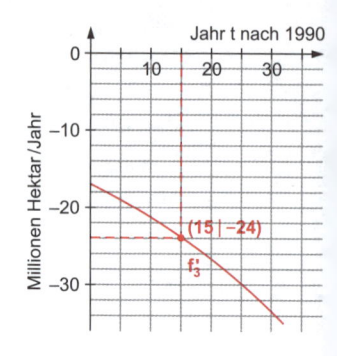

**Wert und Bedeutung des Integrals:**
Die Funktionswerte von $f_3'$ geben die jährlichen Abholzungsraten an.
$f_3'(25) = -30$ bedeutet also beispielsweise, dass 25 Jahre nach 1990 30 Mio. ha Regenwald im Jahr abgeholzt wurden. Das Integral von 0 bis 15 berechnet daher die Summe der Abholzung in den ersten 15 Jahren nach 1990.

Da von $f_3'$ kein Funktionsterm angegeben ist, muss das Integral näherungsweise berechnet werden. Das Integral berechnet im Allgemeinen die Fläche, die eine Funktion mit der horizontalen Achse einschließt.

Im Intervall [0; 15] verläuft die Funktion nahezu linear, sodass die fragliche Fläche mithilfe der Flächenformel eines Trapezes sehr gut näherungsweise berechnet werden kann. Weil die Fläche unterhalb der horizontalen Achse liegt, ist der Wert des Integrals negativ:

$$\int_0^{15} f_3'(t)\, dt \approx -A_{Trapez} = -\frac{a+c}{2} \cdot h$$

Die benötigten Trapezseiten liest man aus Abbildung 2 ab. Dann erhält man:

$$\int_0^{15} f_3'(t)\, dt \approx -\frac{-17 + (-24)}{2} \cdot 15 = \mathbf{-307{,}5}$$

In den 15 Jahren nach 1990 wurden also insgesamt etwa 307,5 Mio. ha Regenwald abgeholzt.

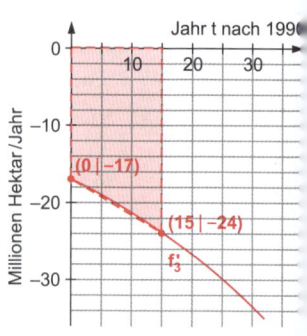

✔ Als korrekt werden alle Werte im Intervall [−350; −250] anerkannt.

**Teil d** In **Szenario 1** bleibt die Rate von 2,1 % konstant. Es kommt jedes Jahr etwas vom Wald weg, daher wird der Wert, der jedes Jahr abgeholzt wird, immer kleiner. Man sieht das in der deutlich erkennbaren Abflachung des Graphen der Funktion $f_1$ in Abbildung 1. Da aber Hansen beobachtet hat, dass jedes Jahr *mehr* Wald gerodet wird, ist dieses Szenario ungeeignet.

Auch **Szenario 2** passt nicht zu Hansens Beobachtung, weil jedes Jahr die *gleiche* Menge an Holz geschlägert wird, nämlich 17 Mio. ha.

Es bleibt also nur **Szenario 3**, in dem von einer exponentiell wachsenden Abholzungsmenge ausgegangen wird. Werden also heuer x ha gerodet, sind es im nächsten Jahr bereits $x^y$ ha Wald, die abgeholzt werden. Dieses ist das einzige Modell der drei vorliegenden, in denen die Menge an Wald *wächst*, die jedes Jahr gerodet wird.

> Beachten Sie, dass der tatsächliche Waldbestand in allen drei Modellen permanent abnimmt, aber eben sehr unterschiedlich schnell.

Die jährliche Änderung der Abholzungsrate wurde durch Beobachtungen von Hansen mit 0,2101 Mio. ha angegeben. Es wird nun die Abbildung 2 des Modelles von Meadows betrachtet. Die Funktion $f_3'$ beschreibt die jährliche Abholzung. Um einen Vergleich mit Hansen zu machen, muss man die Änderung dieser jährlichen Abholzung aus dem Diagramm ablesen, d. h., man muss die Steigung der Funktion $f_3'$ im fraglichen Intervall bestimmen.

Der Zeitraum ist 2000 bis 2012, also 10 bis 22 Jahre nach 1990. Man berechnet den Wert der Steigung für dieses Intervall und vergleicht ihn mit 0,2101:

$$\frac{f_3'(22) - f_3'(10)}{22 - 10} \approx \frac{-28 - (-21)}{12} = -\frac{7}{12} \approx -0{,}58$$

Dieser Wert ist betragsmäßig deutlich größer als der beobachtete Wert von 0,2101.

Das Szenario 3 von Meadows ist damit deutlich pessimistischer als die Beobachtungen von Hansen.

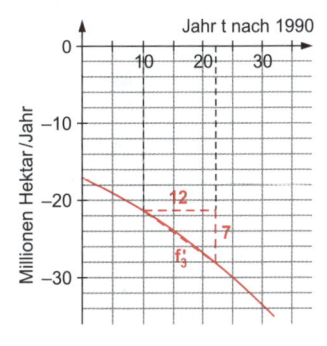

## Aufgabe 4: Buccolam

Buccolam ist ein flüssiges Arzneimittel zur Behandlung akuter, länger anhaltender Krampfanfälle bei Personen, die mindestens drei Monate alt und jünger als 18 Jahre sind (im Folgenden „Kinder"). Es enthält als Wirkstoff Midazolam, ein stark wirksames Beruhigungsmittel.

Im Rahmen einer klinischen Studie wurde Buccolam 440 Kindern mit Krampfanfällen verabreicht. Bei 22 Kindern traten dabei als Nebenwirkung Übelkeit und Erbrechen auf. Bei 308 Kindern verschwanden sichtbare Zeichen der Krampfanfälle innerhalb von 10 Minuten nach Verabreichung des Medikaments.

**Aufgabenstellung**

a) Es gibt vier Arten von Buccolam-Spritzen mit der dem jeweiligen Altersbereich entsprechenden Midazolam-Dosis:

| Altersbereich | Midazolam-Dosis | Farbe des Etiketts |
|---|---|---|
| bis < 1 Jahr | 2,5 mg | Gelb |
| 1 Jahr bis < 5 Jahre | 5 mg | Blau |
| 5 Jahre bis < 10 Jahre | 7,5 mg | Violett |
| 10 Jahre bis < 18 Jahre | 10 mg | Orange |

Datenquelle: http://www.ema.europa.eu/docs/de_DE/document_library/EPAR_-_Product_Information/human/002267/WC500112310.pdf [02. 12. 2016].

Diese Spritzen beinhalten je nach Altersbereich eine Lösung mit der entsprechenden Midazolam-Dosis. Zum Beispiel beinhalten die Spritzen mit gelbem Etikett eine Lösung mit einem Volumen von 0,5 $m\ell$.

Allgemein besteht zwischen dem Volumen V (in $m\ell$) einer Lösung und der Midazolam-Dosis D (in mg) ein direkt proportionaler Zusammenhang.

Beschreiben Sie den Zusammenhang zwischen dem Volumen V einer Lösung und der Midazolam-Dosis D mithilfe einer Gleichung!

Geben Sie an, ob zwischen dem Alter (in Jahren) der Patientin/des Patienten und der zu verabreichenden Midazolam-Dosis ein linearer Zusammenhang besteht, und begründen Sie Ihre Entscheidung anhand der in der obigen Tabelle angegebenen Daten!

b) Die relative Häufigkeit H von Nebenwirkungen nach Verabreichung eines Medikaments wird folgendermaßen klassifiziert:

| häufig | $0{,}01 \leq H < 0{,}1$ |
| --- | --- |
| gelegentlich | $0{,}001 \leq H < 0{,}01$ |
| selten | $0{,}0001 \leq H < 0{,}001$ |
| sehr selten | $H < 0{,}0001$ |

Datenquelle: https://www.vfa.de/de/patienten/patientenratgeber/ratgeber031.html [02. 12. 2016] (adaptiert).

**A** Geben Sie an, wie die relative Häufigkeit von Nebenwirkungen der Art „Übelkeit und Erbrechen" bei der Verabreichung von Buccolam gemäß der in der Einleitung erwähnten klinischen Studie klassifiziert werden müsste!

In der Packungsbeilage von Buccolam wird die Häufigkeit der Nebenwirkung „Hautausschlag" mit „gelegentlich" angegeben.
Die Zufallsvariable X beschreibt, bei wie vielen von den 440 im Rahmen der Studie mit Buccolam behandelten Kindern die Nebenwirkung „Hautausschlag" auftritt, und kann als binomialverteilte Zufallsvariable mit dem Parameter $p = 0{,}01$ sowie dem Erwartungswert $\mu$ und der Standardabweichung $\sigma$ angenommen werden.
Geben Sie an, bei wie vielen Kindern in der erwähnten Studie die Nebenwirkung „Hautausschlag" auftreten darf, damit die Anzahl der davon betroffenen Kinder im Intervall $[\mu - \sigma; \mu + \sigma]$ liegt!

c) Der tatsächliche Anteil derjenigen Patientinnen/Patienten, bei denen sichtbare Zeichen der Krampfanfälle innerhalb von 10 Minuten nach der Medikamentenverabreichung verschwinden, wird mit p bezeichnet.
Ermitteln Sie für p anhand der in der Einleitung angegebenen Daten der klinischen Studie ein symmetrisches Konfidenzintervall mit dem Konfidenzniveau $\gamma = 0{,}95$!

In einer anderen Studie zur Wirksamkeit von Buccolam wurden $n_1$ Kinder untersucht. Die Ergebnisse führten mit derselben Methodik zu dem symmetrischen Konfidenzintervall $[0{,}67; 0{,}73]$ mit dem Konfidenzniveau $\gamma_1$.
Begründen Sie, warum die Werte $n_1 < 400$ und $\gamma_1 = 0{,}99$ nicht die Grundlage zur Berechnung dieses Konfidenzintervalls gewesen sein können!

## Hinweise und Tipps

**Teil a**
- Denken Sie an die Formel für direkte Proportionalität.
- Achten Sie auf die Einheiten.
- Ein linearer Zusammenhang von Alter und Dosis sähe folgendermaßen aus: Steigt das Alter jeweils um eins, so muss die Dosis immer um denselben Wert erhöht werden.

**Teil b**
- [A] Der erste Teil dieser Aufgabe (relative Häufigkeit) ist eine Ausgleichsaufgabe. Falls Sie diese Aufgabe richtig lösen, wird der Punkt im Teil 1 Ihrer Matura eingerechnet. Diese Aufgabe sollten Sie auf jeden Fall lösen!
- Auch für diese Teilaufgabe sind Informationen aus der allgemeinen Angabe relevant, notieren Sie diese.
- Überlegen Sie genau, ob Sie bei Intervallgrenzen und der Interpretation ebendieser auf- oder abrunden müssen.

**Teil c**
- Das Konfidenzintervall für den unbekannten relativen Anteil einer Grundgesamtheit können Sie mit der Formel
$$[h - z_0 \cdot \sqrt{\frac{h(1-h)}{n}}; \; h + z_0 \cdot \sqrt{\frac{h(1-h)}{n}}]$$
berechnen, wobei h die relative Häufigkeit und n der Stichprobenumfang sind.
- Bei einem symmetrischen Konfidenzintervall mit dem Konfidenzniveau 0,95 gilt $D(z_0) = 0{,}95$. $z_0$ können Sie berechnen oder der Tabelle entnehmen.

## Lösungsvorschlag

**Teil a** Eine Spritze mit einer 2,5 mg Midazolam-Dosis D beinhaltet eine Lösung mit einem Volumen V von 0,5 $m\ell$.

Ansatz: $0,5 = x \cdot 2,5 \Rightarrow x = 0,2 \Rightarrow \mathbf{V(D) = 0,2 \cdot D}$

Nein, es besteht **kein linearer Zusammenhang**, da zwar die Midazolam-Dosis D immer um 2,5 mg steigt, jedoch die Altersbereiche nicht immer um ein Jahr steigen. Das erkennt man in der Tabelle.

- *Alternativ* kann ein Beispiel angegeben werden, etwa dass bei einem linearen Zusammenhang 4-jährige Kinder eine höhere Dosis als 3-jährige Kinder bekämen.

**Teil b** **Relative Häufigkeit:**
Es sind 440 mitwirkende Kinder in der Studie, 22 davon haben die Nebenwirkung „Übelkeit und Erbrechen". Die relative Häufigkeit ist $\frac{22}{440} = 0,05$. Der Wert 0,05 befindet sich im Intervall [0,01; 0,1), daher ist diese Nebenwirkung **häufig**.

**Anzahl der Kinder:**
X ... Anzahl jener, bei denen Hausausschlag auftritt, p = 0,01
$E(X) = \mu = n \cdot p \Rightarrow \mu = 440 \cdot 0,01 = 4,4$
$\sigma(X) = \sqrt{n \cdot p \cdot q} \Rightarrow \sigma(X) = \sqrt{440 \cdot 0,01 \cdot 0,99} \approx 2,09$

$\sigma - \mu \approx 2,31$ (aufgerundet: 3 Kinder), $\sigma + \mu \approx 6,49$ (abgerundet: 6 Kinder)

Die Nebenwirkung Hautausschlag, die gelegentlich vorkommt, darf bei **3, 4, 5 oder 6 Kindern** auftreten.

**Teil c** **Konfidenzintervall:**
Bei 308 von 440 Kindern verschwinden die Krampfanfälle innerhalb von 10 Minuten. Die relative Häufigkeit beträgt also:
$h = \frac{308}{440} = 0,7$

$D(z_0) = 0,95 \Rightarrow z_0 = 1,96$

$h - z_0 \cdot \sqrt{\frac{h(1-h)}{n}} = 0,7 - 1,96 \cdot \sqrt{\frac{0,7 \cdot (1-0,7)}{440}} \approx 0,66$

$h + z_0 \cdot \sqrt{\frac{h(1-h)}{n}} = 0,7 + 1,96 \cdot \sqrt{\frac{0,7 \cdot (1-0,7)}{440}} \approx 0,74$

Das symmetrische 95 %-Konfidenzintervall lautet **[0,66; 0,74]**.

- Für eine korrekte Lösung muss der untere Wert des Konfidenzintervalls im Intervall [0,65; 0,66], der obere Wert im Intervall [0,74; 0,75] liegen.

**Begründung:**
Im Vergleich zur vorigen Angabe ist nun die Anzahl der untersuchten Kinder kleiner ($n_1 < 400$, $n = 440$), das Konfidenzniveau höher ($\gamma_1 = 0{,}99$, $\gamma = 0{,}95$) und das Konfidenzintervall ist schmäler ([0,67; 0,73] statt [0,66; 0,74]).
Ein kleineres n und ein höheres Konfidenzniveau würde ein breiteres Konfidenzintervall ergeben. Das gegebene ist allerdings schmäler. Somit können die Werte $n_1$ und $\gamma_1$ nicht Grundlage zur Berechnung dieses Konfidenzintervalls [0,67; 0,73] sein.

# Der Weg zur besseren Note

Dieser Button zeigt bei jeder Produktreihe an, auf welcher Lernphase der Schwerpunkt liegt.

### Zentral-Matura

Mit kompetenzorientierten Aufgaben im Stil der schriftlichen Zentralmatura und Original-Prüfungsaufgaben. Dazu ausführliche, kommentierte Lösungen.

### Matura-Training

Prüfungsrelevantes Wissen schülergerecht präsentiert. Übungsaufgaben mit Lösungen sichern den Lernerfolg.

### STARK in Schularbeiten

Themenbezogen und nachhaltig Wissen sichern. Mit Tests zur Selbstüberprüfung.

### Basis-Wissen

Kompakte Darstellung des prüfungsrelevanten Wissens zum schnellen Nachschlagen und Wiederholen.

### Matura-Skript Mathematik

Zum Auffrischen und Nachschlagen kurz vor der Matura.

**Und vieles mehr auf www.stark-verlag.at**

**STARK**

# Matura in der Tasche – und dann?

In den **STARK** Ratgebern findest du alle Informationen für einen erfolgreichen Start in die berufliche Zukunft.

Alle Titel zu Beruf & Karriere
www.berufundkarriere.de

www.stark-verlag.de            **STARK**